Schöningh

W0045648

EinFach Deutsch

Unterrichtsmodell

Thomas Mann

Buddenbrooks

Erarbeitet von
Günter Schumacher
und Dirk Scholten

Herausgegeben von
Johannes Diekhans

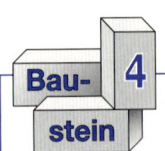

Bau-stein 4	4.1	‚Verständige Munterkeit' und ‚alberne Komik' – Thomas und Christian als Gegensätze	Romantext (Schwerpunkt: Entwicklung der Brüder)	Hypothesenbildung Textarbeit Diskussion
„Die Ehre, der Kränkere zu sein" – Wie ähnlich sind sich Thomas und Christian Buddenbrook? S. 63–72 im Modell	4.2 4.2.1 4.2.2	Schein und Sein – Die Ähnlichkeit der beiden Brüder (I) Analytischer Zugang Produktionsorientierte Zugänge	Romantext	Textarbeit Textstellenvergleich Diskussion Folie/Arbeitsblatt Produktionsorientierter Schreibauftrag
	4.3 4.3.1 4.3.2	„... worüber streitet ihr euch eigentlich?" – Die Ähnlichkeit der beiden Brüder (II) Jeder Geschäftsmann ein Gauner? – Das erste Streitgespräch „Mutter liegt nebenan" – Das zweite Streitgespräch (IX,2)	Kap. VI,3 (S. 316 ff.) Kap. IX,2 (S. 572 ff.)	Gesprächsanalyse Textarbeit Unterrichtsgespräch Produktionsorientierte Schreibaufträge
	4.4	„Ich verbummele, ich versumpfe, ich werde alberner als Christian" – Thomas' Selbstzweifel	Kap. VIII,4 (S. 465 ff.)	Textarbeit Produktionsorientierter Schreibauftrag Unterrichtsgespräch

Unterrichts-modell

T. Mann „Buddenbrooks"

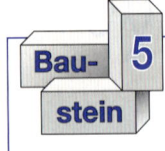

Bau-stein 5	5.1	Ist Hanno sympathisch? – Hanno und die anderen	Romantext (Schwerpunkt: Hanno-Kapitel)	Unterrichtsgespräch Produktionsorientierter Schreibauftrag Textarbeit
„Es ist so" – Hanno und das Ende der Buddenbrooks S. 75–91 im Modell	5.2	Still und wenig kräftig: Die Konzeption der Hanno-Figur		Textarbeit Folie Arbeitsblatt Grafische Darstellung
	5.3 5.3.1 5.3.2	„Ich bin allein auf weiter Flur" – Hannos Glück und Leiden Hannos Ferien vom Ich Schule ist Leben – Hannos Schultag	Kap. X,3 (S. 629 ff.) Kap. XI,2	Textarbeit Tafelbild Unterrichtsgespräch Textarbeit Gruppenarbeit Anregungen zur eigenst. Weiterarbeit

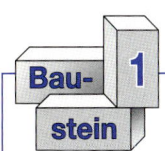

Bau-stein 1

Thomas Mann: „Buddenbrooks" – Der Einstieg in die Unterrichtsreihe
S. 18–32 im Modell

1.1	Projekt 1: (Vor-)Urteile zu Thomas Manns „Buddenbrooks"	Zusatzmaterial 3, 4, 5	Projektarbeit Lektüre
1.1.1	Vorbereitung		Befragung
1.1.2	Der Fragebogen und die Interviews		Präsentation
1.1.3	Die Präsentation der Interviewergebnisse		
1.1.4	Zusammenfassender Ablaufplan für das Projekt 1		
1.2	Projekt 2: Thomas Manns „Buddenbrooks" – eine Erfolgsstory?	Zusatzmaterial 8, 9	Projektarbeit Statistische Erhebung und Auswertung
1.2.1	Vorbereitung zu Projekt 2		Schreibaufträge
1.2.2	„Buddenbrooks" – ein Bestseller?		Literaturrecherche
1.2.3	„Buddenbrooks" – ein literarischer Meilenstein?		Präsentation
			Schriftliche Befragung
1.2.3.1	Vorüberlegungen		Textvergleich
1.2.3.2	Vorbereitung einer brieflichen Befragung		
1.2.3.3	Ergänzende Literaturrecherche		
1.2.3.4	Präsentation der Ergebnisse		
1.2.3.5	Zusammenfassung		
1.3	Projekt 3: Kursfahrt nach Lübeck und Travemünde		Projektarbeit Szenisches Lesen
1.3.1	Stadtrundgang auf den Spuren der Buddenbrooks		Stadterkundung Romanlektüre
1.3.2	Stadtrundgang und szenisches Lesen ausgewählter Passagen des Romans		
1.3.3	Realisierung von Projekt 1 im Rahmen der Klassenfahrt		
1.3.4	Mediale Umsetzung einzelner Romanpassagen		
1.4	Vorschläge für den unmittelbaren Einstieg	Zusatzmaterial 1, 2	Textarbeit, Textvergleich

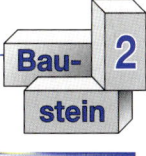

Bau-stein 2

„Ich glaubte ... ich glaubte ... es käme nichts mehr" – Verfall und Tod als Themen des Übergangs
S. 33–45 im Modell

2.1	Krankheit, Tod und Verfall als zentrale Themen des Romans	Romantext (Schwerpunkt: Tod)	Textarbeit Exemplarische Textanalyse
2.1.1	Entwicklungstendenzen bei der Gestaltung der Todesfalle		Unterrichtsgespräch Skizzierung von Entwicklungstendenzen
2.1.2	Exemplarische Analyse der Todesfälle		
2.2	Bilder und Symbole des Verfalls	Zusatzmaterial 10,11	Exemplarische Motivanalyse
2.2.1	Das literarische Motiv der Farbe Gelb	Romantext (Schwerpunkt: Leitmotive)	Mindmapping Tafelskizze
2.2.2	Das literarische Motiv der Zähne		

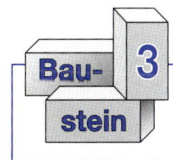

Bau-stein 3

„Wie Glieder in einer Kette" – Familiensinn und Selbstbewusstsein: Johann, Jean, Tony
S. 46–62 im Modell

3.1	Johann Buddenbrook und Jean	Romantext (Schwerpunkt: Figuren)	Arbeitsblatt Figurencharakteristik
3.1.1	Stationen des Niedergangs und ihre Repräsentanten		Gesprächsanalyse Produktionsorientierte
3.1.2	Sicherheit und erste Zweifel: Johann und Jean		Schreibaufträge
3.1.3	Jeans großer Irrtum: Tonys Heirat mit Grünlich		
3.2	Kein Zweifel: Tony Buddenbrook	Romantext (Schwerpunkt: ökonom. Entwicklung)	Gruppenarbeit Textarbeit
3.3	Die geschäftliche Entwicklung der Firma Buddenbrook		Produktionsorientierter Schreibauftrag

? Arbeitsfrage

Einzelarbeit

Partnerarbeit

Gruppenarbeit

Unterrichts-
gespräch

abc Schreibauftrag

Szenisches Spiel

Mal- und
Zeichenauftrag

Bastelauftrag

P Projektorientierung,
offenes
Unterrichtsangebot

Vorwort

Der vorliegende Band ist Teil einer Reihe, die Lehrerinnen und Lehrern erprobte und an den Bedürfnissen der Schulpraxis orientierte Unterrichtsmodelle zu ausgewählten Ganzschriften und weiteren relevanten Themen des Faches Deutsch bietet.

Im Mittelpunkt der Modelle stehen Bausteine, die jeweils thematische Schwerpunkte mit entsprechenden Untergliederungen beinhalten.

In übersichtlich gestalteter Form erhält der Benutzer/die Benutzerin zunächst einen Überblick zu den im Modell ausführlich behandelten Bausteinen.

Es folgen:

- Hinweise zu den Handlungsträgern
- Zusammenfassung des Inhalts und der Handlungsstruktur
- Vorüberlegungen zum Einsatz des Buches im Unterricht
- Hinweise zur Konzeption des Modells
- Ausführliche Darstellung der einzelnen Bausteine
- Zusatzmaterialien

Ein besonderes Merkmal der Unterrichtsmodelle ist die Praxisorientierung. Enthalten sind kopierfähige Arbeitsblätter, Vorschläge für Klassen- und Kursarbeiten, Tafelbilder, konkrete Arbeitsaufträge, Projektvorschläge. Handlungsorientierte Methoden sind in gleicher Weise berücksichtigt wie eher traditionelle Verfahren der Texterschließung und -bearbeitung.

Das Bausteinprinzip ermöglicht es dabei den Benutzern, Unterrichtsreihen in unterschiedlicher Weise und mit unterschiedlichen thematischen Akzentuierungen zu konzipieren: Auf diese Weise erleichtern die Modelle die Unterrichtsvorbereitung und tragen zu einer Entlastung der Benutzer bei.

Das vorliegende Modell bezieht sich auf folgende Textausgabe: Thomas Mann: Buddenbrooks. Frankfurt/M.: S. Fischer Taschenbuchverlag, 47. Aufl. 2000

© 2003 Schöningh Verlag im Westermann Schulbuchverlag GmbH

© ab 2004 Bildungshaus Schulbuchverlage
Westermann Schroedel Diesterweg Schöningh Winklers GmbH
Braunschweig, Paderborn, Darmstadt

www.schoeningh-schulbuch.de
Schöningh Verlag, Jühenplatz 1–3, 33098 Paderborn

Das Werk und seine Teile sind urheberrechtlich geschützt.
Jede Nutzung in anderen als den gesetzlich zugelassenen Fällen bedarf der vorherigen schriftlichen Einwilligung des Verlages.
Hinweis zu § 52a UrhG: Weder das Werk noch seine Teile dürfen ohne eine solche Einwilligung gescannt und in ein Netzwerk gestellt werden.
Das gilt auch für Intranets von Schulen und sonstigen Bildungseinrichtungen.

Auf verschiedenen Seiten dieses Buches befinden sich Verweise (Links) auf Internetadressen. Haftungshinweis: Trotz sorgfältiger inhaltlicher Kontrolle wird die Haftung für die Inhalte der externen Seiten ausgeschlossen. Für den Inhalt dieser externen Seiten sind ausschließlich deren Betreiber verantwortlich. Sollten Sie dabei auf kostenpflichtige, illegale oder anstößige Inhalte treffen, so bedauern wir dies ausdrücklich und bitten Sie, uns umgehend per E-Mail davon in Kenntnis zu setzen, damit beim Nachdruck der Verweis gelöscht wird.

Druck 6 5 4 / Jahr 2013 12 11
Die letzte Zahl bezeichnet das Jahr dieses Druckes.

Umschlaggestaltung: Jennifer Kirchhof
Druck und Bindung: Media-Print Informationstechnologie GmbH, Paderborn

ISBN 978-3-14-022354-6

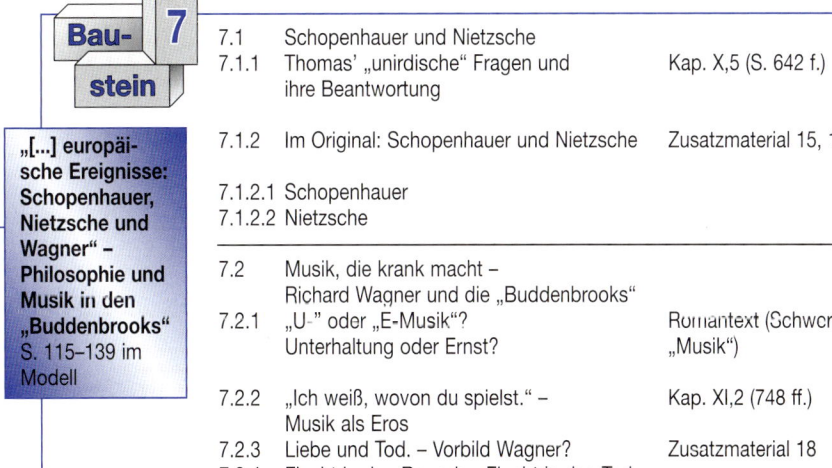

Baustein				
6 „Was man sagen mag ..." – Erzählhaltung und Erzähltechnik in den „Buddenbrooks" S. 92–114 im Modell	6.1	Einstieg	Romantext	Textarbeit
	6.1	Deduktiver Einstieg zu erzähltheoretischen Aspekten	Zusatzmaterial 12, 13	Gruppenarbeit
	6.1.2	Induktiver Einstieg		
	6.2	Erzählte Zeit – Erzählzeit	Romantext	Erstellen von Statistiken und Schaubildern Produktionsoriente Schreibaufträge
	6.3	Erzählsituationen / Erzählperspektive	Romantext, bes. I,1 (S. 7 f.) und VII,1 (S. 395 f.)	Textarbeit Textvergleich, -kontrastierung Gruppenarbeit Produktionsorient. Schreibaufträge
	6.3.1	Versuch einer Typologie an Textbeispielen		
	6.3.2	Nur ein Lexikonartikel? – Hannos Tod	Zusatzmaterial 14	
	6.4	Ironie	Romantext, bes. Kap. X,8 (S. 687 ff.)	Textarbeit Schreibauftrag
	6.5	Leitmotivtechnik	Romantext (Schwerpunkt: Leitmotiv „Blau")	Arbeitsblatt Mind-Map Unterrichtsgespräch

Baustein				
7 „[...] europäische Ereignisse: Schopenhauer, Nietzsche und Wagner" – Philosophie und Musik in den „Buddenbrooks" S. 115–139 im Modell	7.1	Schopenhauer und Nietzsche		
	7.1.1	Thomas' „unirdische" Fragen und ihre Beantwortung	Kap. X,5 (S. 642 f.)	Arbeitsblatt Textarbeit Tafelbild
	7.1.2	Im Original: Schopenhauer und Nietzsche	Zusatzmaterial 15, 16	Textvergleich Literaturrecherche
	7.1.2.1	Schopenhauer		Schreibauftrag
	7.1.2.2	Nietzsche		Unterrichtsgespräch
	7.2	Musik, die krank macht – Richard Wagner und die „Buddenbrooks"		
	7.2.1	„U-" oder „E-Musik"? Unterhaltung oder Ernst?	Romantext (Schwerpunkt: „Musik")	Internet-Recherche Tafelbild Textarbeit
	7.2.2	„Ich weiß, wovon du spielst." – Musik als Eros	Kap. XI,2 (748 ff.)	Gruppenarbeit Textvergleich
	7.2.3	Liebe und Tod. – Vorbild Wagner?	Zusatzmaterial 18	Arbeitsblatt Unterrichtsgespräch
	7.2.4	Flucht in den Rausch – Flucht in den Tod		
	7.2.5	Wagner-Deutung bei Nietzsche und in den „Buddenbrooks"		

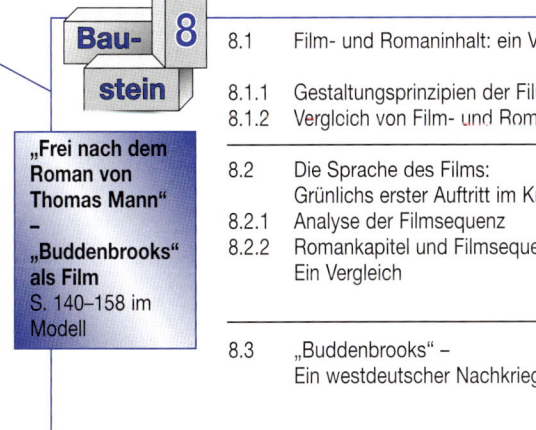

Baustein				
8 „Frei nach dem Roman von Thomas Mann" – „Buddenbrooks" als Film S. 140–158 im Modell	8.1	Film- und Romaninhalt: ein Vergleich	Romantext	Schreibaufgabe Arbeitsblätter
	8.1.1	Gestaltungsprinzipien der Filmhandlung	Film	Filmanalyse
	8.1.2	Vergleich von Film- und Romanhandlung		Folie: Gegenüberstellung
	8.2	Die Sprache des Films: Grünlichs erster Auftritt im Kreis der Familie	Kap. III,1 (S. 91 ff.)	Filmprotokoll Sequenzanalyse
	8.2.1	Analyse der Filmsequenz	Film	Text-, Filmvergleich
	8.2.2	Romankapitel und Filmsequenz: Ein Vergleich		Unterrichtsgespräch Produktionsorientierter Schreibauftrag
	8.3	„Buddenbrooks" – Ein westdeutscher Nachkriegsfilm	Film Zusatzmaterial 6	Interview Recherche Schreibauftrag Arbeitsblatt

Inhaltsverzeichnis

Bildnachweis
9   Wilhelm Castelli, Lübeck, Fischer Verlag, Hans Kripgans
152   Stiftung Deutsche Kinemathik, Berlin
160, 161, 162, 163   Bildarchiv des Museums für Kunst- und Kulturgeschichte, Lübeck
183   © dpa Fotoreport

„Buddenbrooks" ist ein sehr deutsches Buch, nicht nur nach seinem Milieu; niederdeutsche Humoristik und die epische Motiv-Technik Richard Wagners gingen darin eine wunderliche Verbindung ein. Aber so sehr es geeignet war, dem deutschen Heimatgefühl zu behagen und zum deutschen Hausbuch zu werden, so stark doch auch wieder ist sein Hang zum Europäisieren und zum literarischen Kosmopolitismus, der es weit abrückte von dem, was damals in Deutschland „Heimatkunst" genannt wurde. Die Einflüsse, von denen seine künstlerische Haltung bestimmt war, kamen von überallher: aus Frankreich, England, Russland, dem skandinavischen Norden, – begierig-lerneifrig aufgenommene Einflüsse und als unentbehrlich empfunden von dem jungen Autor für ein Werk, dessen tiefstes Anliegen Psychologie, und zwar die Psychologie ermüdenden Lebens, die seelischen Verfeinerungen und ästhetischen Verklärungen war, welche den biologischen Niedergang begleiten.

Thomas Mann (1947)

Wir danken Sandra Bülck für ihre Mithilfe bei der redaktionellen Arbeit, aber auch für ihre Kritik und die wertvollen didaktischen und methodischen Hinweise.

Die Hauptpersonen

Stammbaum der Familie Buddenbrook

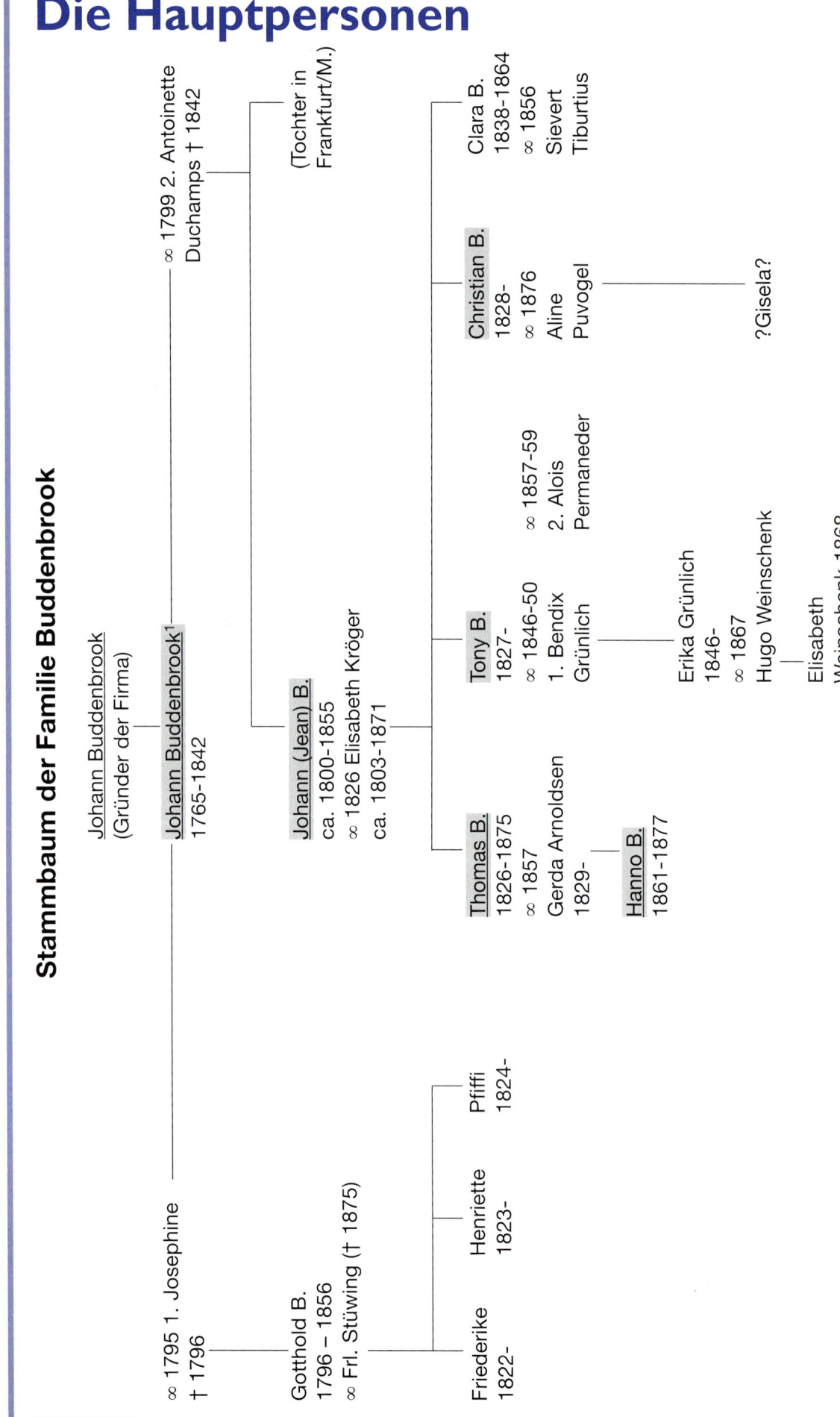

Johann Buddenbrook
(Gründer der Firma)

Johann Buddenbrook[1]
1765–1842

∞ 1795 1. Josephine
† 1796

∞ 1799 2. Antoinette
Duchamps † 1842

Gotthold B.
1796 – 1856
∞ Frl. Stüwing († 1875)

(Tochter in
Frankfurt/M.)

Johann (Jean) B.
ca. 1800–1855
∞ 1826 Elisabeth Kröger
ca. 1803–1871

Friederike
1822–

Henriette
1823–

Pfiffi
1824–

Thomas B.
1826–1875
∞ 1857
Gerda Arnoldsen
1829–

Tony B.
1827–
∞ 1846–50
1. Bendix
Grünlich
∞ 1857–59
2. Alois
Permaneder

Clara B.
1838–1864
∞ 1856
Sievert
Tiburtius

Christian B.
1828–
∞ 1876
Aline
Puvogel

Hanno B.
1861–1877

Erika Grünlich
1846–
∞ 1867
Hugo Weinschenk

?Gisela?

Elisabeth
Weinschenk 1868

Grau unterlegt sind die Namen derer, die schwerpunktmäßig im Unterrichtsmodell behandelt werden.

Quelle: Ken Moulden/Gero von Wilpert: Buddenbrooks-Handbuch, 1988, S. 27, Alfred Kröner Verlag, Stuttgart

Inhalt des Romans

Buddenbrooks. Verfall einer Familie

[...] Das im Untertitel genannte Thema des Romans wird an vier Generationen einer Lübecker Kaufmannsfamilie dargestellt. Die Handlung erstreckt sich jedoch nur über rund vierzig Jahre (1835 bis 1877). Der zu Beginn des Werks ungefähr siebzigjährige Urgroßvater Johann Buddenbrook repräsentierte das noch unerschütterte Lebensgefühl eines Bürgertums, das, selbstsicher und tatkräftig, seinen Besitz klugem Unternehmungsgeist verdankt und dessen „Wille zum Leben" ungebrochen ist. Für seinen Sohn, Konsul Johann Buddenbrook, gelten die überkommenen Prinzipien bürgerlicher Lebensführung unverändert, doch ist für ihn bereits nicht mehr unbekümmerte Lebensbejahung, sondern ein pietistisch-strenges Ethos charakteristisch. Im Gegensatz zu seinem humanistisch gebildeten Vater tritt er für „praktische Ideale" ein, ist aber als Kaufmann nicht besonders erfolgreich und erleidet durch einen betrügerischen Schwiegersohn einen erheblichen geschäftlichen Verlust. Mancherlei Anzeichen verraten überdies eine innere Problematik, in der sich die spätere Auflösung der Familie ankündigt. In den Charakteren und Schicksalen seiner vier Kinder treten verschiedene Formen des unaufhaltsamen Verfalls zutage, am sinnfälligsten in der eindrucksvollen Gestalt seines ältesten Sohnes Thomas, den der Autor in den *Betrachtungen eines Unpolitischen* einen „späten und komplizierten Bürger" nennt, *„dessen Nerven in seiner Sphäre nicht mehr heimisch sind – welcher modern und fragwürdig geworden, unherkömmlichen Geschmacks und von entwickelt europäisierenden Bedürfnissen, die gesunder, enger und echter gebliebene Umgebung zu befremden und – zu belächeln begonnen hat"*. Sein Bruder Christian, schon als Kind neurotisch, führt in Bohèmekreisen das Leben eines exzentrischen Clowns und verschuldeten Lebemanns. Seine Schwester Tony, naiv und töricht, anmutig und liebenswert, ist auch nach zwei gescheiterten Ehen von kindhafter Unreife. Die viel jüngere Clara stirbt kurz nach ihrer Heirat an Gehirntuberkulose.

Allein Thomas ist – wenn auch nur mit äußerster Anspannung und Selbstbeherrschung – noch in der Lage, das Erbe zu übernehmen. Er wird Senator und äußerlich erreicht das Ansehen der Familie erst jetzt seinen Höhepunkt. Seine Frau, eine reiche, musikalisch hochbegabte Holländerin von *„nervöser Kälte"*, bringt ein exotisches Element und künstlerische Begabung in die Familie. Der Sohn aus dieser Ehe, Hanno, repräsentiert das letzte Stadium eines Prozesses, in dessen Verlauf die Buddenbrooks den Gewinn an Sensibilität und Bewusstsein mit dem Verlust ihrer Vitalität und zuletzt auch ihrer gesellschaftlichen Stellung bezahlen. Die naive Unbekümmertheit der vorangegangenen Generationen – *„die Situation ohne Schamgefühl auszunutzen, sagte er sich, das ist Lebenstüchtigkeit"* – wurde abgelöst durch ein bestimmtes Rollenverhalten, durch eine Charaktermaske: *„Thomas Buddenbrooks Dasein"*, so heißt es im Roman, *„war kein anderes mehr als das eines Schauspielers, eines solchen aber, dessen ganzes Leben bis auf die geringste und alltäglichste Kleinigkeit zu einer einzigen Produktion geworden ist, einer Produktion, die mit Ausnahme einiger weniger und kurzer Stunden des Alleinseins und der Abspannung beständig alle Kräfte in Anspruch nimmt und verzehrt"*. Er stirbt, nach einer Zahnoperation, einen banalen Tod, sein Sohn Hanno – Inbegriff lebensfremder Zartheit und sensiblen Künstlertums, in dessen musikalischen Neigungen der Prozess der Entbürgerlichung sich vollendet – erliegt dem Typhus. [...]

Aus: Walter Jens (Hrsg.): Kindlers neues Literatur-Lexikon. Bd. 12 (Ma-Mo). Copyright © 1990 by Kindler Verlag, München S. 62 f. (Artikel zu „Buddenbrooks" – Thomas Mann)

Familiengeschichte der Buddenbrooks

Erster Teil S. 7-49

1835 Mitte Oktober: Familienfeier mit Freunden im neu erworbenen Haus der Familie Buddenbrook in der Mengstraße; Konsul Johann B. d. J. und seine Ehefrau Elisabeth, geb. Kröger, sind seit 1825 verheiratet, ihre Kinder Thomas neun, Tony acht und Christian sieben Jahre alt; Erbstreitigkeiten mit Gotthold B., Sohn aus erster Ehe

Zweiter Teil S. 50-90

1838 14.4.: Geburt der Tochter Clara; der Konsul liest in der Familienchronik.

1842 März: Johann B. d. Ä., Senior des Hauses, stirbt nach seiner zweiten Ehefrau Antoinette, geb. Duchamps; sein Sohn Johann d. J. übernimmt die Leitung der Firma; Thomas B. tritt zu Ostern als Lehrling ein, Tony besucht vom Sommer an das Pensionat von Therese Weichbrodt.

Dritter Teil S. 91-168

1845 Juni: Werbung des Kaufmanns Bendix Grünlich um Tony; Ferien bei Schwarzkopfs in Travemünde; 22.9.: Verlobung

1846 Anfang d. J.: Tonys Hochzeit; Thomas tritt in eine Amsterdamer Firma ein, Christian geht nach London.

Vierter Teil S. 169-248

30.4.: Tony schreibt aus Emsbüttel; 8.10.: Geburt der Tochter Erika Grünlich

1848 1.10.: ‚Revolution' in Lübeck, Konsul B. beruhigt das Volk

1850 Nach Grünlichs betrügerischem Bankrott kehrt Tony ins Elternhaus heim, Thomas kommt aus Amsterdam zurück.

1855 September: Tod des Konsuls Johann B.

Fünfter Teil S. 249-303

Thomas übernimmt die Leitung der Firma

1856 Februar: Christian kehrt nach Lübeck zurück und versucht sich erfolglos im Familiengeschäft; Juli: Clara verlobt sich mit Pastor Tiburtius aus Riga, Thomas mit der Amsterdamer Patriziertochter Gerda Arnoldsen, mütterlicherseits von exotischer Herkunft.

1857 März: Thomas B. und seine Ehefrau beziehen das Haus in der Breiten Straße

Sechster Teil S. 304-394

April: Tony lernt in München Herrn Permaneder kennen, den sie im Herbst heiratet; Juni: Christian wird von seinem Bruder genötigt, nach Hamburg zu gehen.

1858 Thomas wird im Alter von zweiunddreißig Jahren in den Vorstand der Büchener Bahn gewählt.

1859 November: Tony verlässt Permaneder und kehrt endgültig nach Lübeck zurück.

Siebenter Teil S. 395-437

1861 Frühling: Justus Johann Kaspar (Hanno) B. geboren und getauft; Christian geht nach London.

1862 Februar: Thomas B. wird gegen seinen Konkurrenten Hermann Hagenström in den Senat gewählt.

1863 Herbst: Bau des großen neuen Hauses in der Fischergrube

1864 Juni: Umzug in die Fischergrube; August: Clara Tiburtius stirbt an Tuberkulose, ihr Gatte erschleicht ihr Erbteil; Thomas verspürt geschäftlich wie seelisch eine Krise; Deutsch-Dänischer Krieg

1865 Hannos Kinderspiele

1866 Juli: Preußisch-Österreichischer Krieg, Verluste der Firma B. in Frankfurt

Achter Teil S. 438-554

1867 April: Erika Grünlich heiratet Direktor Weinschenk; Christian wieder in Lübeck.

1868 Mai: Thomas kauft die Pöppenrader Ernte und verliert sie am 7. Juli während des hundertjährigen Firmenjubiläums.

1869 Hanno lernt Wagners Musik kennen, er spielt an seinem achten Geburtstag eine eigene Komposition.

1870 Letztes Weihnachtsfest in der Mengstraße, Hanno erhält ein Puppentheater und Harmonium.

1871 Januar: Weinschenk muss ins Gefängnis.

Neunter Teil S. 555-609

Herbst: die Konsulin Elisabeth B. stirbt; Dezember: Thomas B. verkauft das Elternhaus in der Mengstraße an Hermann Hagenström.

Zehnter Teil S. 610-693

1872 Sommerferien in Travemünde, Hannos Gesundheit erweist sich als immer anfälliger.

1874 Frühjahr und Sommer: Gerda B. musiziert mit dem Leutnant von Throta, ihr Gatte liest Schopenhauer und verfasst sein Testament.

1875 Januar: Senator Thomas B. stirbt „an einem Zahne".

Elfter Teil S. 694-759

1876 Christian B. heiratet seine langjährige Geliebte Aline Puvogel; Herbst: die Firma Buddenbrook wird liquidiert; Gerda und Hanno ziehen in eine kleine Villa vor dem Burgtor.

1877 Anfang d. J.: „ein Tag aus dem Leben des kleinen Johann"; Frühjahr: Hanno stirbt an Typhus; Herbst: Gerda B. verlässt nach einundzwanzig Jahren Lübeck.

Aus: Vogt 1995, a.a.O., S. 147–151

Vorüberlegungen zum Einsatz des Romans im Unterricht

Das hier vorgelegte Unterrichtsmodell möchte Lehrende wie Lernende anregen sich mit einem Stück deutscher Literatur zu befassen, das weltweit Verbreitung fand und auch heute noch als literarischer Meilenstein zitiert wird. So wurde der 2002 in deutscher Übersetzung („Die Korrekturen") erschienene amerikanische Roman „The Corrections" von Jonathan Franzen von der Kritik sehr bald als die amerikanischen „Buddenbrooks" apostrophiert.[1]

Möglicherweise schreckt manche Lehrerin/mancher Lehrer vor der Behandlung der „Buddenbrooks" in der Sekundarstufe II zurück: Ist der Roman nicht viel zu umfangreich, der Lektüreaufwand unseren Schülerinnen und Schülern zumutbar? Sprengt seine Komplexität nicht den Rahmen des Unterrichts? Sind Inhalt und Thema den Lernenden überhaupt noch als „relevant" zu vermitteln?

Immerhin stößt Thomas Mann als Autor gegenwärtig noch auf so viel Interesse, dass der dreiteilige Fernsehfilm von Heinrich Breloer (2001) erhebliche Beachtung findet. Der 1901 erschienene Roman gehört inhaltlich und formal dem 19. Jahrhundert an, repräsentiert und thematisiert aber auch eine Phase des Übergangs. Vorstellungswelten und Denkmuster des Epochenumbruchs vom 19. zum 20. Jahrhundert können am Beispiel des „nobelpreis-gekrönten" Buches verdeutlicht werden.[2]

Methodisch gesehen gibt das Unterrichtsmodell neben notwendigem analytischen Vorgehen viele Anregungen zu projekt- und produktionsorientierten Verfahren, die die Annäherungen an das komplexe Werk durchaus von den Lernenden als gestaltend und lustvoll erfahren lassen können. Das Modell will ebenso zu einer textimmanenten Sicht wie zu einem Blick über die Grenzen des Romans hinweg anregen. Zweifellos haben Philosophie, Kunst und Musik des 19. Jahrhunderts deutlich ihre Spuren hinterlassen. Die Grenzen des Faches Deutsch werden auch mit den Vorschlägen zur Behandlung einer Verfilmung des Romans überschritten.

Umfang und Anlage des Werks machen gezielte Leseaufträge im Vorfeld des Unterrichts notwendig. Im Verlauf des vorliegenden Modells wird immer wieder auf die Arbeit von „Kapitelexperten" Bezug genommen.

Die Schülerinnen und Schüler erhalten – möglichst vor Ferienbeginn – den Auftrag, den Roman ganz zu lesen. Zugleich wird aber auch jeder oder jedem Einzelnen eine Anzahl Kapitel (je nach Kursgröße) zugewiesen, der sie oder er sich besonders eingehend zu widmen hat. Dabei sollten alle jeweils „ihre" Kapitel nach vorgegebenen Kategorien untersuchen:

– Welche Zeitangaben enthält das jeweilige Kapitel?
– An welchem Ort/welchen Orten findet das Erzählte statt?
– Welche (Haupt-)Figuren treten in Erscheinung?
– Welchen Inhalt erzählt die Passage (möglichst kurze Wiedergabe)?
– Gibt es erzähltechnische Auffälligkeiten (z. B. Leitmotive, Symbole wie z. B. Farben, Überraschendes, Erzählperspektive)?

Die erfragten Kategorien können in die Form eines Strukturrasters (vgl. Zusatzmaterial 1, S. 159) gebracht und zu Beginn der Unterrichtsreihe zu einem Gesamtüberblick des Romans – etwa auf einer Wandtapete – zusammengefügt werden.[3]

---

[1] Vgl. das „Spiegel-Gespräch" mit J. Franzen „Das Leben ist wie Godzilla", in: Der Spiegel v. 24.6.2002, S. 150.
[2] Thomas Mann erhielt den Nobelpreis als Autor der „Buddenbrooks".
[3] Dabei ist der Platzbedarf bei den 97 Kapiteln, die der Roman umfasst, nicht gering.

Viele der hier im Unterrichtsmodell vorgeschlagenen Arbeitsaufträge lassen sich – z. T. leicht modifiziert – als Aufgabenstellung für **Klausuren** verwenden:

- Text: Beginn des Kapitels III,4 (Jeans Überlegungen zu einer Heirat Tonys mit Grünlich) (S. 111 f.)

Aufgabenstellung: Analysieren Sie den Beginn des Kapitels auch auf dem Hintergrund von Jeans Charakter. Schreiben Sie anschließend auf, was Jeans Vater Johann Buddenbrook zu den Überlegungen seines Sohnes gesagt hätte.

- Text: Ende des Kapitels I,10 (Johanns und Jeans Gespräch über die Ansprüche Gottholds) (S. 46-49)

Aufgabenstellung: Analysieren Sie das Gespräch zwischen Johann Buddenbrook und seinem Sohn Jean. Nehmen Sie Stellung zu den beiden Positionen und berücksichtigen Sie dabei die Grundauffassungen, die Vater und Sohn vertreten.

- Text: Ende des Kapitels X,6 (Thomas und Tony in Travemünde) (S. 670-672)

Aufgabenstellung: Analysieren Sie die Textpassage. Prüfen Sie anschließend, inwieweit Thomas' Charakterisierung seiner Schwester Tony angemessen ist.

- Text: Auszug aus Kapitel IX,2 (Der zweite große Streit zwischen Thomas und Christian) (S. 580 unten: „Ja, ich sehne mich ..." bis S. 582 Mitte: „... ließ sie hinter sich ins Schloss fallen.")

Aufgabenstellung: Analysieren Sie den Text und entwerfen Sie anschließend einen Tagebucheintrag Gerdas, in dem sie den Streit zwischen den Brüdern reflektiert.

- Text: Arthur Schopenhauer: Auszug aus: Die Welt als Wille und Vorstellung, vgl. hier, Zusatzmaterial 15, S. 184 f.

Aufgabenstellung: Analysieren Sie den Text aus Arthur Schopenhauers Hauptwerk und stellen Sie eine Beziehung zu Thomas Buddenbrooks letzter Lebensphase her.

- Texte: 1. Richard Wagner über „Tristan und Isolde", vgl. hier, Baustein 7, S. 115 ff. 2. Ende des Kapitels XI,2 (Hannos Improvisation auf dem Klavier) (S. 749 oben: „Was geschah? ..." bis S. 750 unten: „... mit einem wehmütigen Zögern erstarb.")

Aufgabenstellung: Analysieren Sie die beiden Texte und vergleichen Sie sie. Berücksichtigen Sie dabei Vorstellungen und Leitgedanken der „Décadence".

Mögliche Themen für Facharbeiten sind:

- Johann Buddenbrook der Ältere – ein aufgeklärter Bürger des 18. Jahrhunderts?

- Protestantische Ethik und Geschäftssinn: Jean Buddenbrook als Unternehmer im Sinne Max Webers?

- Tony Buddenbrook und andere – Frauen als „Opfer" in Romanen des 19. und beginnenden 20. Jahrhunderts (Flaubert: Madame Bovary; Fontane: Effi Briest; Mann: Buddenbrooks)

- Schule als Trauma – Schule in literarischen Werken an der Schwelle vom 19. zum 20. Jahrhundert (Wedekind: Frühlings Erwachen; Hesse: Unterm Rad; H. Mann: Professor Unrat)

- Leitmotivtechnik bei Richard Wagner und in den „Buddenbrooks"

- „Buddenbrooks" – ein Werk der „Décadence"?

Als hilfreich für die selbstständige Arbeit der Lernenden mit dem Roman haben sich die folgenden Adressen und Literaturhinweise erwiesen:

Adressen

a) Wichtige Adressen im Internet für Recherchen zu Thomas Mann
www.s-fischer.de

www.buddenbrookhaus.de

www.tma.ethz.ch (Thomas Mann Archiv in Zürich an der Eidgenössischen Technischen Hochschule in Zürich mit einer reichen Linksammlung)

www.uni-duesseldorf.de/WWW/ulb/tmswebl.html (Seite der UB der Heinrich-Heine-Universität Düsseldorf – Linksammlung und wichtigste Sammelstelle für Literatur von und zu Thomas Mann)

http://corpus.en.kyushu-u.ac.jp/corpus (Hier bietet sich die Möglichkeit, für jeden gewünschten Begriff im Gesamtwerk Thomas Manns die entsprechenden Fundstellen aufzurufen.)

b) andere Adressenhinweise
zur Vorbereitung der Befragung von Literaturexperten und zur Recherche über den Erfolg des Romans:
S. Fischer-Verlag, Hedderichstr. 114, 60596 Frankfurt/M.
andere Literatur-Verlage
Universitäten in der Umgebung (Fachbereiche oder Fakultäten der Germanistik/Literaturwissenschaften)
Tageszeitungen (regional) – Feuilletonredaktionen

c) Literaturhinweise
zur detaillierten Arbeit an der Frage, welchen Erfolg der Roman „Buddenbrooks" hatte bzw. hat:
Beck, Knut (Bearb.): 100 Jahre S. Fischer Verlag 1886–1986. Eine Bibliografie. Frankfurt/M.: S. Fischer Verlag 1986
Kurzke, Hermann: Thomas Mann. Das Leben als Kunstwerk. Eine Biografie. München: C.H. Beck, 1999
Moulden, Ken; von Wilpert, Gero (Hrsg.): Buddenbrooks-Handbuch. Stuttgart: Alfred Kröner Verlag 1988
Reich-Ranicki, Marcel (Hrsg.): Was halten Sie von Thomas Mann? Achtzehn Autoren antworten. Frankfurt/M.: Fischer Taschenbuchverlag 1986 (enthalten sind hier die Ergebnisse der Befragungen von 1975 und 1985)
Schröter, Klaus: Thomas Mann. Reinbek b. Hamburg: Rowohlt 1984 (rm 93)

Konzeption des Unterrichtsmodells

Selbstverständlich kann weder der konkrete Unterricht noch das hier vorgestellte Modell auch nur annähernd einem Produkt von Umfang und Dichte der „Buddenbrooks" in allen Facetten gerecht werden. Die Schwerpunkte liegen hier auf „Verfall" und „Verfeinerung", die als zwei Seiten einer Münze zu sehen sind. Das Vorgehen orientiert sich damit wesentlich an den männlichen Hauptfiguren. Zwar wird Tony Buddenbrook ausführlich berücksichtigt (Baustein 3), doch könnte manche Leserin und mancher Leser eine eingehende Beschäftigung mit anderen Frauenfiguren vermissen. Auch wichtige Nebenfiguren werden oft nur beiläufig erwähnt und das Verhältnis zwischen der im Roman gestalteten und der nicht-literarischen Wirklichkeit ist nur exemplarisch angedeutet (Z 2, S. 160). Ein umfassender Rekurs auf historische und biografische Bezüge hätte einfach den Rahmen des hier Möglichen gesprengt.

Die Weltgeltung von Thomas Manns erstem Roman war zum Zeitpunkt seines Erscheinens im Jahre 1901 nicht abzusehen. Heute liegt das Buch in 31 Sprachen vor. **Baustein 1** befasst sich mit Möglichkeiten, in die Romanbehandlung einzuführen. Es werden zunächst verschiedene Projekte vorgeschlagen. Die Schülerinnen und Schüler sollen kleine „Forschungsreisen" unternehmen: So etwa befassen sie sich u. a. mit der Rezeptionsgeschichte, vollziehen mögliche Gründe des Erfolgs nach und stellen sie dar. Sie werden so – ohne sich selber dem Werk schon interpretierend genähert zu haben – Einblicke in den Literaturbetrieb wie in geistesgeschichtliche Zusammenhänge gewinnen. Nicht immer jedoch sind Projekte sinnvoll und möglich. So bietet dieser Baustein am Ende auch Vorschläge für einen unmittelbaren, ‚konventionellen' Einstieg in die Unterrichtsreihe an.

Ausgehend von verschiedenen Gestaltungen der Krankheits- und Todesthematik und entsprechenden (Leit-)Motiven (etwa dem der Zähne und der Farbe Gelb) soll den Schülerinnen und Schülern in **Baustein 2** deutlich werden, wie dicht und mit welchem Detailreichtum der Roman „Verfall" thematisiert. Bevor es also zu einer eingehenden Beschäftigung mit der Abfolge des familiären Niedergangs kommt, werden die Lernenden auch hier auf die Suche – diesmal innerhalb des Textes – geschickt: nach Elementen der Dekadenz, des Sterbens und des Niedergangs. Sie werden so schon auf das Décadence- und Fin-de-Siècle-Thema im Zuge des Epochenumbruchs vom 19. zum 20. Jahrhundert hingeführt, der später noch vertiefend behandelt wird (Baustein 7).

Wenn auch der beginnende Verfall der Buddenbrook-Familie an Konsul Johanns (Jeans) skrupulöser Religiosität schon erkennbar wird, so steht er doch noch für die Einheit der Firmen- und der Familientradition, die Johann Buddenbrook der Ältere noch ganz ungebrochen repräsentiert. **Baustein 3** befasst sich mit den Romanfiguren, welche die Überlieferung noch uneingeschränkt hochhalten: Johann, „selbstverständlich" als Kind des aufgeklärten 18. Jahrhunderts, Jean, zwar schon angekränkelt durch seine pietistische Religiosität, Tony, die ihre „gewollte" Ungebrochenheit gegen jede Wahrheit bis zum Ende hin durchhält. Während im Verlaufe des Romans individuelle Glücksansprüche und Familientradition den Handelnden immer klarer als Gegensatz erscheinen (vgl. Bausteine 4 und 5), bleiben in dieser Hinsicht die drei Genannten „naiv". Die Schüler werden lernen, wie eine solche Handlung bei wachsenden ökonomischen Problemen der Firma im Roman plausibel gemacht wird.

Baustein 4 stellt die beiden quasi komplementär konzipierten Romanfiguren gegenüber: Thomas als den zweifelnden „Nicht-mehr-Bürger" und Christian als den hypochondrischen „Noch-nicht-Künstler". Die Schüler werden gehalten, die Biografien der Brüder einander gegenüberzustellen, ihre jeweiligen Probleme miteinander zu vergleichen: In *beiden* Fällen werden bürgerliche Familien- und Firmentraditionen einerseits und Selbstverwirkchung andererseits als Gegensatz erfahren, d. h., der vermeintliche Gegensatz zwischen den Brüdern schwindet in den Augen des Lesers, je weiter der Roman fortschreitet.

Die Entwicklung des letzten Sprosses der Familie steht im Mittelpunkt des **Bausteins 5**. Hannos Blick auf seine Umgebung ist der des hypersensiblen, lebensmüden Künstlers, der sich endgültig von Firma und Familie abkehrt. Erst von Hannos Ende her gesehen lässt sich deren Niedergang vollständig deuten. Das Leiden des jüngsten Buddenbrook wird hier vor allem am Beispiel der berühmten Schulepisode verdeutlicht, die mehr ist als Satire: Schule erscheint als Ort der Lebenstüchtigen, der – wie das Leben insgesamt – den sensiblen Jungen hoffnungslos überfordert.

Baustein 6 stellt die Form des Romans ins Zentrum: Die Schüler sollen die wichtigsten erzähltechnischen Merkmale des Romans erarbeiten: Konzeption und Aufbau der Handlung, das Verhältnis von erzählter Zeit zur Erzählzeit und die Erzählperspektive werden als für die Wirkung des Romans konstituierend erkannt. Die Schüler sollten zumindest beispielhaft das komplexe Motivgeflecht nachvollziehen (vgl. Baustein 2), die Personenzeichnung durchschauen und die Funktion der oftmals ironisch-distanzierten Erzählhaltung erörtern.

Baustein 7 will anregen zu fachübergreifendem oder fächerverbindendem Arbeiten. Hannos Todessehnsucht wird ausgelöst und repräsentiert durch Wagners Musik, der lebensmüde Leistungsethiker Thomas bereitet sich durch seine Schopenhauer-Lektüre auf den Tod vor und gewinnt schließlich den Willen zum Leben – vielleicht im Sinne Nietzsches – zurück. Handlungselemente und Aussagen des Romans werden in Baustein 7 entsprechenden Passagen aus der philosophischen Literatur und musiktheoretischen Überlegungen gegenübergestellt, damit die Schüler sehen können, in welcher Weise Thomas Mann außerliterarische Elemente literarisch verarbeitet. Das Décadence-Thema (vgl. Baustein 2) wird hier in den übergreifenden geistesgeschichtlichen Zusammenhang gestellt.

Baustein 8 rückt eine Verfilmung der „Buddenbrooks" in den Mittelpunkt. Neben ausführlichen Vergleichen zwischen Roman- und Filmhandlung sowie der Personendarstellung geht es hier vor allem um die filmsprachliche Umsetzung eines hochdifferenzierten literarischen Textes: Möglichkeiten und Grenzen einer Literaturverfilmung werden ebenso thematisiert wie die veränderten Sehgewohnheiten unserer Schülerinnen und Schüler, denen eine für sie „frühe" Verfilmung (1959) möglicherweise fremder erscheint als der Roman selbst.

Die thematischen Bausteine des Unterrichtsmodells

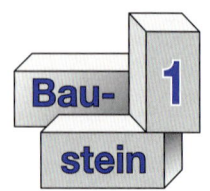

Baustein 1 · Thomas Mann: „Buddenbrooks" – Der Einstieg in die Unterrichtsreihe

Dieser Baustein bietet zunächst Anregungen, wie sich im Vorfeld der eigentlichen Romanbehandlung bei Schülerinnen und Schülern Interesse an einer eingehenden Beschäftigung mit dem Text erzeugen lässt. Die hier vorgeschlagenen Projekte setzen bei der Lerngruppe keine vollständige Textkenntnis voraus; sie eignen sich zu einer die erste Lektüre begleitenden Einführung. Die Vorschläge sind als alternative Möglichkeiten gedacht, können aber auch parallel von verschiedenen Gruppen eines Kurses durchgeführt werden. Auf das hier Erarbeitete kann in vielen Fällen bei der vertiefenden Beschäftigung mit dem Roman erneut zurückgegriffen werden.

Am Ende bietet dieser Baustein auch Vorschläge für einen unmittelbaren, ‚konventionellen' Einstieg in die Unterrichtsreihe an, für den Fall, dass Projekte nicht möglich oder nicht sinnvoll erscheinen.

Das **erste Projekt** setzt sich zum Ziel, gängige Einstellungen zum Roman „Buddenbrooks" – sofern sie überhaupt bestehen – zu erfassen. Es lenkt das Augenmerk der Schülerinnen und Schüler beispielhaft auf die Frage, ob und wie tief literarische Produkte im Alltagswissen verwurzelt sind.

Das **zweite Projekt** „Thomas Manns Roman ‚Buddenbrooks' – eine Erfolgsstory" konzentriert sich auf die Geschichte des Erfolgs dieses Romans. Eine ganze Reihe von Materialien erlaubt den Schülerinnen und Schülern, Stationen der Geschichte des Erfolgs und der literarischen Rezeption – am Beispiel der Statements anderer Autoren – nachzuzeichnen. Das Projekt sollte ebenso wie das erste in ein präsentationsfähiges Ergebnis münden.

Das **dritte Projekt** „Auf den Spuren Thomas Manns in Lübeck" stellt der gesamten Lerngruppe die Aufgabe, Ideen für eine Kursfahrt nach Lübeck zu entwickeln. Wir geben hier nur wenige Anregungen und wollen der Fantasie der Lerngruppen keine Grenzen setzen.

1.1 ☐ Projekt 1: (Vor-)Urteile zu Thomas Manns „Buddenbrooks"

Innerhalb dieses Projektes sind die Schülerinnen und Schüler aufgefordert, Alltagswissen über Thomas Manns Nobelpreisroman „Buddenbrooks" zu erfragen und auszuwerten.

1.1.1 Vorbereitung

Zunächst stellt sich die Frage, wo und in welcher Breite es ein Alltagswissen über Thomas Mann und seinen Roman „Buddenbrooks" gibt. Immerhin hatte die Verfilmung von Thomas Manns Leben, die zu Beginn des Jahres 2002 im Fernsehen gezeigt wurde[1], beachtlichen Erfolg, ebenso wie die Neuverfilmung des Romans von 2008 (vgl. Baustein 8).

---

[1] Heinrich Breloer: Die Manns – Ein Jahrhundertroman. Deutschland 2001

Der folgende Fragehorizont sollte abgeschritten werden, um die grundlegende Frage nach der Breitenwirkung aufzuhellen:

- Wie hoch ist der Prozentsatz der Befragten[1], die überhaupt etwas Konkretes und Korrektes mit dem Namen Thomas Mann verbinden? Wenn ja, wie weit reicht dieses Wissen?
- Wie ist das verbreitete Wissen verteilt? Ist es z. B. generationsspezifisch? Sind es vornehmlich jüngere Menschen, die über die Buddenbrooks Bescheid wissen, weil sie den Roman möglicherweise in der Schule behandelt haben? Oder wissen ältere Menschen mehr über den Roman und seinen Autor, weil die Lektüre Thomas Manns nach dem Zweiten Weltkrieg vielleicht stärker verbreitet war als heute?
- Woher stammt das Wissen? Haben die Befragten den Roman gelesen oder haben sie eine der Verfilmungen gesehen?

Die Erstellung eines Fragebogens setzt auf Schülerseite einige grundlegende Kenntnisse zum Gegenstand voraus. Zu deren Erwerb können die als Zusatzmaterial 1–6 (S. 159–170) abgedruckten Materialien als Orientierung dienen.

1.1.2 Der Fragebogen und die Interviews

Ein Fragebogen könnte vier Bereiche ansprechen: a) Der Mensch Thomas Mann, b) der Autor Thomas Mann, c) der Roman „Buddenbrooks" und d) die Verfilmungen des Romans. Grundsätzlich müssen die Lernenden entscheiden, in welchem Verhältnis eher enge zu eher weiten Fragen stehen sollen und in welcher Reihenfolge sie gestellt werden. Offenere und unschärfere Fragestellungen rufen möglicherweise freiere Äußerungen hervor. Die hier (Arbeitsblatt 1, S. 32) vorgeschlagene Reihenfolge sollte von der Lerngruppe der jeweiligen Zielgruppe angepasst werden. Möglicherweise erhalten die Interviewer wesentlich lustigere Reaktionen, wenn sie mit der Frage „Was verbinden Sie mit dem Namen „Buddenbrooks?" (Frage 3 im Modellfragebogen) das Gespräch mit Passanten auf der Straße eröffnen. Über die reinen Wissensfragen hinaus sollten die Interviewten auch um eine Einschätzung der Bedeutung von Thomas Mann und seinem Werk gebeten werden, etwa, ob der Roman (oder ein anderer desselben Autors) auch weiterhin in der Schule behandelt werden sollte (vgl. etwa die entsprechende Unterfrage im Block 2). – Die Schülerinnen und Schüler erhalten den Auftrag für eine Gruppenarbeit:

❏ *Erarbeiten Sie auf der Grundlage des Ihnen zur Verfügung stehenden biografischen und enzyklopädischen Materials einen Fragebogen für ein Leitfadeninterview. Erarbeiten Sie mehrere Varianten. Denken Sie dabei daran, Ihren Fragebogenentwurf dem Vorwissen verschiedener Zielgruppen anzupassen.*

Sollte die eigenständige Erarbeitung im Rahmen der Unterrichtsreihe zu zeitaufwändig sein, kann der hier abgedruckte Fragebogen (Arbeitsblatt 1) im Sinne einer Orientierungshilfe als Arbeitsblatt dienen.

Neben Interviews auf der Straße sollten auch Personen angesprochen und befragt werden, denen man wegen ihres professionellen Hintergrundes die Kenntnis des Romans unterstellen kann. Solche Interviews erfordern dann Modifikationen oder Erweiterungen des Fragebogens. So ließen sich beispielsweise an Buchhändler die folgenden Fragen stellen:

- Wann ist das letzte Mal ein Exemplar der „Buddenbrooks" verkauft worden?
- Welchen Beruf hat nach Ihrer Einschätzung der Mann/die Frau, der/die das Buch gekauft hat?

---

[1] Da eine Befragung in unserem Rahmen nicht repräsentativ sein kann, sind hier nur Spekulationen möglich.

An den Schulen bedeutet die Befragung von Deutschlehrern eine ähnliche Anpassung des Fragebogens. Die Befragten könnte man mit der Einstiegsfrage „Was bedeuten Ihnen Thomas Mann und sein Roman ‚Buddenbrooks'?" zu Äußerungen bewegen. Ähnliche Modifikationen könnte man in Universitätsstädten bei der Befragung von Studierenden des Faches Germanistik vornehmen. Natürlich eignen sich auch die Mitschüler der parallelen Kurse, um Interviewmaterial zu sammeln.

Nun erhalten die Lernenden den Auftrag:

❒ *Führen Sie auf der Grundlage der erstellten Fragebogen die Interviews innerhalb der ausgewählten Zielgruppen. Dokumentieren Sie die Gespräche mit einem Kassettenrekorder oder einer Videokamera.*

Dazu sollte ein größerer Zeitraum vereinbart werden – möglichst über ein Wochenende –, denn die Materialsammlung kann sich langwierig gestalten. Nicht alle gemachten Interviews eignen sich übrigens tatsächlich zur weiteren Verarbeitung. Diesem Problem kann aber mit einer reichhaltigeren Originaltonsammlung begegnet werden.

1.1.3 Die Präsentation der Interviewergebnisse

Die in dieser Phase des Projektes gesammelten Originaltöne werden nun in einem zweiten Schritt ausgewertet, und zwar auf zwei verschiedenen Wegen.

Arbeitsauftrag an die Schülerinnen und Schüler:

❒ *Werten Sie die von Ihnen gesammelten Antworten statistisch aus. Welche Aussagen können Sie auf der Grundlage Ihres Materials zum Bekanntheitsgrad des Romans und der Person Thomas Manns machen? Verbindet die von Ihnen befragte Personengruppe mit dem Romantitel „Buddenbrooks" tatsächlich mehr als den Namen ihres Autors? Wird Thomas Mann als vergleichsweise moderner Dichter oder – vermittels deutlich abweichender Lebensdaten – eher als Zeitgenosse Goethes und Schillers wahrgenommen?*

Erwartet werden kann jedenfalls – trotz der gerade in den ersten Jahren dieses Jahrhunderts sehr intensiven Aufbereitung von Leben und Werk Thomas Manns – ein relativ diffuses Bild trotz einer gleichzeitig sehr hohen Meinung von der Wichtigkeit und der Bedeutung von Autor und Werk.

Neben der empirischen Auswertung ist die Präsentation und natürlich das vorausgehende Arrangement der Originaltöne das wichtigste Ziel der Auswertung.

Arbeitsauftrag an die Schülerinnen und Schüler:

❒ *Arrangieren und präsentieren Sie die aufgezeichneten Originaltöne. Konzentrieren Sie sich dabei auf die Aussagen, die in Ihren Augen auf die Alltagsrezeption des Romans ein besonders helles Licht werfen.*

Für eine solche Präsentation wählen die Schülerinnen und Schüler vermutlich extreme Aussagen aus oder auch solche, die besonderes Unwissen verraten. Gerade aber die Ambiguität – das verbreitete diffuse Bild gepaart mit der Hochschätzung des Werks Thomas Manns – liefert den Schülerinnen und Schülern eine zusätzliche Motivation, sich mit dem Roman zu beschäftigen.

Die Aufgabe, das gesammelte Material zu präsentieren, lässt sich auch noch anspruchsvoller gestalten, indem nämlich die Schülerinnen und Schüler den Auftrag bearbeiten:

❒ *Präsentieren Sie eine Auswahl der von Ihnen aufgezeichneten Originaltöne im Rahmen einer etwa einstündigen Radio- oder halbstündigen Videosendung oder erarbeiten Sie ein Drehbuch für eine der genannten Produktionen.*

Diese Aufgabe erweitert die Auswahl und die Zusammenstellung des Interviewmaterials um eine kreative Komponente. Im Zuge der Erarbeitung einer solch anspruchsvollen Präsentationsform könnten sich die Schülerinnen und Schüler mit computergestützter Schneidetechnik und anderen technischen Möglichkeiten des Material-Arrangements vertraut machen. Neben dem Interviewmaterial müsste über zusätzliches Material (passende Musik beispielsweise) und eine dem gewählten Format angepasste Art und Weise der Rahmenkonstruktion nachgedacht werden. Diese Arbeit richtet den Blick der Schülerinnen und Schüler auch auf das Umfeld, die Entstehungszeit oder die erzählte Zeit des Romans.

1.1.4 Zusammenfassender Ablaufplan für das Projekt 1

Ein Ablaufplan für das Projekt könnte dann in etwa so aussehen (in Klammern sind immer Vorschläge für einen Zeitrahmen gemacht – diese Vorschläge müssten der Lerngruppe und den schulspezifischen Bedingungen angepasst werden):

1. Erarbeitung des Exposés für die Interviews – Organisation (drei Unterrichtsstunden in der Schule)
2. Sammeln der Originaltöne oder -bilder außerhalb des Unterrichts (max. eine Woche)
3. Fertigstellung der Endprodukte (Video- oder Hörbeitrag in der Schule) (eine Woche innerhalb und außerhalb des Unterrichts)
4. Präsentation der Ergebnisse (eine Doppelstunde oder mehr).

Mit dem Einstieg in das Projekt 1 beginnt spätestens die Lektüre des Romans.

1.2 ☐ Projekt 2: Thomas Manns „Buddenbrooks" – eine Erfolgsstory

Dieses zweite Projekt hat zum Ziel, die Schülerinnen und Schüler über die Erfolgsgeschichte des Romans ins Bild zu setzen. Als Gradmesser von Erfolg dienen im Folgenden erstens die Verkaufszahlen des Buches und zweitens Äußerungen von Dichterkollegen, Literaturkritikern oder auch Literaturwissenschaftlern, die die „professionelle" Rezeption des Romans nachzuzeichnen erlauben. Die unten (vgl. 1.2.2) vorgeschlagenen Quellenauswertungen können natürlich in unterschiedlichem Umfang realisiert werden. Manche der vorgeschlagenen Recherchen sind zeitaufwändig und lassen sich sinnvollerweise unmittelbar vor einer Ferienstrecke initiieren.

Am Ende dieser Projektarbeit soll ebenfalls ein präsentationsfähiges Ergebnis stehen. Die Form der Präsentation muss nicht festgelegt werden. Radio- und Videoformate eignen sich bei spielfreudigen Kursteilnehmerinnen und Kursteilnehmern ebenso wie Präsentationen mit aufbereitetem grafischen Material oder eine umfangreichere schriftliche Darstellung der Rechercheergebnisse.

1.2.1 Vorbereitungen zu Projekt 2

Das Unterrichtsgespräch zur Vorbereitung dieses Projektes wird mit der Frage eingeleitet:

☐ *Wann spricht man nach Ihrer Auffassung von einem „erfolgreichen Buch" oder einem „erfolgreichen Autor"?*

Daran schließt sich die Frage an, die unmittelbar in das Projekt hineinführt:

☐ *Wie kann man den Erfolg eines Buches überhaupt messen?*

Konkret auf den Roman „Buddenbrooks" bezogen lautet dann die entsprechende Frage:

☐ *Wie können wir messen, wie erfolgreich der Roman „Buddenbrooks" ist oder gewesen ist?*

Sehr schnell dürfte sich die Diskussion auf zwei Aspekte konzentrieren. Zunächst auf den eher quantitativen Aspekt des Buches als Ware. Ein erfolgreicher Roman ist ein Buch, das sich oft verkauft. Der Verkaufserfolg bemisst sich nach der Zahl der Auflagen und nach deren Höhe. Der Verkaufserfolg ist umso höher, je mehr Übersetzungen des Werks vorliegen. Je mehr Übersetzungen vorliegen, desto größer ist der Markt, den sich der Roman erschlossen hat. Ein weiterer Aspekt, der zum ökonomischen Erfolg eines Romans zählt, ist darüber hinaus natürlich auch, ob der Roman den Sprung in das Massenmedium des 20. Jahrhunderts geschafft hat, ob der Roman also verfilmt worden ist.

Das ist allerdings nicht die ganze Wahrheit, denn die Schülerinnen und Schüler kennen selber Texte – möglicherweise aus vorangegangenen Unterrichtssequenzen –, die zu Lebzeiten ihrer Autoren buchhändlerische Flops waren, die aber heute als Meilensteine der Literatur oder Philosophie betrachtet werden und ihren Autor zumindest posthum berühmt gemacht haben. Damit ist ein eher qualitativer Aspekt angesprochen, der allerdings schwieriger zu erfassen ist (vgl. 1.2.3). Ein Indikator für den qualitativen Erfolg auf dieser Ebene – so könnte der Unterrichtende einführen – seien Wirkungen des Romans auf Texte oder deren Autoren, die nach dem Erscheinen dieses Textes veröffentlicht wurden.

1.2.2 „Buddenbrooks" – ein Bestseller?

Die allgemeine Einführung in die Frage nach der Messbarkeit des Erfolgs kann nun in die Formulierung verschiedener Arbeitsaufträge münden, die Recherchearbeit in der Bibliothek oder im Internet bedeuten. Im Mittelpunkt der ersten Teiluntersuchung soll zunächst der Verkaufserfolg des Romans stehen.

Arbeitsauftrag an die Schülerinnen und Schüler:

❏ *Finden Sie heraus, wann der Roman „Buddenbrooks" wie oft verkauft worden ist. Stellen Sie darüber hinaus eine Liste der Sprachen zusammen, in die der Roman übersetzt worden ist. Machen Sie alle Angaben in Abhängigkeit von den Jahreszahlen.*
❏ *Klären Sie, wie oft der Roman verfilmt worden ist. Stellen Sie alle Angaben für die Verfilmung zusammen. Ermitteln Sie, ob sich diese Verfilmungen gegebenenfalls als Videokassette oder DVD kaufen oder ausleihen lassen.*

Bei der Bearbeitung dieser Aufgabe bieten sich drei Vorgehensweisen an, die unterschiedlich schwierig sind:
a) Der/die Unterrichtende lässt den Schülerinnen und Schülern freie Hand. Diese Variante überfordert möglicherweise diejenigen, die noch nicht mit den ihnen in den Bibliotheken oder im Internet zur Verfügung stehenden Instrumentarien vertraut sind. Dass die Schülerinnen und Schüler Quellen erschließen, die ihnen spezialisiertere Informationen zur Verfügung stellen, ist ein wichtiges Lernziel dieses Bausteins. Möglicherweise ist es also zielführender, wenn
b) der/die Unterrichtende die Recherche mit Literaturhinweisen anleitet (vgl. Vorüberlegungen zum Einsatz des Romans im Unterricht, S. 14 f.), was die Suche in den Bibliotheken erleichtert. Um Zeit zu sparen, kann allerdings auch
c) der/die Unterrichtende das im Anhang zu diesem Baustein zusammengestellte Material (vgl. Zusatzmaterial 6, 7 und 8, S. 169 ff.) den Schülerinnen und Schülern zur Verfügung stellen mit der Bitte, dieses Material für ein Kurzreferat auszuwerten und grafisch aufzubereiten. Ein solches Referat umfasst dann auch eine Kritik des Materials, auf dessen Grundlage alle Zahlenangaben gemacht werden.

Im Anschluss an die Recherchearbeit werden die Schülerinnen und Schüler aufgefordert, das zusammengestellte Zahlenmaterial zu interpretieren:

❏ *Stellen Sie die von Ihnen gesammelten Daten zum Verkaufserfolg des Romans dar. Welche besonders erfolgreichen und welche besonders erfolglosen Verkaufsjahre lassen sich ablesen? Wie erklären Sie sich diese Schwankungen? Waren bzw. sind also die „Buddenbrooks" ein „Bestseller"?*

Die Interpretation der gesammelten Daten macht voraussichtlich deutlich, dass der Erfolg des Romans sehr zögerlich einsetzte. Die ersten Verkaufszahlen waren alles andere als viel versprechend. Der Verleger S. Fischer schien Recht zu behalten mit seinem Verdacht, dass sich kaum Leser finden dürften, die sich durch zwei dicke Bände zu quälen bereit wären. Er schrieb es am 26.10.1900 nach einer ersten Lektüre des Manuskripts an unseren Autor:

„Glauben Sie, dass es Ihnen möglich ist, Ihr Werk um etwa die Hälfte zu kürzen, so finden Sie mich im Prinzip sehr geneigt, Ihr Buch zu verlegen. Ein Roman von 65 eng gedruckten Bogen ist für unser heutiges Leben fast eine Unmöglichkeit; ich glaube nicht, ob sich viele Menschen finden, die Zeit und Concentrationslust haben, um ein Romanwerk von diesem Umfang in sich aufzunehmen. Ich weiß, dass ich Ihnen eine ungeheuerliche Zumutung stelle und dass das vielleicht für Sie bedeutet, das Buch ganz neu zu schreiben, allein als Verleger kann ich mich zu dieser Frage nicht anders stellen."[1]

Erst die einbändige Ausgabe brachte die Wende und erste ökonomische Erfolge. Die „Buddenbrooks" wurden zusehends der „erste wirkliche Bestseller des S. Fischer Verlages"[2].

Der ausgesprochen schleppende Verkauf des Romans unmittelbar nach der Erstveröffentlichung ist sicher ebenso bemerkenswert wie einige weitere Phasen mit dünnen, z. T. auch ganz ausbleibenden Verkäufen sowie mehrere deutlich ausgeprägte Verkaufsspitzen.

Sicherlich sind die Verkaufszahlen bis zur Nobelpreisverleihung bereits beachtlich. Mit der Preisverleihung aber erreicht die Gesamtauflage eine völlig andere Dimension. Allein eine Million Exemplare wurden unmittelbar im Anschluss an die Nobelpreisverleihung verkauft. Der damals mit umgerechnet 200.000 Reichsmark[3] dotierte Nobelpreis ist unter ökonomischen Gesichtspunkten im Vergleich zu seiner verkaufsfördernden Wirkung wohl eher als Zubrot denn als die Hauptsache anzusehen. Der Nobelpreis war und ist – und das sollten die Schülerinnen und Schüler ebenfalls sehen – ein „Marketing-Glücksfall".

Das Hitlerregime verbrannte am 10. Mai 1933 auch die Schriften Thomas Manns. Er selber lebte seit dem Machtantritt Hitlers im Ausland. Trotzdem konnten seine Bücher bis 1936 im Deutschen Reich erscheinen. Erst nachdem ihm am 09.12.1936 die Staatsbürgerschaft aberkannt wurde, war der Verkauf von Büchern des Autors Thomas Mann im „Deutschen Reich" verboten.[4] Nach dem „Anschluss" Österreichs 1938 fehlte den Romanen und Erzählungen Thomas Manns bis 1945 das deutschsprachige Publikum fast vollständig. Seine Romane erschienen nun in Stockholm, wohin sein Verlag, der Fischer Verlag, emigriert war. Die große Zahl der Übersetzungen konnte diesen Verlust ökonomisch wohl nicht ausgleichen, sie dürften allerdings bis zum Ausbruch der Kriegshandlungen zur ökonomischen Unabhängigkeit Thomas Manns im Exil beigetragen haben. Nach dem Beginn des Zweiten Weltkriegs gerieten die meisten mit Übersetzungen erschlossenen Märkte unter deutsche Kontrolle, was die Einnahmen aus den Übersetzungen weiter verringerte. Nach dem Ende der Hitlerbarbarei setzte der Verkauf in Deutschland wieder ein.

Auffälligere Verkaufsspitzen lassen sich nun mehrfach, beispielsweise in den Jahren 1979 und 1986, erkennen. 1979 kurbelte die 11-teilige Fernsehverfilmung der „Buddenbrooks" auch den Verkaufserfolg des Buches wieder an. 1986 feierte der Verlag S. Fischer sein 100-jähriges Bestehen und gab preisgünstige Sonderausgaben mit Werken seiner renommiertesten Autoren heraus. Auch das Erzählwerk Thomas Manns wurde in einer sol-

---

[1] Rodewald/Fiedler 1989, S. 396
[2] Hofmann, 1999, S. I
[3] Kurzke 1999, S. 401
[4] Die Geheime Staatspolizei wies einige Tage nach der Ausbürgerung sämtliche Staatspolizeistellen an, „auftauchende Exemplare der Werke Thomas Manns polizeilich zu beschlagnahmen und einzuziehen" (Brenner 1963, S. 192). Seit dem Tag der Ausbürgerung Manns erschien das Gesamtwerk auf der Liste des „schädlichen und unerwünschten Schrifttums" des Reichsministeriums für Volksaufklärung und Propaganda (Moulden/v. Wilpert 1988, S. 321)

chen Neuausgabe vorgelegt. Für das Jahr 2002 dürften ebenfalls anziehende Verkäufe beobachtet werden. Heinrich Breloers Film „Die Manns" – sehr erfolgreich und ein großes Medienereignis – weckte aufs Neue das Interesse der Menschen auch am literarischen Werk Thomas Manns.[1]

Allein in deutscher Sprache kann heute von etwa zwei Millionen verkauften Exemplaren des Romans ausgegangen werden (vgl. Zusatzmaterial 8, S. 177ff.). Die im Anhang zusammengestellten Zahlen erfassen allerdings ausschließlich die vom Fischer-Verlag verkauften Exemplare und spiegeln keineswegs den vollständigen Verkaufserfolg des Romans wider. In den vorgelegten Zahlen sind die verkauften Exemplare der übersetzten Ausgaben nicht enthalten, für die wir keine zuverlässigen Angaben ermitteln konnten. Ebenfalls nicht vollständig berücksichtigt sind die Lizenzausgaben aus der Nachkriegszeit z. B. in der ehemaligen DDR oder für Buchclubs. Schätzungen reichen für die deutschsprachigen Ausgaben hinauf bis zu vier Millionen verkaufter Exemplare.

Zusammenfassung: Die interpretierende Arbeit an den Verkaufszahlen soll den Schülerinnen und Schülern vermitteln:

1. wissenschaftlich präzises und kritisches Arbeiten an einem einfachen Beispiel (formales Lernziel),
2. die Bedeutung des Nobelpreises und der Übersetzungen für den Verkauf eines Romans,
3. die ökonomische Bedeutung der Hitlerdiktatur und des Zweiten Weltkriegs für Exilautoren wie z. B. Thomas Mann,
4. die enge Wechselwirkung der Medien aufeinander, hier in Gestalt der verkaufsfördernden Wirkung des Fernsehens auf den Verkauf des Romans.

1.2.3   „Buddenbrooks" – ein literarischer Meilenstein?

Vorüberlegungen

Wie lassen sich nun Maßstäbe zur besseren Einschätzung des *qualitativen* Gehalts von literarischen Werken gewinnen? Die Beantwortung dieser Frage ist ungleich schwieriger. Sie lässt sich nicht auf der Grundlage harter Fakten unternehmen. Was ist überhaupt literarische Qualität? Wie ließe sich eine wie auch immer bestimmte literarische Qualität messen?

Die Diskussion dieses Themas strebt verständlicherweise kein endgültiges Ergebnis an. Wie auch? Die in der Diskussion gesammelten, vermutlich also nur unbefriedigenden Antwortversuche sollen dazu anregen, der Frage weiter nachzugehen und über Wege nachzudenken, wie man einer Antwort zumindest näher kommen kann.

Vermutlich richtet sich der Blick der Schülerinnen und Schüler schnell auf vermeintliche oder auch wirkliche Literaturexperten, deren Maßstäbe für literarische Qualität abgefragt werden könnten. Darüber hinaus könnte die Aufarbeitung der literarischen Rezeption des Romans angeregt werden.

Vorbereitung einer brieflichen Befragung

Beide Ansätze sollen nun in konkrete Arbeitsaufträge an die Schülerinnen und Schüler umformuliert werden. Sie werden aufgefordert, Literaturexperten per Brief um ihre Einschätzung der Bedeutung des Werks von Thomas Mann – insbesondere natürlich der „Buddenbrooks" – zu bitten. Diese Briefe ließen sich an die Literaturwissenschaftler der näher gelegenen Universitäten, an Verlagslektoren, an Literaturkritiker kleinerer Zeitungen und natürlich auch an Autoren der Gegenwart richten. Die Lernenden erhalten folgenden Arbeitsauftrag:

❑ *Stellen Sie eine Liste der Adressaten zusammen, die aufgrund ihres professionellen Umgangs mit Literatur über einen Maßstab für „Qualität" in der Literatur verfügen. Sammeln Sie Namen und Adressen.*

---

[1] Heinrich Breloer: Die Manns – Ein Jahrhundertroman. Deutschland 2001.

❏ *Formulieren Sie wichtige Kernfragen für ein Anschreiben an die „Literaturexperten".*

Die Briefe können um die folgenden Kernfragen herum aufgebaut sein:
- Worin liegt Ihrer Einschätzung nach die literarische Hauptwirkung Thomas Manns?
- War Thomas Mann für Ihr Interesse an Literatur/für Ihre eigene literarische Produktion von Bedeutung? War er ein Vorbild?
- Für wie wichtig halten Sie die „Buddenbrooks"?
- Was sind Ihrer Einschätzung nach die Stärken und Schwächen der „Buddenbrooks"?

Bei der gemeinsamen Besprechung der Recherche-Ergebnisse und der vorbereitenden Arbeiten experimentieren die Schülerinnen und Schüler nun in Gruppenarbeit mit dem adressatenbezogenen Schreiben. Gemeinsam suchen die Lernenden nach Formulierungen, die möglicherweise sogar „Berühmtheiten" eine Antwort entlocken, und denken über Interessen der Adressaten nach, die angesprochen werden könnten, um ein Antwortschreiben zu provozieren.

Um die Pause zwischen Anschreiben und Antwort der „Literaturexperten" besser zu überbrücken, sollte die mit dieser Variante des Bausteins 1 beginnende Einführung des Romans vor einer längeren Ferienzeit angesetzt werden. In den letzten Stunden vor den Ferien würde der Brief formuliert und an die ausgewählten Empfänger verschickt. Die Ferien verlängern die Frist, in der eine Antwort eintreffen kann. Die Ferien können parallel für die Lektüre genutzt werden.

Ergänzende Literaturrecherche
Der Rücklauf einer solchen Befragung ist natürlich nicht gesichert. Selbst ein völliger Fehlschlag der brieflichen Befragung der Literaturexperten ist nicht auszuschließen. Der Ansatz birgt einfach das Risiko, dass trotz sehr eingehender Bemühungen die Reaktionen nur spärlich bleiben. Um dennoch genügend Material für die unten skizzierten Produktionen zu sammeln, werden die Schülerinnen und Schüler parallel zur brieflichen Befragung auf die Suche nach gedruckt vorliegendem Material zur literarischen Qualität und Wirkung Thomas Manns geschickt. Sie erhalten den Arbeitsauftrag:

❏ *Ermitteln Sie in der Bibliothek oder im Internet Texte literarischer Experten, die sich mit der Qualität des Erzählwerks Thomas Manns und insbesondere mit der Qualität der „Buddenbrooks" auseinandersetzen.*
❏ *Stellen Sie aus den ermittelten Texten Kernaussagen zusammen. Welche qualitativen Maßstäbe lassen sich aus den Äußerungen ableiten?*

Sind die Schülerinnen und Schüler noch wenig versiert in der Umsetzung bibliografischer Aufträge, lässt sich die Suche natürlich auch durch Recherchetipps anleiten. So etwa wandte sich Marcel Reich-Ranicki 1975 und zehn Jahre später erneut an bedeutende Autoren und Schriftsteller der Gegenwart mit der Frage „Was halten Sie von Thomas Mann?". Die Antworten der Autoren können die Schülerinnen und Schüler selbst recherchieren. Ausführliche Hinweise zu ersten Reaktionen auf die „Buddenbrooks" liefert darüber hinaus das „Buddenbrooks-Handbuch"[1] mit zahlreichen Quellenverweisen innerhalb einer zusammenfassenden Schilderung. Mit diesen beiden Titeln dürften die Schüler ausreichendes Material aufspüren, mit dem dann weitergearbeitet werden kann. Bei stärkerem Zeitdruck steht das beigefügte Material zur Verfügung, das wir der Sammlung von Marcel Reich-Ranicki entnommen haben (Zusatzmaterial 9, S. 180 ff.).

Präsentation der Ergebnisse
Die Arbeitsergebnisse lassen sich auf verschiedene Weisen präsentieren. Soll der Akzent mehr auf einer schriftlich interpretierenden Arbeit liegen, werden die Schülerinnen und Schüler gebeten, die Antworten der „Literaturexperten" in einem Materialienbändchen zusammenzustellen. Die Antwortschreiben böten – zusammen mit einer kurzen Darstellung der Rechercheschritte – gemeinsam mit kurzen interpretierenden Texten der Lernenden

---

[1] Moulden/v. Wilpert 1988, S. 319 ff.

einen vertieften Stand der Diskussion zur Frage: „Was ist Qualität in der Literatur? Wie lässt sich die Qualität von Literatur erfassen?" Die Reaktionen der Literaturexperten lassen sich durch die in der Literatur ermittelten Äußerungen von anderen Autoren ersetzen. Der Arbeitsauftrag lautet dann:

❏ *Stellen Sie kurz den Ablauf Ihrer Recherchearbeit dar. Präsentieren Sie anschließend den Rücklauf der Expertenbefragung und/oder der Literaturrecherche. Kommentieren Sie die Antworten der Literaturexperten in ein- oder ausleitenden kurzen Texten und stellen Sie anschließend die Kriterien zusammen, aus denen die Experten ihren Qualitätsmaßstab zusammensetzen.*

Aufwändiger, aber auch reizvoller ist eine andere Variante der Präsentation: die Entwicklung und Produktion einer Rundfunksendung. In einer Talk-Runde könnten die Schülerinnen und Schüler selber in die Rolle der Literaturexperten schlüpfen und auf der Grundlage ihrer Recherche die besondere Qualität oder auch Nicht-Qualität der „Buddenbrooks" diskutieren. Andere Formate sind ebenfalls möglich. Nachgestellte Interviews mit den wichtigsten Stellungnahmen zur Qualität der „Buddenbrooks", kombiniert mit einem Hintergrundbericht über die wichtigsten Fakten zum Roman und seine Entstehungsgeschichte in Kombination mit Musik spüren im Format einer Dokumentarsendung der gleichen Frage nach: „Was macht die Qualität der „Buddenbrooks" bzw. die Qualität des Autors Thomas Mann aus?" Der alternative Arbeitsauftrag an die Schülerinnen und Schüler lautet entsprechend:

❏ *Produzieren Sie eine Rundfunksendung, entweder im Format einer Talk-Runde oder im Format einer Dokumentarsendung. Stellen Sie die Auffassungen der „Literaturexperten" von „literarischer Qualität" dar und ziehen Sie eine Quintessenz aus der Diskussion.*

Inhaltlich ist etwa Folgendes zu erwarten:

Gadamer betont den „preziösen", den geschraubten Stil, seine Sprachkunst, der den Rang des „Meisters" Thomas Mann bestimme. Inhaltlich weist er dem „Thema der Spannung zwischen Künstler und Bürger", der „Schwächung, die mit Differenziertheit, Geist und Künstlertum" verbunden wird, einen „besonderen Reiz" zu. Ein Thema, das nicht nur in den „Buddenbrooks", sondern – nach Gadamer – variantenreich aber penetrant immer wieder in dem Werk Thomas Manns gestaltet ist. Qualität scheint hier bestimmt nicht nur über das sprachliche Handwerk, sondern auch über die Differenziertheit, mit der ein Autor ein relevantes Thema auslotet.

Das Handwerkszeug, die „Wortgewalt", die geradezu „berauschende Wirkung" seiner „kunstvoll gefügten Prosa" und die „Charakterisierungskunst", ist das, was **Wolfgang Harich** an Thomas Mann besonders schätzt. Er verweist zusätzlich auf die „böse" Ironie und den „verzeihenden Humor", die das Werk Thomas Manns bestimmen und ihm eine besondere Qualität verleihen.

Die „kunstvollen" Sätze und die „ironischen Erhellungen" sind auch das, was **Wolfgang Koeppen** zumindest Bewunderung abnötigt. Dass in Manns Romanen gesellschaftlich-politisch konservative Grundpositionen zum Ausdruck kommen, schützt Koeppen vor allzu leidenschaftlicher Begeisterung.

Leszek Kolakowski betont wieder ein spezielles Thema der Dichtungen Thomas Manns. Mann ist für ihn der „Dichter der Krankheit". Krankheit – ein Synonym für Leben – ist das Thema aller seiner Werke; natürlich auch der „Buddenbrooks".

Für **Siegfried Lenz** ist Thomas Mann ein „sehr guter Schriftsteller" wegen seiner „enormen Reizempfindlichkeit", die ihn das Leben als „im Grunde einzige vielfältige Konvention" empfinden lasse. Dieser Konvention erwehre sich Mann mit dem „Mittel der Ironie", die immer wieder einen Vorbehalt gegen diesen „Willen zur Konvention" anmelde. Thomas Mann als Persönlichkeit ist für Lenz wegen seines vorbehaltlosen öffentlichen Auftretens gegen den Nationalsozialismus bedeutend.

Stil, Ironie und Wortgewalt erkennt auch **Hans Erich Nossack** – nur nicht an. Für ihn verbirgt die hochartifizielle Sprachkunst bloß die mangelnde Originalität. Der Stil Thomas

Manns ist für ihn „der Inbegriff der Unehrlichkeit und der Feigheit", weil hinter den vielen „Vorbehalten" niemals eine wirkliche Position des Autors erkennbar wird. Der Erfolg des Buches hat nichts mit der Qualität der Texte zu tun. Erfolg ist ihm ein soziologisches Phänomen.

Für **Peter Rühmkorf** ist 1975 die Sprache Thomas Manns gekennzeichnet durch „gestelzte Manierlichkeiten" und ihm „beinahe physisch zuwider". Darüber hinaus sind die gestalteten Themen für Rühmkorf von keinerlei Relevanz – sie sind ihm „schnurz". Die Kompositionskunst und den „Zug" – zumindest der Erzählungen – hat Rühmkorf erst 10 Jahre später schätzen gelernt.

Um die Diskussion der Leitfrage nach der „Qualität" von Literatur noch einmal zu bündeln, könnten im Anschluss an die Präsentationen Kernaussagen gesammelt und an der Tafel visualisiert werden. Auf der Grundlage des im Anhang zur Verfügung gestellten Materials ist das im Folgenden modellhaft versucht. Die vorgeschlagene Grobstruktur – die Trennung zwischen inhaltlichen und formalen Aspekten – lässt sich aber vermutlich auch für das von den Schülerinnen und Schülern zusammengetragene Material aus den Befragungen der „Literaturexperten" übernehmen. Die Struktur muss möglicherweise weiter angepasst oder modifiziert werden, wenn auch differenziertere Aussagen zum Roman „Buddenbrooks" selbst dokumentiert werden konnten.

„Was halten Sie von Thomas Mann?"
Thomas Manns Wirkungen auf prominente Autoren

Autor:	formale Kriterien:	inhaltliche Kriterien:
Gadamer	preziöser Stil	Thema: Spannung Bürger – Künstler; Gestaltung einer Schwächung, die mit Differenziertheit und Geist einhergeht (positiv)
Harig	Wortgewalt, böse Ironie, Charakterisierungskunst, verzeihender Humor	
Koeppen	Ironie, kunstvolle Sprache	politischer Konservativismus (negativ)
Kolakowski		Dichter der Krankheit (positiv)
Lenz	Ironie	Thema: Das Leben als Konvention und der Kampf dagegen
Nossack	hochartifizielle Sprachkunst (stark negative Wertung: unehrlich, feige, versteckt die mangelnde Originalität)	
Rühmkorf	hochartifizielle Sprachkunst (stark negative Wertung: Sprachbarriere, gestelzte Manierlichkeiten) (1975)	
	Änderung der Position: große Kompositionskunst und „Zug" (1985)	

Alle genannten Äußerungen sollten ein Kontinuum der Bewertung von Qualität aufzeigen. Möglicherweise verbinden die Schülerinnen und Schüler mit einigen der besonders hervorgehobenen Kennzeichen der literarischen Qualität des Werks von Thomas Mann (z. B. die immer wieder betonte „Ironie") zu diesem frühen Zeitpunkt der Beschäftigung mit dem Roman nur sehr unscharfe Bedeutungen. Auf diese Weise bereitet der erste Einstieg in das Thema auch die detaillierte Klärung der genannten Begriffe in den weiteren Bausteinen vor (vgl. insbesondere Baustein 6). Die literarische Qualität – so lässt sich jedenfalls resümieren – bestimmt sich innerhalb eines Spannungsfelds von handwerklichem Können, politisch persönlicher Integrität und thematischer Auswahl. Die drei Pole liefern keine absoluten Marksteine einer Bewertung, sondern sind – je nach Standpunkt des Interpreten oder „Bewerters" – relativ. Quintessenz könnte also die Aufforderung an die Schülerinnen und Schüler sein, sich über den eigenen Maßstab für die Qualität von Literatur Gedanken zu machen, den eigenen Maßstab zumindest einmal zu explizieren.

1.2.3.5 Zusammenfassung

Die Arbeit an einem Antwortversuch auf die Frage „Was ist literarische Qualität?" soll den Schülerinnen und Schülern vermitteln:

1. wissenschaftliche Arbeitsweisen wie z. B. das Bibliografieren an einem einfachen Beispiel – Nutzung von Bibliothekskatalogen und ihre Recherchemöglichkeiten im Internet;
2. die Einsicht in die Tatsache, wie facettenreich eine Antwort auf die Frage nach literarischer Qualität ist. Dieser Frage muss wesentlich differenzierter nachgegangen werden als der Frage nach dem buchhändlerischen Erfolg eines Romans. Die Antworten auf diese Fragen sind darüber hinaus auch keineswegs so eindeutig wie die Antworten auf die erste Frage.

1.3 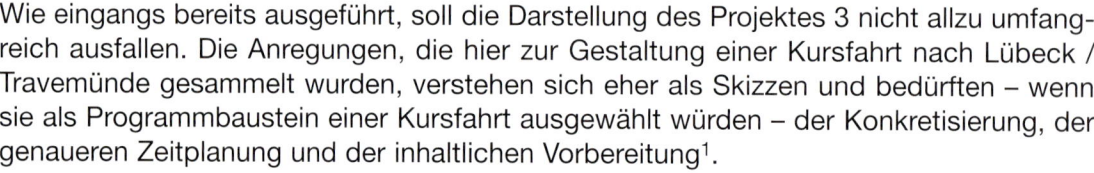 Projekt 3: Kursfahrt nach Lübeck und Travemünde

Wie eingangs bereits ausgeführt, soll die Darstellung des Projektes 3 nicht allzu umfangreich ausfallen. Die Anregungen, die hier zur Gestaltung einer Kursfahrt nach Lübeck / Travemünde gesammelt wurden, verstehen sich eher als Skizzen und bedürften – wenn sie als Programmbaustein einer Kursfahrt ausgewählt würden – der Konkretisierung, der genaueren Zeitplanung und der inhaltlichen Vorbereitung[1].

Die Kursfahrt ist nicht davon abhängig, dass die Behandlung des Romans bereits abgeschlossen ist. Sie lässt sich vielmehr sogar ideal mit einer Einführung (Projekt 1) verbinden. Selbst die Projektbestandteile, die mit Textpassagen arbeiten, können nach entsprechenden Einzelhinweisen des Unterrichtenden realisiert werden.

1.3.1 Stadtrundgang auf den Spuren der Buddenbrooks

Die ganze Gruppe geht auf den Spuren der Buddenbrooks durch Lübeck. Die entsprechenden Passagen des Romans, die eine Identifizierung im Stadtbild zulassen, werden zusammengestellt und dann abgeschritten. Die Textpassagen werden dabei/davor vorgelesen. Im Anschluss an die Lesungen versuchen die Schülerinnen und Schüler, das Gelesene im heutigen Stadtbild wiederzuentdecken. Geeignete Textpassagen sind u. a.:

- Thomas geht zum Abschied zu seinem Blumenmädchen Anna (III,15, S. 164 ff.);
- Tonys Lauf vom Rathaus zu Thomas' Wohnsitz in der Bäckergrube (VII,4, S. 413 ff.);
- Tonys und Hannos Einfahrt in die Stadt aus Travemünde kommend (vgl. die Schilderungen III,13, S. 155 und X,3, S. 637);
- Hannos Schulweg (XI,2, S. 704 ff.) – ausgehend von einer „kleinen Villa vor dem Burgtore" (XI,1, S. 698) hin zur Schule, dem Katharineum in der Königstraße. Die Schule ist noch etwa in dem Zustand, den Thomas Mann selber auch kennen gelernt hat. Sie wur-

---

[1] Zur ausführlichen Vorbereitung eignet sich die Lektüre von Wißkirchen 1996. Wir danken Markus Möckel für seine auf Erfahrungen gestützte Hinweise.

de übrigens auch von Theodor Storm, Emanuel Geibel, Werner Bergengruen und Erich Mühsam besucht.

In die bereits aufgelisteten Gänge lassen sich natürlich auch die identifizierbaren Orte integrieren. Dazu gehören
- das Landschaftszimmer im Buddenbrooks-Haus (I,1, S. 10 f.), das ohnehin zum Besuchsprogramm zählt,
- die Marienkirche, deren Orgel der Klavier lernende Hanno mitbedienen darf (VIII,6, S. 503),
- der Kornspeicher „Eiche" in der Untertrave 34, der im Ursprungszustand erhalten geblieben ist und der in den Buddenbrooks erwähnt wird (III,13, S. 156),
- das Jugendstiltheater Lübecks in der Beckergrube, in dem der junge Hanno zur Entschädigung für die erduldeten Schmerzen bei Zahnarzt Brecht zum ersten Male eine Oper hört (VIII,8, S. 534) und das Christian Buddenbrooks Lieblingsaufenthaltsort in Lübeck ist.

1.3.2 Stadtrundgang und szenische Lesung ausgewählter Passagen des Romans

Eine Alternative zum bloßen Vorlesen der entsprechenden Passagen des Romans ist z. B. eine szenische Lesung der ausgewählten Stücke. Die Schülerinnen und Schüler werden zur Vorbereitung der Klassenfahrt aufgefordert, sich in Gruppen (mit unterschiedlicher Größe) auf den notwendig auch öffentlichen Vortrag der ausgewählten Romanpassagen vorzubereiten. Hierbei muss eine Auswahl der oben genannten Stellen getroffen werden, da sie sich nicht alle gleichermaßen für eine solche szenische Lesung eignen. Der Stadtrundgang bietet dann Gelegenheit für die Schülerinnen und Schüler, die vorbereiteten Passagen vorzutragen.

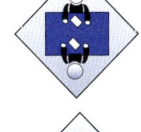

Ob im Rahmen einer einfachen oder szenischen Lesung, die Schülerinnen und Schüler erfahren auf jeden Fall,
- dass literarisch gestaltete Wirklichkeit – selbst wenn es sich wie bei den „Buddenbrooks" auch um einen autobiografisch geprägten Roman handelt – immer eine Auswahl trifft aus dem „realen" Material (es gibt viel mehr Dinge, die nicht geschildert sind, als Dinge, die geschildert werden) oder – etwas theoretischer formuliert –,
- dass es einen Unterschied gibt zwischen literarisch gestalteter Realität als einer „ausgewählten" und **bedeutenden** Wirklichkeit und der Wirklichkeit des Augenscheins, deren Bedeutung durch die persönlichen Bedingungen gesteuert wird.

In der produktionsbetonteren Variante der szenischen Lesung erfahren die Schülerinnen und Schüler eine stärkere Identifikation mit dem Roman. Sie erleben Literatur nicht bloß als ein Stück Schulalltag, sondern durchaus auch – einfach durch das laute Lesen in einer Stadt vor zufälligen Zuschauern – als aufregendes und intensives Leben.

1.3.3 Realisierung von Projekt 1 im Rahmen der Klassenfahrt

Das Projekt einer szenischen Lesung kann darüber hinaus erweitert werden um die Vorschläge zum Projekt 1. Befragungen unter den Zuschauern nach einer Lesung könnten mit Kassettenrekordern oder Videokameras aufgezeichnet werden und im Anschluss an die Klassenfahrt zu einer der beschriebenen Produktionen umgestaltet werden. Hier könnten die Fragen der Interviewer natürlich etwas detaillierter auch auf die gerade vorgestellte Szene eingehen oder stärker darauf abzielen, die Bedeutung des berühmten Sohnes der Stadt, Thomas Mann, für die Lübecker herauszuarbeiten.

Das Projekt 1 eignet sich auch ohne Verbindung mit den Lesungen als Programmpaket für eine Klassenfahrt nach Lübeck.

1.3.4 Mediale Umsetzung einzelner Romanpassagen

Die Schülerinnen und Schüler bekommen hier den Auftrag, Foto- oder Videomaterial für eine mediale Umsetzung einer Romanszene/mehrerer Romanszenen zu sammeln. Ge-

29

eignet sind Orte, die sich auch im Roman als Lübecker Handlungsorte – wenn auch nie namentlich – erkennen lassen.

Ebenso gut können die Schülerinnen und Schüler für ihre Umsetzungspläne in Lübeck oder Travemünde Orte auswählen, die zu von ihnen ausgewählten Romansequenzen passen. Aufgenommen werden können Videosequenzen, die nachher zu einem Videofilm zusammengeschnitten und nachvertont werden. Es kann Fotomaterial gesammelt werden, das mit Musik und Text zu einer Diashow arrangiert oder in einem Materialband vorgelegt wird.

1.4 ◻ Vorschläge für den unmittelbaren Einstieg

Nicht immer sind Projekte wie die oben genannten möglich und sinnvoll. Im Folgenden werden einige Möglichkeiten genannt, unmittelbar in die Unterrichtsreihe einzusteigen.

1. Gleich zu Beginn der Romanbehandlung kann auf die Arbeit der „Kapitelexperten" zurückgegriffen werden: Die Lernenden fügen die Strukturraster der jeweiligen Kapitel (s. Zusatzmaterial 1, S. 159) zu einem Gesamtüberblick über den Roman – etwa auf einer Wandtapete – zusammen.[1] Ein Arbeitsauftrag lenkt dann schon den Blick auf Strukturmerkmale, Handlungsschwerpunkte und die Figuren, die über bestimmte Phasen hin im Vordergrund stehen:

◻ *Betrachten Sie den Überblick über das Romangeschehen genau. Lassen sich Gestaltungsprinzipien und Strukturmerkmale erkennen?*

Die hier erfolgenden Beobachtungen weisen erfahrungsgemäß schon die Richtung der folgenden unterrichtlichen Behandlung (etwa: Stationen des ökonomischen Niedergangs, Analyse der männlichen Hauptfiguren, Tonys Schicksal, Philosophie und Musik).

2. Zu einem ähnlichen Ergebnis führt es, wenn die jeweiligen „Experten" für ihr(e) Kapitel informierende Überschriften formulieren, um dann in Gruppen ein Inhaltsverzeichnis z. B. für je einen der elf Romanteile zusammenzustellen. Die wiederum zusammengefügt ergeben einen Gesamtüberblick, auf den während der Unterrichtsreihe stets zurückgegriffen werden kann und der die Akzente, welche die folgende Behandlung setzt, plausibel und nachvollziehbar macht.

3. Die zentrale Bedeutung der Romanfiguren legt einen entsprechenden Zugang nahe: Auch hier bilden die Schülerinnen und Schüler Gruppen und erhalten den Auftrag[2]:

◻ *Erstellen Sie einen Stammbaum der Familie Buddenbrook. Heben Sie die für den Roman wichtigsten Figuren hervor und skizzieren Sie anschließend deren Schicksal.*

Auf diese Weise gewinnen die Lernenden einen klaren Überblick über die nach dem Lesen oft verwirrende Fülle von Personen und Geschehnissen. Zu angeregten Diskussionen im Kurs kann eine Zuspitzung des Arbeitsauftrages führen:

◻ *Erstellen Sie einen Stammbaum der Familie Buddenbrook. Welche Figur steht im Zentrum des Romans?*

Zu erweitern ist der Zugang über das komplexe Figurengeflecht des Romans durch folgende Aufgabenstellungen:

◻ *Vergleichen Sie die Schicksale und Charaktere der Hauptfiguren aus den „Buddenbrooks" mit den Kurzbiografien der Familie Mann (vgl. Zusatzmaterial 2, S. 160 ff.) und ordnen Sie sie einander zu. Welche Veränderungen hat Thomas Mann vorgenommen? Welche Wirkungen gehen von diesen Veränderungen aus?*

---

[1] Vgl. „Vorüberlegungen zum Einsatz des Romans im Unterricht", hier, S. 13 ff.
[2] Vgl. den Stammbaum hier, S. 164/165.

Am 28.10.1913 erscheint in den „Lübecker Anzeigen" folgende Anzeige:

Es sind mir im Laufe der letzten 12 Jahre durch die Herausgabe der

„Buddenbrocks",

verfasst von meinem Neffen, Herrn **Thomas Mann** in München, dermassen viele Unannehmlichkeiten erwachsen, die von den traurigsten Konsequenzen für mich waren, zu welchen jetzt noch die Herausgabe des Alberts'schen Buches „**Thomas Mann und seine Pflicht**" tritt.

Ich sehe mich deshalb veranlasst, mich an das lesende Publikum Lübecks zu wenden und dasselbe zu bitten, das oben erwähnte Buch gebührend einzuschätzen.

Wenn der Verfasser der „Buddenbocks" in karikierender Weise seine allernächsten Verwandten in den Schmutz zieht und deren Lebensschicksale eklatant preisgibt, so wird jeder rechtdenkende Mensch finden, dass dieses verwerflich ist. Ein trauriger Vogel, der sein eignes Nest beschmutzt.

17079 **Friedrich Mann, Hamburg.**

❐ *Erklären Sie Friedrich Mann in einem Brief, welchen Irrtümern er erliegt. Erläutern Sie bei dieser Gelegenheit einmal grundsätzlich die Differenz zwischen poetischer Gestaltung und biografischer Dokumentation.*

4. Bewährt hat sich auch folgender Einstieg in die Romanhandlung:

❐ *Stellen Sie sich vor, Sie übernähmen das Casting für eine Verfilmung der „Buddenbrooks". Suchen Sie in Magazinen und illustrierten Zeitschriften nach Gesichtern, die Ihnen zur Darstellung der wichtigsten Romanfiguren passend erscheinen.*

Sinnvoll ist es hier, vorher die entsprechenden Figuren festzulegen, damit die Suche nach „Darstellern" nicht ausufert. Auch bei diesem Vorgehen kommt es in der Lerngruppe erfahrungsgemäß zu regen Diskussionen, die ein jeweiliges Verständnis des Textes deutlich machen oder erst erzeugen.

---

[1] abgedruckt in und zitiert nach: Wißkirchen 1999, S. 32

Fragenkatalog: „Was wissen Sie über Thomas Mann?"

0. Wann sind Sie geboren?

1. Was wissen Sie über den Menschen Thomas Mann?

- Wann ist er geboren?
- Wann ist er gestorben?
- Wo ist er geboren, wo gestorben?
- Was war sein Vater von Beruf?
- War Thomas Mann ein Nazi?
- Hatte Thomas Mann Kinder? Wenn ja, wie viele? Können Sie Namen nennen?

2. Was wissen Sie über den Autor Thomas Mann?

- Was hat Thomas Mann geschrieben?
- Können Sie – außer „Buddenbrooks" – noch weitere Romantitel nennen?
- Was haben Sie – außer „Buddenbrooks" – von Thomas Mann gelesen?
- Können Sie sich erinnern, ob Sie Thomas Mann in der Schule gelesen haben?
- Halten Sie Thomas Mann für so wichtig, dass ein Roman von ihm auf jeden Fall Gegenstand des Deutschunterrichts sein sollte? Wenn nein, welche anderen literarischen Texte würden Sie für eine Behandlung im Deutschunterricht vorschlagen?

3. Was verbinden Sie mit dem Namen „Buddenbrooks"?

- Können Sie ein bisschen über den Inhalt erzählen? Hauptfiguren? Handlungsgang?

4. Kennen Sie Verfilmungen?

- Wissen Sie, welche Schauspieler mitgewirkt haben?
- Wie heißen die Regisseure der Verfilmungen?

EinFach Deutsch. Unterrichtsmodell: Buddenbrooks. © Schöningh Verlag 2003

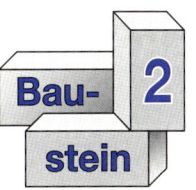

„Ich glaubte ... ich glaubte ... es käme nichts mehr"[1] – Verfall und Tod als Themen des Übergangs

Der Baustein 2 stellt die Gestaltungen von „Tod", „Verfall" und „Krankheit" in den Vordergrund, deren Behandlung zum Teil bereits im Untertitel des Romans angesprochen ist: *„Verfall* einer Familie". Im ersten großen Abschnitt des Bausteins soll der Komplex textimmanent aufgeschlossen und in den Zusammenhang des Romanganzen gestellt werden. Der bis hierher entfaltete Gedanke findet seine Ergänzung im Baustein 7, in dem der Begriff der „Décadence" von Bedeutung ist.

Krankheit, Tod und Verfall sind Aspekte des Übergangs, den der Roman an vielen verschiedenen Stellen thematisch aufnimmt. Neben den genannten Aspekten gibt es viele weitere, die als Varianten dieses übergreifenden Themas gelten können. So wird beispielsweise der Wandel ökonomischer Formen des Handelns einerseits durch den Niedergang der Familie Buddenbrook und andererseits durch den parallelen Aufstieg der Familie Hagenström markiert (vgl. Baustein 3). In der musikalischen Welt setzt sich die „neue" Musik Richard Wagners gegen ihre Vorläufer durch (vgl. Baustein 7). Fokussiert man die Ideengeschichte, lässt sich auch hier ein Übergang – der von romantischen philosophischen Entwürfen hin zur Lebensphilosophie Friedrich Nietzsches (vgl. Baustein 7) – erkennen.

2.1 ❑ Krankheit, Tod und Verfall als zentrale Themen des Romans

2.1.1 Entwicklungstendenzen bei der Gestaltung der Todesfälle

Ziel der ersten Unterrichtsphase ist es, Textstellen zu untersuchen, in denen ein *Todesfall* im Mittelpunkt steht, und herauszuarbeiten, welchen Zusammenhang mit *Krankheit* es jeweils gibt. Mit der Bitte, zunächst einmal alle im Roman gestalteten Sterbefälle herauszusuchen, wird die Arbeit am Thema eingeleitet:

❑ *Listen Sie in Gruppenarbeit alle Figuren auf, die im Verlauf der Romanhandlung sterben. Kennzeichnen Sie kurz die Art des jeweiligen Todes. Geben Sie die genauen Fundstellen an.*

Mithilfe der „Kapitel-Experten" kommt schnell eine ziemlich beeindruckende Menge von Toten selbst aus dem engeren Familienumfeld zusammen (unberücksichtigt geblieben sind hier weiter entfernt stehende Figuren, wie z. B. Madame Kethelsen oder auch die Konsulin Buddenbrook, geborene Stüwing – vgl. XI,1, S. 694). Die im Unterrichtsgespräch zusammengetragenen Ergebnisse werden systematisiert und auf einer Folie fixiert, die später als Arbeitsblatt 2 (s. S. 43) für alle Kursteilnehmer kopiert wird.

Das Gespräch über die erarbeitete Liste der Todesfälle lässt sich mit der Frage stimulieren:

❑ *Gibt es in der chronologischen Folge der Sterbefälle eine erkennbare Entwicklung?*

Die Hypothesen der Schülerinnen und Schüler über eine mögliche Entwicklungstendenz werden vermutlich vor allem in zwei Richtungen gehen. Zum einen wird ein zunehmender seitenmäßiger Umfang der Darstellung des Todes und der unmittelbar mit dem Tod in

---

[1] VIII,8, S. 524

Verbindung stehenden Ereignisse (z. B. der Begräbnisse) unterstellt. Damit würde jedem Todesfall eine zunehmende Bedeutung im Romanganzen zugewiesen. Weiterhin dürften die Schülerinnen und Schüler schnell das von Generation zu Generation abnehmende Lebensalter entdecken. Zum anderen wird wahrscheinlich darauf hingewiesen werden, dass die Figuren zunehmend mehr leiden, bevor sie sterben, und dass die Figuren von Generation zu Generation anfälliger für Krankheiten werden. Es lässt sich also grob zwischen einer eher quantitative Aspekte berücksichtigenden Entwicklung und einer eher qualitative Aspekte akzentuierenden Entwicklung unterscheiden.

Beide Hypothesen über die Entwicklungslinien sollen nun detaillierter untersucht werden. Die beiden Hypothesen könnten in etwa so noch einmal gemeinsam formuliert und an der Tafel festgehalten werden:

Entwicklungstendenzen bei den Todesfällen in den „Buddenbrooks" (Hypothesen)

1. Die **Quantität**, d. h. der Umfang der Darstellung, der Raum, den die Schilderung des Todes einnimmt, wird tendenziell immer größer. Zugleich sterben die Figuren immer jünger.

2. Die **Qualität**, d. h. die Todesart, verändert sich. Die Protagonisten sterben tendenziell immer grauenhafter und leidvoller. Sie sind zudem von Generation zu Generation immer kränker.

2.1.2 Exemplarische Analyse der Todesfälle

Die Entwicklungslinien treten besonders deutlich hervor, wenn der Unterrichtsgegenstand in der folgenden Textarbeit auf die exemplarische Untersuchung von insgesamt vier Todesfällen im engsten Familienumfeld der Buddenbrooks eingegrenzt wird. Die an die Lernenden gerichtete Frage:

❑ *Welche Todesfälle bieten sich Ihnen zu einer exemplarischen Untersuchung an?*

dürfte zu folgenden Nennungen führen:

Untersucht werden sollten die Tode von
- Johann Buddenbrook
- Jean Buddenbrook
- Thomas Buddenbrook
- (Hanno Buddenbrook)

Die Lehrerin oder der Lehrer wird dafür plädieren, die Behandlung der Hanno-Figur wegen ihres besonderen Gewichtes auf einen späteren Zeitpunkt zu verschieben. Möglich wäre eine Ergänzung der Liste durch den Namen

- Lebrecht Kröger,

der zusammen mit Johann Buddenbrook dem Älteren die frühe, einem vergangenen Jahrhundert angehörende Generation verkörpert.

In mindestens drei – bei Einbeziehung von Lebrecht Kröger mindestens vier – Arbeitsgruppen sollten die Schülerinnen und Schüler nun an die Analyse der Sterbefälle gehen. Zuvor jedoch muss die Arbeit im Hinblick auf Vergleichbarkeit vorstrukturiert werden. Das Methodenbewusstsein der Lernenden weckt die Frage:

❏ *Welche Aspekte der ausgewählten Todesfälle sind zu untersuchen, damit die aufgestellten Hypothesen überprüft werden können?*

Genannt (und von der Lehrperson gegebenenfalls ergänzt) werden vermutlich die Aspekte:

Umfang der jeweiligen Schilderung (Sterben, Tod, Begräbnis)	Ursache / Anlass des Todes	Ort und Umstände des Todes	Sterbealter	Reaktionen	Letzte Worte
...	...	...	...	...	...
...	...	...	...	...	...

Auch hier dient eine Tabelle der besseren Übersicht. Jede Gruppe erhält als Tabellen-Zeile eine große Papierbahn (z. B. Tapete), welche die Spaltenbreite verbindlich vorgibt. Am Ende der Gruppenarbeit werden dann die verschiedenen „Zeilen" zu einer Tabelle zusammengefügt. Anschließend erhalten die Schüler die Gesamtübersicht als Kopie (S. 44f.).

Die meisten der zu untersuchenden Aspekte bedürfen kaum einer Erläuterung. Problematisch – weil bewusst unschärfer formuliert – ist die dritte Frage, die die Aufmerksamkeit auf den Todesort und die Umstände des Todes lenkt. Welche „Umstände" sind hier gemeint? Bei Bedarf können an dieser Stelle Präzisierungen die Textarbeit fokussieren bzw. auch ausweiten. Die Auswertung kann sich sowohl auf die unmittelbaren Todesumstände konzentrieren als auch abgelegenere Umstände zu erfassen suchen – je nach Einschätzung der Leistungsfähigkeit der Lerngruppe. Da hier ausschließlich die Tode der Firmenlenker untersucht werden, wäre z. B. interessant zu erfahren, ob die Person vor ihrem Tod dafür gesorgt hat, dass der Wirtschaftsbetrieb geordnet übergeben und so sein Weiterfunktionieren gesichert wurde. Werden die „Todesumstände" sehr weit interpretiert, könnte auch auf vorausgehende Krankheiten oder allgemeinere Schilderungen abgehoben werden, die das ökonomische Handeln der Firmenlenker beeinträchtigen. Darüber hinaus dient die Aufklärung darüber, ob die Figuren einsam oder im Kreis ihrer Angehörigen sterben, der Analyse der „Umstände" des Todes.

Aus einem anderen Grunde schwierig ist die Erarbeitung des Alters der sterbenden Figuren. Die notwendigen Angaben, die eine präzise Bestimmung des Lebensalters möglich machen, sind oftmals über den ganzen Roman verteilt. Hier wird die Zusammensetzung der Arbeitsgruppe darüber entscheiden, ob die zur Verfügung stehenden Angaben für eine Bestimmung des Lebensalters ausreichen. Es ist also mit Lücken zu rechnen. Behelfsweise können die Schülerinnen und Schüler begründete Schätzungen über das Lebensalter in die Arbeitsergebnisse einarbeiten, die anschließend im Plenum zu vervollständigen sind.

Die Lernenden schließen die Gruppenarbeitsphase mit der Eintragung ihrer Ergebnisse auf die Tabellen-Zeile ab, im Anschluss werden sie der gesamten Lerngruppe vorgestellt. Aus den drei bzw. vier Zeilen zu den Figuren ergibt sich dann ein Gesamtbild, das dem Lösungsblatt „Analyse der Todesfälle" (S. 44/45) zu entnehmen ist.

Die Lernenden werden nach Vorstellen und Erläutern der Ergebnisse aufgefordert:

❏ *Überprüfen Sie die beiden zuvor aufgestellten Hypothesen.*

Das Unterrichtsgespräch wird ergeben:

1. Eindeutig nimmt der *Umfang* der Schilderung von Generation zu Generation zu. Das Todesalter nimmt stetig ab. Wird Johann Buddenbrook noch 76 Jahre, segnet sein Sohn bereits mit ca. 55-57 Jahren das Zeitliche. Thomas muss bereits nach 49 Jahren

den Weg in die Familiengruft antreten. Den Schülerinnen und Schülern wird auch ohne eingehendere Beschäftigung mit dem jüngsten Spross der Buddenbrooks klar sein, dass Hanno sehr jung stirbt [nämlich mit 16 Jahren. Er wird am 15. April 1861 geboren (vgl. VIII,7, S. 523) und stirbt im Herbst 1877 – 21 Jahre nach Gerdas erstem Aufenthalt in Lübeck im Jahre 1856 (vgl. XI,4, S. 755; zur Datierung ‚1856' vgl. V,7, S. 286 und V,8, S. 290 f.)].

2. *Qualitativ* gesehen werden die Tode zunehmend brutaler. Johann verliert auch in seinen letzten Lebensmomenten nicht seine geistige Klarheit und stirbt ruhig und ohne Kampf. Bereits einige Zeit vorher nimmt er Distanz zum Leben. Er zieht sich aus dem Geschäft zurück. Er wird der einzige Firmenlenker bleiben, der im Ruhestand stirbt. Auch in Familienangelegenheiten engagiert er sich spätestens nach dem Tode seiner Frau nicht mehr wie etwa zu Beginn der Romanhandlung. Das Leben erscheint ihm als „kurios" (II,4, S. 70). Auf seinem Totenbett übermittelt er jedem einzelnen Familienmitglied seine letzten Ratschläge, dreht sich um und stirbt. Sein Sohn Jean stirbt zwar völlig überraschend, aber sehr schnell, d. h. ohne längere Qual. Das Folgemädchen berichtet später von einem Todeskampf (vgl. S. 44, letzte Worte), der aber nicht besonders lange gedauert haben kann. Als der Rest der Familie, vom Folgemädchen alarmiert, ins Schlafzimmer stürzt, ist Jean bereits tot. Thomas endet äußerst qualvoll. Er ringt in einer stundenlangen Agonie gurgelnd um Atem.

Die Analyse der aufeinander folgenden Sterbefälle zeigt auch deutlich, dass die Sterbenden *immer einsamer* ihren Tod finden. Während Johann noch im Kontakt mit der Familie steht, als er stirbt, ist Jean alleine – ohne unmittelbare Zeugen – in seinem Schlafzimmer, als er vom Tod überrascht wird. Thomas stirbt zwar umgeben von seinen engsten Familienangehörigen, die er aber nicht mehr erkennt. Die Familienangehörigen nehmen auch die Abendsuppe wie „eine Erlösung" (X,8, S. 685) wahr, die sie von ihrer Anwesenheitspflicht am Sterbebett entbindet. Dieser Sachverhalt unterstreicht seine Isolation noch.

Die Isolation der Figuren ist zunächst nur äußerlich. Die Angehörigen der ältesten Generation haben sich gesellschaftlich überlebt. Ein kurzer Lehrervortrag kann die Kursteilnehmer darüber informieren, dass sowohl Johann Buddenbrook als auch Lebrecht Kröger als Angehörige der „Àlamodezeit" das gesellschaftliche Leben des am französischen Vorbild orientierten Deutschlands des 18. Jahrhunderts zelebrieren. Das entfremdet sie der gesellschaftlichen Gegenwart des beginnenden 19. Jahrhunderts. Die Zeit, in der die beiden Alten ökonomisch bedeutsame Entscheidungen getroffen haben, liegt im Übrigen vor dem Einsetzen der Romanhandlung. Lebrecht Kröger hat sich bereits ganz aus dem Geschäft zurückgezogen, das ökonomische Tagesgeschehen der Firma Buddenbrook liegt in den Händen von Jean Buddenbrook. Lebrecht Krögers gesellschaftliche Marginalität wird durch den nicht einmal besonders gezielten Steinwurf unterstrichen, der seinem Leben ein Ende setzt.

Die Isolation der Figuren wird immer umfassender. Die Religiosität Jeans und seiner Frau entfremdet sie nicht nur der gesellschaftlichen und ökonomischen Realität. Die Religiosität verwirrt bereits zu Beginn der Romanhandlung zumindest kurzzeitig Jeans klare ökonomische Vernunft bei seiner Überlegung, ob Gotthold für den Hauskauf entschädigt werden soll oder nicht (vgl. Baustein 3, S. 47–50). Sie beeinflusst im weiteren Verlauf auch seine Entscheidung, die Hochzeit von Grünlich mit Tony zu fördern (vgl. Baustein 3, S. 51–53). Eine Entscheidung, die sowohl dem Leben seiner Tochter als auch dem ökonomischen Leben der Firma eine wenig vorteilhafte Wendung gibt und nur deutlich macht, dass Jean sowohl ökonomisch als auch persönlich immer isolierter wird.

Thomas beteiligt sich zwar intensiv am gesellschaftlichen Leben. An bestimmten Tagen des Jahres reiht sich Visite an Visite, aber ein wirklicher Kontakt zwischen Thomas und den Menschen, die er besucht, kommt nicht zustande. Die Lernenden werden sich vielleicht an das Wort „Maske" erinnern, das seine Existenz zunehmend kennzeichnet (etwa aus dem Blickwinkel Hannos; X,2, S. 627). Selbst zu seiner engsten familiären Umgebung, zu seinem Sohn und seiner Frau, besitzt er keinen Kontakt. Sein Sterben dokumentiert diesen Verlust des familiären und gesellschaftlichen Kontakts.

Die Umstände des Todes werden zunehmend rätselhafter, nebulöser. Die Ursachen des Todes verlagern sich von außen *(Frühlings*schnupfen, Steinwurf) nach innen (der entzündete Zahn – auf dem Hintergrund nachlassenden Lebenswillens). Das Gewitter im Falle Jeans ist zugleich äußerer und innerer Faktor. Sicherlich zunächst einmal ein äußerer, der das Herz belastet. Liest man das Gewitter aber als Metapher, als gewalttätige Äußerungsform Gottes, wird es zugleich auch ein inneres Motiv. Es wirkt auf Jean besonders stark wegen dessen pietistischer Grundhaltung.

2.2 ⊓ Bilder und Symbole des Verfalls

Exemplarisch untersucht werden in diesem Abschnitt Zusammenhänge, in denen das literarische Symbol der Farbe *Gelb* und das literarische Motiv der *Zähne* in dem Roman eingesetzt werden und welche Deutung sich daraus jeweils entwickeln lässt. Diese Analyse schließt sich unmittelbar an die Untersuchung der Sterbefälle an und sollte durch eine Hausaufgabe vorbereitet werden (s. u.). Auf die in der Beschäftigung mit dem „Gelben" und den „Zähnen" erarbeiteten Ergebnisse kann später bei der Behandlung der Leitmotivtechnik (vgl. Baustein 6) zurückgegriffen werden. Es wäre auch möglich, die Untersuchung an dieser Stelle der Unterrichtsreihe zurückzustellen und sie später im Rahmen der Beschäftigung mit der Leitmotivtechnik als Beispiel für die Analyse dieser literarischen Technik aufzuspüren – neben dem thematischen Zusammenhang mit „Tod" und „Krankheit", dass der inhaltssichernde Umgang mit dem Text zunächst noch weiter in den Vordergrund gestellt und auf diese Weise die Textkenntnis weiter fundiert wird.

Neben der Variante, die Beschäftigung mit der Farbe Gelb und dem Motiv der Zähne bis zur Erarbeitung literarischer Gestaltungstechniken aufzuschieben, könnten beide Themen auch über ein Schülerreferat aufgearbeitet werden.

In jedem Fall – auch in dem hier empfohlenen einer eingehenden unterrichtlichen Erarbeitung – sollten die Lernenden auf die Relevanz einer folgenden Untersuchung im Vorhinein hingewiesen werden: Es ist unwahrscheinlich, dass die Verwendung der zu behandelnden Motive nach der ersten Lektüre überhaupt bewusst wahrgenommen wurde.

Ein Impuls könnte lauten:

⊓ *Der Roman „Buddenbrooks" weist 82 Fundstellen für das Wort „gelb" auf und der Erzähler widmet der Beschreibung von Zähnen viel Raum. Fallen Ihnen entsprechende Textstellen ein?*

Wenn sich hier schon eine kleine Sammlung von erinnerten Passagen ergibt, dürften die Lernenden für eine weiterführende Arbeit gewonnen sein. Im anderen Fall sollten sie aufgefordert werden, die Aussagen zunächst einfach zu überprüfen.

Sollten sich die Lehrerin oder der Lehrer für das Schülerreferat entschieden haben, so lauten die Themen:

⊓ *Die Farbe Gelb im Roman „Buddenbrooks". Verwendung und Bedeutung.*

Analog dazu die Themenstellung für das Thema zwei:

⊓ *Das Motiv der Zähne im Roman „Buddenbrooks". Verwendung und Bedeutung.*

Eine Erarbeitung im Unterricht (ohne Einsatz von Schüler-Referaten) erfolgt so:

Als Hausaufgabe erhalten die Kursteilnehmer in ihrer Funktion als „Kapitelexperten" den Auftrag:

⊓ *Untersuchen Sie „Ihre" jeweiligen Kapitel im Hinblick auf die Verwendung des Motivs der Farbe Gelb und des Motivs der Zähne. In welchem Zusammenhang tauchen die Motive auf? Welche Bedeutung haben sie?*

Zu einer vertiefenden Sicht könnte schon hier folgende Erweiterung der Hausaufgabenstellung beitragen:

❐ *Suchen und sammeln Sie Beispiele dafür, dass Zähne in heutigen Medien (Presse, TV, Film) von großer Wichtigkeit sind.*

Immerhin könnte die erweiterte Aufgabenstellung den Blick der Lernenden auf die vielen Darstellungen Prominenter lenken, die ihr strahlend weißes Gebiss entblößen und so offenbar Gesundheit und Erfolg ausstrahlen sollen.

Alternativ zu dieser Erweiterung der Hausaufgabe kann auch am Ende der eigentlichen Textarbeit das im Anhang des Bausteins beigefügte Zusatzmaterial bearbeitet werden (Zusatzmaterial 10, S. 178).

Zur Auswertung und Sicherung der Hausaufgabe schlagen wir an dieser Stelle als Alternative zu Tafel oder OH-Projektor vor, Techniken und Materialien des Mind-Mappings zu nutzen.

Als Materialien sind bereitzustellen:
- Mit Packpapier bespannte Stellwände (es reichen auch mit Packpapier beklebte Wände),
- verschiedenfarbige Papier- oder Pappkärtchen im Format DIN A5, dicke schwarze Filzstifte und
- Klebstoff, Klebeband.

Das Mind-Mapping – eigentlich eine Methode zur Visualisierung des *subjektiven* Geflechts von Konnotationen der Teilnehmer einer Gesprächsrunde zu einem Thema – dient hier auf der Basis der ermittelten Zitate (d. h. eher *„objektiver"* Berufe) und des beigebrachten Materials zur Visualisierung der Komplexität der Themen, der Vernetzung der beiden Themen und deren Aktualität. Um die beiden zentralen literarischen Motive – die Farbe Gelb und das Motiv der Zähne – entsteht eine Art Landkarte des Gedachten, des als literarisch bedeutend Ermittelten und des noch in der Gegenwart Bedeutsamen. Das Ergebnis eines Mind-Mappings ist nur schwer exakt vorauszusagen. Insbesondere das mögliche Anschauungsmaterial, das die Schülerinnen und Schüler gesammelt haben werden (vgl. Erweiterung der Hausaufgabenstellung), muss natürlich improvisierend eingearbeitet werden. Etwas anders ist die Situation bei der Textarbeit. Das unten (s. Zusatzmaterial 11, S. 179) vorgestellte Ergebnis eines Mind-Mappings liefert jedenfalls nur ein Beispiel und ist fokussiert auf die Ergebnisse der Textarbeit. Es erhebt – selbst bei der Visualisierung der Textarbeit – keinen Anspruch auf Vollständigkeit und ist an vielen Stellen erweiterbar. Die erfassten wichtigsten Positionen der beiden Mind-Maps werden interpretierend besprochen (vgl. 2.2.1 und 2.2.2).

2.2.1 Das literarische Motiv der Farbe Gelb

Eine Sammlung von Textstellen, in denen die Farbe Gelb auftaucht, ist sehr umfangreich, wie sich im Folgenden zeigt. Im Unterricht werden Schwerpunkte gesetzt, die sich möglicherweise aus dem Schülerinteresse oder aus den Akzentuierungen innerhalb der Mind-Maps ergeben. Die Lehrperson sollte sich bemühen das Unterrichtsgespräch möglichst offen zu halten, damit es den Facetten gerecht werden kann, die der Roman durch die Verwendung des Motivs zeichnet. Als Leitfrage gilt:

❐ *Was signalisiert der jeweilige Gebrauch des Wortes „gelb"?*

Im Folgenden seien einige Überlegungen – ungeachtet vorzunehmender Schwerpunktsetzungen – skizziert:

Die Farbe „Gelb" begegnet den Lernenden besonders eindringlich bei der Schilderung des Todes von Jean. Möglicherweise hat die Arbeitsgruppe, die sich mit seinem Tod beschäftigte, bei der Schilderung der Umstände seines Sterbens bereits darauf hingewiesen, denn Christian ist ja geradezu erpicht darauf zu erfahren, welche Farbe Jean angenommen hatte, als er starb. „‚Also gelb sah er aus?‘, fragte er zum fünften Male [...]. Er sah also ganz gelb aus?" (V,2, S. 260). Auch beim Tod Lebrecht Krögers berichtet der Erzähler von einer Verfärbung des Gesichts, das „gelb und von schlaffen Furchen zerrissen" (IV,4, S. 195) war. An diesen Stellen zeigt sich deutlich der Zusammenhang zwischen dem Thema „Tod" und der Farbe „Gelb". Man kann diese Farbe als Todes- oder auch als Verfallssymbol, als literarischen Hinweis auf das Ende der Verfallsprozesse, den Tod, deuten. Immer wieder begegnet den Leserinnen und Lesern die Farbe „Gelb". Ein nochmaliges Überlesen des ersten Kapitels macht im Anschluss deutlich, dass mittels der Farbe „Gelb" bereits von Beginn an „Tod" und „Verfall" signalisiert werden – selbst an Stellen, die vordergründig von Erfolg, Kraft und wirtschaftlicher Prosperität erzählen. So ist der Ort, an dem die Handlung des Romans einsetzt, das Landschaftszimmer des neubezogenen Buddenbrook-Hauses, von der Farbe „Gelb" geradezu dominiert. Die Polster des Sofas sind „hellgelb überzogen", ein „gelblicher Sonnenuntergang" herrscht auf den meisten der die Wände schmückenden Bilder und die weiß lackierten Möbel tragen „gelbe Überzüge", die mit den „gelbseidenen Gardinen vor den beiden Fenstern" farblich harmonieren (I,1, S. 7 ff.). In diesem gelben Zimmer übrigens erreicht die Familie Buddenbrook die Nachricht von Jeans Tod. Gelb ist auch die Farbe des Zimmers, in dem sich Hanno am Flügel zu Tode fantasiert. Bevor er beginnt zu spielen, taucht er zuvor das Zimmer in ein „gelbliche[s] Halbdunkel" (XI,2, S. 747).

Sehen die Kursteilnehmer erst einmal die Farbe „Gelb" als Verweis auf Tod und Untergang, gewinnen beispielsweise auch die „goldgelben Favoris" Bendix Grünlichs vorausdeutenden Charakter. Immerhin – die Favoris „von ausgesprochen goldgelber Farbe" (III, 1, S. 93) stehen pars pro toto für die Figur Grünlichs selbst. So wünscht sich Tony, dass sie zwischen sich und ein „gewisses Paar goldgelber Côtelettes" (III,5, S. 115) noch mehr Kilometer Abstand legen könnte, als sie es mit ihrer Flucht nach Travemünde bereits tut. Der Erzähler ruft, sobald Grünlich an der Handlung beteiligt ist, stets seine „goldgelben Favoris" (z. B. III,3, S. 109, IV,6, S. 202; IV,8, S. 222; IV,9, S. 229 etc.) in Erinnerung. Die goldgelben Favoris fügen der Firma Buddenbrook einen herben finanziellen Verlust zu. Die Kombination von Gold und Gelb ist selbst eine sprechende Nuancierung des Untergangsverweises. Die „goldgelben Favoris" bedeuten darüber hinaus die gesellschaftliche Marginalisierung Tonys.

Auch die beiden Brüder Thomas und Christian werden mit der Farbe Gelb in Verbindung gebracht. Bei Christian bleibt das Gelbe gewissermaßen äußerlich. Er trifft nach seiner achtjährigen Abwesenheit in einem „gelben und groß karierten Anzug, der durchaus etwas Tropisches an sich hatte (V,2, S. 258), wieder in Lübeck ein und bewegt sich dort fortan „seinen gelben Stock" schwenkend, „der ‚von drüben‘ stammte" (VI,3, S. 315). Die Farbe Gelb verweist sowohl auf das Tropische als auch über das mehrsinnige „von drüben" auf eine der bürgerlichen Welt Lübecks entgegensetzte Sphäre. Bei Thomas Buddenbrook tritt die Farbe „Gelb" in Verbindung mit den Zigaretten auf, „diese[n] kleinen, scharfen „Dinger[n] mit gelbem Mundstück" (III,5, S. 115). Sie sind seine Leidenschaft. Er „rauchte sie massenweise", inhaliert tief und kann sich unter Aufbietung aller seiner Kräfte selbst dann nicht von ihnen trennen, als sein Arzt, Doktor Langhals, ihm das Rauchen verbietet: „Sehen Sie, Doktor, mir Zigaretten zu verbieten, ist Ihre Pflicht [...]! Das Verbot innezuhalten, ist meine Sache; [...] die Rollen sind zu ungerecht verteilt, [...]. Ich rauche." (X,5, S. 651). Nähme er Abstand, bewiese er dadurch seine Energie. Er kann sich aber von seiner anderen Seite, seiner in Christian gestalteten Unbürgerlichkeit, nicht lösen (vgl. Baustein 4). Seine Zigaretten verwahrt er übrigens in einer Büchse, „in deren Deckel eine von Wölfen überfallene Troika kunstvoll eingelegt" ist (III,5, S. 115). Dieser bemerkenswerte Aufbewahrungsort ist selber ein Motiv, das auf Thomas' Tod vorausweist, der ihn auf der Straße anfällt.

Eine Verbindung zwischen der Farbe Gelb und dem Motiv der Zähne ist an mindestens zwei Stellen nachweisbar. Ein Mann „mit brauner Perücke und [...] einem künstlichen Gebiss von breiten gelben Zähnen, das er laut redend zeigt ..." (VIII,5, S. 490), dirigiert den Einsatz der Kapelle des Stadttheaters bei den Feiern zum einhundertsten Geburtstag der Firma Buddenbrook. Ein „Todesbote", wie er von Mann auch in anderen Texten, z. B. in der Novelle „Der Tod in Venedig", gestaltet ist.

Erinnerungen an Graf Dracula – allerdings mit schlechteren Zähnen – ruft die Gestaltung der Figur Kesselmeyer wach. In seinem kleinen und „zahnarmen" (IV,6, S. 202) Mund stechen einzig die „beiden gelben, kegelförmigen Eckzähne" (IV,6, S. 200) hervor, die Kesselmeyer in besonders heiklen Situationen „auf die Oberlippe" (IV,6, S. 201 und IV,8, S. 220) setzt. Tatsächlich betreibt Kesselmeyer in dem Gespräch zwischen ihm, Grünlich und Jean Buddenbrook die ökonomische Vernichtung Grünlichs, den er zuvor „immer blutigere Wucherzinsen hatte unterschreiben lassen" (IV,8, S. 224); darüber hinaus dekuvriert er die ökonomische Zwangslage, aus der heraus Grünlich um Tony geworben hatte (vgl. IV,8, S. 227 f.).

Zusammenfassend kann nun noch einmal verdeutlicht und auf Folie oder der Tafel fixiert werden:

Das Motiv der Farbe Gelb im Roman „Buddenbrooks"

1. Die Häufigkeit, mit der das Motiv auftritt, weist ihm eine besondere Bedeutung zu. Ein zufälliger Gebrauch des Wortes ist auszuschließen.
2. „Gelb" erscheint überwiegend im Zusammenhang mit Tod und Krankheit und dient unmittelbar zu deren Kennzeichnung.
3. „Gelb" verweist auch auf „Verfall" in einem nicht-physischen Sinn, etwa auf ökonomischen Niedergang.
4. Das Motiv der Farbe Gelb hat oft vorausdeutenden Charakter (Gestaltung von Ambiente, Gegenstände, Äußeres von ‚lebenden', nicht kranken Menschen).

2.2.2 Das literarische Motiv der Zähne

Das Motiv der Zähne ist bereits bei der Analyse der Todesfälle in den Blick gekommen. „An einem Zahne ... Senator Buddenbrook war an einem Zahne gestorben, hieß es in der Stadt" (X,9, S. 689). Dieses literarische Motiv, hier als Ursache für Thomas' Tod genannt, tritt nicht nur an dieser prominenten Stelle auf. Wie bereits bei der Farbe Gelb gibt es ein dichtes Verweisungssystem, das sich wie ein Netz über den Roman erstreckt.

Diesmal können die Lernenden bei der Deutung der jeweiligen Textstelle ihr eigenes Vorwissen erweitern und zum Ausgangspunkt nehmen. Sie erhalten den Auftrag für eine Gruppenarbeit:

❒ *Lesen Sie den folgenden Artikel aus dem „Lexikon der Symbole" (Droemer Knaur: München 1998). Stellen Sie einen Zusammenhang her zu dem, was Sie über die symbolische Bedeutung der Zähne aus heutigen Medien wissen. Stellen Sie dann eine Beziehung zum Motiv der Zähne im Roman „Buddenbrooks" her.*

Zahn. Aus nicht recht erklärlichen Gründen haben Zähne häufig den Symbolsinn der Vitalität, Zeugung, Potenz und des Spermas. In antiken Sagen können aus ausgesäten *Drachenzähnen* bewaffnete Männer aus der Erde wachsen, Zähne hatten „okkulte Bedeutung" (Stemplinger 1948). Wenn man sie einem *Spiegel* gegenüber fletscht, so wird dieser trübe. Nordafrikanische Christen verhöhnten oder bekämpften Götzenbilder (*Idole*) durch Fletschen der Zähne [...]. In der *Traumsymbolik* haben Zähne, so Aeppli, sexuelle Bedeutung; kräftige Zähne, die Nahrung packen und zerbeißen, wirken vital, und bezeichnend sind Beißgelüste in der erotischen Liebe. Man möchte den andern ‚vor Liebe auffressen'. Träume vom Ausfallen der Zähne [...] haben, wie das Zahnweh selbst, mit dem Problem der Potenz und der Impotenz zu tun. [...].

Das folgende Unterrichtsgespräch sollte sich wie im Motiv der Farbe Gelb wieder offen gestalten. Folgende Überlegungen sind – ungeachtet möglicher Akzentuierungen – zu erwarten:

Neben den bereits im Zusammenhang mit der Bedeutungsklärung der Farbe „Gelb" genannten Stellen werden Zähne noch an vielen verschiedenen Stellen beschrieben. Beschränken wir uns aber zunächst auf die Zähne des Senators Buddenbrook und seines Sohnes Hanno.

Thomas' Zähne werden bereits zu Beginn als minder attraktiv gekennzeichnet. Sie sind „nicht besonders schön, sondern klein und gelblich" (I,2, S. 16). Sein Lachen lässt denn auch stets „seine ziemlich mangelhaften Zähne sehen" (II,5, S. 75). Sein letzter Besuch beim Zahnarzt endet mit seinem Tod (vgl. X,8, S. 676-680), für den ein Zahn ursächlich verantwortlich gemacht wird.

Hannos Zähne sind in ähnlich schlechter Verfassung wie die seines Vaters. Seine Zähne sind zwar „äußerlich so schön und weiß wie die seiner Mutter, dabei aber außerordentlich weich und verletzlich" und zudem wenig funktional, weil sie „falsch" gewachsen sind (VIII,7, S. 512) und sich gegenseitig bedrängen (vgl. ebd.). Dem entgegenzuwirken versucht mit wenig Erfolg Zahnarzt Brecht (VIII,7, S. 512 ff.) – die Bilanz seiner zahnärztlichen Bemühungen ist jedenfalls ein Fiasko: „Neulich sagte mir Herr Brecht, um meine Zähne sähe es jämmerlich aus, fast alle seien schon unterminiert und verbraucht. [...] Und womit werde ich beißen, wenn ich dreißig, vierzig Jahre alt bin? Ich habe gar keine Hoffnung ..." (XI,2, S. 744).

Die Aufeinanderfolge der beiden letzten Vertreter der männlichen Linie der Buddenbrooks macht deutlich, dass buchstäblich der Biss nachlässt. Die zupackende Energie, mit der Johann Buddenbrook die Firma zu einem bedeutenden ökonomischen Faktor in der Stadt gemacht hat, verlässt die Figuren.

Die Zähne sind ein Symbol der natürlichen Lebenskraft. Sie sind Symbol des Lebens überhaupt. Mithilfe unserer Zähne sichern wir uns im Außenkontakt das, was wir zum körperlichen Überleben brauchen. Ohne Nahrungsaufnahme ist das Leben gefährdet. Ohne die Fähigkeit, sich „durchzubeißen", also sich durchzusetzen, verliert man zugleich die Fähigkeit, im bürgerlichen Sinne zu leben, verliert man den Willen zum Erfolg. Das Verschwinden der zupackenden Energie wird sicher am deutlichsten in der Person von Thomas vorgeführt. Immer heftigere Anstrengungen sind notwendig, immer größere Selbstüberwindung verlangt er sich ab, um überhaupt noch tätig zu werden, zu wirken. Mit 37 Jahren bereits ist Thomas körperlich nicht mehr topfit. Er entwickelt in „auffällig" zunehmender Weise das Bedürfnis, sich „körperlich zu erquicken, zu erneuern, mehrere Male am Tag die Kleidung zu wechseln, sich wieder herzustellen und morgenfrisch zu machen [...]. Dieses Bedürfnis signalisiert „ganz einfach ein Nachlassen seiner Spannkraft, eine raschere Abnützbarkeit ..." (VII,5, S. 419). Diese Deutung gibt der Autor und setzt die „Eitelkeit", die Thomas wahrscheinlich wegen seiner stets gepflegten Erscheinung von ganz Lübeck unterstellt wird, in Anführungszeichen (vgl. ebd.). Mit 48 Jahren dann ist Thomas vollends am Boden. Er betrachtet „seine Tage mehr und mehr als gezählt" und beginnt „mit seinem nahe Tode zu rechnen" (X,5, S. 650). Sein „körperliches Befinden hat sich verschlechtert" (X,5, S. 650). Er leidet nun an „Appetit- und Schlaflosigkeit, Schwindel und [...] Schüttelfröste[n] [...]" (X,5, S. 650). Er bringt nicht mehr die Kraft auf, die Anordnungen des Arztes zu befolgen, um so vielleicht doch noch zu genesen. Er versucht es „zornig", aber „ohne Erfolg und Genugtuung" (X,5, S. 651), was an seiner Selbstachtung nagt. „Alle seine Kräfte nahmen ab; was sich in ihm verstärkte, war allein die Überzeugung, dass dies alles nicht lange währen könne, und dass sein Hintritt nahe bevorstehe" (X,5, S. 651).

Bei Hanno ist die Lebenskraft bereits von vornherein unterminiert. Schon die Ausbildung der grundlegenden Lebensfähigkeit gelingt gleichsam nur gegen großen Widerstand. Das Zahnen ist mit lebensgefährlichen Problemen verknüpft. „Das Hervorbrechen der Milchzähne mit seiner Gefolgschaft von Fieber und Krämpfen hatte ihn beinahe das Leben gekostet" (VIII,7, S. 512) und die Schmerzen, die er beim Durchbruch der bleibenden Zähne erleiden muss, gehen „fast über Hannos Kräfte" (VIII,7, S. 512). Das Zahnen Hannos begleitet übrigens dieselbe Schwester Leandra, die auch seinen Vater freundlich lächelnd in den Tod begleitet (vgl. IX,1, S. 560).

Die aus der vorangegangenen Interpretation gewonnene Perspektive auf die Bedeutung des Symbols der Zähne lässt sich zusätzlich profilieren durch einen Blick auf die Figuren, deren Gebiss als tadellos beschrieben wird.

Da ist Aline Puvogel, deren hervorragendstes äußeres Merkmal in den Augen des verzückten Christian gerade die Zähne sind: „Du solltest nur ihre Zähne sehen, wenn sie lacht! Ich habe solche Zähne auf der ganzen Welt noch nicht gefunden, in Valparaiso nicht und in London nicht ..." (VI,1, S. 405). Weiterhin werden Morton Schwarzkopf, der Sohn des Lotsenkommandanten (vgl. III,5, S. 120), der erfolglos um Tony wirbt, und Anna, das Blumenmädchen, das eine Affäre mit Thomas hat, als Menschen mit hervorragenden Zähnen vorgestellt. Alle genannten Figuren sind tatsächlich auch erfolgreich – sowohl in ihrem privaten als auch in ihrem ökonomischen Leben. Diese Perspektive – das gesunde Gebiss als das Kennzeichen des erfolgreichen, des dynamischen, des lebensbejahenden und des attraktiv fruchtbaren Menschen – bestätigt auch das Bildmaterial aus der Medienwelt (vgl. Zusatzmaterial 10, S. 183) und – indirekt – auch der oben stehende Lexikonartikel. Das strahlende Gebiss, das zu jeder mit Menschen verbundenen Werbebotschaft gehört, das strahlende Gebiss, das in Zahnpastawerbung als erstrebenswertes Gut angepriesen wird, das strahlende Gebiss, ohne das ein Politiker kaum in medienintensive Spitzenpositionen gewählt wird und das – so sah es die SPD im Bundestagswahlkampf 1998 –, wenn man es nicht hat, soziale Deprivation verrät.

Notizen

_____

_____

_____

_____

_____

_____

_____

_____

_____

_____

_____

_____

_____

_____

_____

_____

Todesfälle im Roman „Buddenbrooks"

Romanfigur	Art/Umstände des Todes	Textpassage Textstelle
Josephine B. (1. Ehefrau von Johann B.)	stirbt im Kindbett bei der Geburt Gottholds	II, 1 (54 f.)
Antoinette B. (geb. Duchamps, 2. Ehefrau von Johann B.)	„nicht bloß Altersschwäche, [...]", sondern „ein halb unbestimmbares Leiden" als Ursache des Todes	II, 4 (68 ff.)
Johann Buddenbrook	stirbt kurz nach seiner Frau	II, 4 (71)
Lebrecht Kröger	stirbt am psychischen Schock (als Folge des Steinwurfs)	IV, 4 (195 f.)
Jean Buddenbrook	Schlaganfall während eines Wolkenbruchs	IV, 11 (243 ff. und 259 f.)
Gotthold Buddenbrook	wird von „Herzkrämpfen" befallen und stirbt einen „schweren Tod" in den Armen seiner Frau	V, 4 (274)
Tochter Tonys aus der Ehe mit Permaneder	hat einen „unfähigen kleinen Organismus", lebt nur eine Viertel-stunde	VI, 8 (368)
James Möllendorpf	liebt trotz Diabetes Kuchen und Torten, stirbt an einem Schlaganfall	VII, 3 (407)
Clara Buddenbrook	stirbt an Gehirn-Tuberkulose	VII, 6 (428) und VII, 7 (432 f.)
Elisabeth (Bethsy) Buddenbrook, geb. Kröger	erliegt einer Lungenentzündung	IX, 1 (555-569)
Thomas Buddenbrook	stirbt „an einem Zahne"	X, 8, 9 (680-685, 689)
Hanno Buddenbrook	stirbt an Typhus	XI, 3 (751 ff.)

EinFach Deutsch: Unterrichtsmodell: Buddenbrooks. © Schöningh Verlag 2003

Lösung
Analyse der Todesfälle

Tod des …	1. Umfang	2. Ursache/Anlass	3. Ort und Umstände	4. Sterbealter	5. Reaktion auf den Tod	Letzte Worte
Johann B.	3,5 Seiten (zusammen mit seiner Frau)	Er verfällt in „Apathie" (II,4, S. 71) nach dem Tode seiner Frau. „[I]rgendein kleiner Frühlingsschnupfen" macht ihn dann „bettlägerig." Kurze Zeit darauf stirbt er.	Er stirbt in seinem Bett, umgeben von seiner Familie, nachdem er die Geschäfte der Firma Buddenbrook ordentlich der Leitung seines Sohnes übergeben hat (vgl. II, 4, S. 71). Noch mit 70 Jahren erscheint er rüstig mit „rosiger" Gesichtsfarbe. Er ist immer noch entsprechend „der Mode seiner Jugend" gekleidet (vgl. I,1, S. 8).	Er ist bei der Einweihung des neuen Hauses in der Mengstraße im Oktober des Jahres 1835 (I,1, S. 7) bereits 70 Jahre (I,1, S. 8). Er ist also im Jahre 1765 geboren. Ungefähr „sechs Jahre" (II,4, S. 68) später stirbt erst im Januar seine Frau (II,4, S. 68), dann im März er selbst (II,4, S. 71). Er stirbt also im Jahre 1842 im Alter von 76 Jahren.	Es wird über keine Reaktion der Zeugen seines Todes berichtet. Johann selber agiert und gibt zum Abschied jedem Mitglied der Familie eine letzte Weisung (vgl. II,4, S. 71), bevor er sich mit seinem letzten „Kurios" zur Wand dreht und stirbt.	„Kurios!" (S. 71)
Lebrecht Kröger	2 Seiten	In der Kutsche trifft ihn ein Feldstein; der psychische Schock, die Tatsache, dass die „Canaille" so etwas wagt, tötet ihn (IV,4, S. 195 f.).	Er stirbt auf den Stufen der Freitreppe, die zu seinem Anwesen hinaufführt, im Arm seines Schwiegersohnes Jean Buddenbrook (vgl. IV,5, S. 196). Er hat sich schon vor Einsetzen der Handlung aus dem aktiven Geschäftsleben zurückgezogen (vgl. II,5, S. 78) und wird als „à la Mode-Kavalier" (I,2, S. 16) eingeführt.	Das Todesjahr von Lebrecht Kröger ist recht genau zu bestimmen: 1848. Neben den Revolutionsereignissen liefert der Roman eine genaue Datierung (vgl. IV,5, S. 196). In seinem Todesjahr ist er 80 Jahre alt (vgl. IV,3, S. 184).	Der einzige Zeuge seines Sterbens ist Jean Buddenbrook. Eine Reaktion von ihm wird nicht überliefert.	„Helfen Sie mir" (S. 196).
Jean B.	6-7 Seiten (ein ganzes Kapitel)	Stirbt an einem Schlaganfall während eines Wolkenbruchs	Er stirbt einsam in seinem Schlafzimmer (IV, 11, S. 248), während seine Familie auf ihn wartet. Er stirbt, ohne die Gewartet.	Die genauen Lebensdaten von Jean sind dem Roman nicht zu entnehmen. Im Todesjahr seines eigentlichen Sterbens. Das „Folgemädchen Line" (vgl. IV,11,	Es gibt keine Zeugen des eigentlichen Sterbens. Das „Folgemädchen Line" (vgl. IV,11,	„Ua … ua" (S. 260)

44

EinFach Deutsch: Unterrichtsmodell: Buddenbrooks. © Schöningh Verlag 2003

(IV,11, S. 243 ff.; V,2, S. 259 f.).	schäfte an seinen Nachfolger übergeben zu haben. Dass er überhaupt so alt geworden ist, grenzt für ihn an ein Wunder. Als Kind ist er bereits dreimal dem Tod knapp entronnen (vgl. II,1, S. 52 f.). Häufig in Konflikt mit dem für einen Kaufmann typischen ökonomischen Pragmatismus.	nes Vaters (1842) ist er ein Mann, der „sich allgemach der Mitte der Vierziger näherte" (vgl. II,5, S. 75). Dies lässt ein Geburtsjahr vermuten, dass ungefähr zwischen 1798 und 1800, (wahrscheinlich eher um 1800) liegen muss. Er stirbt im Spätsommer des Jahres 1855 (vgl. IV,11, S. 243), das heißt im Alter von ungefähr 55-57 Jahren.	S. 247) berichtet, dass Jean Buddenbrook nur noch „Ua ... ua" habe machen können (vgl. V,2, S. 260).		
Thomas B.	ca. 18 Seiten (ab Beginn des Besuchs beim Zahnarzt) – zwei Kapitel	Der Senator stirbt „an einem Zahne" (X,9, S. 689). Bereits zuvor erscheint Thomas kränkelnd, depressiv und entschlusslos (vgl. Baustein 4).	Er stirbt in seinem Bett, nachdem er auf der Straße zusammengebrochen ist. In seiner Agonie erkennt er niemanden mehr, obwohl die ganze Familie um ihn herum ist. Seine „Augen waren schon vorher tot gewesen" (X,8, S. 685). Er stirbt vollständig vereinsamt. Die Geschäfte einem Nachfolger zu übergeben, schafft er nicht mehr. Es ist auch niemand in Sicht, der als Nachfolger für ihn in Betracht käme. Bereits lange Zeit vor seinem Tod erscheint seine Vitalität gebrochen. Während seiner Weiterbildung in Amsterdam erkrankt er an einer Lungenblutung (IV,7, S. 209).	Thomas ist 16 Jahre alt, als er zu Ostern des Todesjahres seines Großvaters (1842, s. o.) in die Firma eintritt (vgl. II,5, S. 74). Sein Geburtsjahr ist also 1826. Er stirbt im Januar 1875 (vgl. X,7, S. 672), das heißt im Alter von 49 Jahren.	Thomas bricht auf der Straße zusammen. Zeugen dieses Vorfalls werden nicht genannt. Es wird von Passanten berichtet, die ihn einige Zeit nach seinem Zusammenbruch umdrehen (vgl. X,7, S. 680). Zeugen seines eigentlichen Sterbens sind seine Familie, die von Schwester Leandra für diesen Moment herbeigewinkt wird (X,8, S. 685) – ohne sie hätten sie den Moment seines Todes bei der Suppe verpasst. / Kann nur noch „gurgelnde Laute" ausstoßen (S. 684) und stirbt „zwei oder drei Mal leise schluchzend" (S. 685).

Einfach Deutsch Unterrichtsmodell: Buddenbrooks. © Schöningh Verlag 2003

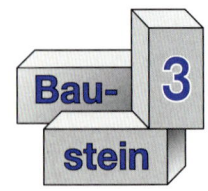

„Wie Glieder in einer Kette"[1] – Familiensinn und Selbstbewusstsein: Johann, Jean und Tony

Wenn sich auch der im Untertitel des Romans genannte „Verfall" der Buddenbrook-Familie schon in der Figur Johanns des Älteren ankündigt, so geschieht dies aber noch aus der Ferne: Schließlich steht auch Letzterer doch für die Einheit der Firmen- und der Familientradition, die er noch (fast) ungebrochen repräsentiert. Baustein 3 befasst sich mit den Romanfiguren, für die Familie, Firma und individuelle Ansprüche eine Einheit bilden: Johann als Kind des aufgeklärten 18. Jahrhunderts, Jean, der seiner mit skrupulöser Religiosität verbundenen Selbstzweifel immer wieder Herr wird, Tony, die ihre Ungebrochenheit gegen jede Erfahrung und gegen jede äußere Wirklichkeit bis zum Ende des Romans durchhält. Sie erliegt damit dem *Schein* der Tradition, wird faktisch deren Opfer, was sie aber nicht erkennt. Die Schüler werden sehen, dass Tony Buddenbrook in ihrer unverbrüchlichen naiven Treue zum Familiensinn geradezu zu dessen Parodie wird: Als Vertreterin der Generation, die den Verfall der Familie einleitet (Christian, Thomas), *behauptet* sie die überkommenen Werte, aber sie *begründet* sie nicht.

Die Schülerinnen und Schüler werden durch die Beschäftigung mit den genannten Romanfiguren die Basis kennen lernen, von der aus der Niedergang der Familie verständlich wird. Ökonomische Erwägungen und damit die Firma stehen bei Johann und seinem Sohn Jean stets im Vordergrund, auch dann, wenn sich individuelle Wünsche regen. Johanns Entscheidung *gegen* seinen Sohn Gotthold ist dadurch ebenso zu erklären wie Jeans Entscheidung *für* Grünlich als Schwiegersohn. Allerdings erweist sich Letztere als falsch: Vermutlich haben Jean eben nicht allein ökonomische Gründe bei seiner Entscheidung bestimmt, sondern Grünlichs geheuchelte Frömmelei. Gerade ein Vergleich der beiden Vertreter der älteren Generation im Roman wird ergeben, wie „Ungebrochenheit" als soziale und wirtschaftliche Stärke gedeutet, wie „Gebrochenheit" durch Selbstzweifel und geistige Verfeinerung als Zeichen des Niedergangs verstanden werden können.

Die Schwerpunkte, die in diesem Baustein gesetzt werden, sind somit klar: Johann Buddenbrook und sein Sohn Jean werden zunächst als Repräsentanten einer noch weitgehend unbezweifelten Einheit von Firma, Familie und deren jeweiliger Angehörigen gedeutet. Danach sollen die Lernenden in Tony eine Figur erkennen, die auch dann noch an der Tradition festhält, wenn diese schon längst zerbrochen ist.

Ein letzter Abschnitt dieses Bausteins widmet sich der geschäftlichen Entwicklung der Firma Buddenbrook. Den Kursteilnehmern kann hier vermittelt werden, wie im Roman der Eindruck eines wirtschaftlichen Niedergangs erzeugt wird, obwohl der Erzähler die „wirklichen" Verhältnisse eher vernebelt. Je nach Interesse und Ausrichtung des Kurses kann die Frage der ökonomischen Entwicklung auch der Behandlung der drei Figuren vorangestellt werden.

3.1 ☐ Johann Buddenbrook und Jean

3.1.1 Stationen des Niedergangs und ihre Repräsentanten

Der „Verfall" der Buddenbrooks vollzieht sich innerhalb von vier Generationen im Zeitraum von etwa vierzig Jahren. Etwas vereinfacht gesagt stehen deren männliche Vertre-

---

[1] III,10, S. 146

ter Johann und Jean für den Bestand, Thomas und Hanno für den Niedergang von Familie und Firma, ungeachtet dessen, dass Thomas wohl das höchste gesellschaftliche Ansehen genießt. Im Hinblick auf die folgende unterrichtliche Beschäftigung mit den *erstgenannten* Vertretern ist es wichtig, dass die Lernenden Entwicklungslinien ziehen. Zunächst werden sie aufgefordert:

❏ *Nennen Sie die Romanfiguren, die die Entwicklung der Familie Buddenbrook vornehmlich repräsentieren und zeigen Sie auf, welches Bild Sie von ihnen nach der ersten Romanlektüre haben.*

Im Verlauf des folgenden Unterrichtsgesprächs sollte frühzeitig eine Eingrenzung auf die oben genannten vier männlichen Vertreter der Familie vorgenommen werden. Das Gespräch wird zeigen, welche der Figuren den Lernenden deutlicher vor Augen stehen, welche ihnen blasser erscheinen. Vermutlich hat sich ihnen Johann der Ältere weniger eingeprägt und Thomas mehr, ohne dass jedoch dessen fassadäre Existenz als bestimmend gesehen wird. Zu einer ersten Klärung und Differenzierung soll folgendes Verfahren dienen: Die Schülerinnen und Schüler erhalten ein Arbeitsblatt (Arbeitsblatt 4, S. 61), auf dem nebeneinander die männlichen Hauptvertreter der Familie aufgeführt sind, mit dem Auftrag:

❏ *Ordnen Sie die folgenden Eigenschaften den aufgelisteten Figuren zu (eine Eigenschaft kann auch mehreren Figuren zugeordnet werden): stark, schwach, zielgerichtet, krank, zögernd, sensibel, religiös, geistig interessiert, künstlerisch, geschäftstüchtig, zweifelnd, jovial, patriarchalisch, autoritär, überlegt, sparsam, zufrieden, unglücklich, politisch, weltgewandt, familienorientiert, traditionsbewusst, unsicher, gefühlsbestimmt, rational, selbstsicher, leidenschaftlich, berechnend, geizig, gesund, souverän, unsicher, dünnhäutig, vital, lebensbejahend, kompliziert, einfach, tatkräftig, gesellschaftlich anerkannt, lebensuntauglich, skrupulös, ...*

Selbstverständlich kann der Katalog der Eigenschaften beliebig verändert, erweitert oder gekürzt werden. In jedem Fall führt die Auswertung der Ergebnisse zu einer angeregten Diskussion über die männlichen Hauptvertreter der Buddenbrook-Familie. Kontroversen ergeben sich etwa bei der Zuordnung der Begriffe „geschäftstüchtig", „sparsam" oder „geizig", „stark" oder „schwach" etc. Am Ende des Unterrichtsgespräches zeigen sich jedoch klare Entwicklungslinien, auch wenn es an manchen Stellen an Trennschärfe fehlt. Vorerst abgerundet wird diese Phase der Orientierung durch die Aufforderung:

❏ *Ordnen Sie den vier Romanfiguren jeweils eine Kennzeichnung des ökonomischen Zustands zu, in dem sich die Firma befindet.*

Die Lernenden erkennen, dass die Übergänge sowohl in Hinsicht auf die Veränderungen der Charaktere als auch auf die geschäftlichen Verhältnisse gleitend sind, dass gleichwohl aber ein Einschnitt zwischen der Ägide Jeans und der seines Sohnes Thomas gemacht werden kann (wenn auch, wie der letzte Abschnitt dieses Bausteins zeigen wird, die ökonomische Entwicklung sich nicht immer eindeutig und linear vollzieht).

3.1.2 Sicherheit und erste Zweifel: Johann und Jean

Der nächste Schritt im Verlauf der Unterrichtseinheit geht in Richtung Konkretisierung und Differenzierung des bisher eher allgemein Bewegten. Den Kursteilnehmern wird deutlich sein, dass die Beschäftigung mit den Charakteren, die sich noch im Zustand einer (relativen) „Ungebrochenheit" befinden, unerlässliche Voraussetzung für das Verständnis der Romankonzeption und Basis der weiteren Deutung ist. Um den Schülerinnen und Schülern die geeignetste Methode des weiteren Vorgehens bewusst zu machen, fragt die Lehrperson:

❏ *Welche Textpassagen im Roman geben am deutlichsten darüber Auskunft, wie die Figuren Johann Buddenbrook und Jean von Thomas Mann konzipiert sind?*

Es müssen solche Passagen im Roman aufgespürt werden, die ein bezeichnendes Licht auf die Figuren werfen. Hier bieten sich – und gerade diese Situationen dürften sich den Lernenden am ehesten eingeprägt haben – die Überlegungen Jeans und seines Vaters an, die sich auf die Erbansprüche Gottholds beziehen, sowie – in einem nächsten Schritt – Jeans Auseinandersetzung mit seiner Tochter Tony, in der es um die von ihm gewünschte Heirat mit Grünlich geht.

Zur häuslichen Vorbereitung auf den erstgenannten Textauszug erhalten die Kursteilnehmer den Auftrag:

❏ *Lesen Sie noch einmal eingehend Kapitel I,10 (S. 43-49) der „Buddenbrooks". Stellen Sie darüber hinaus chronologisch die Auskünfte zusammen, die der Roman über Johanns Verhältnis zu seinem Sohn Gotthold bis zum Zeitpunkt des Briefes gibt (Kapitel I,10 und II,1, hier: S. 54 f.).*

Im Unterrichtsgespräch werden die Informationen gesammelt und Zusammenhänge geklärt. Zu sichern ist Folgendes:

Gotthold ist das einzige Kind aus der Ehe Johann Buddenbrooks mit seiner ersten Frau Josephine. Die Ehe dauert nur ein Jahr, das allerdings Johanns schönstes gewesen ist (S. 54 f.). Josephine stirbt bei der Geburt, die sehr qualvoll verläuft. Der Vater macht den Sohn, den „ruchlosen Zerstörer seines Glücks" (S. 55), für den Tod der geliebten Frau verantwortlich und hasst „dieses neue Wesen ehrlich und bitterlich" (S. 55). Gotthold fällt endgültig bei seinem Vater in Ungnade, als der Sohn aus Liebe die vermögenslose „Mamsell Stüwing" heiratet, was für Johann eine unerträgliche „Mesalliance" bedeutet (S. 47). Pflichtgemäß erhält Gotthold 100.000 Mark als Mitgift, testamentarisch vermacht der Vater ihm nochmals die gleiche Summe (S. 47). Einige Zeit nach dem Erwerb des Hauses in der Mengstraße fordert Gotthold in einem Brief eine weitere Summe, was sein Stiefbruder Jean und sein Vater jedoch zurückweisen (S. 44 ff.).

Auf dem Hintergrund dieser Informationen wird das Gespräch zwischen Johann Buddenbrook dem Älteren und seinem Sohn Konsul Johann (Jean) anlässlich von Gottholds Brief verständlich, das die beiden am Ende des ersten Romanteils führen. Den Lernenden soll bewusst werden, dass das Interesse der Firma die Entscheidung bestimmt, ein Interesse, das von dem der Familie nicht zu trennen ist: Gotthold hat beides durch seine „Mesalliance" verraten. Die Analyse des Gesprächs ergibt aber im Hinblick auf ihre Mentalität deutliche Unterschiede zwischen Vater und Sohn. Um dies den Schülerinnen und Schülern bewusst zu machen, erfüllen sie in Partnerarbeit folgenden Auftrag:

❏ *Stellen Sie die Äußerungen des Gesprächs zwischen Johann und Jean (I,10, S. 45-49) in ihrer Abfolge einander gegenüber, indem Sie den Inhalt des jeweiligen Gesprächsbeitrags möglichst kurz zusammenfassen. Wie würden Sie die Ebene kennzeichnen, auf der die Äußerungen anzusiedeln sind (persönlich, geschäftlich, familiär, menschlich, religiös, praktisch, sachlich o. Ä.)?*

❏ *Wie charakterisieren Sie die Form der jeweiligen Aussagen (heftig, bestimmt, unentschieden, unsicher, zornig, böse o. Ä.)?*

Die Ergebnisse werden an der Tafel oder auf einer Folie festgehalten:

Das Gespräch zwischen Johann und Jean über Gottholds Ansprüche (45-49)

Johann			Jean		
Inhalt der Äußerung	Ebene der Äußerung	Form der Äußerung	Inhalt	Ebene	Form
– tut die Angelegenheit ab („N'en parlons plus")		energisch, bestimmt	– äußert sich ratlos		unentschieden, zweifelnd
– kritisiert Jeans Ratlosigkeit	persönlich	böse	– leidet unter dem Vorwurf der Unchristlichkeit	menschlich	gequält
– versteht die jungen Leute nicht, die zwischen Moral und Geschäftssinn schwanken	menschlich, geschäftlich	zornig, heftig	– steht im Zwiespalt zwischen Christlichkeit und Geschäftssinn	familiär, menschlich, religiös, geschäftlich	unsicher, schwankend
– erinnert an frühere Abmachungen und Abfindungen	sachlich, geschäftlich	erregt	– erinnert an Familieneintracht, fügt ein „Aber" hinzu	familiär, menschlich, „aber" = geschäftlich	bedrückt, zwiespältig
– tut die Gefühle Jeans ab	sachlich	entschlossen	– appelliert an Familiensinn und Gemeinschaftsempfinden, befürchtet, für Ablehnung Gottholds bestraft zu werden	familiär, religiös, menschlich	gefühlvoll, sentimental
– tut die Gefühle Jeans ab	sachlich	entschlossen	– rechnet und rät von einem Nachgeben Gotthold gegenüber ab	geschäftlich, rational	energisch, bestimmt
– tut die Angelegenheit endgültig ab („N'en parlons plus")		energisch, bestimmt			

Das sich anschließende auswertende Unterrichtsgespräch sammelt die folgenden Beobachtungen, Erläuterungen und Deutungen:

Das Gespräch von Vater und Sohn endet – fast wörtlich – genau dort, wo es begann, nämlich mit Johanns Äußerung: „Na also! N'en parlons plus! En avant! Ins Bett!" (S. 48). Zu Beginn heißt es: „Assez! sage ich. N'en parlons plus, Punktum! Ins Bett! En avant!" (S. 46) Die Diskussion bringt in der Sache also nicht weiter. So muss der Leser den Eindruck haben, die Auseinandersetzung sei eigentlich überflüssig gewesen. Eine genauere

Betrachtung zeigt in der Tat, dass vor allen Jeans Äußerungen immer nur einen Gedanken umkreisen, nämlich den des Zwiespalts zwischen geschäftlichem Interesse und einer religiös motivierten Menschlichkeit, was die Tabelle in der Spalte „Ebene der Äußerung" sinnfällig macht. Hier wie auch in der Form des Sagens münden Jeans Überlegungen in eine Entschlossenheit, die der Vater Johann bezeichnenderweise von Beginn an zeigt: Es siegt das „Rechnen" über Gefühle und menschlichen Skrupel.

Der Ältere äußert sich überwiegend auf sachlicher, geschäftlicher Ebene, indessen ist hier der Eindruck, den die Form der Aussagen macht, nicht einheitlich: Heftige Erregung, ja Bösartigkeit legt Johann Buddenbrook an den Tag, bevor er zur entschlossenen Sachlichkeit am Ende des Gesprächs zurückkehrt. Auch er scheint also Zweifel am eigenen Verhalten seinem ältesten Sohn gegenüber zu hegen, Zweifel, welche über rein geschäftliche Gründe weit hinausweisen und auf eine nicht verheilte Wunde schließen lassen (vgl. o., S. 48). Dennoch steht seine Position – anders als bei Jean – von Anfang an fest.

Die Schülerinnen und Schüler werden zu einer schriftlichen Zusammenfassung des Erarbeiteten aufgefordert:

❑ *Zeigen Sie auf, welche Funktion das analysierte Gespräch zwischen Jean und seinem Vater über Gottholds Ansprüche im Verlauf des Romans hat. Denken Sie vor allem an das Verhältnis, das die beiden zu Familie und Firma haben.*

Von hier aus lassen sich im Hinblick auf die Zeichnung der beiden Figuren weitere Elemente erarbeiten.

Exkurs: Johann als Vertreter bürgerlicher Tradition des 18. Jahrhunderts

Eine intensive Beschäftigung mit Johann Buddenbrook ist im Rahmen einer rein literarischen Reihe über den Roman verzichtbar. Eine genauere Untersuchung bietet sich jedoch an, wenn es um fachübergreifende Aspekte geht oder wenn die Romanbehandlung im Rahmen eines umfangreichen Konzeptes steht, etwa der Beschäftigung mit Texten, die das Bürgertum und seine Entwicklung thematisieren: So kann hier der alte Buddenbrook als Verkörperung des „Geistes" des späten achtzehnten Jahrhunderts verstanden werden.

Ein mögliches Vorgehen sei hier kurz skizziert. An die Kursteilnehmer ergeht zur häuslichen Vorbereitung der Auftrag:

❑ *Stellen Sie alle Informationen zusammen, die ein Licht auf Johann Buddenbrook den Älteren werfen, und bringen Sie sie in eine sinnvolle Ordnung.*

Die Lernenden werden als *Ordnungskategorien* nennen (exemplarische Fundstellen in Klammern):

- Aussehen, Kleidung (8)
- Sprache, (Plattdeutsch 15, Französisch)
- Stellung in der Familie (8)
- Verhältnis zu Frauen (Josephine 54 f., Antoinette)
- Ausstattung / Einrichtung des Hauses Mengstraße (10) / Garten (30)
- Lebensauffassung / Lebensart (Religion 7; Aberglaube 11 f.; Aufklärung 12; Feste feiern, Essen / Trinken)
- Stellung in der Gesellschaft (Gäste des Hauses 14-43)
- Verhältnis zu Kunst / Literatur (Hoffstede 14, 32-34)
- Verhältnis zur Politik (Napoleon 27; praktische Ideale 28)
- Verhältnis zu Tod und Sterben (68-71)

Der alte Buddenbrook steht offenbar für eine bürgerliche Existenz, die noch ganz dem 18., dem „bürgerlichen" Jahrhundert verhaftet ist, selbstbewusst, genussfreudig, aufgeklärt und damit vernunftorientiert.

Seine Vorlieben machen dies ebenso deutlich wie sein Lebensstil, auch Art und Inhalt der Gespräche, die in seinem Haus geführt werden, verweisen auf die Aufklärung als einer europäischen Erscheinung.

Zur Erweiterung und Vertiefung des an einem literarischen Beispiel Erarbeiteten sollen die Schülerinnen und Schüler ihren Blick auf historische Zusammenhänge richten.

❏ *Informieren Sie sich über die Begriffe „Aufklärung", „Bürgertum", „bürgerliche Gesellschaft", „bürgerliche Wertorientierung" im 18. Jahrhundert und prüfen Sie, ob sich Verbindungen zu der Figur des alten Buddenbrook herstellen lassen.*

Indem die Lernenden erkennen, dass Thomas Mann eine literarische Figur geschaffen hat, die zu einem hohen Grad repräsentativ für eine historische Epoche ist, wird ihnen der Gedanke des „Verfalls" plausibel, sie gewinnen darüber hinaus auch eine Vorstellung von dem, was den Erfolg des Romans als eines „exemplarischen" Werks ausmachte und heute noch ausmacht.

3.1.3 Jeans großer Irrtum: Tonys Hochzeit mit Grünlich

Mündeten Jeans religiös-gefühlvolle Zweifel bei der Entscheidung über Gottholds Anspruch, wie oben gezeigt, in die (kaufmännisch gesehen) „richtige" Entscheidung, so irrt er bei der Entscheidung in der Frage der Heirat seiner Tochter gleich zweifach: Menschlich gesehen zerstört er deren Glück und geschäftlich fügt er seiner Firma großen Schaden zu. Die folgende Unterrichtssequenz stellt die Gründe in den Mittelpunkt, die dazu führen konnten, dass der Konsul sich täuschen ließ. Zudem leitet sie über zur Beschäftigung mit der letzten Vertreterin eines unverbrüchlichen Glaubens an die Familientradition: Tony Buddenbrook.

Zur Vorbereitung erhalten die Schülerinnen und Schüler den Auftrag:

❏ *Lesen Sie noch einmal die Geschichte von Tonys gescheiterter Ehe vom ersten Auftreten Grünlichs bis zu Tonys Rückkehr nach Hause. Konzentrieren Sie sich dabei auf die Frage, welche Rolle Jean in diesem Zusammenhang spielt.*

Zur Erleichterung der Arbeit kann die Lehrperson die zu lesenden Passagen vorgeben. Es sind dies: III,1 (S. 92-99), III,4 (S. 111-114), III,10 (S. 145-147), III,14 (S. 159), IV,7 (S. 209-219) und IV,10 (S. 232-233).

Die eigentliche Erarbeitung erfolgt nun gruppenweise in produktionsorientierter Form:

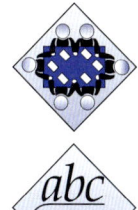

❏ *Schreiben Sie ein sog. „Totengespräch" zwischen dem alten Johann Buddenbrook und seinem Sohn Jean, das dessen Rolle im Zusammenhang mit Tonys erster Eheschließung zum Gegenstand hat. Beginnen Sie das Gespräch mit den Sätzen: „Ich bereue, dass ich meiner Tochter damals zu ihrer Ehe mit Grünlich so dringend geraten habe (vgl. IV,7 S. 216). Außerdem begreife ich nicht, wie ich mich von dem Betrüger so plump übers Ohr hauen lassen konnte ..." (vgl. IV,10 S. 233). Das fiktive Gespräch findet statt, nachdem Tony nach Lübeck zurückgekehrt ist. Stützen Sie sich auf Ihre Kenntnis der entsprechenden Romanpassagen sowie der beiden Charaktere.*

Grundsätzlich sollte das jeweils von einer Gruppe erstellte Gespräch von den unterschiedlichen Temperamenten der Sprechenden bestimmt sein: Der alte Buddenbrook tritt bestimmt auf, er weiß, was der Familie und damit der Firma nützt. Keineswegs hätte er zu einer Eheschließung geraten, ohne dass die privaten und geschäftlichen Verhältnisse Grünlichs genauer durchleuchtet würden. Gründe, die Tony ins Feld führt – Zu- oder Abneigung gegenüber dem Heiratskandidaten – hätten auch für ihn keine Geltung, so hätte auch er einer Verbindung mit Morton Schwarzkopf auf keinen Fall zugestimmt. Mit Sicherheit aber wäre er als aufgeklärter und „welterfahrener" Kopf nicht auf Grünlichs opportunistische Heuchelei hereingefallen (ebenso wenig wie Tony oder Christian). Hier liegt eben Jeans Schwäche begründet: Auch er denkt ökonomisch; das Wohl der Firma und damit der Familie gibt den Ausschlag bei seiner Entscheidung: „Wir sind", so schreibt er seiner Tochter nach Travemünde, „... nicht dafür geboren, was wir mit kurzsichtigen Augen für unser eigenes, kleines, persönliches Glück halten, denn wir sind nicht lose, unabhängige und für sich bestehende Einzelwesen, sondern wie Glieder in einer Kette, und wir wären, so wie wir sind, nicht denkbar ohne die Reihe derjenigen, die uns vorangingen und uns die Wege wiesen ..." (III,10, S. 146). Aber er lässt sich täuschen: Er hält Grünlich für solide, weil er ihm menschlich wertvoll erscheint. Im zu entwerfenden Totengespräch müsste der Konsul zu rechtfertigen versuchen, warum ihm der Bewerber so geeignet erschien: Seine Ergebenheit (III,1, S. 93), seine von ihm geäußerte Lebensauffassung („rastlose Tätigkeit ist für mich Lebensbedingung", S. 94), das Ideal der „wahre[n] Christlichkeit" (S. 95), die angebliche „Schwäche für Blumen und für die Natur im Allgemeinen" (S. 95), all dies sind Aussagen, die dem Selbstbild des Konsuls in hohem Maße entsprechen. Gerade das hätte ihn misstrauisch machen müssen. So aber steht sein Urteil fest: „Ein angenehmer Mann!" (S. 98), „ein christlicher, tüchtiger, tätiger und fein gebildeter Mann" (S. 99), d. h., Grünlich wirkt auf Jean genau so, wie er zu wirken beabsichtigte, der Konsul lässt jegliche kritische Distanz vermissen. Nach und nach erkennt er Tonys „bedrängte Lage" (III,4, S. 112); seine Überlegungen sind hier von ähnlichen Zweifeln bestimmt, sind ähnlich schwankend wie im Gespräch mit seinem Vater über Gottholds Ansprüche, auch hier wechseln seine Gedanken zwischen Menschlichkeit (den Glücksansprüchen seiner Tochter) und Geschäft (S. 111 f.), auch diesmal siegt der wirtschaftliche Grund: „Die Zeiten jetzt sind wahrhaftig nicht gut für den Kaufmann ...", sagt er seiner Frau, „Kurz, es ist nicht viel Freude dabei. Unsere Tochter ist heiratsfähig und in der Lage, eine Partie zu machen, die allen Leuten als vorteilhaft und rühmlich in die Augen springt – sie soll sie machen! Warten ist nicht ratsam, nicht ratsam, Bethsy!" (S. 112) – Ganz Geschäftsmann ist der Konsul auch bei der Verhandlung mit Grünlich über die Höhe der Mitgift (III,14, S. 159), als er nämlich glaubt, den Vorteil der Firma geschickt gewahrt zu haben. Dass dies ein verhängnisvoller Irrtum ist, zeigt sich vier Jahre später. Im Gespräch mit seiner Tochter im Salon der Grünlichs (IV,7, S. 210-219) geht es erneut darum, menschliche Gefühle gegen Geschäftsinteressen abzuwägen. Auch hier siegen Letztere, diesmal jedoch sind die Verhältnisse umgekehrt: Jean legt seiner Tochter die Trennung von Grünlich nahe.

Zunächst einmal sollten die von den Kursteilnehmern erstellten Texte im Unterrichtsgespräch diskutiert und bewertet werden:

❑ *Bewerten Sie den jeweils vorgestellten Dialog auf dem Hintergrund der Romanhandlung und der Figurenzeichnung. Kommt er Ihnen glaubhaft vor?*

Es bietet sich an, eine oder mehrere gelungene, von den Lernenden entwickelten Fassungen des „Totengespräches" ähnlich analytisch zu behandeln, wie dies mit dem Gespräch zwischen Johann Buddenbrook dem Älteren und Jean über Gotthold geschah. Zum einen lässt sich auf diese Weise die angewandte Methode wiederholen und vertiefen, zum anderen steigert sich der Komplexitätsgrad, indem das Verfahren sich auf einen Text bezieht, in dem nicht eine bevorstehende Entscheidung diskutiert, sondern eine zurückliegende reflektiert und selbstkritisch (aus der Sicht Jeans) bewertet wird.

❑ *Stellen Sie auf dem Arbeitsblatt die Äußerungen des von Ihnen entwickelten „Totengespräches" in ihrer Abfolge einander gegenüber, indem Sie den Inhalt des jeweiligen Gesprächsbeitrages möglichst kurz zusammenfassen. Wie würden Sie die Ebene kennzeichnen, auf der die Äußerungen anzusiedeln sind (persönlich, geschäftlich, familiär, menschlich, religiös, sachlich o. Ä.)? Wie denken Sie sich die Form der jeweiligen Aussage (heftig, bestimmt, zweifelnd, unsicher, zornig, böse o. Ä.)?*

Beispiel (s. Arbeitsblatt 5, S. 62)

Johann			Jean		
Inhalt der Äußerung	Ebene der Äußerung	Form der Äußerung	Inhalt	Ebene	Form
			– bereut, seine Tochter zur Ehe mit Grünlich gedrängt zu haben	menschlich	bedauernd, bedrückt
– stellt fest, dass Heirat stets der Firma zu dienen hat.	geschäftlich	energisch			

3.2 ☐ Kein Zweifel: Tony Buddenbrook

Zu Beginn einer Unterrichtseinheit über Tony Buddenbrook, der im Roman das erste und fast das letzte Wort gehört, sollte den Lernenden bewusst werden, aus welchen Gründen die Behandlung dieser Figur an dieser Stelle, nämlich in einer Reihe mit Johann Buddenbrook dem Älteren und Jean, sinnvoll erscheint. Ohne besondere Vorbereitung auf Seiten der Kursteilnehmer geschieht der Einstieg in ein Unterrichtsgespräch mit der Frage:

☐ *Welchen Eindruck haben Sie nach der Romanlektüre von Tony Buddenbrook?*

Bei den Schülerbeiträgen mischen sich wertende mit analytischen und deutenden Aussagen, die die Lehrperson in ihrer ungeordneten Form auf einer Folie festhält. Sie wird nach Abschluss der Gesprächsphase projiziert:

Aussagen der Lerngruppe über Tony Buddenbrook

- ist naiv
- hat Pech mit Männern
- redet viel (und gern)
- ist überempfindlich (Permaneder)
- liebt Morten Schwarzkopf
- ist hochnäsig
- spricht oft von Familie
- liebt Hanno
- hasst Grünlich, den sie heiratet
- gehorcht ihrem Vater
- empfindet Feindschaft zu Hagenströms
- ist hübsch
- respektiert Thomas
- plappert nach, was sie gehört hat
- versteht nichts von Geschäften
- sieht sich als vom Leben benachteiligt
- ist sympathisch
- ist unsympathisch
- hätte ihrem Vater widersprechen sollen (Heirat mit Grünlich)
- bleibt als Einzige von der Familie übrig (abgesehen von Christian, der in einer Heilanstalt endet)
- hat einen Standesdünkel

Überlegungen zur Frage

☐ *Lassen sich die unterschiedlichen Aussagen auf einen Nenner bringen?*

führen zu der Einsicht, dass sich Tony in den entscheidenden Lebensfragen und -lagen fremdbestimmen lässt und anschließend für ihr Scheitern allgemein das „Leben" verantwortlich macht. Sie unterwirft sich den Familienrücksichten, stellt sie nach ihren Niederlagen aber nie in Frage, im Gegenteil: Sie durchschreitet das Romangeschehen erhobenen Hauptes über alle Niederlagen hinweg.

Es bedarf keiner langen Überlegungen, dass Thomas' und Christians Schwester damit der Kategorie „Ungebrochenheit" zuzurechnen ist, obwohl sie vom Alter her gesehen der jüngeren, dem „Verfall" zuzuordnenden Buddenbrooks-Generation angehört.

Der oder die Unterrichtende fordert – nach einer kurzen Stillarbeitsphase – die Lernenden auf, auf der Basis ihrer Romankenntnis zu sammeln, was nach ihrer Auffassung ein bezeichnendes Licht auf die Figur der Tony wirft:

❏ *Benennen Sie, welche Episoden des Romans Ihnen besonders geeignet erscheinen, einen Beitrag zur Charakterisierung der Figur der Tony Buddenbrook zu leisten.*

Als Schwerpunkte einer möglichen unterrichtlichen Behandlung dürften von den Lernenden in erster Linie Tonys „drei" gescheiterte „Ehen", ihre „Schicksalsschläge", genannt werden:

- ihre Entscheidung für und ihre Trennung von Grünlich,
- die Eheschließung mit Permaneder und das Ende der Ehe,
- Tonys Rolle in der Ehe ihrer Tochter Erika mit Weinschenk.

Darüber hinaus könnten auch ihr Widerstand gegen den Verkauf des elterlichen Hauses und generell ihre Reaktionen auf die Todesfälle in der Familie genannt werden. Als wesentlich sollte in jedem Fall eine Rolle spielen:

- Tonys Verhältnis zu Morten Schwarzkopf

Möglicherweise wird hier schon eine Textstelle von den Lernenden angesprochen, deren Behandlung das weitere Vorgehen strukturieren könnte: In Kapitel X,6 (S. 670 f.) charakterisiert Thomas während seines letzten Aufenthaltes in Travemünde seine Schwester, welche ihn „hie und da besuchte". Der Bruder erweist sich als genauer Beobachter und Psychologe. Vielleicht jedoch kennzeichnet er seine Schwester auch zu einseitig: Es wird sich zeigen, ob die Lernenden mehr und Differenzierteres über Antonie Buddenbrook zu sagen haben.

Sollten sie die hier genannte kurze Textpassage nicht nennen, bringt die Lehrperson sie ins Gespräch verbunden mit der Aufforderung:

❏ *Bevor Sie sich eingehender mit Tony Buddenbrook befassen, analysieren Sie die Charakterisierung, die Thomas über seine Schwester in Kapitel X,6 (670 f.) abgibt.*

Ausgangspunkt und Zentrum des Urteils, das Thomas über seine Schwester fällt, bildet die Aussage, sie sei „glücklich" („Dieses glückliche Geschöpf ...", „... ihr Herz war leicht und frei"). Der Grund dafür liegt darin, dass sie von keinem auch noch so schweren Schicksal wirklich getroffen wird, nichts dringt in ihr Inneres („Sie wusste, dass sie bewegte und arge Schicksale gehabt, aber all das hatte ihr keinerlei Schwere und Müdigkeit hinterlassen ...").

Ein genauer Blick auf Thomas' Argumentation zeigt, dass zentrale Begriffe innerhalb seiner Aussagen mit dem Wortfeld „Sprache" zu tun haben: Tony „sprach gut", sie hatte in ihrem Leben „auf keine Schmeichelei und keine Beleidigung ... geschwiegen", ihrem „Mitteilungsbedürfnis" genügten „banale[n] und kindisch wichtige[n]" Worte[n], „nichts Unausgesprochenes zehrte an ihr; kein stummes Erlebnis belastete sie", sie „redete", „prahlte", „geriet ins Schelten" und „rief voll ehrlicher Entrüstung" die Personen „bei Namen", die ihr geschadet hatten.

Thomas sieht in seiner Schwester einen Menschen ohne Tiefe. Sie existiert an der Oberfläche dessen, was ‚man' sagt: Sie glaubt nicht einmal ernsthaft, dass sie „bewegte und arge Schicksale gehabt" habe, sie redet aber mit „gewaltig ernsthafter Miene darüber". Tony ist also in dem Sinne „naiv", dass sie kein Bewusstsein hat.[1]

---

[1] Auf den Zusammenhang mit Kleists Aufsatz „Über das Marionettentheater" sei hier nur verwiesen. Es spricht einiges dafür, dass Tony Buddenbrook im Kleist'schen Sinne über „Grazie" verfügt.

Textanalytisch versierten Schülern fällt auf, wie viele der Äußerungen, die dem Leser – wie gesagt – als erlebte Rede Thomas' vermittelt werden, von Negationen bestimmt sind: Tony hatte „*nichts, nicht* das Geringste hinunterzuschlucken [...] gebraucht. Auf *keine* Schmeichelei und *keine* Beleidigung [...] hatte sie geschwiegen", „*nichts* Unausgesprochenes zehrte an ihr; *kein* stummes Erlebnis belastete sie" etc.[1] Es liegt auf der Hand: Thomas richtet den Blick auf sich, während er seine Schwester charakterisiert. Sie ist sein Gegenteil, weil sie das *nicht* hat, das *nicht* tut, was ihn beschäftigt.

Die Lernenden sollten sich fragen, wie verlässlich Thomas' Urteil über seine Schwester ist. Immerhin weiß auch der Bruder nicht alles über sie: Nur der Leser versteht, warum sie auf ihren Spaziergängen in Travemünde „jedes Mal in eine begeisterte und unbestimmt aufrührerische Stimmung geriet" (X,6, S. 670), und die Auffassung des Bruders, dass „sie auch gar nichts an ihrer Vergangenheit zu tragen" habe, wird hier zumindest zweifelhaft.

Jedenfalls ist den Lernenden von hier aus die eingehendere Beschäftigung mit Tony Buddenbrook möglich. Sie erhalten zunächst folgenden Arbeitsauftrag:

❑ *Fassen Sie die besprochene Charakterisierung, die Thomas über seine Schwester Tony gibt, schriftlich in Form von Thesen zusammen.*

Die Thesen könnten folgendermaßen lauten und werden sinngemäß so auf einer Folie fixiert:

Thesen zur Charakterisierung Tonys

1. Tony Buddenbrook ist ein psychisch und physisch weitgehend ‚*gesundes*' Mitglied der Familie (Einschränkung: Magenprobleme).
2. Der Welt begegnet sie mit ungebrochener *Naivität*.
3. Sie bleibt in ihrem Innern weitgehend von dem *unberührt*, was ihr und ihrer Familie widerfährt.
4. Sie lebt in einer Welt des „Man", vor allem in der von *Familie und Firma*.
5. Diese Welt wird durch klischeehafte *sprachliche Formeln* repräsentiert.
6. Tony existiert unreflektiert und *lernt* aus ihren Erfahrungen *nicht*.

Es bilden sich Gruppen, die beauftragt werden diese Thesen zu überprüfen. Die Gruppen setzen sich aus „Experten" möglichst vieler verschiedener Kapitel zusammen (je nach Kursstärke wird der Roman gedrittelt, geviertelt etc.). Der Auftrag für die Gruppenarbeit lautet:

❑ *Überprüfen Sie die Thesen – auch im Zusammenhang der von Ihnen benannten Episoden. Suchen Sie dazu jeweils geeignete Textpassagen, die ein bezeichnendes Licht auf Tonys Charakter werfen.*

Bei der Auswertung nennt jede Gruppe Textbeispiele, die zu den Einzelaspekten der oben aufgestellten These passen.

So etwa wird Tonys (nur von zeitweiligen Magenbeschwerden getrübte) **Gesundheit** dadurch belegt, dass sie als Einzige der Buddenbrooks bis zum Ende des Romans unbeschadet überlebt (Christian verbringt den Rest seines Lebens in einer psychiatrischen Anstalt). **Naivität** zeigt sich schon in Tonys Glauben, dass ihre noch fast kindliche Zuneigung zu Morten Schwarzkopf Liebe und eine spätere Heirat realistisch sei (III,10, S. 145). Politischen wie ökonomischen Problemen begegnet sie mit bemerkenswerter

---

[1] Hervorhebungen v. D.S. / G.S.

Unkenntnis. Auf **mangelnde Lernfähigkeit** verweist der jeweils ungebrochene Aufbruch in eine neue „Ehe" – der Erzähler spricht im Zusammenhang mit Erikas Vermählung von Tonys „dritte(r) Ehe" (VIII,1, S. 447). Am auffallendsten ist ihre Vorliebe für **sprachliche Formeln**: Man könnte sagen, dass ihre beiden Ehen an einem Wort scheitern: *Bankrott*, das „Schicksalswort" (IV,7, S. 214) gibt den Ausschlag für ihre Trennung von Grünlich, das ominöse, so lange von Tony zurückgehaltene „Wort" Permaneders besiegelt das Ende auch dieser Ehe (VI,9, S. 376 f.). Das leitmotivische „Ich bin (k)eine Gans", Formeln wie „Ich kenne das Leben" oder die Vorliebe für Floskeln wie „jemandem das Jawort geben" sind beispielhaft für ein uneigentliches Sprechen: Tony Buddenbrooks Äußerungen sind selten konkret, meistens redensartlich und allgemein (bezeichnend in diesem Zusammenhang ist, dass sie während des Sprechens oftmals „nach oben" blickt). Ihre **Unberührtheit** von dem, was ihr widerfährt, zeigt sich darin, dass ihre Leiden zumeist zur Pose werden: Nach ihrer Trennung von Grünlich heißt es etwa: „Sie gefiel sich bald in ihrer Rolle als eine von unverschuldetem Unglück heimgesuchte Frau" (IV,10, S. 231). **Familie und Firma** ersetzten für Tony, so scheint es, ihr eigenes Ich: Nach ihrem Vater greift sie als Einzige immer wieder mit Eifer zu den Familienpapieren – und sei es, um ihre Scheidungen zu vermerken; im Übrigen scheint sie genau zu wissen, was man dem Namen Buddenbrook „schuldig" ist, auf den sie sich immer wieder beruft und mit dem sie sich und die Ihren scharf abgrenzt gegen andere, von ihr als unwürdig Empfundene (deutlichstes Beispiel: die Hagenströms. Tony, geradezu mythisierend: „Seit Urzeiten sind Hagenströms unsere Widersacher ...", IX,4, S. 598).

Zur Ergebnissicherung kann die Sammlung der Belege auch an der Tafel oder auf einer Folie fixiert werden, indem den oben erarbeiteten Thesen die entsprechenden Textaussagen zugeordnet werden.

Es sollte jedoch nicht bei dieser einseitigen Betrachtung der Tony-Figur bleiben. Immerhin ist sie ja *Opfer*, und nicht nur eitle und naive Verkörperung eines hohlen Begriffs von Familienehre. Eine differenzierende Sicht der Lernenden wird angeregt durch den Auftrag:

❒ *Wie sympathisch ist Ihnen als Leser(in) Tony Buddenbrook? Fassen Sie Ihre Auffassung in eine Zahl: 0 = „ganz unsympathisch", 10 = „sehr sympathisch". Schreiben Sie anschließend ein kurzes Statement, in dem Sie Ihre Wertung begründen. Tragen Sie es Ihren Mitschülerinnen und Mitschülern vor.*

Nach einer Reihe dieser Kurzvorträge fordert die Lehrerin oder der Lehrer die Kursteilnehmer auf:

❒ *Zeigen Sie die Kriterien auf, nach denen jeweils geurteilt wurde.*

Wichtig ist, dass die Schülerinnen und Schüler diesen Auftrag in Einzelarbeit erfüllen, damit es im anschließenden Unterrichtsgespräch zu einem – möglicherweise kontroversen – Austausch kommen kann. Die Diskussion sollte sich auf die Suche nach den Kriterien einer möglichen Beurteilung konzentrieren. Eher rational urteilende Kursteilnehmer werden Maßstäbe wie „Intelligenz", „Klugheit" oder „Dummheit" anlegen, andere werden feststellen, dass Tony ja eigentlich ein „Loser" sei, der in irgendeiner Form mit seinen Niederlagen fertig werden müsse. Als problematisch dürfte auch gesehen werden, Tony einfach als emotional indolent erscheinen zu lassen: Ihr Verhältnis zu Morten Schwarzkopf ist – bei aller Naivität – durchaus als „Liebe" zu deuten und an ihrer mütterlichen tiefen Zuneigung zu Hanno kann nicht gezweifelt werden.

Einen Impuls erhält das Gespräch durch folgende Fragen:

❒ *Gibt es Gründe, Tony als ein „Opfer" zu sehen?*
❒ *Wenn Sie diese Frage bejahen: Wessen „Opfer" ist sie dann?*

In Thomas' oben (s. S. 54 f.) angesprochener Charakterisierung seiner Schwester findet sich ein kleiner Hinweis darauf, dass es mit deren naiver Ungebrochenheit nicht so eindeutig bestellt ist, wie der Bruder glaubt: „Ihr Magen war nicht ganz gesund", heißt es dort, „aber ihr Herz war leicht und frei" (X,6, S. 671). Immerhin hat das Leben physisch seine Spuren hinterlassen bei einer Frau, die eigentlich nur Niederlagen erfahren hat. In lebensentscheidenden Situationen gibt sie dem Druck dessen nach, was sie zunehmend unreflektiert verinnerlicht: der Familienehre, dem Geschäftsinteresse, der gesellschaftlichen Reputation. Den Schülerinnen und Schülern dürfte klar sein: Tony möchte Morten Schwarzkopf heiraten, sie verabscheut Grünlich, dessen Frau sie wird, weil ihr Vater das will. Nicht so eindeutig erscheinen die Motive, die sie bewegen, Permaneder zu heiraten.

Äußerlich betrachtet geschieht dies ohne jeglichen Zwang; dennoch glaubt der Leser auch nicht an eine tiefe Zuneigung der geschiedenen Frau Grünlich zum bayrischen Brauereibesitzer. Im Gespräch mit Ida Jungmann stellt sie Überlegungen an, die in die „Betrachtung" münden: „Schließlich soll es ja doch so sein" (VI,5, S. 342):
Tony ist zur Eheschließung mit dem Bayern bereit. Die Schüler werden aufgefordert:

❑ *Analysieren Sie das Gespräch zwischen Ida Jungmann und Tony Buddenbrook (VI,5, S. 337-342). Zeigen Sie vor allem auf, wie Tony ihren Entschluss rechtfertigt, Permaneder die Hand zu reichen. Stellen Sie bei Ihrer Analyse die Textstelle in den Vordergrund, die den Kern von Tonys Überlegungen am deutlichsten fasst.*

Diese Aufgabe wird in Partnerarbeit gelöst. Als „Kern" der Überlegungen Tonys dürfte im folgenden Unterrichtsgespräch deren Äußerung genannt werden:

„[...] diese Verlobung mit Alois [...] ist gar nichts Festliches und Freudiges, und um mein Glück handelt es sich eigentlich gar nicht dabei, sondern, indem ich diese zweite Ehe eingehe, mache ich nur in aller Ruhe und Selbstverständlichkeit meine erste Ehe wieder gut, denn das ist meine Pflicht unserem Namen gegenüber. So denkt Mutter, und so denkt Tom ..." (S. 341).

Dieses Zitat weist die Richtung der Analyse, indem es deutlich macht: Nach Tonys Aussage
- geht es nicht um ihr eigenes Glück,
- muss vergangenes Scheitern wieder gut gemacht werden,
- gehorcht sie einer Pflicht dem „Namen", d. h. der Familientradition, gegenüber,
- geht es wesentlich darum, was Thomas und die Mutter denken.

Schon der *Aufbau* der Textpassage spiegelt den Inhalt des angeführten Zitats wider:

1. Zunächst wird deutlich, wie denn die künftige Ehefrau ihren Auserwählten sieht:
- „Er ist nicht schön",
- „er ist ein grundguter Mann und keiner Bosheit fähig",
- „er ist [...] bequem [...] und nimmt das Leben [...] gemütlich", neigt dazu, „sich gehen zu lassen" (S. 338), er erscheint „treuherzig und behaglich",
- er hat keinen Ehrgeiz (S. 339).

2. Im Folgenden erklärt Tony, dass sie sich ihres künftigen Mannes gehörig schämt, „weil er so wenig vornehm ist" (S. 339). Sie sieht ihn mit den Augen aller, die ihr wichtig sind: ihrer Mutter, ihres Bruders Thomas, ihres Onkels Justus, ihrer Cousinen usw., darüber hinaus auch der befreundeten Familien.

3. Es folgen Überlegungen zum Thema „Wiedergutmachung", welche von Erinnerungen an die Ehe mit Grünlich bestimmt sind und von der Erwartung, dass Permaneder der Familie – anders als Grünlich – „Ehre macht" (S. 340).

4. Schließlich erklärt Tony, dass ihre Heirat von der Familie, besonders aber von Thomas, erwartet werde, ohne dass dies als Erwartung geäußert würde. Die Schwester versetzt sich aber in ihren Bruder hinein und formuliert sogar, was mutmaßlich in ihm vorgeht.

Die Schülerinnen und Schüler werden nun aufgefordert ein Fazit mit Blick auf die analysierte Textpassage zu ziehen:

❑ *Formulieren Sie zusammenfassend eine Deutung der Überlegungen Tonys im Hinblick auf ihre bevorstehende Verlobung mit Alois Permaneder. Beziehen Sie in Ihre Deutung die Frage ein, ob Tony ein „Opfer" ist.*

Alternativ zu diesem analytischen Zugang ist ein produktionsorientiertes Vorgehen denkbar:

❒ *Stellen Sie sich vor, Tony spräche nicht mit Ida Jungmann, sondern mit einer ihr sozial gleichgestellten, selbstbewussten Freundin. Schreiben Sie einen entsprechenden Dialog, in dem die Freundin den Standpunkt vertritt: „Du hättest Grünlich doch nicht heiraten müssen und niemand zwingt dich nun Permaneder zu heiraten".*

In der Tat muss Antonie Buddenbrook als ein „Opfer" betrachtet werden, das sollte die nachfolgende Diskussion ergeben. Die hier vorgelegte Textpassage macht eindringlich klar, dass Tony das, was ihr bei ihrer ersten Ehe aufgezwungen wurde, nämlich mit Rücksicht auf das Familieninteresse zu handeln, nun verinnerlicht hat. Als noch nicht Dreißigjährige gibt sie jeden individuellen Glücksanspruch auf und folgt den tatsächlichen oder vermeintlichen Anforderungen einer Familienpietät, die für sie zum Gesetz wurde. Sie gehört damit zwar auf die Seite der Ungebrochenen und Lebenstüchtigen in der Reihe der Buddenbrook-Familie, muss dafür aber ihre individuellen Glücksansprüche verdrängen (woran jedoch nur ihre Magenbeschwerden erinnern). Sinnvollerweise sollte die Lehrperson an dieser Stelle die Lernenden mit ihren ersten Stellungnahmen (hier, S. 53) zur Tony-Figur konfrontieren und sie zu einem Vergleich auffordern:

❒ *Vergleichen Sie Ihre ersten Reaktionen auf die Figur Tony Buddenbrooks mit dem, was Sie inzwischen erarbeitet haben. Was hat sich in Ihrer Einstellung verändert, was nicht?*

Für die Arbeit im Leistungskurs wäre folgende abschließende Aufgabe im Zusammenhang einer Beschäftigung mit Tony Buddenbrook sinnvoll:

❒ *Holen Sie Informationen über Frauenschicksale in der Literatur des 19. Jahrhunderts ein (Beispiele: Fontane, Effi Briest; Flaubert, Madame Bovary) und prüfen Sie, ob Sie einen Bezug zu Tony Buddenbrook herstellen können.*

3.3 ❒ Die geschäftliche Entwicklung der Firma Buddenbrook

Es soll und kann nicht Ziel einer Behandlung des Romans sein, die ökonomische Entwicklung der Firma Buddenbrook detailliert nachzuzeichnen. Es sollte den Lernenden aber deutlich gemacht werden, dass der Autor zwei Linien zeichnet: 1. die des „Verfalls" im ökonomischen und biologischen Sinne (die Familie stirbt aus), 2. die einer geistigen „Verfeinerung", also eines „Aufstiegs", der sich jedoch mit nachlassendem Lebenswillen verbindet. Diesem Prozess sind in erster Linie die männlichen Protagonisten unterworfen. Diese Einsichten werden den Kursteilnehmern in diesem Unterrichtsmodell auf mannigfaltige Weise vermittelt. Sofern jedoch in einer Kursgruppe ein besonderes Interesse an den wirtschaftlichen Fragen in den „Buddenbrooks" besteht, ist folgendes Vorgehen möglich:

In häuslicher Vorbereitung bearbeiten die Schülerinnen und Schüler den Auftrag:

❒ *Sammeln Sie Belege aus dem Romantext, die über die wirtschaftliche Entwicklung der Firma Buddenbrook Auskunft geben. Konzentrieren Sie sich im Wesentlichen auf die Kapitel, die Sie schwerpunktmäßig bearbeitet haben.*

Die detailliertesten Auskünfte werden hier die „Kapitelexperten" geben können. Im Unterricht kommt es darauf an, der Fülle von möglicherweise disparaten Informationen Konturen zu geben. Den Lernenden wird klar werden, dass es einer Strukturierung bedarf, um Entwicklungstendenzen zu verdeutlichen. Als Hilfestellung kann der Auftrag erfolgen:

❒ *Finden Sie eine Möglichkeit, wie die ökonomische Entwicklung der Firma am besten nachvollziehbar gemacht werden kann.*

Es liegt nahe – und das erkennen die Kursteilnehmer bald – die Hinterlassenschaft des jeweiligen Firmenchefs mit der seines Vorgängers zu vergleichen:

Der alte Johann Buddenbrook besaß vor der Heirat von Jeans Frankfurter Schwester 900.000 Courantmark, „abgesehen, wie sich versteht, von dem Grundbesitz und dem Wert der Firma" (II,5, S. 77). Hier scheint es sich um das reine Barvermögen zu handeln, d. h., die Lagerbestände und Immobilien und sonstige Einrichtungen der Firma (Speichergebäude, Schiffe etc.) sind nicht eingerechnet. Johann Buddenbrook hinterlässt ein Barvermögen (abzüglich aller Kosten für den Hausverkauf und Vorabauszahlungen und Mitgiften) von 795.000 Courantmark (S. 78). Mit den Geschäften unter der Führung von Johann wurden immerhin insgesamt 200.000 Mark verdient (S. 77). Als Johann stirbt, müssen die Erbansprüche befriedigt werden. Das bedeutet einen finanziellen Aderlass von insgesamt 375.000 Mark. Das Barvermögen, mit dem Jean Buddenbrook nun die Geschäfte weiterführt, beträgt also 420.000 Mark, mit der Mitgift seiner Frau 100.000 Mark mehr (S. 78).

Die Geschäfte laufen für Jean nicht ganz so gut wie für Johann. Ihm gelingt es aber dennoch, die finanziellen Verluste aus dem Konkurs einer Bremer Firma im Jahre 1851 und die Verluste des Revolutionsjahres 1848 und die des Kriegsjahres 1855 auszugleichen und letztlich 30.000 Mark Gewinn in 15 Jahren Geschäftstätigkeit einzufahren (V,1, S. 255). Zusammen mit dem Kröger'schen Erbe von 300.000 Mark hinterlässt Jean bei seinem Tod ein Vermögen von „abgesehen von jedem Grundbesitz, in runder Zahl 750.000 Mark Courant" (S. 255). Mit diesem Kapital muss Thomas nun wirtschaften. Er schließlich hinterlässt ein Firmenvermögen von 6 x 150.000 Mark (= 900.000 Mark) (XI,1, S. 696). Das Verhandlungsgeschick des als Testamentsvollstrecker bestimmten Stephan Kistenmaker und die mangelnde Entschlusskraft des Kompagnons Marcus machen diese Summe jedoch schnell zu einer Zahl, die mit der Realität gar nichts zu tun hat (vgl. S. 696). Auch bei der genannten Summe scheint es so, als ob der Grundbesitz nicht eingerechnet worden sei. Um den Vermögensverlust einigermaßen auszugleichen sei Gerda gezwungen, so munkelt man in Lübeck, auch noch das Haus zu verkaufen (S. 697).

Zu einer kurzen Diskussion unter den Kursteilnehmern soll der Impuls anregen:

❐ *Kommentieren Sie die wirtschaftliche Entwicklung, wie sie sich durch den Vergleich der Hinterlassenschaften darstellt.*

Schaut man sich die reinen Zahlen an, so ist von einem finanziellen Niedergang eigentlich nicht viel zu sehen (unter der Voraussetzung allerdings, dass die Zahlen vergleichbar sind und auch in der letzten Zahl tatsächlich kein Grundbesitz eingerechnet ist). Selbst Thomas kann nicht so schlecht gewirtschaftet haben, wie es den Anschein hat. Das Unterrichtsgespräch wird ergeben, dass – unabhängig von der aufgezeigten Entwicklung – durch den Erzähler der Eindruck eines stetigen finanziellen Niedergangs vermittelt wird. Hier ist es an der Zeit, die übrigen von den Schülerinnen und Schülern gesammelten Informationen zur Klärung einzubringen. Am besten geschieht dies mit der Frage:

❐ *Wie gelingt es dem Erzähler den Eindruck eines stetigen finanziellen Niedergangs der Firma Buddenbrook zu erwecken? Stellen Sie Textbelege zusammen und zeigen Sie die inhaltlichen Zusammenhänge auf.*

Aus zeitökonomischen Gründen können die entsprechenden Textpassagen auch vorgegeben werden. Die folgende Skizze der möglichen Ergebnisse gibt die Stellen an.

Es sollte in Gruppen gearbeitet werden, die von verschiedenen Kapitelexperten gebildet werden. Das anschließende Zusammentragen der Ergebnisse ergibt folgendes Bild:

Den Verlusten räumt der Roman wesentlich größeren Raum ein als den Gewinnen, die zudem vor allem durch Erbschaft und Mitgift, also nicht durch geschäftlichen Erfolg entstehen. 300.000 Mark (V,8, S. 292), so hört Tony munkeln (die übrigen Lübecker vermuten 100.000 Mark – S. 294), bringt die Ehe mit Gerda in die Firma (vgl. auch V,7, S. 290: „die hohe Mitgift"). Wie hoch diese Mitgift tatsächlich ist, bleibt unklar. Der Tod der alten Madame Kröger bringt 100.000 Mark Betriebskapital in die Firma (IV, 10, S. 235). Beide Aktivposten erscheinen mehr oder weniger als Marginalien. Die Verluste allerdings werden ausführlich und detailliert dargestellt. Tonys Ehe mit Grünlich kostet die Buddenbrooks 80.000 Mark (V,1, S. 257), Christians Versuche, „sich zu etablieren", haben 80.000 Mark (VII,7, S. 435) verbraucht. Tiburtius hat durch die Heirat mit Clara nicht nur 80.000 Mark Mitgift (S. 433) gewonnen, sondern auch noch 127.500 Mark aus dem Erbe erschlichen (S. 433). Beim „Falissement einer Frankfurter Großfirma im Juli" [1866] verliert die Firma weitere 20.000 Mark (S. 437). Der Bau des neuen Hauses kostet ebenfalls Geld, nämlich 100.000 Mark (S. 435). Die Einnahmen aus dem Verkauf des alten Hauses in der Mengstraße von 87.000 Mark können diese Ausgabe allerdings nahezu wieder aufwiegen (IX,4, S. 596), wenn auch die Schilderung einen bedeutenden Verlust und einen Verkauf weit unter Wert suggeriert.

Als Ergebnis festzuhalten ist hier, dass der *Eindruck* des Niedergangs über die psychische Verfasstheit des jeweiligen Firmenchefs vermittelt wird. Zunehmend werden ökonomische Überlegungen in einem nichtökonomischen Sinne dominant: Vor allem durch Thomas wird der Misserfolg nicht mehr nur als Folge einer betriebswirtschaftlichen Fehlkalkulation gesehen, sondern als Schicksalsschlag, als Folge mangelnden Vertrauens in das eigene Handeln.

Mithilfe einer diese Einheit abschließenden Aufgabenstellung lässt sich der enge Zusammenhang zwischen Tradition, psychischer Situation des Firmenchefs und ökonomischer Notwendigkeit noch einmal zusammenfassend reflektieren:

❐ *Warum lässt der Autor Thomas Mann seinen Protagonisten Thomas Buddenbrook nicht einen tüchtigen Geschäftsführer zur Sanierung der Firma einstellen? Argumentieren Sie a) vor dem Hintergrund von Thomas' Psyche und seinen Auffassungen, b) aus der Perspektive des Autors, der eine bestimmte Konzeption verfolgt.*

Notizen

_____

_____

_____

_____

_____

_____

_____

_____

_____

_____

_____

_____

_____

_____

_____

Die männlichen Hauptfiguren der Familie Buddenbrook

Ordnen Sie die folgenden Eigenschaften den aufgelisteten Figuren zu (eine Eigenschaft kann auch mehreren Figuren zugeordnet werden): stark, schwach, zielgerichtet, krank, zögernd, sensibel, religiös, geistig interessiert, künstlerisch, geschäftstüchtig, zweifelnd, jovial, patriarchalisch, autoritär, überlegt, sparsam, zufrieden, unglücklich, politisch, weltgewandt, familienorientiert, traditionsbewusst, unsicher, gefühlsbestimmt, rational, selbstsicher, leidenschaftlich, berechnend, geizig, gesund, souverän, unsicher, dünnhäutig, vital, lebensbejahend, kompliziert, einfach, tatkräftig, gesellschaftlich anerkannt, lebensuntauglich, skrupulös ...

Johann	Jean	Thomas	Hanno
zielgerichtet			künstlerisch

EinFach Deutsch Unterrichtsmodell: Buddenbrooks. © Schöningh Verlag 2003

„Totengespräch" zwischen Johann Buddenbrook und Jean über die gescheiterte Ehe Tonys mit Grünlich

Stellen Sie die Äußerungen des von Ihnen entwickelten „Totengespräches" in ihrer Abfolge einander gegenüber, indem Sie den Inhalt des jeweiligen Gesprächsbeitrags möglichst kurz zusammenfassen. Wie würden Sie die Ebene kennzeichnen, auf der die Äußerungen anzusiedeln sind (persönlich, geschäftlich, familiär, menschlich, religiös, sachlich o. Ä.)? Wie denken Sie sich die Form der jeweiligen Aussage (heftig, bestimmt, zweifelnd, unsicher, zornig, böse o. Ä.)?

Johann		
Inhalt der Äußerung	Ebene der Äußerung	Form der Äußerung

Jean		
Inhalt der Äußerung	Ebene der Äußerung	Form der Äußerung

EinFach Deutsch: Unterrichtsmodell: Buddenbrooks. © Schöningh Verlag 2003

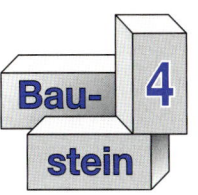

„Die Ehre, der Kränkere zu sein"[1] – Wie ähnlich sind sich Thomas und Christian Buddenbrook?

Auf den ersten Blick hat Thomas Mann die Brüder Thomas und Christian polar angelegt: Deren gegensätzliche Charakterzüge springen dem Leser ins Auge. Näheres Hinsehen zeigt jedoch, wie nach und nach die Gemeinsamkeiten der beiden Figuren entfaltet werden, sie erscheinen zunehmend als zwei Ansichten *einer* Gegebenheit, nämlich des Verfalls der Kaufmannsfamilie. Beide Brüder repräsentieren die Vorstufe des endgültigen Niedergangs, der durch Hanno besiegelt wird.

In diesem Baustein soll gezeigt werden, wie die Schüler zu dieser Einsicht geführt werden können. Sie erkennen, dass Christians Dekadenz von Beginn des Romans an offensichtlich ist, die seines Bruders dem Leser aber erst nach und nach zu Bewusstsein kommt. Ein Grund dafür liegt sicher darin, dass Thomas' Existenz geradezu definiert wird durch die Abwehr dessen, was Christian lebt. Den Lernenden wird auch deutlich, welche Rolle der Erzähler spielt bei der Gegenüberstellung der vermeintlich gegensätzlichen Brüder, es sei hier nur darauf hingewiesen, dass trotz der grundsätzlich auktorialen Erzählhaltung uns als Leser die Figur des Thomas näher gebracht wird als die Christians.

Folglich ist eine wichtige Methode zur Erarbeitung der Unterrichtseinheit die vergleichende Textstellen-Analyse, wobei der Vergleich stets die jeweilige erzählerische Sicht auf die beiden Figuren berücksichtigen muss.

Das Thema wird in vier Schritten erarbeitet: Zunächst steht die einführende Behandlung der Brüder im ersten Buch im Mittelpunkt; es folgt eine vergleichende Gegenüberstellung mit Blick auf den ganzen Romantext. Im dritten Schritt werden Thomas und Christian als *Streitende* genauer betrachtet (VI,3 und IX,2). Schließlich werden Thomas' Selbstzweifel thematisiert, wie sie bei seinen Überlegungen im Zusammenhang mit der Pöppenrader Ernte (VIII,4) zum Ausdruck kommen.

4.1 ☐ „Verständige Munterkeit" und „alberne Komik"[2] – Thomas und Christian als Gegensätze

Die Unterrichtseinheit über die beiden Brüder Thomas und Christian ist spiralförmig gedacht: Von der Oberfläche des Textes ausgehend sollen die Schüler verstehen lernen, wie es dem Erzähler mit dialektischem Raffinement gelingt, das vermeintlich Gegensätzliche schließlich als Einheit erscheinen zu lassen. Die Lehrperson sollte nicht darauf verzichten, den Lernenden den Prozess vom ersten naiven Verständnis bis hin zur differenzierten Sicht erfahrbar zu machen. Ohne jegliche häusliche Vorbereitung wird das Unterrichtsgespräch eröffnet mit der Frage nach dem Eindruck, den die Schüler von den beiden Brüdern nach einmaliger Romanlektüre haben:

☐ *Welche Wirkung haben auf Sie als Leser des Buddenbrooks-Romans die Brüder Thomas und Christan?*

Zu erwarten sind hier Gegenüberstellungen von Charaktermerkmalen, die an der Tafel festgehalten werden sollten.

---

[1] IX,2, S. 578
[2] II,3, S. 67

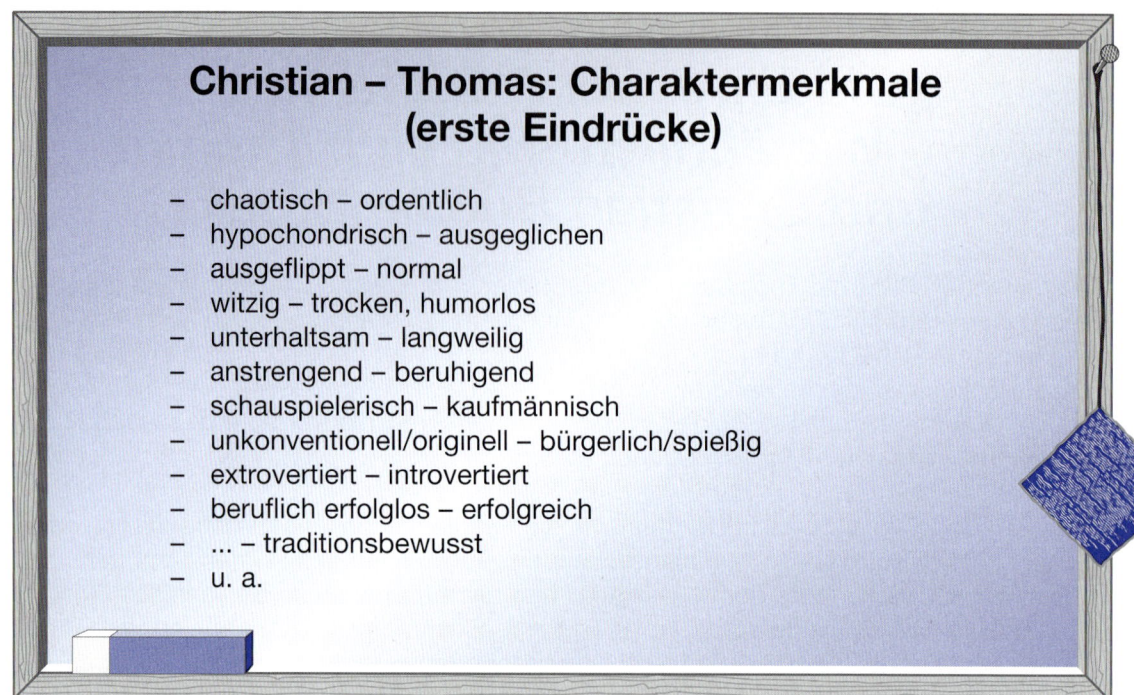

Christian – Thomas: Charaktermerkmale (erste Eindrücke)

- chaotisch – ordentlich
- hypochondrisch – ausgeglichen
- ausgeflippt – normal
- witzig – trocken, humorlos
- unterhaltsam – langweilig
- anstrengend – beruhigend
- schauspielerisch – kaufmännisch
- unkonventionell/originell – bürgerlich/spießig
- extrovertiert – introvertiert
- beruflich erfolglos – erfolgreich
- ... – traditionsbewusst
- u. a.

Solche Kennzeichnungen liegen vermutlich durchaus im Sinne des Erzählers: Sie kontrastieren die beiden Romanfiguren, rein äußerlich betrachtet. Zu einer ersten vertiefenden Betrachtung und zu Diskussionen führen die Fragen:

❒ *Welchen der beiden Brüder finden Sie sympathischer?*

❒ *In welchen Ihrer eigenen Lebensbereiche könnten Sie sich vorstellen, mit einem von beiden zu tun zu haben?*

Selbstverständlich werden die Lernenden zunächst zu dem Ergebnis kommen, dass Christian mehr dem Vergnügen und Thomas mehr der Arbeit zuzuordnen sei und man von dort aus gesehen Sympathien nicht eindeutig zuweisen könne. Es sollte aber hier schon zweierlei klar werden:

- Christian ist vielleicht – auch nach heutigem Verständnis – ein guter Unterhalter, empfindet selbst sein eigenes Leben aber durchaus nicht als unterhaltsam.
- Mit Thomas' Verlässlichkeit in beruflicher Hinsicht ist es nicht zum Besten bestellt; immerhin reicht seine Willenskraft nicht hin, um den Fortbestand der Firma zu sichern.

Hypothetisch ließe sich hier festhalten: Wer Christian lediglich für ‚amüsant' und lebensuntüchtig hält, verkennt ihn ebenso wie der, der Thomas für ‚geschäftstüchtig' und erfolgreich erklärt. Offenbar wirken beide anders, als sie sind.

Zu Beginn einer nächsten Unterrichtsphase, in der die ersten von den Lernenden geäußerten Eindrücke und Einschätzungen womöglich korrigiert, jedenfalls aber vertieft werden müssen, sollte der Beginn des Romans auf eine Charakterisierung der Brüder hin befragt werden. In einer Stillarbeitsphase sollen die Fragen beantwortet werden:

❒ *Was erfährt der Leser im ersten Teil der „Buddenbrooks" (I, 2, S. 14-16, I, 7, S. 34-36) über Thomas und Christian?*

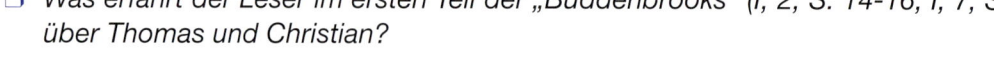

❒ *Auf welche Weise werden diese Informationen vermittelt?*

Im Unterrichtsgespräch werden die Ergebnisse gesammelt und erläutert:

Eine erste Charakterisierung der Brüder nimmt der Dichter Jean Jacques Hoffstede vor. Ihm zufolge ist *Thomas* „ein solider und ernster Kopf; er muss Kaufmann werden" (S. 14 f.). Der Bruder erkennt – dies teilt uns dann der Erzähler mit – Christians schauspielerisches Talent neidlos an. Auch Hinweise auf das Äußere des Achtjährigen erfahren wir über den Erzähler: So ist von „klein[en] und gelblich[en]" Zähnen[1] die Rede, aber auch von einer auffallend fein geschnittenen Nase; „in den Augen und in der Gesichtsform [ähnelte er] stark seinem Großvater" (S. 16).

Christians Einführung ins Romangeschehen nimmt mehr Raum ein. Zweifellos – das wird den Schülerinnen und Schülern unmittelbar einsichtig sein – ist er als Kind bemerkenswerter als sein älterer Bruder, und dies vor allem, weil er Aufmerksamkeit auf sich zieht, sein Tun auf (komische) Wirkung hin ausrichtet. Für Hoffstede ist Christian „ein wenig Tausendsassa", „ein wenig Incroyable", „er ist witzig und brillant veranlagt", was ihn nach Auffassung des Dichters zu einem Studium prädestiniert (S. 15). Der Großvater Buddenbrook, der sich zu seinem jüngeren Ebenbild Thomas an dieser Stelle nicht äußert, bekundet seinem Enkel Christian gegenüber durch sein zweimaliges „'N Aap is hei!" (S. 15) durchaus Sympathie, aber auch Distanz. Wertend äußert sich auch der Erzähler: Äußerlich ist Christian in „schon jetzt beinahe lächerlicher Weise seinem Vater ähnlich" und der Hinweis, „dass die Gesichtsform nicht immer die jetzige kindliche Fülle behalten werde", unterstreicht das „Schon jetzt" aus der Sicht dessen, der weiß, wie die Entwicklung verlaufen wird. Besondere Beachtung verdient in diesem Zusammenhang, dass Christian, indem er einen seiner Lehrer imitiert, nicht nur als ‚Schauspieler' eingeführt wird, sondern dass der Inhalt der Parodie den Gegensatz von Schein und Sein, von Innen und Außen thematisiert: „Äußerlich, mein gutes Kind", so wird der Lehrer Stengel von seinem siebenjährigen Schüler zitiert, „äußerlich bis du glatt und geleckt, ja, aber innerlich, mein gutes Kind, da bis du schwarz [...]".

Im ersten Romanteil tritt Christian nicht nur als Schauspieler, sondern auch als Leidender auf. Er hat sich den Magen verdorben und sagt gleich zweimal, es sei ihm „verdammt übel" (S. 34 f.). Der Erzähler kommentiert: „Das starke Wort schien ihm geradezu Linderung zu bereiten, mit solcher Inbrunst stieß er es hervor". Auch hier, so lässt sich festhalten, geht es dem Kranken um Wirkung, um die sprachliche Darstellung des Sachverhaltes, weniger um das Leiden als sprachloser Qual (vgl. Baustein 5).

Nun werden die Ergebnisse vorerst abschließend bewertet. Die richtungsweisende Frage lautet:

❏ *Welche Funktion hat – im Blick auf die Entfaltung der beiden Charaktere Thomas und Christian im Verlauf des Romans – deren einführende Behandlung im ersten Teil?*

Das Gespräch der Schüler sollte um folgende Gedanken kreisen: Im ersten Teil des Romans geht es dem Erzähler nicht so sehr um die Kontrastierung zweier Brüder, wie der weitere Verlauf es vermuten ließe, sondern mehr um die thematische Fokussierung: Bestimmendes Thema ist das Verhältnis von Schein und Sein, von Innen und Außen, von „Wirklichkeit" und ihrer Darstellung. Zu diesem Zweck muss die Figur des Christian hier in den Mittelpunkt gestellt werden. Bei ihm ist „Darstellung" eine äußerliche Fähigkeit, die sich schon bei ihm als Kind zeigen kann, während sie für Thomas nicht „Fähigkeit", sondern Lebensprinzip ist, das erst nach und nach in Erscheinung tritt. Der Erzähler fixiert also hier das Thema, das durch die Gestaltung der beiden Romanfiguren Christian und Thomas variiert wird.

Wie oben deutlich gemacht, lässt eine erste Betrachtung der Romankonzeption eine kontrastierende Gegenüberstellung der Brüder Thomas und Christian vermuten. Die Vermutung lässt sich belegen und – bei eingehender Betrachtung – auch widerlegen.

---

[1] Vgl. auch Baustein 2.

4.2 ❐ Schein und Sein – Die Ähnlichkeit der beiden Brüder (I)

4.2.1 Analytischer Zugang

Um die folgende Arbeit am Romantext nicht zu weit ausufern zu lassen, sollten, bevor es zu einer Gegenüberstellung der beiden Charaktere kommt, Vergleichsmaßstäbe aufgestellt werden. Die Lernenden werden also aufgefordert:

❐ *Nennen Sie Kriterien, mithilfe derer die Romanfiguren Thomas und Christian verglichen werden können.*

Es bietet sich an, die jeweilige Figur in Relation zu setzen zu relevanten Lebensbereichen. So etwa ist zu fragen (in Klammern werden entsprechende Fundstellen genannt):

- Welches Verhältnis hat die jeweilige Figur zu Frauen, welche Erfahrungen macht sie mit Ehe und Familie (Christian: II,6/XI,2. Thomas: III,15/XI,4)?
- Wie steht die Figur zum eigenen Körper? Wie geht sie mit Krankheit, mit Gesundheit um (Christian: VI,2,/IX,2. Thomas: X,5/X,6)?
- Welche beruflichen Schwerpunkte werden gesetzt (Christian: V,3/VI,11. Thomas: XI,3/X,1)?
- Wie verhält sich die Figur in der Öffentlichkeit und zur Öffentlichkeit (Christian: IV,10/V,2. Thomas: X,2)?
- Welche Bedeutung haben jeweils Kunst, Musik, Literatur, Theater im Leben der Figur (Christian: VII,8. Thomas: X,5)?

Schwächeren Lerngruppen können die Vergleichskriterien auch unmittelbar vorgegeben werden.

Die konkrete Erarbeitung geschieht arbeitsteilig: Eine Hälfte des Kurses befasst sich gruppenweise mit Thomas, die andere mit Christian. Gefragt ist hier erneut die Kompetenz der „Kapitelexperten". Die Lehrerin oder der Lehrer hat indessen darauf zu achten, dass die Lernenden sich nicht in Einzelheiten verzetteln, sondern verallgemeinernd Grundzüge des Beobachteten aufzeigen. Eine Gegenüberstellung des pro Kurshälfte Erarbeiteten könnte etwa so aussehen und – in verkürzter Form – auf einer Folie fixiert werden:

Christian und Thomas Buddenbrook: Ein Vergleich

Lebensbereich	Christian	Thomas
Frauen, Ehe und Familie	Fühlt sich schon früh zu den Schauspielerinnen hingezogen (II,6, S. 80-82) und heiratet schließlich Aline Puvogel. Sie veranlasst am Ende Christians Einweisung in eine Anstalt und führt selbst ihr *„früheres und unabhängiges Leben"* fort (XI,2, S. 700).	Gibt seine große Liebe aus Familien- und Firmeninteresse auf (III,15, S. 164-168) und heiratet die vornehme, aber kühle Gerda Arnoldsen. Die Ehepartner entfremden sich zunehmend voneinander. Nach Thomas' und Hannos Tod nimmt sie „nichts mit und *ging fort wie sie gekommen war.*" (XI,4, S. 757)
Körper, Gesundheit	Beobachtet seinen Körper und dessen Funktionen sehr genau, leidet eigentlich ständig, ohne dass die Leiden *medizinisch zu fixieren wären* (Hypochonder); vor allem plagen ihn die *Nerven*.	Raucht stark und ungehemmt; ist früh gesundheitlich „abgenutzt" (X,5, S. 660), *ohne dass eine Krankheit fixierbar wäre.* Doktor Langhals' Diagnose: „[A]n allem sind bloß die *Nerven* schuld." (X,6, S. 662)

Beruf, Geschäft, Firma	Macht trotz aller Hinweise, ihm stehe eine wissenschaftliche Laufbahn bevor, eine kaufmännische Ausbildung und tritt ins Geschäft ein. Die Firma interessiert ihn aber nicht eigentlich, vielmehr beschäftigen ihn sachfremde *Äußerlichkeiten** wie etwa seine „zufriedenen Hände" (V, 3, S. 270). Seine spätere eigene Hamburger Firma gibt er auf.	Thomas ist von Beginn an aufs Geschäft konzentriert. Allen Bemühungen zum Trotz wird die Erfolgsbilanz immer brüchiger. Die Geschäfte schleppen sich unter Thomas' Führung nach eigenem Empfinden hin. Am Ende ist er täglich stundenlang mit seinem *Äußeren* befasst.
Öffentlichkeit	Tritt immer als „Dandy" auf, reist in seiner Jugend viel (London, Valparaiso, Hamburg), geht in Clubs, ins Theater, ohne dass er eigentlich von den Stücken spricht. Er *erzählt Anekdoten und Geschichten. Gesellschaft* ist für ihn kein Ort des Wirkens und Handelns, sondern sie bildet sein *Publikum.*	Will wirken, ist politisch ambitioniert, genießt seine gesellschaftliche Reputation. Seine Kraft nimmt jedoch nach und nach ab, sodass ‚Wirkung' schließlich nur noch *äußerlich* ist. Thomas trägt am Ende nur noch eine *Maske* (X,2, S. 627), der *Schein* wird nur noch mit großer Mühe aufrecht erhalten, d. h., er *spielt der Umgebung etwas vor.*
Kunst, Literatur, Musik	Geht oft ins Theater und in Konzerte, ohne dass er von dem Inhalt des Erlebten spricht; er ‚lebt' im Theater.	Der Leser erfährt Genaueres nur von einer Lektüre-Erfahrung: Schopenhauer; die wird von Thomas wahrhaft erlebt. *Das Erlebnis verschließt er in sich.* Den musikalischen Aktivitäten Gerdas und Hannos steht er distanziert gegenüber.

In dieser Gegenüberstellung mischen sich Beobachtungen am Text mit entsprechenden Schlussfolgerungen und Deutungen. Es ist davon auszugehen, dass Letztere von den Lernenden während ihrer Arbeitsphase in der Diskussion erfolgen. Bei einigen Formulierungen sollte mit Blick auf eine Endfassung der Tabelle die oder der Lehrende jedoch Hilfestellung leisten, damit die Vergleichspunkte deutlicher hervortreten.

Das folgende Unterrichtsgespräch wird eingeleitet mit dem Impuls:

❏ *Wir sind zu Beginn unserer Gegenüberstellung von der Gegensätzlichkeit der beiden Romanfiguren ausgegangen. Lässt sich diese Auffassung nun belegen?*

Sowohl biografische Elemente als auch Charaktermerkmale machen deutlich, dass Thomas und Christian eher symmetrisch als entgegengesetzt konzipiert sind. Deutlich wird dies sogar im Blick auf das Eheschicksal, das die Brüder erleiden; in erster Linie erweist sich jedoch das Theater als eine zentrale Metapher des Romans: Wie Christian – dem Theater zugewandt – sein Inneres darstellend nach außen kehrt, so trägt Thomas eine Maske, hinter der er sein verfallendes Ich zunehmend mühsam verbirgt. In zweierlei Hinsicht unterscheidet sich die Konzeption der beiden Figuren:

1. Im Gegensatz zu Christian *entwickelt* sich Thomas. Die tabellarische Gegenüberstellung macht dies durch entsprechende Formulierungen deutlich.
2. Im Gegensatz zu Thomas *ist* Christian, der er *scheint*. Thomas *scheint* nur anders zu sein als Christian. Vermutlich beschleunigt diese Divergenz von Außen und Innen den „Abnutzungsprozess" des Senators.

---

*Die Hervorhebungen machen auf Gemeinsamkeiten der beiden Brüder aufmerksam.

4.2.2 Produktionsorientierte Zugänge

Zum hier vorgestellten analytischen Verfahren einer vergleichenden Gegenüberstellung der Brüder sind produktionsorientierte Zugehensweisen als Alternativen denkbar. Sie seien hier skizziert:

Alternative I

Die Lernenden erhalten den Auftrag:

❑ *Entwickeln Sie Fragen zu einem Interview der „Lübecker Nachrichten" mit einem der beiden Brüder. Stellen Sie sich mit Ihren Fragen auf den Charakter des jeweils Befragten ein. Bedenken Sie, was die damaligen Leser besonders interessiert hätte.*

In Gruppen von jeweils ca. 5 Schülern soll eine Hälfte des Kurses sich mit Christian, die andere mit Thomas befassen. Wichtig ist, dass die Fragestellung dem Charakter des jeweils Befragten Rechnung trägt: Thomas ist eher scheu und introvertiert, Christian eher extrovertiert und zur Selbstdarstellung geneigt. Anschließend werden die Fragen zwischen den Gruppen ausgetauscht und beantwortet. Dieses Verfahren bietet den Vorteil, dass jeder Schüler sich mit beiden Romanfiguren eingehend befasst, denn gekonnt Fragen zu stellen setzt Beschäftigung mit dem – fiktiv – Befragten ebenso voraus wie deren Beantwortung.

Alternative II

Eine andere Vorgehensweise wäre, die Lernenden eine Art Selbstcharakteristik je eines der Brüder in Ich-Form erstellen zu lassen, wobei auch hier auf die vorher festgesetzten Vergleichskategorien zu achten ist:

❑ *Versetzen Sie sich in die Lage Christians / Thomas' und entwerfen Sie eine Selbstcharakteristik. Thomas blickt dabei kurz vor seinem (ihm nicht bewussten) Ende auf sein Leben zurück, Christian kurz vor der Einlieferung in die Heilanstalt.*

In Lerngruppen, bei denen man einen geübten Blick auf Texte voraussetzen kann, lässt sich dieses Vorgehen noch weiter differenzieren, indem man einigen Schülern den Auftrag gibt:

❑ *Versetzen Sie sich in die Lage Christians / Thomas' und charakterisieren Sie jeweils den anderen Bruder.*

Dieses Verfahren bietet folgende Vorteile:

● Der Unterschied zwischen Selbst- und Fremdbild bildet die Grundlage für die weitergehende Analyse.

● Die Außenperspektive charakterisiert nicht nur den Charakterisierten, sondern auch den Charakterisierenden. Die Schüler erfahren so in einem Teilbereich die hochkomplexe Konzeption des Romans.

● Die Perspektive Christians auf seinen Bruder Thomas findet sich im Roman nur selten. Hier kann somit der Grund gelegt werden für einen vertiefenden Blick auf die Erzählkunst des Romans: Während aus Thomas auch der Erzähler in Form der erlebten Rede spricht, bleibt die Behandlung Christians stets äußerlich.

4.3 ☐ „... worüber streitet ihr euch eigentlich?"[1] – Die Ähnlichkeit der beiden Brüder (II)

Ausgerechnet in den beiden großen Streitgesprächen zwischen den Brüdern Thomas und Christian tritt deren Ähnlichkeit am deutlichsten hervor. Nachdem die Lernenden in der vorangegangenen Unterrichtseinheit mit dem Blick auf den Gesamtroman die symmetrische Anlage der Figurenkonzeption erkannt haben, soll im Folgenden eine detaillierte Textanalyse zu vertieften und differenzierten Sichtweisen führen.

Vorbereitend lesen die Schülerinnen und Schüler die beiden Passagen, in denen es zu jeweils heftigen Auseinandersetzungen zwischen den Brüdern kommt:
- VI,3, S. 316-322 (Thomas stellt Christian wegen dessen Bemerkung im Club zur Rede).
- IX,2, S. 572-582 (Streit anlässlich des Todes der Mutter).

Zur Vorbereitung einer genaueren Analyse soll folgender Impuls dienen:

☐ *Während der Auseinandersetzung der beiden Brüder anlässlich der Nachlassverteilung kommt es zu Thomas' folgender Äußerung: „Ich bin geworden, wie ich bin ..., weil ich nicht werden wollte wie du. Wenn ich dich innerlich gemieden habe, so geschah es, weil ich mich vor dir hüten muss, weil dein Sein und Wesen eine Gefahr für mich ist ... ich spreche die Wahrheit." (IX,2, S. 580) – Deuten Sie diese Aussage.*

Auch ohne weit reichende psychologische Kenntnis dürfte den Lernenden klar sein: Thomas fürchtet seines Bruders Wesen, weil er sich ihm innerlich ähnlich fühlt. Die Decke seines eigenen „Seins" ist so dünn, dass er sie ständig gefährdet sieht.

Es schließt sich die Frage an, ob und wie – nach den bisherigen eher grundsätzlichen Überlegungen mit Blick auf den ganzen Roman – die Ähnlichkeit der Brüder in ihrer unmittelbaren Gegenüberstellung während der beiden Streitgespräche nachweisbar ist.

4.3.1 Jeder Geschäftsmann ein Gauner? – Das erste Streitgespräch

Begonnen werden sollte mit der Analyse des Gesprächs über Christians Äußerung im Club: „Eigentlich und bei Lichte besehen sei doch jeder Geschäftsmann ein Gauner" (VI,3, S. 317).

Der Arbeitsauftrag:

☐ *Analysieren Sie das Gespräch zwischen Christian und Thomas (VI,3, S. 316-322). Beachten Sie dabei besonders die Art, wie die Brüder miteinander sprechen.*

leitet eine Gruppenarbeitsphase ein.

Vortrag und Diskussion der Ergebnisse müssten Folgendes ergeben:
- Der von Thomas als skandalös empfundene Vorfall steht während des Streites keineswegs im Vordergrund. Er ist vielmehr nur Anlass zu einer grundsätzlichen Auseinandersetzung zwischen den Brüdern.
- Im Mittelpunkt des Gespräches stehen der Charakter und das generelle Verhalten Christians. Thomas hält seinen Bruder für „lächerlich" (S. 318), er spricht vor allem dessen Hypochondrie, die Geschwätzigkeit, das ‚Possenreißertum' an, Eigenschaften, die ihn für den Kaufmannsberuf ungeeignet erscheinen lassen.
- Thomas ist Initiator und dominanter Impulsgeber des Gespräches. Er ist der – auf den ersten Blick gesehen – Überlegene, der seinen Bruder abkanzelt. Sein Ton ist oft der des Erziehers („Tue es doch!", „[I]ch verbiete es dir ...", S. 319) und zeitweise ungewöhnlich heftig und beleidigend („Du bist vom Übel hier in dieser Stadt ...", S. 320).

---

[1] IX,2, S. 578

- Thomas begründet seine Einstellung Christian gegenüber damit, dass er Familie und Firma kompromittiere.
- Es fällt auf, dass Thomas seinem Bruder, was den Anlass des Gesprächs betrifft, in der Sache nicht widerspricht. Im Gegenteil: „Aber man sucht sich eben die Leute aus", so Thomas, „zu denen man dergleichen sagt [...], wenn es schon einmal durchaus gesagt werden muss [...]" (S. 317).
- Geriert sich der ältere Bruder auch als „Erzieher", so erweist sich der jüngere – Christian – als resistent gegen alle Erziehungsversuche.
- Schon im Hinblick auf den für Thomas skandalösen Vorfall im Club hat Christian eine ganz eigene Perspektive: Ihm ist Hagenströms Antwort peinlich, weil sie die „Gemütlichkeit" (S. 317) stört.
- Christian greift die Vorwürfe seines Bruders nur selektiv auf und nimmt sie lediglich zum Anlass, über das zu sinnieren, was ihn eigentlich beschäftigt (etwa über Krankheiten und die Mittel dagegen, S. 318), und zwar hier so stark, dass er den folgenden aggressiven Ausfall Thomas' gar nicht wahrnimmt (S. 319).
- Erst gegen Ende der Auseinandersetzung hat Christian „einen Anfall von Entrüstung" (S. 320), nachdem Thomas gewünscht hat, dass er seinen Bruder aus dem Haus weisen könne.
- Das Streitgespräch endet einvernehmlich: Christian will die Firma verlassen und sich selbstständig machen. Thomas beruhigt sich, nachdem er Christian aus der Reserve locken konnte („Es schien [...] ihm geradezu wohlzutun, seinen Bruder endlich in Zorn gebracht [...] zu haben", S. 321).

Als Fazit sollten die Lernenden festhalten:
- Thomas versteht seinen Bruder sehr gut. Die Heftigkeit der Äußerungen deutet auf eine gewaltsame Abwehr dessen hin, was Christian für seinen Bruder repräsentiert.
- Es geht in dem Streitgespräch nicht um einen Sachverhalt, bei dem die Streitenden etwa verschiedener Auffassung wären.
- Thomas setzt Christians passiver egozentrischer Existenz, die sich in Einsehen, Verstehen und Beschreiben erschöpft (vgl. S. 320), keine Argumente, sondern nichts anderes als ein „Man" entgegen („man hat doch seinen Stolz ...", „Man führt doch nicht ein Leben fort ...", S. 320. „Schließlich gehörst du nicht dir alleine an", S. 318).
- Thomas' Rolle in dem Streitgespräch erweist sich bei näherem Hinsehen keineswegs als die des dominanten, überlegenen Sprechers. Vielmehr gibt Christian als der vermeintlich Passive die Themen vor, die die Unterredung bestimmen. Sie betreffen das, was Thomas mit Heftigkeit abwehrt.

Die Schülerinnen und Schüler dürften nun in der Lage sein, das bei oben genanntem Impuls aufgeführte Zitat zu verifizieren. Zur Bestätigung und Vertiefung des Erarbeiteten bedarf es nur eines Verweises auf den kurzen Romanabschnitt aus Kapitel VIII,4 (S. 473), in dem der Erzähler Thomas in Form der erlebten Rede den hier behandelten Streit reflektieren lässt.

Abschließend kann dann noch einmal der Blick der Lernenden auf die analysierte Passage gerichtet werden mit dem Auftrag:

❐ *Betrachten Sie genau, wie der Erzähler Aussehen und Verhalten der streitenden Brüder kennzeichnet. Was „sagen" diese Kennzeichnungen im Hinblick auf das Verhältnis der Sprechenden zueinander und auf das, was sie äußern?*

4.3.2 „Mutter liegt nebenan"[1] – Das zweite Streitgespräch

Das zweite große Streitgespräch zwischen den Brüdern lässt sich äußerlich betrachtet etwas anders an. Eine erste Sammlung von Eindrücken wird zur inhaltlichen Klärung und zur Einordnung der Passage führen, um dann auf die Unterschiede zwischen dem ersten und dem nun zu behandelnden Gespräch abzuheben. Wenn nötig, kann hier ein entsprechender Frage-Impuls erfolgen:

---
[1] u. a.: IX,2, S. 576

❑ *In welchem Verhältnis sehen Sie den Streit zwischen den Brüdern anlässlich des Todes ihrer Mutter (IX,2, S. 572-582) zu dem zuvor Behandelten?*

Hier – so werden die Lernenden schnell bemerken – gibt es einen konkreten Streitgegenstand: Christian beabsichtigt Aline Puvogel zu heiraten und beansprucht deshalb ungewohnt zielgerichtet Teile des Hausrats aus dem Nachlass seiner Mutter. Offenbar gibt ihm das die Kraft, energisch und in „einer Art trotziger und gereizter Stimmung" (S. 572) zu erscheinen. Insgesamt tritt er offensiver auf als je zuvor, aber auch Thomas steigert sich noch: Er ist „beinahe sinnlos vor Zorn" (S. 581). Der Streit mündet in „einen abgerissenen, nichtigen, beklagenswerten Wortstreit ohne ein eigentliches Thema [...]" (S. 581). Auch zuvor schon verlässt das Gespräch immer wieder die Ebene der Auseinandersetzung über Christians Heiratsabsichten: Die Brüder halten sich gegenseitig ihr Wesen vor, der Jüngere dem Älteren seinen Egoismus, der Ältere dem Jüngeren seine Liederlichkeit und sein mangelndes Verantwortungsgefühl der Familie gegenüber. Es mischen sich also in dieser Textpassage schon aus dem früheren Streit bekannte Elemente mit neuen Aspekten. Neu ist vor allem – inhaltlich betrachtet – , dass Thomas dem Bruder gesteht, dessen „Sein und Wesen" sei eine „Gefahr" für ihn (S. 580).

Die Lernenden werden als anderen wesentlichen Unterschied zum zuvor behandelten Streit eine andere Gesprächssituation festgestellt haben. Auch hier kann mit einem Impuls eine neue Unterrichtsphase eingeleitet werden:

❑ *Was unterscheidet die Gesprächssituation der hier vorliegenden zweiten Auseinandersetzung zwischen den Brüdern von der ersten?*

Die Tatsache, dass Tony an diesem Gespräch teilnimmt, lässt das erzählerische Arrangement der Passage deutlicher in den Blick geraten: Durch die leitmotivische Wiederkehr und Variation des Satzes „Mutter liegt nebenan" erhält der Dialog eine theatralische Dimension, die Szene wirkt indessen dadurch eher possenhaft als hochdramatisch. Als „Publikum" kann hier durchaus Gerda gelten, deren stumme Teilnahme an der Auseinandersetzung von offenkundig ästhetischem Interesse bestimmt ist.

Die Schülerinnen und Schüler werden zunächst aufgefordert:

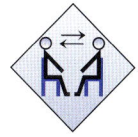

❑ *Suchen Sie im Text Gerdas Reaktionen, zitieren Sie sie und zeigen Sie ihren Zusammenhang auf.*

Nach einer Stillarbeitsphase sollte etwa folgendes Ergebnis mündlich vorgetragen werden:

Christian: „Ich liebe Äußerlichkeiten nicht. Ich habe nie Wert darauf gelegt". (S. 572) ➡ „Gerda betrachtet ihn, während er sprach, und lachte nun leise." (S. 573)

Christian: „Na, mit einem Worte, ich denke, mich über Kurz oder Lang zu verheiraten." (S. 575) ➡ Die Antwort „bewirkte, dass Gerda Buddenbrook sich ihm eilig zuwandte und ihn mit einem rätselhaften Ausdruck in ihren Augen musterte ..." (S. 574 f.)

„Die beiden Brüder starrten einander jetzt über den Tisch hinweg ins Gesicht ..." (S. 576) ➡ „Gerda blickte mit ziemlich spöttischer Miene von einem zum anderen ..." (S. 576)

„,Ich [Christian, D.S./G.S.] begreife nicht, warum ich Alines Namen nicht nennen soll!' Christian war so außerordentlich erregt ..." (S. 577). ➡ „ ... dass Gerda ihn mit wachsender Aufmerksamkeit betrachtete." (S. 577)

Es kommt zu dem „beklagenswerten Wortstreit" zwischen den Brüdern „ohne einen anderen Zweck, als den, zu beleidigen ..." (S. 581 f.) ➡ „Gerda hatte das Haupt leicht in die Hand gestützt und beobachtete die beiden mit verschleierten Augen und einem nicht bestimmbaren Gesichtsausdruck." (S. 582)

Als Einstieg in ein kurzes Unterrichtsgespräch schließt sich die Frage an:

❐ *Wie sind Gerdas Reaktionen auf den Streit der Brüder zu kennzeichnen und zu deuten?*

Bemerkenswert ist zunächst, dass Gerda – als Ehefrau des Senators doch immerhin in den Streit involviert – für keinen der beiden Streitenden Partei ergreift. Ihre offenkundig z. T. amüsierte Distanz macht sie zur „Zuschauerin" des familiären Dramas. Vor allem aber spiegeln ihre „rätselhaften" und „verschleierten" Augen und der „nicht bestimmbare[ ] Gesichtsausdruck" das objektive Verhältnis der Brüder zueinander wider: Deren Persönlichkeitskonturen verschwimmen in den Augen der Beobachterin.

An dieser Stelle des Unterrichtsgesprächs sollte der oder die Lehrende, falls der entsprechende Hinweis nicht aus dem Kurs erfolgt, auf die Äußerung Gerdas hinweisen, mit der sie schon früher auf eine Ähnlichkeit Christians und Thomas' anspielt (VIII,2, S. 451). Tony stellt dort Letzterem gegenüber gesprächsweise fest, „dass Gerda und Christian sich gut vertragen", und Thomas antwortet, dass seine Frau in der Tat anfange „Geschmack an ihm [Christian, D.S./G.S.] zu gewinnen. Sie hört auch ganz aufmerksam zu, wenn er seine Leiden beschreibt [...] Mein Gott, er amüsiert sie. Neulich sagte sie zu mir: ‚Er ist kein Bürger, Thomas! Er ist noch weniger Bürger als du!'"

Solche Überlegungen münden in eine produktionsorientierte Aufgabenstellung, durch deren Bearbeitung das Verhältnis der Brüder abschließend charakterisiert werden kann, wobei die Schülerinnen und Schüler gehalten werden, die Perspektive einer „Kennerin" aus dem Kreis der Romanfiguren einzunehmen.

❐ *Verfassen Sie einen inneren Monolog Gerdas, in dem sie ihre Beobachtungen während des Streites zwischen Christian und Thomas reflektiert.*

Inhaltlich könnten Vortrag und Vergleich der einzelnen Lösungen Folgendes erbringen:

Kern des Streites ist die hier schon mehrfach erwähnte Äußerung Thomas', dass Christians „Sein und Wesen eine Gefahr" für ihn sei (IX,2, S. 580). Bezeichnenderweise fällt diese Äußerung dort, wo Christian sich über das „Gleichgewicht" auslässt, das dem Älteren „das Wichtigste" sei (S. 579). „Wie satt ich das alles habe, dies Taktgefühl und Feingefühl und Gleichgewicht, diese Haltung und Würde ... wie sterbenssatt! ...". Ausgerechnet auf diese Aussage hin sinkt Thomas zusammen und blickt „eine Weile wortlos und mit müder Miene vor sich nieder" (S. 580), um nur wenig später zuzugeben, dass Christians „Rede" über seinen – Thomas' – Charakter „vielleicht einen Kern von Wahrheit" enthalte. Im Übrigen lässt der Streit von „Gleichgewicht" auf der Seite des Senators wenig erkennen; im Gegenteil: Seine Reaktionen auf Christians Äußerungen steigern sich von „ziemlich ungeduldig" (S. 574) bis hin zur äußersten Erregung am Ende des Gespräches. Beide – und das sollte die Perspektive Gerdas deutlich machen – entsprechen sich in ihren Reaktionen, verbal wie nonverbal. Darüber hinaus offenbart die Auseinandersetzung aber auch inhaltliche Übereinstimmungen zwischen den beiden Brüdern: So etwa, wenn es um Krankheiten geht (beide fühlen sich sehr krank, S. 578) oder wenn Christian seine Sehnsucht äußert „nach einem Heim und nach jemandem, der Mitleid mit mir hat, wenn ich krank bin" (S. 580). Immerhin ist dies ein Satz, den auch Thomas sprechen könnte angesichts der Entfremdung, die sich zwischen ihm einerseits und seiner Frau und seinem Sohn Hanno andererseits ergeben hat. Diese Fremdheit bestimmt ja auch den distanzierten Blick Gerdas auf die Situation.

4.4 ❐ „Ich verbummele, ich versumpfe, ich werde alberner als Christian"[1] – Thomas' Selbstzweifel

Der Baustein 3 widmet sich wichtigen Figuren des Romans, die das Prinzip „Ungebrochenheit" – wenn auch mit gewissen Einschränkungen – verkörpern. Mit Christian und

---

[1] VIII,4, S. 473

Thomas sind hier in Baustein 4 nun Angehörige einer Generation in den Mittelpunkt gestellt worden, die Familie und Firma nicht mehr auf der bis dahin selbstverständlichen Höhe halten können. Die Gegenüberstellung Johann Buddenbrooks des Älteren und seines Sohnes Jean in Baustein 3 macht deutlich, dass Letzterer zwar immer wieder von Skrupeln und Zweifeln geplagt wird, sich schließlich aber doch in seinem Tun von praktischen ökonomischen Erwägungen leiten lässt. Das Kapitel 4 des VIII. Buches befasst sich mit Thomas' Überlegungen im Zusammenhang mit der Pöppenrader Ernte. Er denkt von seinen Vorfahren, „dass sie praktische Menschen gewesen, dass sie es voller, ganzer, stärker, unbefangener, natürlicher gewesen waren, als er ..." (VIII,4, S. 471). Ausgehend von Thomas' an sich selbst gerichteter Frage: „Ob sein Vater, sein Großvater, sein Urgroßvater, die Pöppenrader Ernte auf dem Halme gekauft haben würden? ..." soll im Folgenden der Zusammenhang von Selbstzweifel als Folge gesteigerter Reflexionsfähigkeit und Sensibilität einerseits und abnehmender Entschlussfähigkeit und Tatkraft andererseits durch das Mittel der Kontrastierung deutlich gemacht werden. Die Lernenden sollten verstehen, dass nicht der wirtschaftliche Misserfolg Thomas als Geschäftsmann ungeeignet erscheinen lässt – Misserfolge hatte auch sein Vater zu verzeichnen –, sondern dass es hier um eine innere Einstellung geht, die praktisches Handeln immer problematischer macht. Man könnte sagen: Jean sieht den finanziellen Verlust im Zusammenhang mit Tonys gescheiterter Ehe als Ergebnis einer einmaligen Fehlinvestition, Thomas deutet den Fehlschlag seiner Ernte-Spekulation als Bestätigung seiner grundsätzlichen Handlungsunfähigkeit.

Um diesen Unterschied zu verdeutlichen bietet sich eine produktionsorientierte Aufgabenstellung an, die von der Frage ausgeht, wie sich Thomas' Vater zu den Überlegungen seines Sohnes gestellt hätte.

❐ *Was hätte Jean Buddenbrook seinem Sohn Thomas angesichts seiner Reflexionen in VIII,4 (S. 465-476) gesagt? Verfassen Sie einen Brief, der mit dem Satz beginnt:* „Lieber Thomas! Du bist ein reicher Mann und die Existenz deiner Firma ist ernstlich nicht in Frage zu stellen *(Vgl. S. 467). Um so mehr verwundern mich deine Zweifel"...*

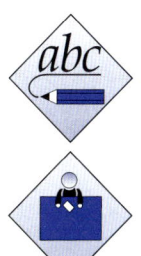

Die Bearbeitung dieser Aufgabe setzt genaue Textkenntnis und Verständnis von Thomas' Erwägungen voraus; zugleich ist von den Lernenden gefordert, Jean so gut zu kennen (vgl. Baustein 3), dass sie seine Perspektive einnehmen können. Als Hilfestellung zur Lösung der Aufgabe könnte die Aufforderung dienen:

❐ *Stellen Sie die Pole einander gegenüber, zwischen denen Thomas im Zuge seiner Überlegungen schwankt.*

Zu nennen und möglicherweise an der Tafel festzuhalten sind:

Thomas' Zwiespalt (VIII,4)

„bewegliche, elastische Aktivität"	(S. 466)	„matte Blässe des Gesichtes"
„innere Wahrheit"	(S. 467)	„äußere Tatsachen"
„kluge Resignation"	(S. 469)	„Zweifel und Bedenken"
„Geschäftsmann", „Mann der unbefangenen Tat"	(S.469)	„skrupulöser Nachdenker"
„grausame Brutalität des Geschäftslebens"	(S. 470)	„gute, sanfte, liebenswürdige Empfindungen"
„praktischer Mensch"	(S. 470)	„zärtlicher Träumer"

Der Ältere dürfte von seinen eigenen Skrupeln schreiben, die er etwa im Umgang mit seinem Stiefbruder Gotthold äußerte oder die er im Zusammenhang mit Tonys Heirat hegte. Seine Entscheidungen indessen waren immer klar und fest, vor allem fielen sie stets mit Blick auf die Interessen der Firma; Zweifel äußerte er überdies nur in Bezug auf Personen innerhalb der Familie. Sein wirtschaftliches Handeln war klar kalkuliert, aber auch durch ethische Grundsätze bestimmt. Es war ihm selbstverständlich, Härte zuzufügen und Härte zu erleiden, anders als seinem Nachfolger (vgl. S. 469). Aus seiner Sicht ist Thomas' „Verzagtheit" nicht nachzuvollziehen, weil sachlich ungerechtfertigt. Verständnislos dürfte er auch der Einsicht seines Sohnes begegnen, dass „die Vorstellung, sein Glück und Erfolg sei dahin", „mehr eine innere Wahrheit war, als dass sie auf äußere Tatsachen gegründet gewesen wäre" (S. 467). Gegen Pedanterie und Geiz des Sohnes könnte der Vater seine Redlichkeit und sein wirtschaftliches Kalkül stellen, gegen Träumerei (vgl. S. 470) seinen stets noch über pietistische Zweifel siegenden Realismus. Der Konsul würde versuchen, den Senator mit Hinweis auf dessen gesellschaftliche Reputation psychisch aufzubauen und die Familienehre ins Spiel zu bringen. Besorgt, aber ohne wirkliches Verständnis begegnete der Vater der nur gespielten „elastischen Aktivität" (S. 466) des Sohnes. Nicht eindeutig dürfte für die Schülerinnen und Schüler die Frage zu beantworten sein, ob denn Jean seinem Sohn zum Spekulationsgeschäft riete, Thomas selbst lässt hier diese Frage ja noch offen (S. 471).

Vortrag, Begründung und Diskussion der Schülerprodukte sollten zu der Einsicht führen: (Selbst-)Reflexion macht für Thomas das Handeln zunehmend schwieriger. Er entschließt sich zwar am Ende zu einem gewagten Geschäft, dies geschieht aber fast gewaltsam und endet, wie der Leser weiß, in einem Fiasko. Abschließend sollte im Kurs die Frage diskutiert werden:

❒ *Wo sehen Sie Parallelen zwischen Thomas' in VIII,4 entfaltetem seelischen Zustand und Wesenszügen seines Bruders Christian?*

Von Seiten der entsprechenden „Kapitelexperten" dürfte hier ein Hinweis auf X,6 (S. 662-672) erfolgen, wo vom gemeinsamen Aufenthalt der Brüder in Travemünde die Rede ist. Die Atmosphäre ist die eines trüben Spätsommers, von Trägheit und dekadenter Resignation bestimmt. Zu Beginn des Kapitels widmet sich der Erzähler leicht ironisch dem Zustand Christians (S. 663 f.), der inzwischen seine letzte kaufmännische Tätigkeit fahren ließ. Die Brüder finden gegen Ende des Romans noch einmal zusammen – fast wortlos, in ihrer psychischen Verfasstheit einander gleich.

Notizen

_____

_____

_____

_____

_____

_____

_____

_____

_____

_____

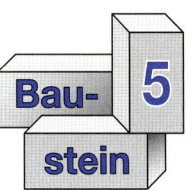

„Es ist so"[1] – Hanno und das Ende der Buddenbrooks

Mangelnder Lebenswille und Lebensuntüchtigkeit treten bei Thomas nach und nach in Erscheinung und werden ihm erst gegen Ende seines Lebens vollends bewusst. Sein Sohn Hanno, so ließe sich überspitzt sagen, stirbt von seiner Geburt an und er setzt diesem Sterben nichts entgegen. Sobald er zur Reflexion fähig ist, leugnet er geradezu jeden Willen zum Leben. So ist der kleine Johann Buddenbrook Endpunkt der familiären Entwicklung – und doch zugleich ihr Gipfel: Sensibilität, geistige Subtilität, Intuition lassen ihn sich und die Welt schärfer sehen und besser verstehen, als es jedem seiner Vorfahren möglich war. Er ist damit nicht mehr Bürger, sondern tendiert zum Künstlertum, dessen Vollendung ihm aber als dilettierender (musikalischer) Improvisator versagt bleibt. Thomas Mann lässt Hanno sterben, wo er ihn doch auch zum Symbol eines nicht-bürgerlichen Neubeginns hätte machen können. Damit hätte aber der Roman-Kosmos „Buddenbrooks" seine Geschlossenheit verloren – und es fehlte ihm das Flair der „Décadence", das manchen Werken der Wende vom 19. zum 20. Jahrhundert ihren Reiz gibt.

Dieser Baustein zeigt Möglichkeiten auf, wie den Schülerinnen und Schülern die Hanno-Figur als Inkarnation von Lebensuntüchtigkeit einerseits und gesteigerter Geistigkeit andererseits unterrichtlich zu vermitteln ist. Schwerpunkte der Behandlung bilden die körperliche Verfassung, die geistigen Orientierungen und gesellschaftliches Außenseitertum. Die berühmte Schul-Episode tritt in diesem Zusammenhang in ihrer literarischen Funktion in Erscheinung; sie dient nicht in erster Linie als Anlass zur Diskussion des Themas „Schule gestern und heute". Von Beginn an soll den Lernenden bewusst sein, nach welchen Prinzipien Hanno vom Autor konzipiert wurde, d. h., welch hoher Grad an „Künstlichkeit" der Figur eignet.

Da die Bedeutung, welche Musik im Verlauf des Romangeschehens und speziell im Zusammenhang mit dem letzten Spross der Buddenbrooks hat, in Baustein 7 thematisiert wird, soll sie hier nur im Groben angesprochen werden. Dort – in Baustein 7 – wird auch von Gerda die Rede sein.

5.1 ☐ Ist Hanno sympathisch? – Hanno und die anderen

Gerade am Beispiel der Hanno-Figur lässt sich den Lernenden vermitteln, dass Thomas Manns Roman (und Literatur generell) nicht „Wirklichkeit" abbildet: So etwa sind physische Schwäche und Krankheit als Bedingung für Sensibilität, Geistigkeit und künstlerische Neigung nicht in der „wirklichen" Welt erfahrbar. Ein solcher Zusammenhang ist ein Konstrukt und ein solches Konstrukt hat seine Bedeutung in einem literarischen Gesamtentwurf. Dies zu erkennen sollte Ziel eines jeden Umgangs mit Literatur in der Schule sein. Die Leitfragen unserer Beschäftigung mit Hanno lauten also: „Wie ist die Figur angelegt?", „Welche Bedeutung kommt der so konzipierten Figur im Roman zu?"

Damit der Unterschied von erfahrbarer Wirklichkeit und literarischer Gestaltung den Schülern deutlich wird, sollte er zum Einstieg in die Behandlung der Hanno-Figur, so paradox das erscheinen mag, zunächst unberücksichtigt bleiben. Die Kursgruppe wird gefragt:

---
[1] XI,4, S. 759

75

❑ *Gesetzt, ein heutiger Hanno Buddenbrook wäre in Klasse 10 Ihr Mitschüler gewesen. Könnten Sie sich vorstellen mit ihm befreundet gewesen zu sein? Begründen Sie Ihre Haltung.*

Erfahrungsgemäß wird im folgenden Unterrichtsgespräch die Frage von einer Mehrheit der Schülerinnen und Schüler bejaht, da Hanno auf sie durchaus sympathisch wirkt und seine Einstellungen ihnen nachvollziehbar erscheinen: Er ist kein Streber, eher ein schwacher Schüler, der die Lehrer kritisch sieht; er hat ein äußerst distanziertes Verhältnis zur Schule und liebt Ferien; er verweigert sich gewissen Familienritualen, vor allem aber den strengen Erwartungen seines Vaters; er hat einen guten Freund, mit dem ihn vieles verbindet; er hat sich die Möglichkeit des Rückzugs in seine Welt geschaffen; generell hat er auch nach Maßgabe heutiger Jugendlicher den „Durchblick". Im Übrigen erweckt er Mitleid: Hanno leidet körperlich, er stirbt früh. Sollte eine solche Einschätzung von Seiten der Lernenden nicht erfolgen, gibt der Lehrende sie als provozierenden Impuls vor.

In jedem Fall wird eine zweite Phase der Diskussion eingeleitet durch den Hinweis (der vermutlich schon aus den Reihen der Schüler erfolgt), dass der jüngste Buddenbrook im Roman unter seinen Altersgenossen als Außenseiter gilt. Die Frage:

❑ *Wie ist es zu erklären, dass Hanno von Seiten des (auch jugendlichen) Lesers anders eingeschätzt wird als von seinen Altersgenossen im Roman?*

regt zu ersten Vermutungen an, die später zu festigen und zu objektivieren sind. Es liegt auf der Hand, an dieser Stelle mit dem Begriff der Perspektive zu arbeiten. Auch ohne eingehende Analyse dürfte den Lernenden deutlich sein, dass der Leser Wesentliches über Hanno aus dessen eigener Sicht erfährt. Besonders deutlich machen dies das Kapitel, das von den Ferien in Travemünde handelt (X,3, S. 629-639) und das Schul-Kapitel (XI,2, S. 700-751). Darüber hinaus ergreift auch der Erzähler Partei für das sensible Kind, kritische Distanz äußert bezeichnenderweise nur Hannos Vater. Dessen Skepsis macht vor allem Kapitel X,2 (S. 618-629) deutlich. An dieser Stelle wird zunächst eine von Thomas' zweifelnden Fragen zum Ausgangspunkt einer kurzen produktionsorientierten Arbeit gemacht. Die Aufgabe lautet:

❑ *Im Kapitel X,2 (S. 623) lässt der Erzähler Thomas Buddenbrook im Hinblick auf Hanno fragen: „Was aber mochten [...] seine Mitschüler von Hanno halten, der ein höchst mittelmäßiger Schüler war, und obendrein ein Weichling, welcher allem, wozu ein wenig Mut, Kraft, Gewandtheit und Munterkeit gehörte, scheu aus dem Wege zu gehen suchte?" – Verfassen Sie ein Gespräch zwischen einem der Söhne Konsul Hagenströms und einem seiner Cousins (vgl. S. 622 f.) zum Thema: Rückblick auf Hanno Buddenbrook nach dessen frühem Tod.*

Es ist in diesem Zusammenhang unerheblich, dass sich die zitierten Gedanken Thomas' auf den elfjährigen Sohn beziehen und die erwähnten Mitschüler später nicht mehr genannt werden; sowohl Hannos Schulleistungen als auch seine soziale Situation haben sich bis zu seinem Lebensende erhalten. Die zu erwartende Lösung lässt eine Sicht auf Hanno erkennen, die der Roman selbst nicht bietet, nämlich von Personen, die in dessen Schicksal nicht unmittelbar verwoben sind. Konsul Hagenströms Söhne werden als „dick, stark und übermütig" gekennzeichnet, „die in den Gehölzen der Umgegend regelrechte Faustduelle veranstalteten, die besten Turner der Schule waren, schwammen wie Seehunde, Zigarren rauchten und zu jeder Schandtat bereit waren" (S. 622). Ihre Cousins „zeichneten sich auf geistigem Gebiete aus und waren Musterschüler, ehrgeizig, devot, still und bienenfleißig, bebend aufmerksam und beinahe verzehrt von der Begier, stets Primus zu sein und das Zeugnis Numero Eins zu erhalten" (S. 623). Mit beiden dieser Schüler-Typen hat Hanno nichts gemein.

Der von den Lernenden zu erstellende Dialog lässt die Gesprächspartner nach dem Tod ihres Mitschülers zurückblicken, ihre Sicht sollte dabei nicht verklärend, sondern eher gemildert, aber immer noch verständnislos sein. Schon Hannos Äußeres macht ihn zum Außenseiter: Sein braunes Haar trägt er schon als Elfjähriger zwar „seitwärts gescheitelt und schräg von seiner weißen Stirn zurückgebürstet", es strebt „aber dennoch danach […] sich in weichen Locken tief über die Schläfen zu schmiegen" (S. 620). Auffallend sind seine „langen, braunen Wimpern und seine[n] goldbraunen Augen", mit denen er „stets ein wenig fremdartig unter den hellblonden und stahlblauäugigen, skandinavischen Typen seiner Kameraden" hervorsticht (S. 620). Mädchenhaft muss er seinen robusteren Mitschülern erscheinen, zumal auch seine Beine und seine Arme „schmal und weich wie die eines Mädchens" sind (S. 620). Die Blässe der Haut (S. 621) weist ebenso wenig auf zupackende Männlichkeit hin wie der Ausdruck von Wehmut, Verzagtheit und Ablehnung, den sein Gesicht zeigt. Zudem wird den Mitschülern nicht entgehen, worauf der Erzähler leitmotivisch immer wieder verweist, nämlich, dass Hanno immer wieder „nachdenklich die Zungenspitze an einem Zahn" scheuert „mit leicht verzerrten Lippen und einer Miene, als fröre ihn ..." (S. 621). Dass er ein „Weichling" sei, wie selbst sein Vater meint (s. o.), erweist sich bei allen sportlichen Unternehmungen, gegen die der Junge einen „beinahe hochmütigen Widerwillen" hegt (S. 622), und bei körperlichen Auseinandersetzungen, denen er ängstlich aus dem Weg geht. Seine Kontaktunfähigkeit lässt ihn möglicherweise arrogant wirken und seine Schweigsamkeit verstockt oder dümmlich. Auch die guten, erfolgreichen Schüler können mit Hanno Buddenbrook nichts anfangen: Er spricht nicht mit ihnen und mit ihnen verbindet ihn nichts: Ihm fehlt es an Ehrgeiz und schlicht an Fleiß. Mit anderen Worten: Den körperlich Robusten erscheint er weibisch, den schulisch Erfolgreichen ohne Biss und nahezu dumm. Als skurril wird möglicherweise die enge Freundschaft mit Kai belächelt.

Den heutigen Lernenden wird, indem sie die Perspektive von Hannos Mitschülern einnehmen, deutlich, dass der Letzte der Buddenbrook-Familie – auch nach unseren Maßstäben – in einer nicht-literarischen Wirklichkeit durchaus kein Sympathieträger wäre. Dennoch macht der Roman ihn zu einem „Gipfel": Der kränkelnde, todessüchtige, dabei kontaktunfähige Junge, der nur in der Musik eine Möglichkeit findet, sich auszudrücken, steht für höchste geistige „Verfeinerung". Dies nachzuvollziehen macht eine „Innenschau" des Charakters notwendig.

5.2 ❐ Still und wenig kräftig: Die Konzeption der Hanno-Figur

Zur Vorbereitung auf die folgenden Unterrichtsschritte erhalten die „Kapitelexperten" (vom VII. Teil an) für die häusliche Arbeit den Auftrag:

❐ *Finden Sie Textpassagen, die von Hanno handeln. Geben Sie genau die entsprechenden Seitenzahlen an.*

Die Ergebnisse werden zunächst in eine Leertabelle (Spalten 1-3) eingetragen (s. Arbeitsblatt 6, S. 90 f.). Es bietet sich an, die Tabelle auf Folie zu kopieren und die einzelnen Zeilen zur weiteren Bearbeitung zu trennen.

In arbeitsteiliger Gruppenarbeit, bei der auf möglichst gleichmäßige Verteilung des Arbeitsaufwandes zu achten ist, soll nun für jede der aufgeführten Passagen ein Inhaltssatz (Spalte 4) formuliert werden.

❐ *Schreiben Sie für jeden Abschnitt einen Satz, in dem jeweils Inhalt und Thema des Erzählten deutlich werden.*

Nach dem Zusammenfügen der Einzelergebnisse (Einzelzeilen der Folie) könnte etwa folgende Übersicht projiziert und später für alle kopiert werden:

1 Kapitel	2 Seiten (von ... bis)	3 Seiten-zahl (ca.)	4 Inhalt/Thema der Passage
VII,1	395-402	8	Die Familie feiert die Taufe des sehr schwer und sehr schwach zur Welt gekommenen kleinen Hanno.
VII,5	422-424	2	Hanno entwickelt sich ungewöhnlich langsam, das zarte Kind über-lebt heftige Krankheiten nur mit Mühe.
VIII,3	461-465	5	Tony Buddenbrook und Ida Jungmann beobachten, wie der schla-fende Hanno von Angstzuständen geplagt wird und durch träumeri-sche Erinnerung an romantische Gedichte aus dem Lesebuch in Traurigkeit verfällt.
VIII,5	483-486	3	Hannos Versuch, seinem Vater ein Uhland-Gedicht auf-zusagen, endet in Verzweiflung und Selbstmitleid.
VII,6	500-508	8	Gerda engagiert Herrn Pfühl als Hannos Musiklehrer, durch den der Junge in der Musik eine Heimat findet.
VIII,7	508-524	16 (ganzes Kapitel)	Hannos Wesen und Entwicklung sind gekennzeichnet durch Liebe zur Musik, zarte Gesundheit (hier: Zahnprobleme), Versagen vor jeder äußeren Anforderung (Beispiel: die ‚Prüfungen' des Va-ters) und die Freundschaft mit Kai, mit dem er sich im Reich der literarischen Fantasie ergeht; Hanno lässt die Familiengeschichte mit einem Federstrich enden.
VIII,8	528-549	21	Hanno genießt das Weihnachtsfest, das ihm ein Puppentheater, ein Harmonium und ein Mythologie-Buch beschert.
IX,3	587-589	2	Vor der Leiche seiner Großmutter fühlt sich Hanno angezogen von einem seltsamen Duft, der sich im Raum verbreitet.
X,2	618-629	10 (ganzes Kapitel)	Thomas blickt skeptisch auf seinen Sohn, dessen Kränklichkeit und Weichheit ihn beunruhigt und dessen Vorlieben für Musik und Theater ihn verunsichern; umgekehrt durchschaut Hanno die mit zunehmender Mühe bewahrte äußere Haltung seines Vaters.
X,3	629-639	11 (ganzes Kapitel)	Hanno genießt seine Ferien in Travemünde, die vor allem durch seine Liebe zum Meer bestimmt sind.
X,5	650-651	1	Hanno versteht seinen Vater immer dann, wenn es um Furcht und Leiden geht.
	661-662	1	Hanno bewacht mit großem Ernst die Tür zu dem Zimmer, in dem Thomas sein Testament macht.
X,8	688	1	Hanno gerät anlässlich des Schreibens von Anzeigen zum Tod sei-nes Vaters ins Lachen.
XI,2	700-751	50 (ganzes Kapitel)	Hannos Tagesablauf ist durch den Schulvormittag geprägt, der für ihn eine Art Überlebenskampf bedeutet; Trost findet er schließlich nur in der Musik.
XII,3	751-754	4 (ganzes Kapitel)	Durch die scheinbar objektive Darstellung des Typhus wird das Sterben Hannos wiedergegeben.

Die Lehrperson leitet das Unterrichtsgespräch mit der Aufforderung ein:

❐ *Erläutern und deuten Sie das Erarbeitete unter formalen und inhaltlichen Aspekten.*

Zu erwarten sind folgende Aussagen:

a) Zur Form

Die Übersicht lässt deutliche Schwerpunkte bei der Behandlung der Hanno-Figur erkennen: Der Erzähler widmet dem jüngsten Buddenbrook fünf ganze Kapitel, von denen XI,2 (Tagesablauf Hannos) das umfangreichste ist. Zwei Kapitel (VIII,7 und X,2) sind wesentlich von der Sicht Thomas' auf seinen Sohn bestimmt: Hier steht jeweils Hannos Entwicklung im Allgemeinen im Zentrum. In X,3 geht es um seine Ferien in Travemünde und Kap. XII,3 spricht – wenn auch scheinbar ‚objektiv‘ – von seinem Sterben und Tod. Nimmt man die Anzahl der Seiten, die sich mit Hanno befassen, zum Maßstab, so gibt es zwei Schwerpunkte: sein Erleben des Weihnachtsfestes (VIII,8) und die Schilderung seines (Schul-)Tages (XI,2).

Thematisch umkreisen alle Textpassagen immer wieder zwei Aspekte: zum einen Krankheit und Sterben, zum anderen Kunst (Literatur, Theater, Musik).

b) Zum Inhalt

- Hanno als der letzte Spross der Buddenbrooks stirbt eigentlich von seiner Geburt an. Seine Lebensgeschichte ist eine Geschichte von Krankheiten, deren harmloseste jeweils fast tödlich enden (z. B. das Zahnen). Wie Christian leidet er ständig, anders als bei seinem Onkel sind Hannos Leiden jedoch real und lebensbedrohend.
- Hanno will nicht in die Welt (Geburt) und er setzt dem Tod keinerlei Lebenswillen entgegen (Typhus-Kapitel).
- Hanno ist fast kommunikationsunfähig. Nicht nur, dass er erst spät zu sprechen lernt, er ist darüber hinaus nicht in der Lage, ein Gedicht aufzusagen, das er auswendig kennt, und er reagiert auf Anforderungen generell mit Verweigerung, die oftmals als Weinen in Erscheinung tritt.
- Hannos Weinen ist Ausdruck von Selbstmitleid. Sobald – z. B. in Gedichten – er seine Situation als „Einsamer" und „Leidender" gespiegelt sieht, bricht er in Tränen aus.
- Hanno hat einen Hang zum Morbiden: Seinen Vater mag er, wenn dieser leidet, der Leichengeruch, den seine tote Großmutter verströmt, fasziniert ihn.
- Der jüngste Buddenbrook leidet meistens dann nicht, wenn er sich keinen Anforderungen von außen ausgesetzt sieht: Er spielt Musik nur für sich; zum Solisten, der vor Publikum spielt, eignet er sich nicht. Die Ferien in Travemünde genießt er als Einzelner, von sozialen Verpflichtungen ist bei seinem Glücksempfinden nicht die Rede. Wenn man als seine geistige Heimat die Musik ansehen kann, so ist seine physische das Meer.
- Die Freundschaft mit Kai liegt in der Seelenverwandtschaft einerseits, in Gegensätzlichkeit andererseits begründet: Literatur führt wie Musik ins Reich der Fantasie; Kai selber ist wie Hanno eine Künstlerfigur, jedoch mit Lebens- und Schaffenswillen ausgestattet. Beide stehen in einem komplementären Verhältnis zueinander.

Um die Konzeption der Hanno-Figur den Schülern noch deutlicher zu machen, erhalten sie folgenden Auftrag für eine Gruppenarbeit:

❐ *Versuchen Sie Hannos Charakter in Form eines Tafelbildes grafisch darzustellen. Stellen Sie anschließend Ihre Lösung der Kursgruppe vor und erläutern Sie sie.*

Bei aller Unterschiedlichkeit dürfte allen Lösungen im Kern ein Gedanke gemeinsam sein: Fast alles an dieser Figur verweist in Richtung Auflösung, Verfall und Tod. Als Beispiel soll folgende Darstellung dienen, die so oder ähnlich als Tafelbild eingesetzt werden kann:

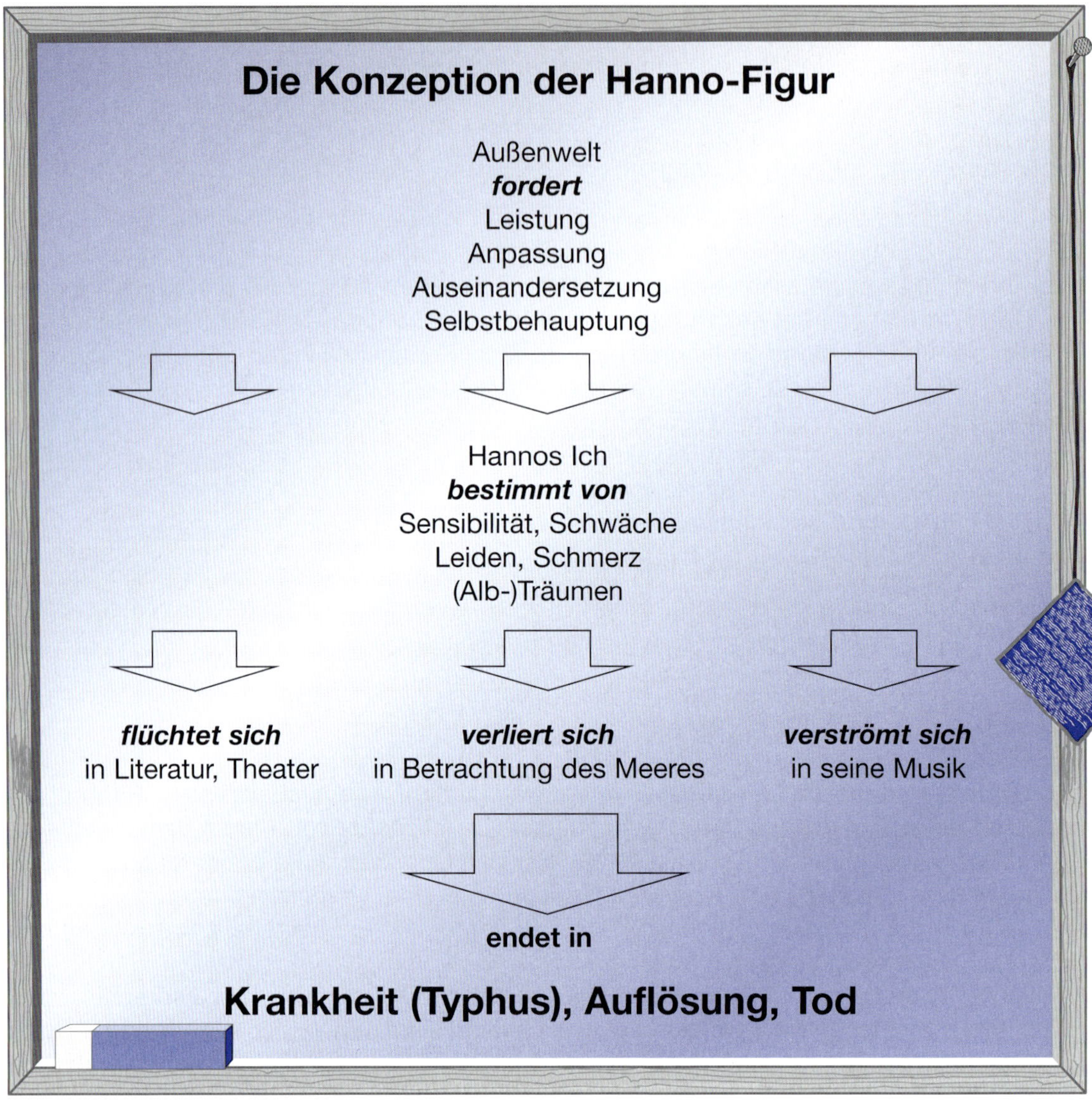

Die Konzeption der Hanno-Figur

Außenwelt
fordert
Leistung
Anpassung
Auseinandersetzung
Selbstbehauptung

Hannos Ich
bestimmt von
Sensibilität, Schwäche
Leiden, Schmerz
(Alb-)Träumen

flüchtet sich
in Literatur, Theater

verliert sich
in Betrachtung des Meeres

verströmt sich
in seine Musik

endet in

Krankheit (Typhus), Auflösung, Tod

Zur Erläuterung der Grafik wäre hier anzuführen:
Hanno ist der Inbegriff der sprichwörtlichen „Dünnhäutigkeit"; was von außen sein Ich trifft, wird zumeist schmerzhaft als nicht zu bewältigende Anforderung erfahren, was dieses Ich zu geben hat, ist seine Substanz – es „verströmt" sich. Die äußere Welt mit dem Gewicht ihrer Forderungen (oftmals durch den Vater vertreten) liegt erdrückend auf der sensiblen Seele, deren Konturen hier bewusst dünn und durchlässig erscheinen. Alle Pfeile weisen in eine Richtung, Hanno setzt dem, was auf ihn von außen eindringt, nichts entgegen. Er tritt vielmehr die Flucht an in die Welt des Scheins, der Musik, oder er verliert sich in der Betrachtung des Meeres.[1]

5.3 ☐ „Ich bin allein auf weiter Flur" – Hannos Glück und Leiden

Einen detaillierten Einblick in die Konzeption der Figur kann ein kontrastierender Vergleich bieten. Ausgehend von den thematischen und inhaltlichen Schwerpunktsetzungen, die sich durch die Betrachtung der Tabelle (hier, S. 78) ergeben haben, ist zu fragen:

☐ *Wann ist Hanno besonders glücklich, wann besonders unglücklich?*

---

[1] Analogien zwischen dem hier gezeichneten Modell und Freuds psychoanalytischem Schema von „Über-Ich", „Ich" und „Es" liegen nahe und widersprechen gewiss nicht Thomas Manns Vorstellungen. Immerhin gäbe es hier Ansätze eines fachübergreifenden Arbeitens.

Dass die Lernenden das Schulkapitel zur Beantwortung des zweiten Teils der Fragestellung nennen werden, ist aus verschiedenen Gründen anzunehmen. Vor allem ist es die bei Weitem umfangreichste und im Romanverlauf exponierteste Schilderung einer Episode aus Hannos Leben. „Glückserlebnisse" sind im Verhältnis dazu selten und so dürften neben dem Weihnachtserlebnis (VIII,8 S. 528-549) seine Ferien in Travemünde (X,3, S. 629-639) genannt werden. Sowohl sie als auch die gewichtige Schulepisode (XI,2 S. 700-751) prägen sich ein, weil sie konsequent in Form der erlebten Rede Erfahrungen dem Leser nachvollziehbar machen: Euphorie einerseits und tiefste Depression und Angst andererseits bestimmen den jeweiligen Erzählstil.

5.3.1 Hannos Ferien vom Ich

Die besondere Art von Hannos Glücksempfinden lässt sich den Schülerinnen und Schülern am besten über eine Divergenzerfahrung vermitteln: Es sollte deutlich werden, dass Kinder seines Alters sich nicht nur in der heutigen Zeit unter „Ferien" etwas anderes vorstellen, als der junge Buddenbrook es vor etwa hundertdreißig Jahren tat. Vielmehr ist anzunehmen, dass Hannos Ferienglück sich von dem Gleichaltriger auch zu seiner Zeit unterschied. Die Lernenden sollen in häuslicher Vorbereitung das Travemünde-Kapitel (X,3) erneut lesen. Darüber hinaus erhalten sie den Auftrag:

❏ *Erinnern Sie sich und halten Sie fest, worin Ihre größten Ferienvergnügungen bestanden, als Sie zwölf Jahre alt waren. Ziehen Sie auch entsprechende Erkundigungen bei heutigen Kindern dieses Alters ein.*

Das Unterrichtsgespräch wird – bei aller Unterschiedlichkeit der individuellen Erfahrung – ergeben, dass Ferienfreude der Kinder zumeist mit Kontakten zu Gleichaltrigen verbunden ist: Spielen, etwas unternehmen, Sport treiben, Kräfte messen, aber auch nur miteinander Sprechen werden genannt werden. Langeweile stellt sich zumeist dann ein, wenn Kontaktmöglichkeiten zu Altersgenossen fehlen und die Kinder es nur mit Erwachsenen zu tun haben.

Es bedarf eigentlich keines Impulses, um auf diesem Hintergrund die Andersartigkeit des jungen Hanno zu thematisieren. Wenn dennoch erforderlich, sollen die Lernenden gefragt werden:

❏ *Was ist, verglichen mit heutigen Vorstellungen, besonders an Hannos Ferienerfahrung?*

Genannt werden dürften folgende Aspekte:
- Hanno hat während seiner Sommerferien keine Spielgefährten. Er vermisst sie auch nicht.
- Von Aktivitäten ist nicht die Rede: Gelegentliche Spaziergänge und Baden lassen sich nicht als ‚Aktivitäten' bezeichnen.
- Der junge Buddenbrook betrachtet und empfindet: Vor allem hält er sich am Meer auf, – bei schlechtem Wetter im Kursaal, um am Klavier zu improvisieren.
- Hanno liebt als Zwölfjähriger „Ruhe und Abgeschiedenheit", wie man es sonst nur bei reifen Erwachsenen kennt.
- Hannos Ferien tragen nicht zu seiner „Erholung" bei und sie machen ihn nicht stark für die kommende Zeit, im Gegenteil: Sie lassen ihn nur schmerzhafter den (Schul-)Alltag erleben.

Es bedarf keiner besonderen historischen Kenntnis um anzunehmen, dass auch Hannos Zeitgenossen ihre Ferien mehrheitlich anders verbringen als der sensible Buddenbrook – den kurzen Hinweis auf Hagenströms Söhne (S. 632) gibt der Erzähler sicher nicht absichtslos.

Das Unterrichtsgespräch wird ergeben, dass Hannos Glücksempfinden wesentlich mit dem Erlebnis der See verbunden ist. Die Lernenden werden somit aufgefordert:

❏ *Markieren Sie in Kapitel X,3 (S. 629-639) die Textstellen, die Auskunft geben über Hannos Verhältnis zum Meer. Heben Sie dabei die Begriffe hervor, die es als Erlebnis besonders kennzeichnen.*

Zu markierende Textstellen und besondere Hervorhebungen (unterstrichen v. D.S./G.S.) sind:

- „vier Wochen lang eine friedliche und kummerlose Abgeschiedenheit, erfüllt von <u>Tang-geruch</u> und dem <u>Rauschen</u> der sanften Brandung [...]" (S. 629),
- „sie lag da, die See, in Frieden und Morgenlicht, in flaschengrünen und blauen, glatten und gekrausten Streifen, [...]" (S. 631);
- „(u)nd Hanno Buddenbrook zog wieder tief und mit stiller Seligkeit den <u>würzigen Atem</u> ein, den die See zu ihm herübersandte, und grüßte sie zärtlich mit den Augen, mit einem stummen, dankbaren und liebevollen Gruße [...]" (S. 631);
- „dieses Liegen und Ruhen zu Füßen des Sitzkorbes, dieses zärtliche und <u>träumerische Spielen</u> mit dem weichen Sande, der nicht beschmutzt, dieses mühe- und schmerzlose <u>Schweifen und Sichverlieren</u> der Augen über die grüne und blaue <u>Unendlichkeit</u> hin, von welcher, frei und ohne Hindernis, mit <u>sanftem Sausen</u> ein starker, frisch, wild und herrlich <u>duftender Hauch</u> daherkam, der die Ohren umhüllte und einen angenehmen <u>Schwindel</u> hervorrief, eine <u>gedämpfte Betäubung</u>, in der das Bewusstsein von Zeit und Raum und allem Begrenzten still selig unterging [...]" (S. 632);
- „(u)nd doch war das Klügste stets, zur See zurückzukehren und noch im <u>Zwielicht</u>, das Gesicht dem <u>offenen Horizonte</u> zugewandt, auf der Spitze des Bollwerks zu sitzen, den großen Schiffen, die vorüberglitten, mit dem Taschentuch zuzuwinken und zu horchen, wie die kleinen Wellen mit leisem Plaudern wider die Steinblöcke klatschten und die ganze Weite ringsum von diesem <u>gelinden und großartigen Sausen</u> erfüllt war, das dem kleinen Johann gütevoll zusprach und ihn beredete, in ungeheurer Zufriedenheit seine Augen zu schließen." (S. 633);
- „[W]elch ein beruhigtes, befriedigtes und in wohltätiger Ordnung arbeitendes Herz er immer mitnahm vom Meere!" (S. 633).

Die schiere Nennung der Textpassagen und der entsprechenden bedeutungsbestimmenden Begriffe führt die Lernenden auf das Spezifische von Hannos Erlebnis. Sollte das nicht der Fall sein, hilft ein Impuls hier weiter, der sich zu einer differenzierenden Aufgabenstellung ausweiten lässt:

❏ *Beachten Sie das Gemeinsame der von Ihnen hervorgehobenen Begriffe: Ordnen Sie sie und stellen Sie sie als Zusammenhang dar.*

Als Ergebnis könnte auf der Tafel festgehalten werden:

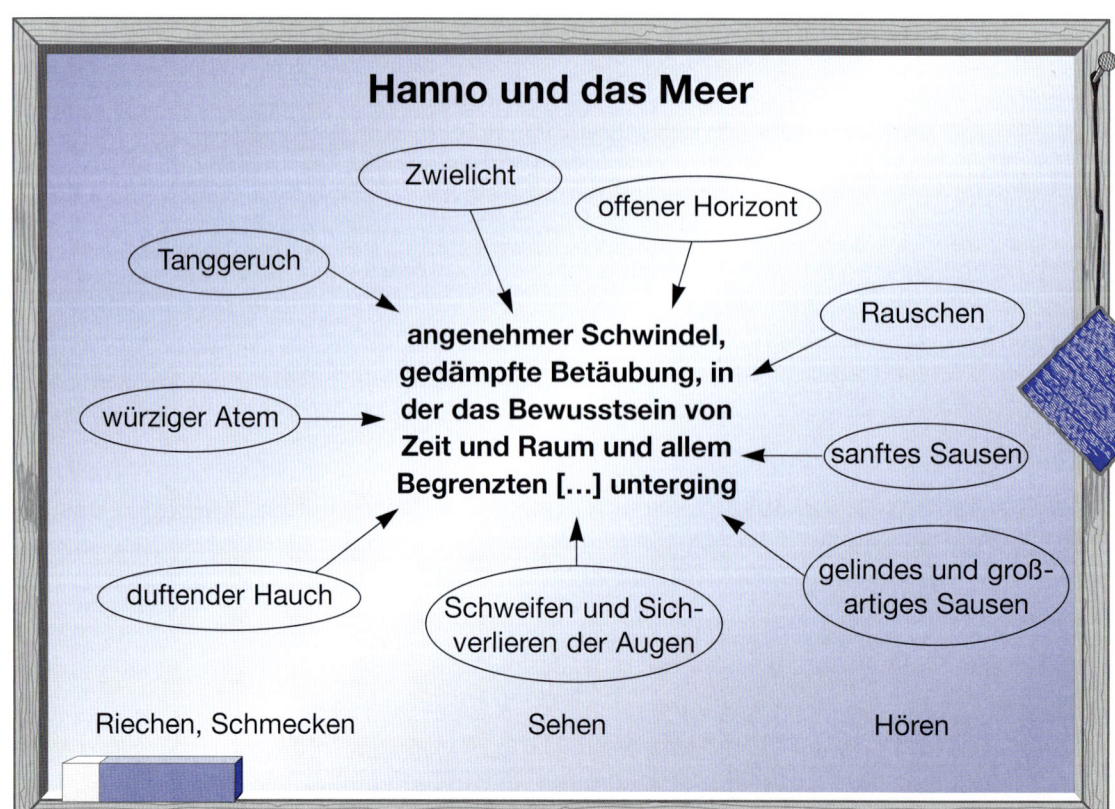

Auf diese Weise wird den Schülerinnen und Schülern deutlich:

1. Hannos Glückserfahrung im Zusammenhang mit der See ist eine synästhetische und quasi-religiöse („Meeresandacht", S. 636) Erfahrung.
2. Hannos Erleben ist von Unschärfe und Unbestimmtheit gekennzeichnet (z. B.: „Hauch", „Zwietracht", „Rauschen").
3. Hannos Frieden schaltet das Bewusstsein aus und lässt eine Sehnsucht zur Entgrenzung und zum Unbestimmten hin erkennen.
4. Diese Sehnsucht ist als Todessehnsucht zu deuten[1], auf die auch der schlafähnliche Zustand verweist, in den Hanno sich versetzt fühlt. Geradezu sirenengleich erscheint das „gelinde[ ] und großartige[ ] Sausen", „das dem kleinen Johann gütevoll zusprach und ihn beredete, in ungeheurer Zufriedenheit seine Augen zu schließen (S. 633).

Als Fazit der Beschäftigung mit Hannos Ferienerfahrung sollten die Kursteilnehmer festhalten:

Der letzte Buddenbrook erlebt ein fast vollkommenes Glück an der See. Es ist geprägt von träumerischer Unbestimmtheit und Entgrenzung. Die Ferien machen ihn weder physisch noch psychisch „härter, energischer, frischer und widerstandsfähiger" (S. 636), im Gegenteil: Sie festigen Hannos Widerwillen gegen sein alltägliches Leben und weisen den Leser schon auf den frühen Tod hin: „Glück" erfährt Hanno – pointiert formuliert – als Aufhebung seiner Individualität (vgl. auch Baustein 7).[2]

5.3.2 Schule ist Leben – Hannos Schultag

Das zweite Kapitel des elften Teils der „Buddenbrooks" zählt zu den berühmtesten und den am häufigsten zitierten Passagen des Romans. Nicht selten wird es als Beispiel für die Beschaffenheit von „Schule" gegen Ende des 19. Jahrhunderts in Deutschland herangezogen. Der Leser gewinnt Einblick in das Innere eines Systems, dessen Mechanismen man sonst nur aus der Außenperspektive zu betrachten gewohnt ist. Zweifellos prägt sich die Gestaltung eines quälenden „normalen" Schulvormittags auch dem heutigen Leser ein, zumal viele der Leiden, die der Protagonist durchlebt, Schülern jeder Generation vertraut sein dürften. Ebenso zweifelsfrei trägt die Darstellung schulischen Alltags satirische Züge. Dennoch ist hier Behutsamkeit im Umgang mit dem Text anzuraten: Dem Leser werden Schule und Unterricht aus der Perspektive eines 16-Jährigen vermittelt, den der Roman als dünnhäutigen, lebensuntüchtigen Außenseiter vorstellt. Hanno ist im Sinne Thomas Manns „Künstler", wenn er auch sein Künstlertum nicht wahrnimmt und sich schließlich dem Tod überlässt. Schule steht dem jüngsten Buddenbrook für das „Leben", in und an dem er scheitert, und *nicht* für das dem Leben Entgegengesetzte, wie sie im Alltag auch heute noch häufig verstanden wird.[3]

Nachdem alle Kursteilnehmer in häuslicher Vorbereitung das Schulkapitel noch einmal gelesen haben, fordert die Lehrperson zu ersten allgemeinen Stellungnahmen auf. Auch bei dieser Unterrichtssequenz gilt es, die Lernenden zu einer spezifisch literarischen Sichtweise zu führen; ausgehend von ihren ersten – meistens noch ‚naiven' – Reaktionen auf den Text sollen sie ihn zunehmend als kunstvoll *gestaltet* wahrnehmen, ohne dass indessen die eigene Wirklichkeitserfahrung dabei überflüssig würde. Der Kurs wird also aufgefordert:

❏ *Wie schätzen Sie den Schulvormittag ein, den das Kapitel XI,2 darstellt?*

---

[1] Es bedarf keiner weiteren Erläuterung, dass Hanno damit in dem Sinne eine „romantische" Figur ist, als er programmatische Elemente romantischen Denkens *verkörpert*. Hier bieten sich unterrichtlich viele Möglichkeiten etwa eines kurshalbjahres-übergreifenden Vergleichs.

[2] Travemünde als Ort des reinen Glücks verbindet Hanno mit Tony Buddenbrook. Ein Vergleich liegt hier nahe: Zu fragen ist, ob Tonys Naivität ihr nicht ein Glück beschert, von dem Hanno träumt (vgl. S. 630): Er leidet nicht zuletzt – eben im Gegensatz zu seiner Tante – unter einem Übermaß an Bewusstsein.

[3] Gemeinsprüche wie „Was du in der Schule lernst, kannst du im Leben nicht gebrauchen" oder „Nach der Schule lernst du erst das richtige Leben kennen" verweisen auf einen Gegensatz, den Hanno so nicht erfährt.

Die ersten Reaktionen werden abheben auf die deutlich satirische Kritik am Schulbetrieb, vor allen an den Lehrern. Belustigt nennen die Schüler erfahrungsgemäß Namen wie „Mantelsack", „Marotzke", „Modersohn", „Mühsam" auf Lehrerseite und „Wasservogel", „Mumme" oder „Todtenhaupt" bei den Sekundanern. Sicherlich werden es sich die heutigen Schüler auch nicht nehmen lassen, die geschilderten Zustände und Abläufe mit denen des selbst erlebten Schulbetriebs zu vergleichen: Bei allen Unterschieden zwischen damals und heute dürfte auch die eine oder andere Gemeinsamkeit zur Sprache kommen – zumindest im Zusammenhang mit Interesse und Motivation der Lernenden.

Diese einleitende freie Gesprächsphase sollte überleiten zu der in Partnerarbeit zu bearbeitenden Aufgabe:

❏ *Listen Sie die Hauptmerkmale des in Kapitel XI,2 gestalteten Schulbetriebes auf.*

Zusammengetragen wird etwa Folgendes:

- Unterricht besteht überwiegend aus Abfragen, Prüfen, Zensieren; wenn dies nicht geschieht, dozieren die Lehrer und bei den Schülern herrscht Desinteresse.
- Lehrer wirken grob gesehen nur in zweifacher Weise auf die Schüler: Sie verbreiten entweder Angst oder Langeweile.
- Zu lernen ist überwiegend Banales oder Marginales. Nach Sinn und Zweck des Gelernten, nach Zusammenhängen wird nicht gefragt.
- Lehrer zeigen weder ein ernsthaftes Interesse am Stoff noch an den Schülern.
- Jeder Lehrer hat spezifische Marotten – sowohl äußerlich in Verhalten und Aussehen als auch in seinen Einstellungen, Vorlieben und Abneigungen.
- Im Unterricht geht es grundsätzlich ungerecht zu: Lehrer haben ihre „Lieblinge", Leistungen werden je nach eigener Stimmungslage und Schüler unterschiedlich bewertet.
- Das Lehrerkollegium ist hierarchisch gegliedert. Diese Hierarchie wird von den Schülern wahrgenommen und beeinflusst ihr Verhalten.
- Das Verhalten der Schüler reicht von devoter Pflichterfüllung über „Durchmogeln" bis hin zu Impertinenz und indolenter Aufsässigkeit.

Nach der Auflistung solcher oder ähnlicher Elemente und ihrer Diskussion im Unterrichtsgespräch liegt die Frage nahe, wo denn im Rahmen dieser Feststellungen eigentlich Hanno bleibe – immerhin gestaltet das Kapitel doch *seinen* Schulvormittag und es endet mit dem Satz „Dies war ein Tag aus dem Leben des kleinen Johann." (S. 751) Sollte sich diese Frage nicht organisch im Gesprächsverlauf ergeben, so hilft ein Impuls weiter:

❏ *Überlegen Sie, welche Funktion die Schulepisode im Verlauf der Romanhandlung hat.*

Anknüpfend an das vorher schon Erarbeitete werden die Schüler und Schülerinnen feststellen, dass das Kapitel XI,2 insgesamt gesehen am ausführlichsten über eine Episode aus Hannos Leben erzählt und durch seine Stellung gegen Ende des Romans besonders exponiert ist. Vor allem geht es dem Kapitel, das von Krankheit und Tod des jüngsten Buddenbrook berichtet, unmittelbar voraus. Es lässt sich vermuten, dass sich die Bedeutung einer so herausgehobenen Romanpassage nicht in der Kritik am preußischen Schulsystem erschöpft, sondern mit der Figur des Protagonisten Hanno existenziell verbunden sein muss. Die Lernenden werden an dieser Stelle erkennen, dass die geschilderten Schulverhältnisse nicht als solche schon ein Albtraum sind, sondern dass sie es für Hanno sind. – Hier sollte die Lehrerin oder der Lehrer das folgende Thomas-Mann-Zitat auf Folie und als Arbeitsblatt vorlegen:

„Der Künstler ist kein Weltverbesserer: Kritik der Schule in Buddenbrooks. Wer versagt ist der kleine Décadent Hanno, u. versagt am Leben überhaupt, dessen Symbol die Schule ist. Die Kunst ist eine Kritik des Lebens, ausgeübt durch einen kleinen Hanno. Die andern fühlen sich wohl darin, wie Hannos Kameraden in der Schule. Er ist weit entfernt, sein Urteil und Erlebnis für allgemein gültig u. maßgebend zu halten, denn er weiß, dass er ein reizbarer Ausnahmefall ist. Dies ist sein Stolz aber auch seine Bescheidenheit. [...]

Weder die Schule noch das Leben lassen sich so einrichten, dass der Künstler sich darin zu Hause fühlt. [...]"[1]

Die Kursteilnehmer werden zu einer Stillarbeit aufgefordert:

❒ *Skizzieren Sie den Gedankengang Thomas Manns in dem vorgelegten Zitat und erläutern Sie ihn.*

Im anschließenden Unterrichtsgespräch kommt es in Bezug auf das Zitat zunächst zu folgenden Einsichten, die thesenhaft an der Tafel fixiert werden:

Hanno und die Schule in der Deutung Thomas Manns

- *Kunst* und *Leben* als Kontrast
- Hanno: *Kunst* ◀────▶ „die anderen": *Leben*
- Schule = „Symbol" des Lebens
- Kunst = „Kritik des Lebens"
- Hanno = Künstler
- „die anderen": *im* Leben; Hanno: *außerhalb* des Lebens
- Hannos Schulversagen = Versagen am Leben
- Hanno: „reizbarer Ausnahmefall" ────▶ Stolz und Bescheidenheit

Fremdheit, Heimatlosigkeit des Künstlers (Hanno) im Leben

Einige Aspekte dieser Überlegungen sind den Schülern auf den ersten Blick fremd: Zu klären bleibt vor allem, was es mit der Gegenüberstellung von „Kunst" und „Leben" auf sich hat und was Hannos spezifische Sicht auf die (Schul-)Wirklichkeit denn ausmacht, die von Thomas Mann als die eines „Künstlers" apostrophiert wird.

Eine Gruppenarbeit erscheint hier als die geeignete Sozialform, durch die es zur Klärung der Verständnisschwierigkeiten kommen kann:

❒ *Versuchen Sie am Beispiel der Schulepisode (speziell S. 706-746) die Aussagen Thomas Manns so weit wie möglich zu erläutern und zu verifizieren.*

Der Arbeitsauftrag ist bewusst weit gefasst, damit die Lernenden Gelegenheit haben, innerhalb ihrer jeweiligen Gruppe Strategien zur Bewältigung der Aufgabe zu finden.

Hilfreich dürfte es etwa sein, wenn sich die Schüler kürzere Abschnitte zuteilen, an die sie gemeinsam entwickelte Fragen richten, etwa:

1. Wie erlebt Hanno den Schulvormittag und in welcher Weise kann man von einem „Versagen" in der Schule sprechen?
2. Was unterscheidet Hannos Erleben im Zusammenhang mit Schule von dem der Mitschüler und in welchem Sinne fühlen sie sich „wohl" in der Schule?
3. Was verbindet für Hanno Schule mit dem „Leben"?

Sinnvollerweise sollten sich die zu wählenden Abschnitte an den jeweiligen Unterrichtsstunden und -fächern einerseits, an den Gesprächen mit Hanno vor und nach Schulbeginn sowie in der Pause andererseits orientieren.

---

[1] Thomas Mann in seinem Notizbuch 10 von 1914/15, zitiert nach: de Mendelssohn 1997, S. 1705

Die Frage der Künstlerexistenz bei Thomas Mann kann in diesem Stadium der Unterrichtsreihe nicht erschöpfend behandelt werden – legitim ist hier lediglich eine einfache Schlussfolgerung: Wenn Hanno laut Aussage des Autors „Künstler" ist, so kennzeichnen seine Reaktionen und Deutungen auch das Künstlertum.

Im Folgenden sind mögliche Überlegungen, wie sie im Rahmen der Gruppenarbeit erfolgen können, skizziert:

1. Hannos Empfindungen schwanken am Schulvormittag zwischen Angst, Ekel und Erschlaffung. Im Gespräch mit seinem Freund Kai, der ebenso wie Hanno am Gottesdienst nicht teilnimmt, äußert Hanno vielsagend: „Ich bin gar nichts und kann gar nichts" (S. 710) – eine Aussage, die über die konkrete Situation weit hinausweist. Die *Religionsstunde* empfindet er noch als „gefahrlos[e]" und „friedvoll[e]", weil sie nichts von ihm fordert. Nur manchmal „fühlte [er] ein innerliches Schluchzen" (S. 716), und zwar dann, wenn er sich des vergangenen Opernabends erinnert.[1] – Von Gefahrlosigkeit und Apathie kann im Verlauf der *Lateinstunde* für Hanno hingegen keine Rede sein: In äußerster Anspannung ist er stets einer „Katastrophe" (S. 726) gewärtig, dadurch ausgelöst, aufgerufen zu werden und völlige Unkenntnis zu offenbaren. „Ich habe eine unsinnige Angst […], sie tut mir überall weh im Körper" sagt Hanno in der Pause zu Kai und weiß doch auch, dass „Herr Mantelsack" eigentlich nicht der Mann ist, „vor dem man sich derartig fürchten dürfte" (S. 720). Die Lateinstunde selbst ist für Hanno bestimmt von dem Gefühl, den unberechenbaren Launen des Lehrers ausgeliefert zu sein. Geradezu dramatische Spannung kommt auf, wenn Hannos Empfinden als erlebte Rede dem Leser gegenwärtig wird:

„Hanno Buddenbrook saß vornüber gebeugt und rang unter dem Tische die Hände. Das B, der Buchstabe B war an der Reihe! Gleich würde sein Name ertönen, und er würde aufstehen und nicht eine Zeile wissen, und es würde einen Skandal geben, eine laute, schreckliche Katastrophe […]. Die Sekunden dehnten sich martervoll." (S. 725 f.).

Doch nicht nur hier, auch ein weiteres Mal bleibt der „Eclat" aus (S. 728). Er tritt aber dann ein, als Hanno ihn nicht mehr erwartet:

„[…] Doktor Mantelsack hatte ‚Buddenbrook' gesagt, der Schall war noch in der Luft, und dennoch glaubte Hanno nicht daran. Ein Sausen war in seinen Ohren entstanden. Er blieb sitzen" (S. 729).

„(A)ber nun war dennoch Alles verloren", heißt es wenig später. „Ob es wohl ein sehr großes Gebrüll geben würde?" (S. 729). Der Ausgang ist glimpflich, wie der Leser bald erfährt, nur die leitmotivisch erwähnte „Übelkeit" (S. 731; vgl. „Widerwillen", S. 728; „Widerwille, eine Art von Brechreiz", S. 729; „Mir ist übel", S. 734) lässt ahnen, dass Hanno nicht wirklich Erleichterung verspürt, vielmehr ist es Ermattung, die ihn in „Lethargie" versinken lässt (S. 731). Einige Kursteilnehmer – zumindest die jeweiligen ‚Kapitelexperten' – werden sich an Reaktionen Hannos erinnern, wenn sein Vater ihn als Kind „prüft" oder ihn ein Gedicht aufsagen lässt (S. 484-486). Dass es im Übrigen der „Eclat" ist, den Hanno über alles fürchtet, und nicht das Leistungsversagen, belegt die nur kurze Erzählung der Chemiestunde bei Doktor Marotzke, von der es lakonisch heißt: „Hanno und Kai wussten gar nichts, und in Doktor Marotzkes Notizbuch erging es ihnen übel" (S. 735).

Das Motiv der „Übelkeit" tritt ein weiteres Mal auf im Zusammenhang mit der Englischstunde beim Kandidaten Modersohn. Auch hier nimmt der Leser an Hannos Gedankengang fast unmittelbar teil:

„Selbst Mitleid wird einem auf Erden durch die Gemeinheit unmöglich gemacht, dachte Hanno. Ich nehme nicht daran teil, Sie zu quälen und auszubeuten, Kandidat Modersohn, weil ich das brutal, hässlich und gewöhnlich finde, und wie antworten Sie mir? Aber so ist es, so ist es, so wird es immer und überall sich verhalten, dachte er, und Furcht und Übelkeit stiegen wieder in ihm auf" (S. 738).

---

[1] Auf die Ironie des Erzählers, der die Langeweile der Schüler und speziell Hannos gerade bei der Besprechung des Buches Hiob sich verbreiten lässt, muss hier nicht eingegangen werden.

2. Die geschilderte Modersohn-Stunde zeigt am deutlichsten, wie unterschiedlich Hanno und seine Mitschüler (mit Ausnahme seines Freundes Kai) mit der Schulwirklichkeit umgehen. Wenn der Kandidat, „ein kleiner unansehnlicher Mann" (S. 736) „mit weicher und schwacher Stimme", den lärmenden und feixenden Schülern sagt: „Die Ordnung in der Klasse lässt zu wünschen übrig", so heißt es von Hanno, dass er Modersohn in diesem Augenblick „liebte" (S. 737). Von ähnlichen Empfindungen kann bei den anderen Schülern keine Rede sein: Sie nutzen Hilflosigkeit und Schwäche des Lehrers, vor allem aber auch seine untergeordnete Stellung in der Hierarchie ohne Erbarmen aus – bis sie durch das Auftreten des Direktors an ihre eigene unterlegene Position erinnert werden –, wobei sie am Ende doch spüren: Der Kandidat ist „schlimmer daran als alle" (S. 741).

Die Mitschüler tragen kaum individuelle Züge. Von Kai werden sie schon etwas verächtlich „das Volk" genannt (S. 711). Ihre Reaktionen im Unterricht sind selten individuell oder gar originell. Insgesamt treten sie deutlich weniger sensibel in Erscheinung als Hanno: Zumeist sind sie schon äußerlich robuster, „starke Schlingel" oder aber „kleine, über ihr Alter hinaus vorgeschrittene Streber, die in den Fächern brillierten, in denen es auswendig zu lernen galt" (S. 712). Außerhalb des Unterrichts erweisen sie sich als

„ein wackeres und ein bisschen ungehobeltes Geschlecht, die laute Menge, in der Kai und Hanno hin und wider wanderten. Herangewachsen in der Luft eines kriegerisch siegreichen und verjüngten Vaterlandes, huldigte man Sitten von rauher Männlichkeit. Man redete in einem Jargon, der zugleich salopp und schneidig war und von technischen Ausdrücken wimmelte. Trink- und Rauchtüchtigkeit, Körperstärke und Turnertugend standen sehr hoch in der Schätzung, und die verächtlichsten Laster waren Weichlichkeit und Geckenhaftigkeit" (S. 719).

Wie sich am Beispiel der Englischstunde zeigt, lässt sich das Verhältnis von Lehrern und Schülern als „komplementär" bezeichnen: Schule und Unterricht ist eine Art Spiel, dessen Regeln grundsätzlich von den Beteiligten beherrscht und auch akzeptiert werden, ohne dass es jedoch ihre Substanz anginge. Wenn die Schüler nicht gerade geprüft werden, lassen sie den Unterricht unbeteiligt über sich ergehen. „Kein Mensch hört [...] ihm zu", wenn der Religionslehrer Ballerstedt seine Vorträge hält (S. 716), auch in Latein „hat [...] die Stunde [...] jedes Interesse verloren", wenn „es mit den Produktionen der Schüler zu Ende" ist (S. 733). Ähnlich liest man es über Doktor Marotzkes Unterricht: „Und als es mit dem Prüfen, Verhören und Zeugnisgeben zu Ende war, war auch das Interesse an der Chemiestunde allerseits so gut wie erschöpft" (S. 735). Um die Inhalte geht es in den Stunden nie: Weder zeigen die Schüler auch nur im Ansatz Interesse am Gegenstand noch lassen Lehrer ein ernsthaftes Bemühen um dessen Vermittlung erkennen.

In den Phasen des „Prüfens" und „Verhörens" geht es den Lernenden mehr um das Verbergen ihrer Unkenntnis als um den Beweis ihres Könnens: Je nach Lehrer fallen die Täuschungen gröber oder feiner aus, doch dies nur in Nuancen. Der Schüler Heinricy rechtfertigt fehlende Vorbereitung „mit grober Betonung" Herrn Ballerstedt gegenüber: „Ich habe gefehlt, als dies durchgenommen wurde" (S. 714); der „dicke Lüders" mit „Mopsgesicht und braune[n] apathische[n] Augen" antwortet Doktor Mantelsack: „Ich habe gestern wegen Kopfschmerzen nicht lernen können" (S. 726) und Schüler Timm sagt, als es ihm unmöglich wird, weiter aus dem Buch abzulesen: „Ich bin so verwirrt, wenn Sie bei mir stehen, Herr Doktor", worauf dieser „geschmeichelt" lächelt (S. 727). Nur wenige Streber, allen voran Adolf Todtenhaupt, scheinen den aufgegebenen Stoff auswendig zu lernen, sonst wird grundsätzlich betrogen. So ist es denn auch nicht verwunderlich, dass die Willkür des schulischen Systems nicht nur nicht in Frage gestellt, sondern sogar im Sinne einer offenbar „höheren" Gerechtigkeit akzeptiert wird. So etwa nehmen die Schüler die Urteile des Lateinlehrers als ganz und gar berechtigt an, auch wenn sie wissen, dass sie durch nichts begründet sind. Der erwähnte Timm kann sein Buch wieder hervorholen und weiter ablesen. Er erhält ein Lob:

„Das Merkwürdige aber war, dass in diesem Augenblick nicht allein der Lehrer, sondern auch Timm selbst und seine sämtlichen Kameraden der aufrichtigen Ansicht waren, dass Timm wirklich und wahrhaftig ein guter und fleißiger Schüler sei, der seine gute Note vollauf verdient hatte" (S. 728).

Mumme, der zwar gelernt hat, versagt dennoch und wird von Mantelsack getadelt:

„Mumme versank. Er sah aus wie das Unglück, und es gab im Augenblick niemanden im Zimmer, der ihn nicht verachtet hätte." (S. 729)

Und auch Hanno, der ungerechtfertigt gelobt wird,

„konnte nicht umhin, sich durch das Lob, das in Doktor Mantelsacks Worten enthalten gewesen war, aufrichtig getroffen zu fühlen. Er war in diesem Augenblick ernstlich der Meinung, dass er ein etwas unbegabter, aber fleißiger Schüler sei, der verhältnismäßig mit Ehren aus der Sache hervorgegangen war, und er empfand deutlich, dass seine sämtlichen Klassengenossen [...] eben derselben Anschauung huldigten. Wieder regte sich etwas wie Übelkeit in ihm" (S. 731).

Eine Reaktion übrigens, die Hanno doch wieder von den Mitschülern unterscheidet.

3. Die Frage, was an der Schule für Hanno das „Leben" sei, lässt sich durch einen vergleichenden Blick auf sein und seiner Mitschüler Verhalten und Empfinden während des Vormittags erschließen. Zunächst gibt der Erzähler einen deutlichen Hinweis während der Schilderung der Lateinstunde bei Doktor Mantelsack:

„Wer unter diesen fünfundzwanzig jungen Leuten von rechtschaffener Konstitution, stark und tüchtig für das Leben war, wie es ist, der nahm in diesem Augenblicke die Dinge völlig, wie sie lagen, fühlte sich nicht durch sie beleidigt und fand, dass alles selbstverständlich und in Ordnung sei" (S. 733).

Im Gegensatz dazu fehlt Hanno die Ungebrochenheit einer Erfahrung, die sich mit den Gegebenheiten einfach abfindet. So erklärt sich seine immer wiederkehrende „Übelkeit" und so erklärt sich, dass seine Augen im Verlauf der Lateinstunde „ganz voll [waren] von Abscheu, Widerstand und Furcht" (S. 733). Hanno durchschaut das Geschehen, wie er auch den Kandidaten Modersohn durchschaut, während „Furcht und Übelkeit" wieder in ihm aufsteigen: „Und dass ich Sie obendrein so widerlich deutlich durchschauen muss! ..." (S. 738).

Was der junge Buddenbrook als Schulwirklichkeit erfährt – eine permanente unerfüllbare Anforderung – ist für ihn das Leben. Seine Mitschüler stellen sich dieser Anforderung, jedoch auf ihre Art: Sie behaupten sich als überangepasste, auswendig lernende Streber oder mithilfe von Täuschungen und kleinen Betrügereien. In beiden Fällen wird das System Schule nicht in Frage gestellt. Über Erfolg oder Misserfolg entscheidet indessen mehr der Zufall als das Können, mehr der Schein als die Wahrheit. Hanno erkennt das als „Leben" und er behauptet sich nicht, er empfindet „Abscheu", aber setzt ihm nichts entgegen.

Erhellend ist in diesem Zusammenhang das Gespräch mit Kai, das der junge Buddenbrook vor der Geografiestunde führt (S. 743). Hanno sagt:

„Du bist lustiger. Manchmal in der Stunde sehen wir uns an, wie vorhin einen Augenblick, bei Herrn Mantelsack, als Petersen unter allen, die abgelesen hatten, einen Tadel bekam. Wir denken dasselbe, aber du schneidest eine Fratze und bist stolz ... Ich kann das nicht. Ich werde müde davon. Ich möchte schlafen und nichts mehr wissen. Ich möchte sterben, Kai! ... Nein, es ist nichts mit mir. Ich kann nichts wollen. Ich will nicht einmal berühmt werden. Ich habe Angst davor, genau, als wäre ein Unrecht dabei! Es kann nichts aus mir werden, sei sicher."

An Stelle des hier skizzierten analytischen Vorgehens sind zur Erarbeitung des Schulkapitels auch **produktionsorientierte Zugänge** denkbar:

❑ *Arrangieren Sie in Ihrer Gruppe die Situation in Hannos Klasse als „Fotografie". Beachten Sie, dass die unterschiedlichsten Rollen und Positionen von Schülern und Lehrern deutlich werden. Erläutern Sie Ihre Lösung mit Bezug zum Text.*

Die Bearbeitung des folgenden Arbeitsauftrags kann auf den Unterschied zwischen Hannos recht zerquältem und resigniertem Empfinden und einer distanzierten – ebenso „stolzen" wie humorvollen Sicht – wie sie sein Freund haben dürfte, hinweisen:

❒ *Verfassen Sie einen Text aus der Perspektive Kais, in dem dessen Blick auf die von Hanno erwähnte Episode bei Herrn Mantelsack deutlich wird.*

Die Gleichsetzung von Schule und Leben kann dadurch unseren Schülern bewusst gemacht werden, dass sie versuchen die Perspektive einer „gequälten" Lehrperson einzunehmen:

❒ *Versuchen Sie in Form eines inneren Monologs zu fixieren, was in dem Kandidaten Modersohn während seiner Unterrichtsstunde vor sich geht.*

Nach dem Vortrag der analytisch oder eher kreativ gewonnenen Gruppenergebnisse und deren Diskussion, die etwa die vorstehenden Gedankengänge sichern sollte, dient das folgende Tafelbild der Zusammenfassung des Erarbeiteten:

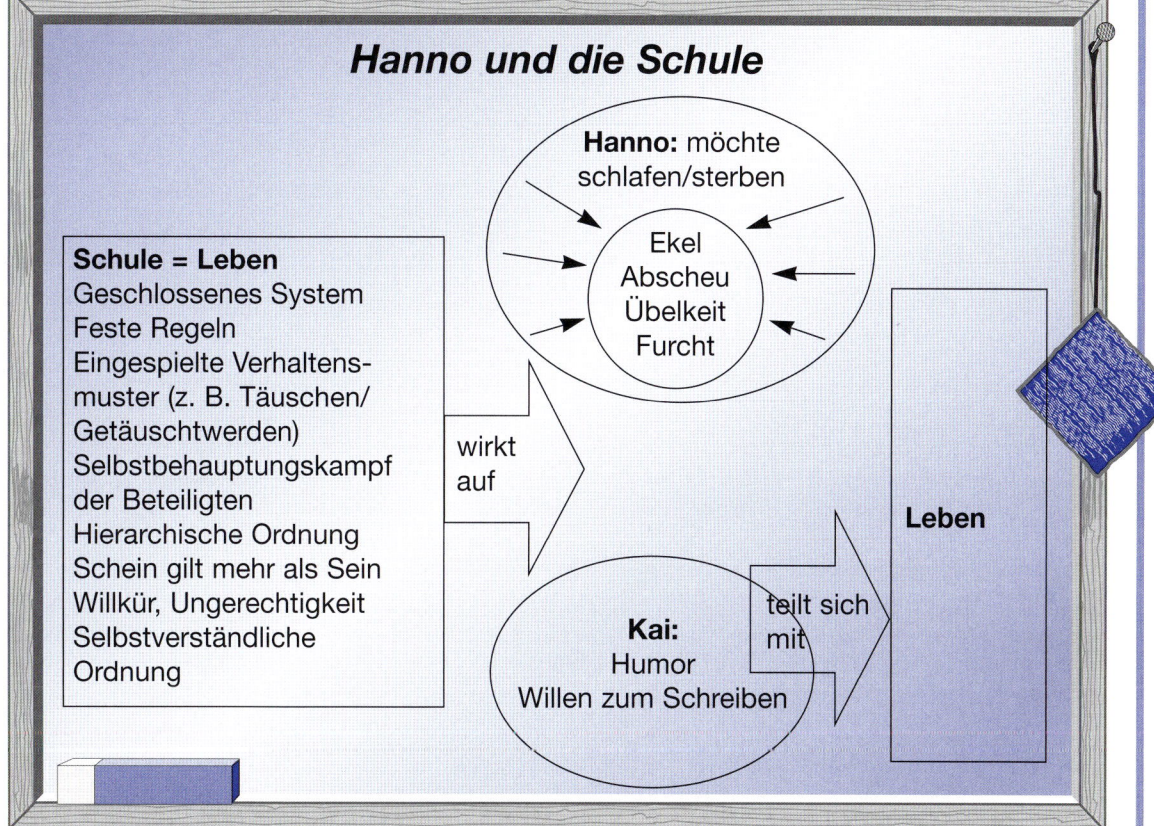

Abschließend erhalten die Lernenden folgende Aufgabe:

❒ *Informieren Sie sich in einschlägigen literarischen Lexika und Literaturgeschichten u. Ä. über das Verhältnis von „Kunst" und „Leben" im Werk Thomas Manns und versuchen Sie eine Beziehung zu dem herzustellen, was Sie über die Figur Hannos erarbeitet haben.*

Erste Orientierungen bieten z. B.:
- Killy, Walther (Hrsg.) (1998): Literaturlexikon. Berlin: Directmedia (CD-ROM, Lizenzausgabe des Bertelsmann Lexikon Verlages) (= Digitale Bibliothek Bd. 9)
- Schröter, Klaus (1984): Thomas Mann. Reinbek b. Hamburg: Rowohlt (= rowohlts monographien 93)
- Karthaus, Ulrich (1994): Literaturwissen: Thomas Mann. Stuttgart: Reclam (= RUB 15203)
- Rötzer, Hans Gerd (1992): Geschichte der deutschen Literatur. Bamberg: C.C. Buchner

Dort finden sich auch weitere Literaturangaben.

Die Figur des Hanno

1 Kapitel	2 Seiten (von … bis)	3 Seiten- zahl (ca.)	4 Inhalt/Thema der Passage
VII,1			

EinFach Deutsch: Unterrichtsmodell: Buddenbrooks. © Schöningh Verlag 2003

1 Kapitel	2 Seiten (von … bis)	3 Seiten-zahl (ca.)	4 Inhalt/Thema der Passage

EinFach Deutsch Unterrichtsmodell: Buddenbrooks. © Schöningh Verlag 2003

„Was man sagen mag... "[1] – Erzählhaltung und Erzähltechnik in den „Buddenbrooks"

Die Fragen nach der „Erzählhaltung" und der „Erzähltechnik" Thomas Manns in den „Buddenbrooks" sind die Fragen zum *Wie* des Erzählens. Wie man sich dem Thema nähert, hängt entscheidend vom Vorwissen der Schülerinnen und Schüler ab.

Haben die Schülerinnen und Schüler bereits Erfahrungen im Umgang mit epischer Literatur und speziell mit deren erzähltheoretischen Seiten gesammelt? Welche Erfahrungen haben sie konkret? Die Lehrpläne aller Bundesländer sehen die Lektüre von Romanen in der Sekundarstufe II vor. Die Antwort auf die Frage, ob „Buddenbrooks" der erste Kontakt der Lerngruppe mit einem Roman ist oder ob die Lerngruppe bereits auf Lektüreerfahrungen zurückgreifen kann, beeinflusst natürlich das weitere didaktische und methodische Denken.

Der vorliegende Baustein trägt den möglichen unterschiedlichen Antworten Rechnung und bietet zwei unterschiedliche Herangehensweisen für die Behandlung des erzähltheoretischen Komplexes an. Mit Lerngruppen, die mit den „Buddenbrooks" beispielsweise bereits den zweiten größeren Roman erarbeiten und die sich mit erzählerischen Techniken bereits intensiv auseinandergesetzt haben, kann deduktiv der bereits erarbeitete Wissensstand vertieft werden. Für den ersten Kontakt mit einem Roman in der Oberstufe bietet sich eher ein induktives Vorgehen an. Anhand ausgewählter Textstellen können verschiedene erzählerische Mittel erarbeitet werden. Auf die innerhalb der anderen Bausteine ausführlicher untersuchten Textstellen lassen sich aber beide Ansätze stützen.

6.1 ◻ Einstieg

6.1.1 Deduktiver Einstieg zu erzähltheoretischen Aspekten

Der mit der Erzähltheorie bereits vertrauten Lerngruppe werden – vielleicht anknüpfend an die Erwähnung erzählerischer Mittel der Literaturexperten (vgl. Baustein 1) oder die vorläufige Behandlung der Leitmotivtechnik (vgl. Baustein 2) – die wichtigsten erzählerischen Mittel mit kurzen, lexikonartigen Erläuterungen präsentiert (vgl. Zusatzmaterial 12 und 13, S. 180 ff.). In Form einer Hausaufgabe werden die Schülerinnen und Schüler aufgefordert:

◻ *Informieren Sie sich wiederholend über erzähltechnische Mittel. Suchen Sie nach entsprechenden Beispielen in den Ihnen vertrauten Kapiteln des „Buddenbrooks"-Romans. Bereiten Sie sich auf eine kurze Präsentation Ihrer Ergebnisse vor.*

Die Präsentationen auf der Grundlage des im Anhang zur Verfügung gestellten Materials machen möglicherweise eine vertiefende Wiederholung der verwendeten Begrifflichkeiten unnötig. Im Anschluss an die Präsentation könnte dann sofort mit der Untersuchung der ironischen Erzählhaltung die Arbeit an den „Buddenbrooks" fortgesetzt werden (vgl. Abschnitt 6.4).

6.1.2 Induktiver Einstieg

Zum induktiven Einstieg eignet sich die folgende Fragestellung als Hausaufgabe, die entweder erzähltechnische Vorkenntnisse reaktiviert oder – in geringfügig modifizierter Formulierung – das diffuse Vorverständnis von Erzähltechnik/Erzählhaltung der Lernenden überhaupt erfragt.

---

[1] II,2 S. 59

Suchen Sie eine Passage des Romans innerhalb der Ihnen anvertrauten Kapitel heraus und erklären Sie, wie dieser Teil der Geschichte erzählt ist. Beachten Sie besonders: Über welche Zeiträume wird erzählt? Werden Räume gestaltet? Wie treten einzelne Personen in Erscheinung? Gibt es häufig wiederkehrende Formulierungen, Bilder, Symbole? Wie ist die Rolle des Erzählers? Erzählt er aus einer bestimmten Perspektive? Äußert er sich engagiert, distanziert, ironisch? Gibt es für Sie weitere Auffälligkeiten?

Jede/r Lernende wählt also eine kleinere Passage aus ihrem bzw. seinem Kapitel aus und bereitet sich auf eine kurze Präsentation vor, die zu Fragen der Erzähltechnik – bzw. dem, was für sie oder ihn Erzähltechnik ist – in der ausgewählten Passage Stellung nimmt. Das hier zutage geförderte Wissen vermittelt einen guten Überblick über das, was als Vorwissen in der Lerngruppe über Erzähltechnik vorausgesetzt werden kann. Alle vorgestellten Einzelaspekte können an der Tafel gesammelt, sollten von der Lehrperson aber auch ergänzt und an Textbeispielen verdeutlicht werden. Neben der Sammlung unmittelbarer Bauformen des Erzählens wie „direkter" oder „indirekter Rede", der verschiedenen Sprachebenen (Hochdeutsch, Platt und Französisch) und eventuell einiger rhetorischer Figuren sollte auf die Auswahl der Orte, die unterschiedlich gestaltete Atmosphäre und die Natur-Metaphern (in denen sich beispielsweise die Familienkatastrophen spiegeln) hingewiesen werden. Genannt werden wahrscheinlich darüber hinaus die bereits angesprochene Leitmotivtechnik (vgl. Baustein 2), das Verhältnis erzählte Zeit – Erzählzeit und die verschiedenen Perspektiven des Erzählens, die Erzählsituationen also, und die Ironie als Erzählhaltung, auf die ja bereits die ausgewerteten Stimmen der Literaturexperten zu Beginn der Beschäftigung mit dem Roman hingewiesen haben (vgl. die Sammlung der Stimmen der Literaturexperten zu Thomas Mann im Baustein 1). Wenn die Leitmotivtechnik bisher ausgespart wurde, kann dies an dieser Stelle in geringfügig erweiterter Form nachgeholt werden. Zeitgründe gebieten die Konzentration auf die folgenden ausgewählten Aspekte:

a) Verhältnis Erzählzeit/erzählte Zeit (vgl. Abschnitt 2)
b) Erzählsituation (vgl. Abschnitt 3)
c) Ironie als Erzählhaltung (vgl. Abschnitt 4)
d) Leitmotivtechnik (vgl. Abschnitt 5)

6.2 ☐ Erzählte Zeit – Erzählzeit[1]

Um das Verhältnis von erzählter Zeit zur Erzählzeit detaillierter unter die Lupe nehmen zu können, werden die Schülerinnen und Schüler nun aufgefordert, sämtliche Angaben zur Datierung der dargestellten Ereignisse herauszusuchen. Neben den Zeitangaben soll auch die verwandte Erzählzeit festgehalten werden. Sowohl die äußeren Zeitgrenzen als auch in den Text immer wieder eingearbeitete genaue Zeitangaben machen eine ziemlich exakte Datierung der beschriebenen Episoden möglich. Zusammen mit verdeckten Zeitangaben – etwa Altersangaben der Figuren, den Geburts- und Weihnachtstagen und den Jubiläen – lässt sich eine vollständige Chronologie der erzählten Zeit herausarbeiten. Hierzu kann in einem zweiten Schritt leicht die verwandte Erzählzeit ermittelt werden.

Stellen Sie sämtliche Angaben innerhalb der Ihnen vertrauten Textpassagen zusammen, die eine Datierung der dargestellten Romanereignisse möglich machen. Achten Sie dabei auch auf Angaben wie „wenige Wochen später" usw., die nur in Verbindung mit exakteren Datierungen vorausgehender Kapitel einzuordnen sind. Wie viel erzählte Zeit vergeht innerhalb der Kapitel, für die Sie „Experte" sind? Wie viele Seiten (wie viel Erzählzeit also) benötigt Thomas Mann zu ihrer Darstellung?

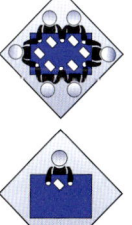

Diese Aufgabe kann entweder in Gruppenarbeit oder als Hausaufgabe für den gesamten Text durch die Kapitelexperten gelöst werden.

---

[1] Zur Orientierung oder Wiederholung s. Zusatzmaterial 12, S. 180.

Die erzählte Zeit des Romans „Buddenbrooks" kann ziemlich genau eingegrenzt werden. Die äußersten Zeitgrenzen des dargestellten Geschehens lassen sich eindeutig benennen. Die Handlung setzt ein mit Tonys Rezitation des „Katechismus, wie er soeben, anno 1835, […], neu revidiert herausgegeben war" (I,1, S. 7). Die erzählte Handlung endet mit Gerdas Rückkehr nach Amsterdam im Herbst 1877. „Es war nach dem Abendbrot, im Herbst; der kleine Johann […] lag ungefähr seit sechs Monaten […] unter dem Sandsteinkreuz und dem Familienwappen" (XI,4, S. 755). Ein Jahr zuvor, ein halbes Jahr vor Hannos Tod, „im Herbst des Jahres sechsundsiebzig" (XI,1, S. 698), war Gerda mit Hanno in die Villa vor der Stadt gezogen, nachdem Thomas Buddenbrook gestorben war.

Die erzählte Zeit, die Geschichte der Buddenbrooks, die Thomas Mann vor uns ausbreitet, umfasst also ziemlich genau 42 Jahre. Thomas Mann war so freundlich, den dargestellten Zeitraum so aufzubereiten, dass wir für die Lektüre nicht 42 Jahre einplanen müssen, sondern mit deutlich weniger Zeit auskommen. Dieser triviale Befund macht den Unterschied zwischen *Erzählzeit* und *erzählter Zeit* deutlich. Eine verknappte Darstellung macht es also überhaupt erst möglich, längere Zeiträume in einem Roman zu schildern. Die Verknappung ist darüber hinaus auch ein Instrument der künstlerischen Gestaltung jeder dargestellten fiktiven oder realen Situation. Der Autor strukturiert auf diese Weise die Romanwirklichkeit. Er setzt Akzente. Er wählt einzelne Episoden oder Zeitabschnitte aus und überspringt andere Zeiträume. Er verdichtet oder dehnt einzelne Episoden und verknüpft erzählte Handlungen beispielsweise über Rückblenden miteinander. Dieser Prozess lädt die erzählte Wirklichkeit mit Bedeutung auf. Man kann immer fragen: Warum nimmt der Autor diese Episode hinein und schildert sie ausführlich und nicht jene, die er nur erwähnt oder von der man nur vermuten kann, dass es sie gegeben hat? Warum widmet er dieser Episode diese bestimmte Menge seiner kostbaren Erzählzeit und streift andere nur ganz kurz?

In einem zweiten Schritt werden nun entweder in Fortsetzung der Gruppenarbeit oder im nun erstmaligen Einsatz dieser Arbeitsform die ermittelten Ergebnisse zusammengetragen und grafisch ausgewertet.

❏ *Bilden Sie Gruppen für ganze Teile des Romans und sammeln Sie zunächst alle ermittelten Zeitangaben. In Ermangelung exakter Zeitangaben nehmen Sie begründete Schätzungen vor. Anschließend überlegen Sie, wie man die ermittelten Angaben grafisch anschaulich machen kann und entwerfen eine vorläufige Skizze.*

Für die ersten beiden Bücher haben wir eine solche grafische Veranschaulichung einmal versucht. Um Unterrichtszeit zu sparen, könnte die Veranschaulichung auch nur für ausgewählte Bücher angestellt werden, auf die im weiteren Verlauf der Arbeit am Roman ein besonderes Augenmerk gelegt werden soll. Auf diese Weise würde allerdings nicht die gesamte Lerngruppe gleichmäßig belastet. Um die oben gestellte Aufgabe zu erfüllen, benötigen die Kapitelexperten – sofern die Daten bereits als Hausaufgabe herauszuchen waren – für die Gruppenarbeit voraussichtlich nicht mehr als eine Unterrichtsstunde.

Erzählzeit und erzählte Zeit in den „Buddenbrooks" am Beispiel des I. und des II. Teils

Kapitel	erzählte Zeit (exakte Datierungen aus dem Text sind fett hervorgehoben)	Erzählzeit (Angabe in Seiten, gerundet auf eine halbe Seite)	Quotient aus Erzählzeit (1 = 1 Seite) : erzählte Zeit (1 = 24 Stunden)
I,1	**Herbst 1835** (7), **Donnerstag**, ca. 15.30 – **16.00** (11)	7,5 Seiten	7,5 : 1/48 = 360
I,2	**16 Uhr** (14) – ca. 17 Uhr (vgl. S. 17 + die Zeit des Gesprächs in I,3)	4 Seiten	4 : 1/24 = 96
I,3	16.45 – 17.00 Uhr	3 Seiten	3 : 1/96 = 288
I,4	17.00 – 18.30 Uhr (2 Gänge)	5,5 Seiten	5,5 : 3/48 = 88
I,5	18.30 – 20.00 Uhr (Fortsetzung des Mahls bis zum Dessert)	5 Seiten	5 : 3/48 = 80

I,6	20.00 – 21.00 Uhr (Dessert und Gedichtvortrag)	3 Seiten	3 : 1/24 = 72
I,7	20.30 – 21.00 Uhr	2 Seiten	2 : 1/48 = 96
I,8	21.00 – **23.00 Uhr** (41)	5,5 Seiten	5,5 : 1/12 = 66
I,9	**23.00** (41) – 23.15 Uhr (Verabschiedung)	2 Seiten	2 : 1/96 = 192
I,10	23.15 – 23.45 (Gespräch Johann – Jean)	6 Seiten	6 : 1/48 = 288
II,1	**14.04.1838** (51), **9 Uhr** (50) – **10 Uhr** (58) + Rückblick bis ans **Ende des 16. Jhs.** (55) (also ca. 250 Jahre)	9 Seiten	9 : 91250 ≈ 0,00001
II,2	Jugendjahre Tonys (Schätzung: 4 Jahre)	6 Seiten	6 : 1460 ≈ 0,00041
II,3	Jugendjahre Thomas und Christians (Schätzung: 4 Jahre)	3,5 Seiten	3,5 : 1460 ≈ 0,00024
II,4	**Januar 1842** (68) und **Mitte März 1842** (71)	6 Seiten	6 : 60 = 0,1
II,5	**Ostern 1842** – ca. Mitte 1842	5 Seiten	5 : 80 = 0,0625
II,6	ca. Mitte 1842	4 Seiten	4 : 90 = 0,044
II,7	Jugendjahre Tonys in der Pension (90)	7,5 Seiten	7,5 : 1095 ≈ 0,0068

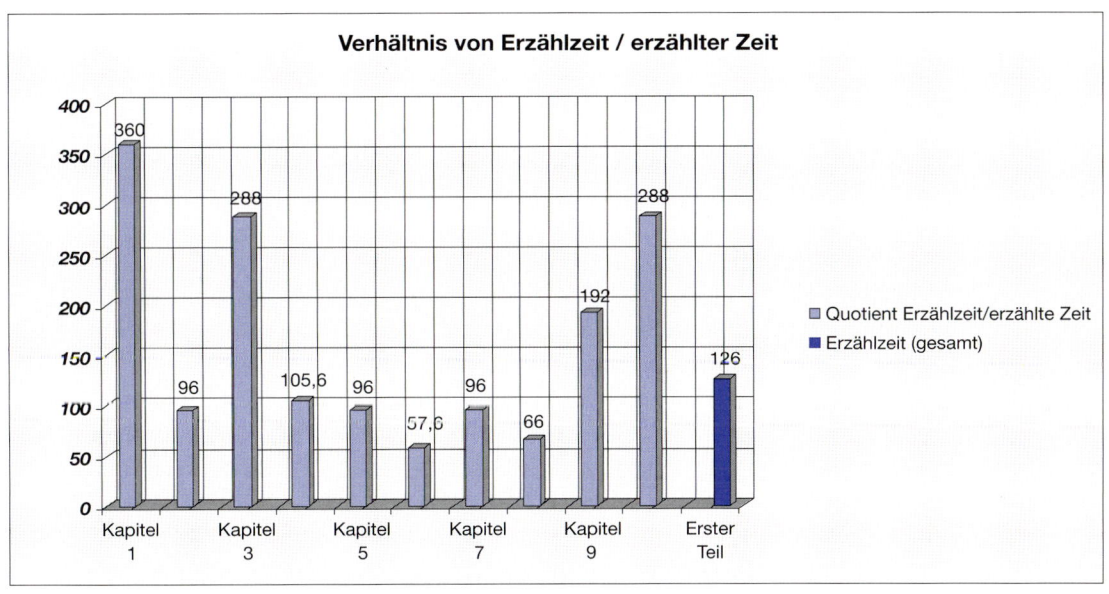

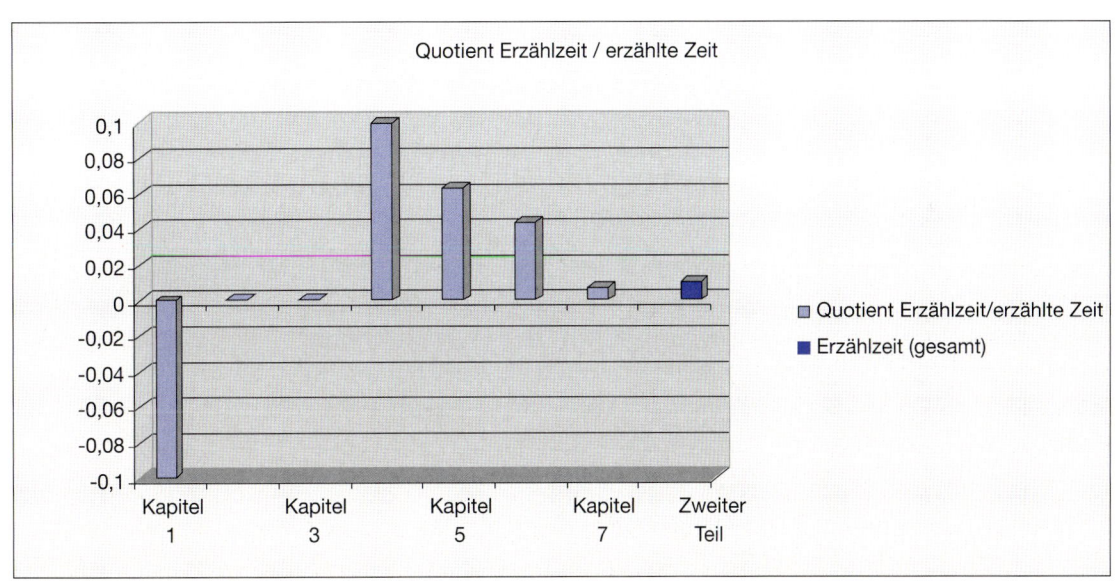

In der der Auflistung und der entsprechenden Grafik zugrunde liegenden EXCEL-Tabelle wählten wir als Einheit auf der x-Achse ein Kapitel. Für einen Überblick über das Erzähltempo im gesamten Teil (hier also für den ersten und zweiten) fügten wir farbig abgesetzt auch noch jeweils eine Extraangabe hinzu. Auf der y-Achse trugen wir einen Quotienten von Seitenzahl (immer auf eine halbe Seite auf- oder abgerundet) und erzählter Zeit in Tagen (oder im Einzelfall eben Bruchteilen von Tagen) ab. Dieser Quotient aus Erzählzeit (Seitenzahl) und erzählter Zeit (Tage) bestimmt formal das *Erzähltempo*. Handelt der Roman auf wenigen Seiten einige Jahre ab, ist das Erzähltempo hoch. In einem solchen Fall spricht man von *zeitraffendem Erzählen*. Entspricht die erzählte Zeit der Erzählzeit oder erscheint sie in der Darstellung sogar gedehnt – d. h. die erzählte Zeit ist sogar kürzer als die Zeit, die zu ihrer Schilderung aufgewandt wird –, dann ist das Erzähltempo niedrig. Man spricht auch von *zeitdeckendem Erzählen* bzw. *zeitdehnendem Erzählen*.

Der Veranschaulichung des ungefähren Erzähltempos also dient die Berechnung des Quotienten und die darauf aufbauende grafische Veranschaulichung. Um die durch niedriges Erzähltempo ausgezeichneten, selteneren Passagen des Romans hervorzuheben, haben wir den Quotienten so gewählt, dass eine hohe Zahl (und die entsprechende Veranschaulichung) ein niedriges Erzähltempo und eine niedrige Zahl ein sehr hohes Erzähltempo ausdrückt. Wählen die Schülerinnen und Schüler aber einen anderen Quotienten – eben den näher liegenden aus erzählter Zeit in Tagen und der Seitenzahl –, ergeben sich eine spiegelbildliche Veranschaulichung und entsprechende Zahlenwerte.

Bei der Berechnung der Quotienten für unsere Grafik mussten wir oft die erzählte Zeit schätzen – marginal abweichende Schätzungen sind also plausibel. Natürlich ergeben sich auch andere Zahlenwerte, wenn eine andere Buchausgabe als die hier verwendete zugrunde gelegt wird. Mathematische Exaktheit ist bei den anzustellenden Berechnungen jedenfalls nicht zu erreichen, sie ist aber zur Verdeutlichung des unterschiedlichen Erzähltempos auch verzichtbar.

Für Kapitel I,1 ergibt sich beispielsweise eine Seitenzahl von ca. 7,5. Es wird ein Zeitraum von geschätzt etwa 30 Minuten erzählt. Das wiedergegebene Familiengespräch verkürzt „gegen vier Uhr nachmittags" (S. 11) die Wartezeit auf die Gäste. Die ersten von ihnen treffen mit dem Glockenschlag am Ende des Kapitels ein (vgl. S. 14). Der Quotient (immer gerundet) aus der Seitenzahl und einer halben Stunde (= 1/48) ergibt dann 360. In Kapitel I,2 (4 Seiten) ist es „schon nach halb fünf Uhr" (S. 17), als die letzten Gäste, die Krögers, eintreffen. Nach der Begrüßung begibt sich die ganze Gesellschaft langsam zu Tisch. Wir gehen davon aus, dass die Buddenbrooks und ihre Gäste um 17 Uhr ihre Sitzplätze eingenommen haben und den Beginn der Mahlzeit erwarten, womit eine Stunde erzählter Zeit abgeschlossen wäre (Quotient: 96). Der zeitliche Ablauf der Mahlzeit ist im Text nicht weiter dokumentiert. Als die Gäste gegen 23 Uhr das Haus verlassen (S. 41), sind sechs Stunden vergangen. Wir haben diese insgesamt erzählten sechs Stunden wie folgt auf die zur Verfügung stehenden Kapitel verteilt: Für das üppige Mahl in den Kapiteln I,4 und 5 haben wir 1 1/2 Stunden, für das Dessert 1 Stunde veranschlagt (Quotienten: 88,80,72). Für die parallel angestellte Untersuchung des kranken Christian haben wir eine halbe Stunde (I,7, 2 Seiten; Quotient: 96) und für das politische Gespräch im „Hinterhaus" insgesamt 2 Stunden geschätzt (I,8; 5,5 Seiten; Quotient: 66). Die Verabschiedung der Gäste (I,9; 2 Seiten; ca. 15 Minuten; Quotient: 192) und das Gespräch zwischen Vater und Sohn im letzten Kapitel (I,10; 6 Seiten; ca. 30 Minuten; Quotient: 288) beschließen die erzählte Zeit vor Mitternacht.

Die detaillierte Auswertung des ersten Teils des Romans zeigt den Schülerinnen und Schülern also ein Beispiel für niedriges Erzähltempo, teilweise sogar für nahezu **zeitdeckendes Erzählen** (vgl. Grafik, S. 95), von dem bei besonders hohen Werten gesprochen werden kann. Für den Ablauf der ungefähr acht Stunden werden 43 Seiten aufgewendet (d. h. 5,6 % der insgesamt zur Verfügung stehenden Erzählzeit). Für diesen Teil ergibt sich also ein Gesamtquotient von 126.

Für den zweiten Teil ließen sich die Quotienten nicht so einfach errechnen wie für den ersten. Das Verhältnis von erzählter Zeit zur Erzählzeit wechselte häufig innerhalb eines Kapitels dramatisch. Solche Wechsel konnte unsere grobe Grafik, der eine Kapiteleinteilung zugrunde liegt, nicht erfassen. Hier ließe sich also noch wesentlich exakter arbeiten, wenn auch die Tempowechsel innerhalb der Kapitel berücksichtigt würden. So erzählt das erste Kapitel des zweiten Buches (II,1) nur den Zeitraum zwischen 9 (II,1, S. 50) und 10 Uhr (II,1, S. 58) des 14. April 1838 (II,1, S. 51), dem Geburtstag Claras. Eigentlich ließe sich hier wieder von beinahe zeitdeckendem Erzählen sprechen. Zugleich aber springt mit diesem Kapitel die erzählte Zeit um 2 1/2 Jahre nach vorne und vermittelt – durch die Lektüre der Familienchronik – einen Rückblick bis ins späte 16. Jahrhundert (vgl. II,1, S. 55 f.). In beiden Fällen wird die erzählte Zeit stark gerafft. Um auch grafisch deutlicher zu machen, dass innerhalb dieses Kapitels eine Rückblende eingeschaltet ist, haben wir den errechneten Quotienten mit einer negativen Zahl (hier – 10.000) multipliziert. Die nächsten beiden Kapitel lassen sich wieder nicht exakt datieren. Sie widmen sich der frühen Schulzeit von Tony und ihren Brüdern und deuten vereinzelt den Ablauf von Jahren an. Tony zieht z. B. „im Mai vielleicht schon, oder im Juni […] *immer* zu den Großeltern vors Burgtor hinaus […]" (II,2, S. 59). Das Haar der „höchst niedlichen" Tony, „dessen Blond *mit den Jahren* dunkler wurde" (II,2, S. 60 – Hervorhebungen D. S./G. S.), deutet ebenfalls an, dass mehrere Jahre vergehen. Analog verfährt Thomas Mann bei der Schilderung von "Toms und Christians Jugendzeit", von der es eigentlich „nichts Bedeutendes" zu berichten gibt (II,3, S. 66). Allein die parallele Anlage beider Kapitel lässt eine ähnlich lange Spanne erzählter Zeit vermuten. Wir nehmen an, dass jeweils ungefähr vier Jahre erzählt werden (Quotienten: 0,00041 bzw. 0,00024). Die beiden Kapitel überbrücken zeitraffend die Lücke innerhalb der erzählten Zeit bis zur nächsten Datierung im folgenden Kapitel. Dem Sterben Antoinette und Johann Buddenbrooks im Januar bzw. März 1842, „sechs Jahre ungefähr, nachdem die Familie das Haus in der Mengstraße bezogen" (II,4, S. 68) hat, widmet Thomas Mann 6 Seiten (Quotient: 0,1). Kapitel I,6 schließt unmittelbar an. Der 16-jährige Thomas tritt „um Ostern desselben Jahres" (II,5, S. 74) in die Firma ein (vgl. auch III,13, S. 158). Dieses Datum lässt sich übrigens mithilfe eines „ewigen Kalenders" exakt (27.03.) bestimmen.[1] Nicht exakt datierbar ist das im Folgenden wiedergegebene Gespräch zwischen Jean und Bethsy, das „eines Abends" (II,5, S. 75) innerhalb der Trauerzeit geführt wird („Wir besuchen jetzt weder Gesellschaften noch geben wir selbst welche…" – II,5, S. 76). Wir nehmen an, dass das Gespräch zwischen den beiden Eheleuten zwei Monate nach dem Tod von Johann und Bethsy geführt wird, die erzählte Zeit also mit einem Sprung um eben diesen Zeitraum vorangebracht wird. Im nächsten Kapitel (II,6) kommen die Jugendeskapaden von Tony und Christian zur Sprache. Die 15-jährige Tony (II,6, S. 83) wird, um intensiver beaufsichtigt werden zu können, der Obhut Therese Weichbrodts anvertraut. Die erzählte Zeit ist wieder nicht exakt bestimmbar. Wir gehen von mehreren Monaten aus. Das letzte Kapitel (II,7) schildert die drei Jahre Tonys im Mädchenpensionat (Quotient: 0,0068). „So wanderten *die Jahre* vorbei, […]" (II,7, S. 90), womit die Lücke bis Juni 1845 geschlossen wird, wo der dritte Teil die Erzählhandlung fortsetzt.

In einer vergleichbar langen Erzählzeit, nämlich innerhalb von 41 Seiten, bringt der zweite Teil (II, S, 50-90) die erzählte Zeit insgesamt also um ungefähr 10 Jahre voran (Quotient für den ganzen Teil: ca. 0,01). Betrachtet man das Erzähltempo auf der Ebene der Romanteile, lässt sich also vergröbernd dem zweiten Teil und seinem **zeitraffenden Erzählen** das **zeitdeckende Erzählen** des ersten Teils gegenüber stellen (vgl. Grafik S. 95).

In einem weiteren Schritt werden die Schülerinnen und Schüler gebeten, noch einmal zusammenzustellen, wie genau Thomas Mann nun zeitraffend bzw. zeitdeckend erzählt.

❏ *Welche Formen des Erzählens setzte Thomas Mann vorzugsweise zum zeitdeckenden Erzählen ein? Welche Wirkung hat ‚zeitdeckendes Erzählen' auf den Leser/die Leserin? Beschreiben Sie die verschiedenen Wege Thomas Manns, das Erzähltempo zu beschleunigen. Welche Wirkung hat ‚zeitraffendes Erzählen' auf den Leser oder die Leserin?*

---

[1] Die gängigen Suchmaschinen im Internet listen eine Reihe von „ewigen" Kalendern auf, die auch die beweglichen Feiertage ausweisen.

Die Schilderung der Einweihungsfeier des neuen Hauses in der Mengstraße besteht fast ausschließlich aus **Gesprächen**. Bei der Wiedergabe von direkter Rede verschwindet grundsätzlich der Unterschied zwischen erzählter Zeit und Erzählzeit (vgl. einen dramatischen Text und seine "Einheit der Zeit"). Die wortgetreue Wiedergabe eines Gesprächs braucht annähernd die gleiche Zeit wie das Gespräch selber (wenn man von den "Ähs" und den Gesprächspausen absieht).

Der langsame Erzählauftakt mit seinem ruhigen Plauderton schafft eine Atmosphäre von behäbiger und ruhiger Behaglichkeit. Die gewünschte atmosphärische Wirkung lässt dem Autor natürlich auch viel Raum, die notwendige Vorstellung der maßgeblichen Akteure der Romanhandlung (Expositionsfunktion des Ersten Teils) zwanglos zu bewerkstelligen. Dass ein zeitdeckendes Erzählen durch die Wiedergabe von sehr hohen Anteilen von **wörtlicher Rede** nicht immer die gleiche Wirkung haben muss, zeigt ein Vergleich mit dem Schulkapitel (XI,2, S. 700 ff.), wo das Erzähltempo ähnlich niedrig ist und das zudem ungefähr genauso viel Erzählzeit beansprucht wie der gesamte Erste Teil des Romans. Ein erbarmungslos rasselnder Wecker schreckt Hanno um „sechs Uhr" (S. 701) aus dem Schlaf. 41 Seiten später sind fünfeinhalb Stunden vergangen; es ist "ungefähr halb zwölf" (S. 742) und die große Pause dauert „noch sechs Minuten" und wird drei Seiten später beendet (S. 744). Hier werden also für fünfeinhalb Stunden 44 Seiten oder 5,7 % der insgesamt zur Verfügung stehenden Erzählzeit aufgewendet (Quotient hier: 192). Schafft das niedrige Erzähltempo des Ersten Teils eine ruhige und behagliche Atmosphäre, so erzielt die Wiedergabe des Unterrichtsgeschehens im XI. Buch in einem ähnlich niedrigen Erzähltempo atmosphärisch einen ganz anderen Effekt. Hier lässt die zeitdeckende Wiedergabe der inquisitorischen Verhöre den Leser unmittelbar den psychischen Druck nachvollziehen, den Albtraum mitempfinden, dem Hanno den ganzen langen Schultag ausgesetzt ist. Neben der wörtlichen Rede wird in diesem Kapitel auch **erlebte Rede** eingesetzt, die ebenfalls zeitdeckendes Erzählen erlaubt (vgl. Baustein 5). Übrigens: Wenn auch die Erzählsituationen erst im folgenden Schritt in den Blick genommen werden, so kann an dieser Stelle vorwegnehmend darauf hingewiesen werden, dass im Vergleich dieser beiden durch zeitdeckendes Erzählen hervorgehobenen Stellen die geistige Entwicklung der Buddenbrooks deutlich wird: auf der einen Seite die eher veräußerlichte, dem sozialen und gesellschaftlichen Leben dienende Konversation, auf der anderen Seite ein Reflektieren, das diesem Leben distanziert gegenübersteht.

Innerhalb des zweiten Teils kommen verschiedene Rafftechniken zum Einsatz, die die erzählte Zeit komprimieren und damit das Erzähltempo erhöhen. Sie sind nicht immer leicht zu entdecken und häufig nur mit wenigen Worten angedeutet und in einen Zusammenhang eingebettet, der durchaus zeitdeckend erzählt sein kann. Direkt zu Beginn werden z. B. 2 1/2 Jahre übersprungen **(Zeitsprung)**. Die **Darstellung von Gewohnheiten**, in den Kapiteln II,2 und II,3 zur Beschreibung der Jugendjahre der drei Geschwister verwandt, dynamisiert die erzählte Zeit wie auch die Konzentration auf die Sommerferienreisen bei der Beschreibung von Tonys Pensionatszeit. Innerhalb einer solchermaßen zeitraffenden Darstellung gewinnen die ausgewählten Einzelepisoden – wo das Erzähltempo sich wieder verlangsamt – natürlich inhaltlich besonderes Gewicht. Sie stellen besondere Akzentuierungen dar. Dass die erzählte Zeit gestrafft dargestellt wird, bedeutet zugleich auch eine inhaltliche Schwerpunktbildung durch die geschilderten ausgewählten Episoden. Die erzählte Wirklichkeit erscheint in der zeitraffenden Darstellung in diesem Roman stärker strukturiert und „bedeutender".

Bei der Behandlung von erzählter Zeit und Erzählzeit in „Buddenbrooks" tritt als Nebenaspekt hervor, dass die erzählte Zeit weitgehend chronologisch erzählt wird. Es gibt keine **Rückblenden** – abgesehen von solchen, die in das aktuelle Gespräch eingeflochten sind (z. B. die Rückblende in die Napoleonische Besatzungszeit Lübecks – I,4, S. 24 ff.) oder die oben auch als Rückblende gewerteten Erinnerungen, die beim Blättern der Familienchronik aufdämmern (z. B. Jean B. nach der Geburt von Klara, II,1, S. 52 ff.). Auch Vorwegnahmen zukünftigen Geschehens **(Antizipationen)** sind selten. Wenn Hanno einen Schlussstrich unter die Familienchronik setzt, wird Zukünftiges angedeutet, allerdings nicht, z. B. als Vision, ausgeführt. Andere Antizipationen sind ironisch gefärbt. Welchen ihrer Brüder Gerda heiratete, „das ist ja gleichgültig" (II,7, S. 89), formuliert Tony

Buddenbrook gelegentlich der gesprächsweisen Spekulation über die Zukunft der Freundinnen im Mädchenpensionat. Dass aber der „Tapezierer Jakobs in der Fischstraße" (II,7, S. 89) für die Innenarchitektur der gemeinsamen Wohnung des zukünftigen Paares zuständig sein müsse, das sei klar. Tonys Visionen von ihrer oder mit ihr in engem Kontakt stehenden Figuren haben allesamt den Makel, dass sie stets unerfüllt bleiben; die Aufgabe der Ausgestaltung der ehelichen Wohnung von Gerda und Thomas wird aber tatsächlich dem „Tapezierer Jakobs aus der Fischstraße" (V,8, S. 297) übertragen. Hier irrt Tony nicht.

Die folgenden Alternativen eignen sich ebenfalls zum Einstieg in die Untersuchung des Verhältnisses von erzählter Zeit und Erzählzeit. Mit den vorgeschlagenen produktionsorientierten Herangehensweisen werden die meisten der oben beschriebenen Erzähltechniken zur Kürzung oder Straffung der erzählten Zeit für die Schülerinnen und Schüler erfahrbar. Zugleich lassen sich die vorgeschlagenen Alternativen als Überleitung zur Analyse der Erzählperspektiven einsetzen, die hier mit der Straffung oder Dehnung der erzählten Zeit einhergeht.

Alternative A)

❏ *Lesen Sie noch einmal die Kapitel IV,3 und IV,4 (S. 180-196). Verfassen Sie im Anschluss daran einen Zeitungsbericht über die Revolutionsereignisse von 1848 in der Stadt für die Lübecker Anzeigen. Worin bestehen die von Ihnen vorgenommenen Hauptveränderungen?*

Mit dieser Aufgabe werden die Schülerinnen und Schüler zur Umformung einer ausgedehnten Schilderung in einen im Vergleich dazu sehr kurzen Zeitungsbericht aufgefordert. Die Hausaufgabe verlangt zusätzlich auch noch die Reflexion der Textproduktion. Neben der deutlich verkürzten Darstellung dürften die Schülerinnen und Schüler auch über die Veränderung der Erzählperspektive berichten, die eine größere Distanz zu den dargestellten Ereignissen erzeugt und keinen Raum zur Identifizierung mit den handelnden Personen lässt. Durch die Abgrenzung von zeitdeckendem und zeitraffendem Erzählen lässt sich also auf wesentliche Funktionen des einen oder anderen hinweisen. Zusätzlich ließen sich Unterschiede zwischen dem der auktorialen Erzählperspektive verwandten Zeitungsbericht und der großenteils personalen Erzählperspektive der Romankapitel herausarbeiten, und der Übergang zum nächsten Aspekt der Analyse von Erzähltechnik könnte auf diesem Weg gestaltet werden.

Alternative B)

❏ *Lesen Sie noch einmal die Kapitel III,9 (S. 140-144) und III,11 (S. 147-152) des Romans. Formulieren Sie anschließend entweder a) einen Tagebucheintrag Tony Buddenbrooks, der den ersten Kuss zwischen den beiden und das abrupte Ende der aufkeimenden Liebesbeziehung behandelt, oder b) ein Gespräch zwischen Morten und seinem besten Studienfreund in Göppingen.*

❏ *Spekulieren Sie in beiden Fällen auch über die Ursachen des Endes der Beziehung und stellen Sie eine Bewertung des Handelns der beteiligten Personen (Morten, Tony, Grünlich, die Eltern Mortens, die Eltern Tonys) aus der Perspektive Tonys bzw. Mortens an.*

Mit dieser Aufgabe wird den Schülerinnen und Schülern deutlich, dass eine ganze Reihe von Handlungsfäden im Roman nicht weiter ausgesponnen werden. Diese Form der Auslassung soll ebenso wie der Zeitsprung als Technik der Zeitraffung erkannt werden. Auch hier wird durch den Wechsel der Erzählperspektive, diesmal gleichsam in die andere Richtung, eine Veränderung der Wirkung auf den Leser deutlich. Direkte Gespräche sind, genauso wie eine intime Tagebucheintragung in Ich-Erzählform, sicher unmittelbarer ansprechend als die eher distanzierte und eben auch aussparende Art und Weise des Autors.

6.3 ⬚ Erzählsituationen/Erzählperspektiven

6.3.1 Versuch einer Typologie an Textbeispielen

Auf die unterschiedlichen Erzählsituationen (Erzählperspektiven), d. h. die unterschiedlichen Arten und Weisen der Schilderung eines fiktionalen oder auch nicht-fiktionalen Geschehens und deren Wirkung gehen wir nun im nächsten Schritt ein. Die Schülerinnen und Schüler erhalten – da ihnen die Begriffe „Erzählperspektive" oder „Erzählsituation" auf jeden Fall schon einmal begegnet sein müssen[1] – den Auftrag:

⬚ *Informieren Sie sich zur Wiederholung noch einmal über die Begriffe „Erzählsituation" und „Erzählperspektive".*

Nach dem Austausch der Ergebnisse und notwendiger Klärungen im Unterrichtsgespräch werden die Schülerinnen und Schüler aufgefordert, in Gruppenarbeit den Realisierungen der Erzählsituationen im Roman nachzuspüren.

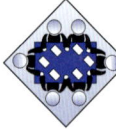

⬚ *Gehen Sie in Ihrer Arbeitsgruppe auf die Suche nach den beschriebenen Erzählsituationen. Lassen sich alle Erzählsituationen im Roman wiederfinden? Gibt es eine den Roman dominierende Erzählsituation?*

Um das Unterrichtsgespräch nach der Gruppenarbeitsphase noch einmal auf einer gemeinsamen Textgrundlage fokussieren zu können, empfiehlt sich ein ergänzender Arbeitsauftrag:

⬚ *Betrachten Sie anschließend noch einmal gemeinsam jeweils die ersten beiden Seiten der Kapitel I,1 (S. 7 f.) und VII,1 (S. 395 f.) und analysieren Sie die beiden Passagen in Hinblick auf die realisierten Erzählperspektiven.*

Jede Erzählsituation des Romans, so dürfte deutlich werden, lässt sich stets einer der drei vorgestellten Typen zuordnen. Genannt werden sollten für die auktoriale Erzählsituation vorzugsweise Passagen zeitraffenden Erzählens (beispielsweise aus dem bereits zur Analyse des Verhältnisses von erzählter Zeit und Erzählzeit näher betrachteten Zweiten Teils), für die personale Erzählsituation viele Passagen der Wiedergabe von Gesprächen (also z. B. Passagen aus dem gesamten Ersten Teil) und für die Ich-Erzählsituation die insgesamt neun Briefe (I,10, S. 44 f.; III,10, S. 144; III,10, S. 145; III,10, S. 145 ff.; IV,1, S. 169 ff.; IV,1, S. 172 ff.; IV,1, S. 175; V,7, S. 286 ff.; VI,1, S. 306 ff.). Die Diskussionen in den Arbeitsgruppen werden ebenfalls ergeben, dass innerhalb des Romans keinesfalls eine einzige Erzählsituation durchgehalten wird. Tatsächlich variiert Thomas Mann innerhalb des Romans, ja sogar innerhalb eines Kapitels oder auch nur eines längeren Textabschnitts. Die Schülerinnen und Schüler werden Vogt[2] zustimmen, wenn er formuliert, dass die Analyse der Erzählsituation keinesfalls „zur Charakterisierung des gesamten Werkes oder auch nur eines größeren Abschnitts, sondern lediglich zur Klassifizierung kleinerer Erzähleinheiten" tauge. Deshalb seien die oben genannten „‚typischen Erzählsituationen'" nicht als durchgängige und starre Muster, sondern als leicht veränderbare, kombinierbare und sich ergänzende Einstellungen einer insgesamt flexiblen Erzähloptik zu verstehen [...]".

Beispielhaft dafür lassen sich noch einmal die zur genaueren Analyse aufgegebenen Passagen durchgehen, die teilweise sehr schnelle Wortwechsel der Erzählsituationen aufzeigen. So beginnt das 1. Kapitel des Romans mit einem Dialog, der dem Leser suggeriert, unmittelbar Zeuge einer vor seinen Augen ablaufenden Handlung zu sein. Die Beschreibung der Umgebung und der Bericht von dem, was passiert, enthält – oberflächlich betrachtet – nichts, was nicht eine der handelnden Figuren oder ein außenstehender „objektiver" Beobachter hätte berichten oder wahrnehmen können. Man könnte also von einer besonderen „personalen Erzählsituation" sprechen. Ein deutlich hervortretender Er-

---

[1] Entsprechende Kurzinformationen und Literaturhinweise sind hier als Zusatzmaterial 13, S. 182 aufgeführt.
[2] Vogt 1972/1998, S. 52,65

zähler mit persönlichen Zügen ist jedenfalls zunächst nicht erkennbar. Erstes Zeichen des Erzählsituationswechsels ist die Datierung des Geschehens: „[…], Anno 1835, unter Genehmigung eines hohen und wohlweisen Senats, [...]" (I,1, S. 7). Hier mischt sich eine andere Stimme ein, die Stimme des Erzählers. Er berichtet von einer nicht unmittelbar gezeigten Handlung. Dass der Senat soeben die Herausgabe des Katechismus genehmigt hat, lässt sich aus der gezeigten Handlung selbst nicht entnehmen. Zugleich wird der Senat auch qualifiziert – von keiner der Figuren, sondern vom Erzähler. Mit der Schilderung der inneren Gedankenwelt der kleinen Tony wechselt die Erzählsituation unmittelbar nach der Datierung vom auktorialen ins personale Erzählen im engeren Sinne. „Wenn man im Gange war, dachte sie, war es ein Gefühl, wie wenn man im Winter mit dem kleinen Handschlitten mit den Brüdern den ‚Jerusalemsberg' hinunterfuhr." (I,1, S. 7). Diese Innenschau ist für einen außenstehenden, neutralen Beobachter unmöglich. Über ihre Innenwelt gibt Tony selbst Auskunft. Stilistisch geht der Wechsel der Erzählsituation mit dem Wechsel in die „erlebte Rede" einher.

Auch die einleitenden Passagen des Siebenten Teils lassen – wie übrigens wertende Adjektive in den Beschreibungen im gesamten Roman – an einigen Stellen einen sogar emotional am geschilderten Geschehen beteiligten Erzähler vermuten. Die Ausrufe „Taufe! ... Taufe in der Breitenstraße!" (VII,1, S. 395) und „Ein Stammhalter! Ein Buddenbrook! Begreift man, was das bedeutet?" (VII,1, S. 396) oder die Wertung der Tauffeier: „[...] und ohne Zweifel: Diese Feier ist aller Würde würdig!" (VII,1, S. 395) lassen sich als Rufe oder Fragen eines Erzählers deuten. Der Wechsel vom typischen Präteritum ins Präsens verringert die Distanz zum Erzählten. Die Wirkung auf den Leser ist intensiver, Spannung und Intensität der Szene erscheinen verstärkt. Stilistisch changiert die Passage und nähert sich der „erlebten Rede".

Jede der drei genannten Erzählsituationen übt verschiedene Wirkungen auf den Leser aus. Je nach gewünschter erzählerischer Wirkung wechselt also der Autor zwischen den Erzähltypen. Die auktoriale Erzählsituation schafft dabei tendenziell eine größere Distanz zwischen dem Erzählgeschehen und dem Leser – eben durch den vermittelnden Erzähler. Sie bricht die Illusion und macht die Identifizierung schwieriger. Es tritt hinzu, dass die auktoriale Erzählsituation häufig auch mit einem hohen, d. h. zeitraffenden Erzähltempo verbunden wird, was ebenfalls größere Distanz zum Geschehen erzeugt. Erzählt Thomas Mann dagegen mit niedrigerem Erzähltempo, wechselt er häufig in die personale oder die Ich-Erzählsituation und verringert so die Distanz zum Geschehen. Alle genannten Zusammenhänge sollten als Tendenzen herausgearbeitet werden, da ja die Analyse der einleitenden Abschnitte des Siebenten Teils gezeigt haben, dass auch dem auktorialen Erzähler Mittel zur Verringerung der Distanz zur Verfügung stehen.

Ergänzend kann die Sammlung der unterschiedlichen Textpassagen in der Gruppenarbeit weitere Tendenzen im Einsatz der Erzählsituationen aufzeigen, wenn die inhaltliche Dimension der zusammengestellten Abschnitte zusätzlich in die Analyse einbezogen wird. Insbesondere wenn Thomas – aber auch wenn dies andere Personen tun (wie z. B. Jean bei seiner Durchsicht der Familienpapiere) – über seine eigene Position und seine Rolle reflektiert, wechselt die Erzählsituation ins Personale. So reflektiert Thomas z. B. seine Fremdheit gegenüber seiner Frau, gegenüber der Musik und gegenüber seinem Sohn (vgl. VIII,7, S. 508 ff.). Inhaltlich betrachtet sind solche personal erzählten Passagen Gegenstücke zum ungebrochenen Leben. Personal werden Reflexionen wiedergegeben, Zweifel und die – bei Thomas zumindest – immer deutlicher hervortretende Kraftlosigkeit gestaltet. Reflexion wird hier als lebensfeindlich gezeigt. Sie bricht die Vitalität. Der Zweifel und der Gedanke erscheinen als Gift für die Fähigkeit, kraftvoll und entschieden zuzupacken. Zugleich aber lässt die personale Erzählsituation eine stärkere Identifikation zu. Der Leser steht so nämlich den gebrochenen Figuren durch die gewählte Erzählsituation näher als den ungebrochenen.

6.3.2 Nur ein Lexikonartikel? – Hannos Tod

Wie erzählt Thomas Mann von Hannos Tod (XI,3, S. 751-754)? Nach der einführenden Behandlung der Erzählsituationen soll nun dieses wegen seiner erzähltechnischen Be-

sonderheit häufig hervorgehobene Kapitel der „Buddenbrooks" mit dem Ziel in die gemeinsame Arbeit integriert werden, den Schülerinnen und Schülern Gelegenheit zu geben, das bisher Erlernte durch analytische Anwendung zu verfestigen und zugleich auch zu differenzieren. – Vorbereitende Aufgabe:

❑ *Lesen Sie das Typhus-Kapitel (XI,3, S. 751-754) nochmals. Wie würden Sie das Kapitel unter erzähltechnischen Gesichtspunkten beschreiben? Was ist das Besondere an diesem Kapitel? Wie wirkt es auf Sie?*

Die Schülerinnen und Schüler werden vermutlich feststellen, dass sich Thomas Mann nicht auf eine unmittelbare Schilderung von Hannos Sterben einlässt, sondern gleichsam objektiv über Typhus allgemein handelt. Damit nähert sich die Darstellung der eines Lexikonartikels. Mit der These, es handele sich um einen einmontierten Lexikonartikel, werden sich die Schülerinnen und Schüler aber wahrscheinlich nicht einverstanden erklären. Die Montage des Textes **(Montagetechnik)** ließe den gestaltenden Autor fast völlig verschwinden und erschwerte durch den scharfen Kontrast die Illusionierung, um möglichst dokumentarische Wirklichkeitstreue zu erzeugen. Hier aber bleibt der Erzähler erkennbar, auch wenn er nicht unmittelbar über Hannos Tod berichtet.

Die Art der formenden Bearbeitung lässt sich für die Lernenden in einem detaillierteren Vergleich des Romankapitels mit einem für diesen Baustein gekürzt wiedergegebenen Artikel zum Stichwort Typhus (Arbeitsblatt 7, S. 111f.) aus einem zeitgenössischen Konversationslexikon nachvollziehen. Diese Analyse macht zugleich deutlich, wo die Anteile der formenden Bearbeitung liegen. Zunächst lautet die Aufgabenstellung an die Lerngruppe:

❑ *Lesen Sie die brieflichen Aussagen Thomas Manns und den Auszug des Konversationslexikons zum Stichwort ,Typhus'. Wie sieht die Bearbeitung des Artikels aus? Wie funktioniert das von Thomas Mann so genannte „In-Verse-Bringen"? Was unterscheidet die reine Sachlichkeit des Lexikonartikels von seiner „vergeistigten" Fassung im Roman?*

Konkret lässt sich die Arbeit am besten durch eine Auflistung der *Hinzufügungen* und *Veränderungen* strukturieren, die Thomas Mann vorgenommen hat. Die Schülerinnen und Schüler werden aufgefordert, diese Hinzufügungen und Veränderungen zu benennen, wobei darauf hinzuweisen ist, dass – auch wenn die Übereinstimmungen oftmals frappierend sind – nicht ein wörtlicher Vergleich angestrebt wird, sondern eher generalisierend verglichen werden sollte. Die Sammlung erfolgt an der Tafel oder am OH-Projektor (s. S. 103).

Zusammenfassend lässt sich im Unterrichtsgespräch feststellen, dass Thomas Mann die psychischen Symptome akzentuiert und gleichzeitig die physischen vernachlässigt. Die größere Wichtigkeit signalisiert erstens die Reihenfolge. Die Beschreibung beginnt mit einem – zudem deutlich dramatisierten – psychischen Symptom und wechselt erst danach zu den physischen. Zweitens fallen physische Symptome ganz weg oder sie werden drittens in deutlich abgeschwächter Ausprägung – vor allem ohne die vergleichsweise ekelhaften Details der Lexikonbeschreibung – in die Romangestalt übernommen. Der Typhus erscheint so bei Thomas Mann – etwas überspitzt – eher als eine Krankheit des Geistes als eine des Körpers. Tatsächlich deutet der an die streckenweise lexikonartige Beschreibung der Typhuskrankheit angefügte Schluss des Kapitels darauf hin, dass der Typhus gleichsam nur den Anlass zu Hannos Sterben geliefert hat, die Ursache aber in der fehlenden Lust und Energie des jungen Hanno liegt, sich den Anforderungen des Lebens zu stellen (vgl. hierzu Baustein 5). Bei ihm hat im Unterschied zum Sterben seiner Großmutter die „seelische Vorarbeit" geradezu im Übermaß stattgefunden, die das Zerstörungswerk der Krankheit erleichtert, „jene Minierarbeit des Leidens, die uns langsam und unter Schmerzen dem Leben selbst [...] entfremdet [...] und in uns die süße Sehnsucht nach einem Ende, nach anderen Bedingungen oder nach dem Frieden erweckt ..." (IX,1, S. 561). Die klare Trennung von Geist und Leben dürfte jedenfalls noch einmal deutlich geworden sein; die „Stimme des Lebens" ist es, vor der der Geist Hannos schaudernd in den Tod flüchtet. Beide herausgearbeiteten Aspekte – die Akzentuierung des

Das Typhus-Kapitel (XI,3) – Unterschiede zum Lexikon-Artikel

Umschreibungen	Hinzufügungen
– Veränderung des Einstiegs in die Beschreibung: Eine „seelische Missstimmung" (S. 751) vs. verschiedene körperliche Symptome (Lexikon)	– Betonung der einführenden „seelische[n] Missstimmung", die zu „einer hinfälligen Verzweiflung" (S. 751) gesteigert wird
– Veränderungen bei der Beschreibung einiger Symptome: • die Pulsfrequenz von 100 Schlägen in der ersten Krankheitswoche wird anders qualifiziert (ohne Wertung – Lexikon) vs. „der Puls rast" (S. 751)); • der „stinkende" Atem (Lexikon) wird zum „verpesteten" Atem (S. 752); • die Atmung ist „beschleunigt und oberflächlich" (Lexikon) vs. die Atmung arbeitet „hastig, jagend und oberflächlich" (S. 752).	– Hinzufügung einer ganzen Fülle von Adjektiven zu den Beschreibungen der physischen oder psychischen Symptome: • der Schlaf ist „beängstigt" (S. 751), • die Betäubung ist „bleiern" (S. 752), • der Puls vollführt 120 „flüchtig zuckende" Schläge in der Minute (S. 752), • in „lauten, erregten Fantasien" (S. 752) deliriert der Kranke, • „grenzenlose" Unempfindlichkeit (S. 752) • [...]
– Zusammenfassung von körperlichen Symptomen: • Straffung der detailgenauen Schilderung der Durchfall-Verdauung eines Typhuskranken im Lexikon zur „schlaffen Hilflosigkeit", die sich „bis zum Unreinlichen und Widerwärtigen" (S. 752) steigert; • die Diät wird „vor allem" damit begründet, dass ja beim Typhus „der Magen und die Gedärme schwer in Mitleidenschaft gezogen sind" (S. 753) – in dem „schwer" sind die im Lexikon ausgebreiteten Details der Vorgänge im Darm zusammengezogen.	– Hinzufügung der Spekulation über den Aufenthaltsort des „Geist[es] des Kranken" (Schilderung der dritten Woche, vgl. S. 752), was die „Unempfindlichkeit" gegenüber allen äußeren Reizen erweitert. Aber: Streichung der Schilderung von körperlichen Symptomen – Erwähnung von Doktor Langhals (S. 753), d. h. Rückbindung des Geschehens an die Romanhandlung (der Name des Patienten Hanno aber fällt bis zum Schluss nicht)
– Weniger drastische Beschreibung körperlicher Symptome als im Lexikon. Der „trommelartig aufgetriebene Unterleib" verliert bei Thomas Mann das „trommelartig" (S. 752).	– Hinzufügung des Kapitelschlusses (einsetzend mit „Alle diese Mittel ...", S. 753).

Psychischen und das hinzugefügte Schlussstück des Kapitels – sind jedenfalls Teil des Prozesses der „Vergeistigung", der Einpassung in die Struktur des Romans, von der Mann in seinem Brief an Adorno spricht. In diesem Kapitel verweben sich dokumentarische Montage und auktoriale Erzählsituation. Das dokumentarische Material bleibt nicht unvermittelt neben den fiktiven Passagen des Romans. Thomas Mann verschmilzt das fiktive mit dem dokumentarischen Material, vermeidet einen Bruch innerhalb des Erzählstroms und befördert die Glaubwürdigkeit der Darstellung.

Um die Analyse der Wirkung des von Thomas Mann gewählten „Tricks" der indirekten Mitteilung vom Tod des kleinen Hanno auf den Leser über die angestellte Analyse hinaus zu vertiefen, werden die Schülerinnen und Schüler nun vor die Aufgabe gestellt, den folgenden Textanfang zu einem alternativen Kapitel 3 des letzten Teils des Romans auszubauen. Das zur Schilderung notwendige Material liefert der bereits ausgewertete Lexikonartikel.

Der produktionsorientierte Arbeitsauftrag lautet:

❑ *Formulieren Sie eine Fortsetzung des folgenden Textes, die an Stelle der von Thomas Mann gewählten Textgestalt des Kapitels XI,3 stehen könnte: „Es war im Frühjahre 1876, als der kleine Hanno plötzlich und ohne Vorwarnung anfing zu husten und zu fiebern. […].".*

Das gleiche Ziel verfolgt ein alternativer, analytisch ausgerichteter Vorschlag eines Wirkungsvergleichs zwischen dem Typhuskapitel und Karl Mays Gestaltung von Winnetous Tod aus dem Roman „Winnetou III" (vgl. Zusatzmaterial 14, S. 188):

❑ *Vergleichen Sie die Gestaltung von Hannos Tod mit der von Winnetous Tod aus Karl Mays Roman „Winnetou III". Bewerten Sie die Darstellungen im Hinblick auf deren Wirkung auf den Leser.*

Diese Aufgabenstellung mag zwar etwas gewollt erscheinen, lenkt aber unmittelbar den Blick auf die nur scheinbar mitleidlose Gestaltung im Falle des „Buddenbrooks"-Romans. Gerade im Kontrast zur Tränenseligkeit bei Karl May wird deutlich, wie eine Kumulation von klischeehaften Effekten ihre Wirkung verfehlen oder geradezu umschlagen kann.

Beide Aufgaben können auch als erweiterte Hausaufgabe zur Vorbereitung der Beschäftigung mit dem Typhuskapitel gestellt werden. Möglich ist natürlich auch, die Wirkung der Gestaltung unmittelbar im Anschluss an die Textanalyse im Unterrichtsgespräch herauszuarbeiten. Das Unterrichtsgespräch stimuliert dabei ein Impuls der Lehrperson:

❑ *Stellen Sie sich den Tod des kleinen Hanno im Film vor. Spekulieren Sie über die vermutlichen Hauptunterschiede und überlegen Sie, wie die unterschiedliche Wirkung zustande kommt.*

Nach der Präsentation einiger Ergebnisse der Textproduktion beginnt die Reflexionsphase in Form des Unterrichtsgesprächs. Als augenfälligster Unterschied wird die mit der Individualisierung einhergehende größere Unmittelbarkeit und damit der intensivere Zugang zu den Emotionen des Lesers (oder Zuschauers) genannt werden. Der „Trick" der „indirekten Mitteilung" (dem Leser fällt – wie die Analyse ergeben hat – dabei ja sogar die Aufgabe zu, den Namen des Sterbenden einzusetzen) besteht jedenfalls darin, eine größere Distanz zum geschilderten Vorgang herzustellen. Thomas Mann vermeidet den „Druck auf die Tränendrüse" (Mitleid, Schwulst), die eine unmittelbare Abschilderung des Sterbens und der Reaktionen sicher hätte. Zwar wird die Erzählsituation durch die Montage des Lexikonartikels nicht grundsätzlich gewechselt. Auch hier lässt sich ja unschwer eine auktoriale Erzählsituation erkennen. Thomas Mann übergibt (wenn auch nicht vollständig, wie herausgearbeitet wurde) die Perspektive an einen anderen, einen neuen Autor: den des Lexikonartikels. Das Geschehen entfernt sich gleichsam noch weiter vom Leser, als es in einer auktorialen Erzählsituation möglich wäre. Die Schilderung von Hannos Tod aus großer Entfernung umgeht so jede Brutalität gegenüber dieser zarten Figur.

Mit dem nächsten Frage-Impuls des Lehrenden werden nun die Gründe ins Auge gefasst, die Thomas Mann zu einem solchen Vorgehen veranlasst haben:

❒ *Überlegen Sie, warum Thomas Mann diese Form der Darstellung gewählt hat. Warum versucht er – erzähltechnisch gesehen – Hanno so schonend und vorsichtig wie möglich „aus dem Leben zu befördern"?*

Diese Frage lenkt das Unterrichtsgespräch von der Erzähltechnik zurück auf die inhaltliche Auseinandersetzung mit dem Roman. Den Lernenden wird deutlich, dass Erzähltechnik kein artistischer Selbstzweck ist, sondern immer auch auf seine inhaltliche Funktion hin befragt werden kann. Die Antworten der Schülerinnen und Schüler auf die Frage werden – möglicherweise nicht ohne beständiges Insistieren und Weiterfragen des Lehrenden – das Selbstverständnis des Autors in den Blick nehmen. Perspektive der Antwort wäre dann etwa: Wenn in der Figur Hannos das Leiden und Zerbrechen einer sensiblen Künstlernatur am Leben dargestellt wird, wenn in ihr die Verkörperung des Künstlertums (dem Endprodukt des Vergeistigungsprozesses dieser bürgerlichen Familie) scheitert, dann ist die Vorsicht des Umgangs des Autors Thomas Mann zumindest zum Teil die Vorsicht des Umgangs mit sich selbst, dem Künstler Thomas Mann (vgl. Bausteine 4 und 5).

6.4 ❒ Ironie

Für seine Ironie – das haben möglicherweise bereits die Literaturexperten (vgl. Baustein 1) geäußert – ist Thomas Mann berühmt. Was bedeutet im Zusammenhang unseres Romans Ironie? Am besten nähert man sich dieser Frage über die Bewusstmachung des alltäglichen Wortgebrauchs. Das Unterrichtsgespräch eröffnet ein Frage-Impuls des Lehrenden:

❒ *Was bedeutet im Alltagssprachgebrauch ‚Ironie'?*

Erwartet werden kann, dass die Lernenden die Alltagsbedeutung äußern – etwa: Ironisch äußert sich jemand, wenn er spöttisch das Gegenteil des Gemeinten sagt, wobei er voraussetzt, dass der Empfänger seiner Nachricht die Umkehrung auch versteht. Wenn also z. B. der strömende Regen als „schönes Wetter" bezeichnet wird, dann lässt sich von einer ironischen Äußerung sprechen. Legt man diese alltagssprachliche Bedeutung zugrunde, findet man in den „Buddenbrooks" nur spärliche Belege für solch eine ironische Gestaltung der Romanhandlung.

❒ *Wenn mit der alltagssprachlichen Beschreibung der Ironie mit Blick auf Thomas Mann nur bedingt etwas anzufangen ist, was könnte dann mit ‚Ironie' bei Thomas Mann gemeint sein? ‚Überfliegen' Sie noch einmal die Beschreibung des Sterbens der alten Konsulin. Erläutern Sie, was das Etikett „ironisch" für diese Beschreibung rechtfertigen könnte.*

Am auffälligsten und sicher noch am ehesten mit der alltagssprachlichen Bedeutung in Verbindung zu bringen ist die Ironie im stilistischen Bereich, die nicht nur an der jetzt ausgewählten Stelle hervortritt. Ironisch wird die Darstellung des äußerst qualvollen Sterbens der alten Konsulin dadurch, dass der Autor sie durchsetzt mit einer Vielzahl kontrastierender komischer Episoden. Der Sterbeprozess wird beispielsweise gespiegelt in den Einlassungen Doktor Grabows, der verniedlichend von einer „kleine[n], rechtsseitige[n] Lungenentzündung" (IX,1, S. 556) spricht, der die zu erwartenden ekelhaften Krankheitssymptome als „durchaus logisch, durchaus zur Sache gehörig, durchaus normal" (ebd.) ankündigt und später – beide Hände des Senators in den seinen [!] – sein Bedauern zum Ausdruck bringt, dass er es nicht habe verhindern können, dass die Lungenentzündung nun „doppelseitig" (IX,1, S. 563) sei. Ebenfalls komische Wirkung erzielen die Reaktionen Christians, der dem Todeskampf der Kranken – „irgendwo" im Zimmer sitzend, „indem er dem Himmelbette den Rücken zuwandte" (IX,1, S. 565) – eher wenig Aufmerksamkeit schenkt und sich zweimal mit seinem leitmotivischen „Ich kann es nun nicht mehr" (IX,1,

S. 564; 567) ganz entzieht, oder Tonys unter Tränen zur Schau gestelltes naiv-eitles Glänzen mit medizinischen Detailkenntnissen zum Thema Stickfluss (IX,1, S. 566). Dass hier etwas eigentlich Grauenvolles in einer einerseits beschreibenden und kommentierenden, andererseits aber bewusst nicht angepassten Manier geschildert wird, das werden die Schülerinnen und Schüler schnell erkennen und herausarbeiten.

Mit einem weiteren Frageimpuls lässt sich nun der Blick auf weitere ironisch gestaltete Episoden lenken und um die Frage nach der Wirkung von Ironie erweitern:

❒ *Welche Episoden lassen sich mit der eben gelesenen vergleichen? Was bewirkt die Ironie?*

Hier lässt sich nur schwer abschätzen, welche Teile die Schülerinnen und Schüler aus dem Romanganzen herausgreifen werden. Erfahrungsgemäß werden aber immer viele Episoden aus Tonys Leben genannt. Tatsächlich ist in den nüchternen Daten eines Lebenslaufes zusammengefasst Tonys Leben nicht ohne Weiteres als unbeschwert zu beschreiben. Sie verzichtet auf ihre wirkliche Liebe Morten Schwarzkopf zugunsten des Betrügers Bendix Grünlich. Die Ehe mit ihm scheitert wie auch ihr zweiter Versuch mit Alois Permaneder. Ihr zweites Kind stirbt bei der Geburt, der Mann ihrer einzigen Tochter wird verhaftet, ins Gefängnis geworfen und macht sich nach teilweiser Verbüßung seiner Haftstrafe aus dem Staub. Alle Episoden sind tragisch, sie wirken aber dennoch komisch. Diese Verbindungen von eigentlich nicht Zusammengehörendem – beispielsweise von erschütternden oder grauenvollen Inhalten mit einer komischen Art der Darstellung – kennzeichnet auch hier die Ironie. Genauso übrigens wie die Verbindung von wichtigen oder bedeutenden Geschehnissen mit bis ins Kleinste gehenden Details der Beschreibung (z. B. die Sprechweise der Figuren), was die Wichtigkeit und Bedeutung der Ereignisse relativiert. Ironie nimmt also in der bewussten Unangemessenheit der Darstellung die erzählten Inhalte gleichsam zurück. Sie lässt sie belachenswert erscheinen und schafft Distanz vom dargestellten Geschehen und vermittelt immer zwei Positionen.[1] In dieser besonderen Vermittlungsleistung der Ironie zwischen Extrempositionen (z. B. zwischen dem Komischen und Grauenvollen – wie beim Sterben der Konsulin – und dem Sich-selbstwichtig-Nehmen von Tony und ihrer tatsächlichen Bedeutung für die übrigen Romanfiguren) ist eine der wesentlichen Funktionen der Mann'schen Ironie erfasst.

Die Ironie, „in der Tat das überragende Stilmerkmal dieses Autors"[2], entspringt auf der stilistischen Ebene aus der beschriebenen Unangemessenheit der Darstellung oder – abstrakter gesprochen – aus einer Polarität zwischen Inhalt und Form. Die auf diese Weise zusammengespannten Polaritäten beleuchten sich gegenseitig und werden einander vermittelt, eine einwertige Position wird so immer aufgelöst. Wir schauen gleichsam nie unmittelbar in den Abgrund, sondern immer durch eine Brille.

Zur Vertiefung der bis hierhin erarbeiteten Funktionen des Stilmittels Ironie eignet sich nun die Auseinandersetzung mit der im Materialanhang zusammengestellten Kompilation zum Thema) (s. Zusatzmaterial 12, S. 185 f.).

Aufgabe der Lerngruppe wäre, in Gruppen die Texte zu erarbeiten und Hauptaspekte und Problematisierungen der Ironie zu erarbeiten.

❒ *Lesen Sie die folgenden Aussagen zum Thema „Ironie". Illustrieren Sie noch einmal in Kürze den genannten Hauptgegensatz. Problematisieren Sie darüber hinaus die Funktion der Ironie mit den Argumenten des Textes.*

Ein bereits mehrfach angesprochener Gegensatz (vgl. Baustein 5 und 7) wird auch hier hervorgehoben und ist konstituierend für den gesamten Roman: Es ist der Gegensatz zwischen Leben und Geist (bzw. Kunst), der Gegensatz zwischen den physisch Gesunden, ökonomisch Kraftvollen, der zupackenden Energie und der praktischen Lebenszugewandtheit und der dies alles ankränkelnden Lebensschwäche durch geistige Verfeine-

---

[1] Vgl. ausführlich Baumgart 1974, S. 100 ff.
[2] Moulden/v. Wilpert 1988, S. 111

rung, konkreter: der religiös gefärbten Verinnerlichung, der Realitätsabwehr, der gesteigerten Wahrnehmungs-, Empfindungs- und Einfühlungsfähigkeit[1], der sensiblen Verkünstlichung. Es ist ein Gegensatz, der sich in unterschiedlichen Gestaltungen durch den Roman zieht, beispielsweise der zwischen Johann und Hanno Buddenbrook, den Buddenbrooks und den Hagenströms und übergreifend – ideell – der Gegensatz zwischen der Linie des Verfalls und der Linie der Verfeinerung, die sich aber immer auch als vermittelt, als voneinander durchdrungen erkennen lassen (Hanno trägt z. B. den Vornamen seines Urgroßvaters, die Familie der Hagenströms, so deutet es der Kauf des Hauses in der Mengstraße an, wird den Buddenbrooks in den Untergang folgen (wie diese den Ratenkamps – I,4, S. 22 – nachfolgen).[2]

Im Sinne einer abschließenden und zusammenfassenden Beschäftigung mit dem Komplex „erzählerische Ironie" kann nun der Schreibauftrag erteilt werden:

❒ *Versuchen Sie die kurze Textpassage zu ,ent-ironisieren', die die Vorbereitungen auf Thomas' Beerdigung gestaltet (X,8, S. 687 f.).*

Die Lösung dieser Aufgabe dürfte den Lernenden nicht leicht fallen, da die erwähnte Passage groteske Elemente hat, die über das rein Stilistische hinaus situativ sind. Vor allem Tonys theatralisch ausgerufene Formeln lassen das Geschehen lächerlich erscheinen („Ich fasse es nicht!" ... „Aber es ist ja nun alles aus!"), was durch den Erzähler noch dadurch gesteigert wird, dass er die Ernsthaftigkeit der verbalen wie der gestischen Äußerungen in Zweifel zieht: „,Ich fasse es nicht!', rief sie und deutete damit an, dass sie allmählich zu fassen beginne ... ,Aber es ist ja nun alles aus!', rief sie ganz unerwartet in heller Verzweiflung und schlang laut weinend die Arme um den Hals ihrer Schwägerin, worauf sie gestärkt ihre Tätigkeit wieder aufnahm." (S. 688) – Dass Christians Gefühle nicht denen entsprechen, die von einem Trauernden zu erwarten sind, ist keine Ironie, sondern ein Sachverhalt; wenn aber der Erzähler sagt: Er „nötigt seine Augen, ein wenig feucht zu werden ...", können wir von einer ironischen Brechung sprechen. Ironisch mutet auch die Darstellung des Geschehens selbst an: Die detaillierte Schilderung einzelner Vorgänge steht im Kontrast zur Bedeutungsschwere des vorausgegangenen Ereignisses: Die Anwesenden arbeiten „emsig", die Federn „knirschten", Hanno schrieb „reinlich", die Gaslampe „pufftte leise", das Papier „knisterte" und „Frau Permaneder kritzelte in höchster Geschäftigkeit" (S. 688). Wir wollen nicht übertreiben, aber die Wahl der Verben „knirschen", „knistern" und „kritzeln" scheinen uns auch rein klanglich nicht dem schweren Gewicht der Situation zu entsprechen. Das Kennzeichen der Mann'schen Ironie ist auch hier, dass nicht Gegensätze – etwa der zwischen Inhalt und ,unpassendem' Stil – einander schroff gegenübergestellt werden, sondern dass eine Art Schwebezustand erzeugt wird zwischen Ernst und Lächerlichkeit, zwischen Aufrichtigkeit und gespielter Theatralik. Thomas Manns Ironie ist zumeist versöhnlich und nicht beißend. Dies zu vermitteln ist Ziel der gestellten Schreibaufgabe, mithilfe derer die Schülerinnen und Schüler durchaus experimentieren und verschiedene Möglichkeiten erproben sollten.

6.5 ❒ Leitmotivtechnik

Leitmotive, also Wiederholungen von formelhaft wiederkehrenden Wortfolgen oder inhaltlichen Beschreibungen, haben unterschiedliche Aufgaben. **Einerseits** dienen sie der Charakterisierung von Figuren, was häufig durch hervorgehobene körperliche Merkmale oder Redewendungen geschieht. In diese Kategorie gehören beispielsweise Tonys „ein wenig hervorstehende" (II,2, S. 60) oder auch „keck hervorgeschobene" (IV,6, S. 203) oder einfach „hübsche Oberlippe" (VI,2, S. 310; VI,10, S. 389 u. ö.), in die sich Tränen-Triesch-

---

[1] Vgl. ausführlich Vogt 1983, S. 102.
[2] Eine weitere Möglichkeit der vertiefenden Beschäftigung mit dem Gegensatz zwischen Leben und Geist bietet die Analyse der Rezeption der Philosophie Schopenhauers, die unmittelbar hier angeknüpft werden könnte (vgl. Baustein 7).

ke verliebt (vgl. V,5, S. 282), zusammen mit ihrer Feststellung, sie sei schließlich „kein dummes Ding mehr" und wisse, was sie „vom Leben zu halten habe" (z. B. IV,10, S. 234; V,5, S. 281; VI,10, S. 386 o. ä. öfter). Als „Gans" (IV,10, S. 234; S. 239; V,5, S. 282; V,8, S. 291; VI,6, S. 352) – ein weiteres Tony-Leitmotiv – bezeichnet sie sich mit Blick auf die Zeit vor ihrer Hochzeit mit Grünlich. Sie sagt dies zumeist kokett, nur um – allerdings wenig erfolgreich – Widerspruch herauszufordern (z. B. III,6, S. 125; IV,7, S. 211 u. ö.). Bemerkenswert ist in diesem Zusammenhang, dass die Augen Grünlichs als „so blau wie diejenigen einer Gans" beschrieben werden (III,3, S. 108; III,11, S. 147). Zu den Leitmotiven gehören auch Permaneders seehundartiger Schnauzbart (VI,4, S. 324) und sein Ausspruch „Es is halt a Kreiz!" (VI,4, S. 326, 330; VI,9, S. 375) sowie die knallenden Küsse Sesemi Weichbrodts zusammen mit ihrem Segenswunsch bei wichtigen Familienfesten: „Sei glö(ü)cklich du gutes Kind" (z. B. V,8, S. 296). Vorzugsweise Nebenfiguren werden so über Leitmotive charakterisiert, wobei eher hässliche oder komische Details verwendet werden.[1] **Andererseits** weben Leitmotive ein enges Geflecht von Verweisen auf zwei der Grundgedanken des Romans, den Verfall und die damit einhergehende geistige Verfeinerung.

Die zuletzt genannte Funktion der Leitmotivtechnik wird nun näher untersucht. Dazu wird das Arbeitsergebnis der bereits an anderer Stelle untersuchten Leitmotive (vgl. Baustein 2) „Zähne" und „Gelb" als Grundlage der vertiefenden Beschäftigung gebraucht. Ist die Untersuchung der Leitmotive bei der Herausarbeitung des Verfallsprozesses ausgespart worden, lässt sich das dort vorgeschlagene Vorgehen nun zur einleitenden Untersuchung der Leitmotivtechnik nutzen (vgl. Baustein 2, Abschnitt 2.2).

Im Anschluss an die kurze Wiederholung bzw. an die Erarbeitung der Leitmotive „Gelb" und „Zähne" werden die Schülerinnen und Schüler zur Erweiterung des Mind-Maps auf die Suche nach einer weiteren als Leitmotiv verwendeten Farbe geschickt: der Farbe Blau.[2] Die Schülerinnen und Schüler erhalten als „Kapitexperten" den Auftrag:

❐ *Suchen Sie nach Stellen, wo die Farbe Blau auftaucht. Welche Bedeutung lässt sich diesem Leitmotiv zuweisen?*

„Bläuliches" in der äußeren Erscheinung (mit Ausnahme der Augenfarben) überliefert Thomas Mann vor allem bei der Beschreibung von drei Figuren: Thomas, Gerda und Hanno. Das „bläuliche, allzu sichtbare Geäder" (IV,10, S. 235) an den Schläfen von Thomas wird von Doktor Grabow als Zeichen einer „nicht besonders kräftigen Konstitution" (ebd.) gedeutet. Dieses bläuliche Geäder scheint ein Erbteil der Krögers zu sein. Direkt im Anschluss werden die „Jedermann" erstaunenden literarischen Vorlieben Thomas' betont, die für die Buddenbrooks eine Neuerung darstellen und vom Vater „aufs Strengste" verurteilt werden (ebd.). In bläulich verfärbten Händen zeigt sich auch eine weitere Eigenschaft Thomas', die „den Händen der Buddenbrooks bis dahin fremd gewesen war und wenig zu ihnen passte ..." (V,1, S. 253), nämlich ein Ausdruck „abweisender Empfindsamkeit und beinahe ängstlicher Zurückhaltung" (ebd.).

Mit dem Auftritt Gerda Arnoldsens als Thomas' Ehefrau tritt auch die Farbe „Blau" wesentlich dominanter in Erscheinung. Zwar sind die Zähne Gerdas von einer beneidenswerten Gesundheit (V,8, S. 291 u. ö.), die Augen aber von „feinen bläulichen Schatten" (V,8, S. 291) umlagert. Diese bläulichen Schatten begleiten jeden Auftritt Gerdas, insbesondere dann, wenn sie die Pflichten zur Repräsentation des Hauses Buddenbrooks eher widerwillig erfüllt (wie z. B. beim Ausflug mit Herrn Permaneder – vgl. VI,6, S. 343 oder beim Firmenjubiläum, wo sie ihren Rückzug zur Mittagszeit bereits morgens ankündigt – vgl. VIII,5, S. 480), wenn sie mit Leutnant v. Throta musiziert (vgl. X,5, S. 644) oder wenn von Musik generell die Rede ist (vgl. z. B. VIII,6, S. 497). Die bläulichen Schatten um ihre Augen werden auch erwähnt, wenn sie ihre Aufmerksamkeit sensibel auf die Gefühls- oder Innenwelt eines anderen Menschen konzentriert (z. B. auf Thomas nach der Mittei-

---

[1] Vgl. ausführlich mit viel Material Moulden/v. Wilpert 1988, S. 129ff.

[2] Es sei hier angemerkt, dass Farben nicht nur in der Literatur mit Bedeutung aufgeladen werden, was ein Vergleich mit der Behandlung der Farbe in der bildenden Kunst demonstriert. Hier bieten sich sicherlich Möglichkeiten eines fachübergreifenden Unterrichts.

lung des Selbstmords Ralf von Maibooms, X,1, S. 618) oder aber als direkten Verweis auf den Tod (VIII,8, S. 530, beim an ein „Leichenbegräbnis" erinnernden letzten Weihnachtsfest und X,8, S. 681, beim Tod ihres Mannes).[1]

Die „bläulichen Schatten" bei Hanno sind das Erbteil seiner Mutter, die schon bei dem wenige Wochen alten Säugling als Merkmal hervorgehoben und als negatives Vorzeichen gedeutet werden. Sie kleiden „ein vier Wochen Altes nicht zum besten […]" (VII,1, S. 396). Die „tief umschatteten Augen" (VIII,5, S. 423) deuten die Farbe Blau noch einmal an, als das Zahnen Hanno an den Rand des Todes bringt. An der Bahre seiner Großmutter werden sie wieder erwähnt und in Verbindung gesetzt mit dem Verwesungsgeruch, der der Leiche entströmt (IX,3, S. 588). Diese Verbindung der bläulich umschatteten Augen Hannos mit dem Verwesungsgeruch als Verweis auf den Tod wird in der Folge häufig beibehalten. Als Hanno in einem blauen Matrosenanzug – den er übrigens häufiger trägt (vgl. z. B. VIII,7, S. 515) – den Zugang zum Arbeitszimmer seines Vaters bewacht, der darin sein Testament abfasst, blicken seine „von bläulichen Schatten umlagerten Augen" mit einem ähnlichen Ausdruck zur Seite, „mit dem er an der Bahre seiner Großmutter den Blumengeruch und jenen anderen fremden und doch so seltsam vertrauten Duft eingeatmet hatte" (X,5, S. 662). Auch als Ida Jungemann entlassen wird, „beim Tode seines Vaters, bei der Auflösung der großen Haushalte und so manchem weniger äußerlichen Erlebnis ähnlicher Art" (XI,1, S. 699), nimmt sein Blick genau diesen Ausdruck an. Neben dem unmittelbaren Verweis auf den Tod stehen die bläulichen Schatten um Hannos Augen – wie auch bei seiner Mutter – in Beziehung zu seiner sensiblen und genauen Beobachtung für das Innenleben der ihn umgebenden Menschen. Bei den Visitentourneen des Senators „[beobachteten diese] bläulich umschatteten Augen ... zu gut" (X,2, S. 627) und durchschauen die mühsam aufrechterhaltene Maske des Senators ohne Schwierigkeiten. Diese Fähigkeit, diese über die Maßen entwickelte Sensibilität, wird Hanno übrigens schon früh von Tony attestiert: „Das Kind – soviel weiß ich schon – neigt dazu, alle Dinge mit zu eindringlichen Augen anzusehen und sich alles zu sehr zu Herzen zu nehmen ... Das muss an ihm zehren, glaube mir" (VIII,3, S. 464). Dass Hanno auch die Begabung, Liebe und das Verständnis für Musik von seiner Mutter geerbt hat, muss nicht besonders betont werden. In seinen „Augen ..." sieht der Klavierlehrer Pfühl vieles, was sich bei Hanno nur über die Musik einen Ausdruck verschaffen kann (VIII,6, S. 502).

Es gibt übrigens – wie bei der Farbe Gelb – bereits sehr frühe Verwendungen des Leitmotivs, die erst beim zweiten Lesen bedeutend werden. So tritt bei der Beschreibung des Speisesaals bereits die Farbe Blau in Erscheinung und schafft hier einen Verweis auf die Kunst. Der „himmelblaue" (I,3, S. 20) Tapetenhintergrund verschafft den weißen Götterbildern den rechten Auftritt und ein „blaudunstiger Ton" eines umfangreichen Gemäldes wird als „in dieser Beleuchtung außerordentlich wirksam" beschrieben (I,3, S. 20).

Wenn in einem weiteren Schritt die „Kapitelexperten" Gruppen bilden, um ihre Ergebnisse zu größeren Einheiten zusammenzufügen, sollte ein gemeinsames Schema verwendet werden (Arbeitsblatt 8, S. 113).

Als Zusammenfassung aller Beobachtungen lässt sich folgende Grafik (S. 110) auf der Tafel oder auf Folie erstellen (sie entspricht in der Form den als Zusatzmaterial 11, S. 179, zu Baustein 2 wiedergegebenen Mind-Maps zu den Motiven „Gelb" und „Zähne").

Mit dem Leitmotiv der Farbe Blau verbinden sich, so dürfte deutlich geworden sein, die Bezüge auf Tod, Niedergang und Verfall **und** auf die geistig-künstlerische Verfeinerung. Diese Farbe erscheint stets dort, wo einerseits die Neigung zur Literatur, zur Musik betont wird und andererseits die besondere Sensibilität, die erschwert oder verhindert, den Forderungen des Alltags zu genügen. Zusätzlich schließt das Leitmotiv der Farbe Blau die drei genannten Personen (Thomas, Gerda und Hanno) zu einer Einheit zusammen, die allesamt eine stärkere Affinität zum Künstlertum verbindet.

---

[1] Gerda lässt sich damit in die Reihe der mit roten Haaren und breiten weißen Zähnen ausgestatteten Reihe der „Todesboten" stellen, wie sie Thomas Mann im „Tod in Venedig" oder im „Zauberberg" gestaltet.

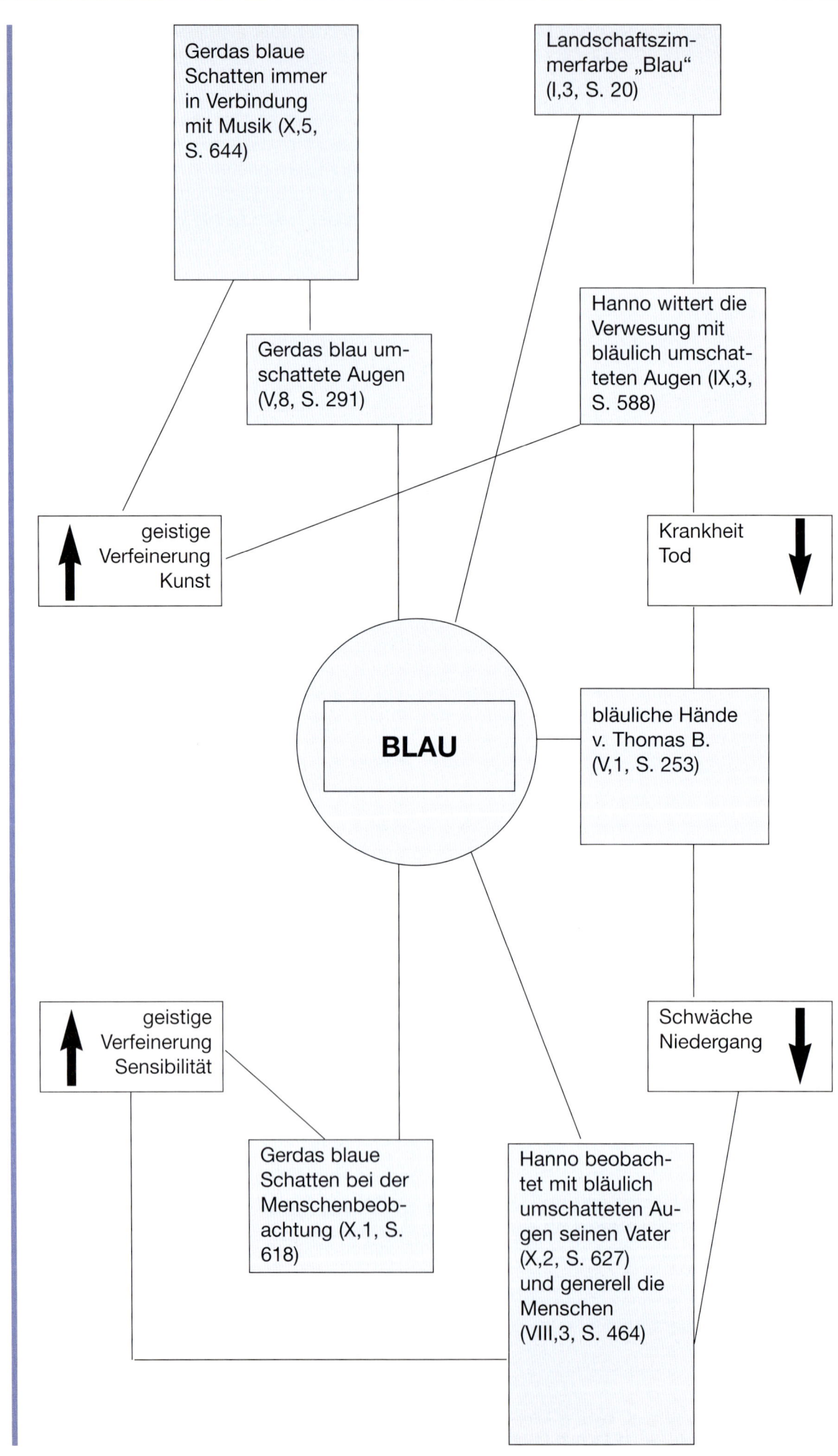

Erzähltechnik: Die Darstellung von Hannos Tod

Lesen Sie die brieflichen Aussagen Thomas Manns und den Auszug des Konversationslexikons zum Stichwort ‚Typhus'. Wie sieht die Bearbeitung des Artikels aus? Wie funktioniert das von Thomas Mann so genannte „In-Verse-Bringen"? Was unterscheidet die reine Sachlichkeit des Lexikonartikels von seiner „vergeistigten" Fassung im Roman?

1. Zu seinem Vorgehen bei der Schilderung des Typhustodes Hannos schreibt Thomas Mann an Theodor W. Adorno am 30.12.1945:

„Aber ich weiß nur zu wohl, dass ich mich schon früh in einer Art von höherem Abschreiben geübt habe: z. B. beim Typhus des kleinen Hanno Buddenbrook, zu dessen Darstellung ich den betref-
5 fenden Artikel eines *Konversationslexikons* ungeniert ausschrieb, ihn sozusagen ‚in Verse brachte'. Es ist ein berühmtes Kapitel geworden. Aber sein Verdienst besteht nur in einer gewissen Vergeistigung des mechanisch Angeeigne-
10 ten (und in dem Trick der indirekten Mitteilung von Hannos Tod)."

Quelle: Wysling, Hans, unter Mitwirkung von Marianne Fischer (Hrsg.): Dichter über ihre Dichtungen. Thomas Mann: Teil I: 1889 – 1917 (=Hirsch, Rudolf; Vordtriede, Werner (1975) (Hrsg.): Dichter und ihre Dichtungen, Bd. 14/I, München: Heimeran Verlag), S. 113.

2. Aus der Beschreibung des Typhus, vor allem des Unterleibs- oder Darmtyphus (T. abdominalis):

„**Typhus** (griech. typhos, ‚Rauch, Dunst, Stumpf-
sinn', bei Hippokrates wahrscheinlich ‚Blödsinn'),
5 Bezeichnung für verschiedene schwere und unter heftigem Fieber verlaufende Krankheitszustände, bei welchen das Nervensystem in der schwersten Weise ergriffen zu sein und der Kranke in einem anhaltenden Zustand von Betäubung sich zu be-
10 finden pflegt (daher früher allgemein *Nervenfieber*).
1) Der exanthematische (d. h. eigentlich blühen-
de, weil mit Fleckenausschlag verbundene) T. (Petechialtyphus, Fleckfieber) ist eine in ausgesprochenster Weise ansteckende Krankheit. In der
15 Zeit der Inkubation klagen die Kranken meist über ein schon mit schwerem Krankheitsgefühl verbundenes leichtes Frösteln, über Kopfweh, gestörten Schlaf, Appetitlosigkeit etc. Die eigentliche Krankheit beginnt mit einem Schüttelfrost und darauf
20 folgenden, sehr heftigen Fiebersymptomen. Sofort fühlen sich die Kranken aufs Äußerste matt und kraftlos, klagen über Schwere und Benommenheit

des Kopfes, zuweilen auch über heftigen Kopf-
schmerz. Dazu gesellen sich Schwindel, Flimmern vor den Augen, Ohrensausen, Schwerhörigkeit, 25 Schmerzen in den Gliedern, Zittern bei den Bewegungen der Arme und Beine. Die Kranken liegen meist schon sehr apathisch im Bett und haben leichte Delirien. Andere Patienten sind aufgeregt und kaum im Bett zu erhalten." 30

2) „Der Unterleibs- oder Darmtyphus (T. abdomi-
nalis) ist ebenfalls eine Infektionskrankheit. Der Träger des Krankheitsgiftes ist ein an den Dejektionen der Kranken haftender Bacillus [...]. Der eigentliche Sitz des Typhusprozesses ist der Darm- 35 kanal, besonders die untere Hälfte des Dünndarms. Die Schleimhaut des Dünndarms befindet sich in einem katarrhalischen Zustand. Die Drüsenapparate schwellen durch eine reichliche Zellenwucherung zu markig weichen, flachen 40 Knoten an, in gleicher Weise beteiligen sich die Gekrösdrüsen. Die Milz ist in allen Fällen vergrößert, ihr Gewebe ist in eine äußerst blutreiche, weiche, dabei sehr brüchige Substanz verwandelt. Regelmäßig sind auch in geringem Grade die Le- 45 ber und Nieren geschwollen und entzündlich verändert. Die Drüsenhaufen des untern Dünndarms, die Peyer'schen Plaques, wandeln sich nach kurzem Bestehen an ihrer Oberfläche in eine bräunliche oder gallig durchtränkte, schorfartige Masse 50 um, welche abgestoßen wird. Auf der Schleimhaut zeigt sich dann ein typhöses Geschwür, welches ohne Zurücklassung einer Narbe zu heilen pflegt. In ungünstigen Fällen geht das Geschwür in der Schleimhaut auf die darunter liegende Muskelhaut 55 über und kann sogar zur Durchbohrung der Darmwand, damit zu allgemeiner Bauchfellentzündung und zum Tode führen, [...].

Der Typhus beginnt gewöhnlich mit einem allgemeinen Krankheitsgefühl, psychischer Verstim- 60 mung, großer Mattigkeit, Appetitlosigkeit, unruhigem Schlaf, Kopfschmerzen, Schwindel, Schmerzen in den Gliedern und manchmal wiederholtem Nasenbluten. Bald setzt dann mit einem Frostanfall das hohe Fieber mit seinen oben beschriebe- 65 nen nervösen Zufällen ein. [Vgl. detaillierter oben zu 1), D.S./G.S.]. Der Unterleib ist gewöhnlich schon in den ersten Tagen etwas aufgetrieben und gespannt; ein tiefer Druck auf denselben, namentlich in der rechten Unterbauchgegend, ist 70 dem Kranken schmerzhaft. An dieser Stelle pflegt man bei Druck, sobald Durchfälle eingetreten

EinFach Deutsch: Unterrichtsmodell: Buddenbrooks. © Schöningh Verlag 2003

sind, auch ein eigentümlich gurrendes Geräusch (Ileocökalgeräusch) wahrzunehmen. Auf der Haut
75 des Bauches und der Brust findet man jetzt auch vereinzelte rote, linsengroße Flecke (roseolae), welche sich durch Fingerdruck entfernen lassen, alsbald aber wieder zurückkehren.

Die Körpertemperatur erreicht in den ersten acht
80 Tagen 40° und ist am Abend immer etwas höher als am nächstfolgenden Morgen. Die Pulsfrequenz 90 – 100 Schläge in der Minute. Der Harn ist dunkel, in seiner Menge gewöhnlich vermindert. In der zweiten Woche des T. hören die Kranken auf, über
85 Kopfschmerz und Gliederschmerzen zu klagen; der Schwindel aber wird heftiger, zu dem Ohrenbrausen gesellt sich Schwerhörigkeit. Der Gesichtsausdruck des Kranken wird stupider, seine Teilnahmslosigkeit immer größer. Das Bewusst-
90 sein verdunkelt sich, und die Kranken verfallen allmählich in einen Zustand von Schlafsucht und Betäubung. Sie lassen jetzt Stuhl und Urin häufig unter sich gehen, liegen fast regungslos in anhaltender Rückenlage, sind im Bett herabgesunken
95 und haben die Knie gespreizt. Nur zeitweise verrät eine zitternde Bewegung der Lippen oder einzelne unverständliche Worte, welche die Kranken murmeln, dass die psychischen Funktionen nicht gänzlich ruhen. Andere Kranke sind gegen die sie
100 umgebende Außenwelt vollständig unempfindlich, werfen sich fortwährend im Bett hin und her, versuchen das Bett zu verlassen, sich zu entblößen; sie gestikulieren, führen Gespräche oder bringen unzusammenhängende Worte hervor. Fast immer
105 erfolgen in der zweiten Woche täglich mehrere (meist 3-4) wässerige, meist erbsengelbe Stühle. Die Atmung ist beschleunigt und oberflächlich. Die Wangen haben anstatt der hochroten Färbung eine mehr bläuliche angenommen, die Augenlider
110 sind halb geschlossen, die Augenbindehaut gerötet, die Nasenlöcher erscheinen (vom eingetrockneten Schleim) wie angeraucht, Zahnfleisch, Zähne und Zunge sind mit einem schwärzlichen, oft rissigen Belag versehen, der Atem ist stinkend.
115 Der Unterleib ist durch größeren Luftgehalt der Därme trommelartig aufgetrieben, die Empfindlichkeit desselben gegen Druck und das Ileocökalgeräusch bestehen fort. Die Milzanschwellung hat zugenommen, die Roseolae auf dem Körper
120 sind zahlreicher geworden, bisweilen ist auch die Haut mit zahllosen kleinen Schwitzbläschen bedeckt. Die Körpertemperatur steigt in den Abendstunden auf 40 – 41,5°, in den Morgenstunden tritt nur ein schwacher Nachlass derselben ein. Der
125 Puls macht 110 – 120 Schläge in der Minute. In der dritten Woche des T. erreicht die Schwäche des Kranken ihren höchsten Grad, die lauten Delirien hören auf, die Aufregung und Unruhe weicht einer stets zunehmenden Unempfindlichkeit für al-
130 les, was ringsumher vor sich geht. Die Erscheinungen am Unterleib und an der Brust nehmen

noch zu, auch die Körpertemperatur und die Pulsfrequenz sind eher gesteigert als ver-
135 mindert. Die meisten Fälle eines tödlichen Abganges fallen in die dritte Woche. In günstigen Fällen stellt sich etwa mit Ende der dritten Woche eine Abnahme der Krankheitserschei-
140 nungen ein. […] Der ohne besondere Komplikationen verlaufende T. geht am häufigsten in Genesung über. Während früher eine Sterblichkeit von etwa 25 % bestand, ist dieselbe heute auf durchschnittlich 10 % herabgemindert, […].
145 Was die Behandlung des Typhus anbetrifft, so ist zuvörderst der Kranke zu isolieren. Das Krankenzimmer muss groß sein und oft und gründlich gelüftet werden. Die Zimmertemperatur darf 17° nicht überschreiten. Der Körper des Kranken
150 muss ängstlich reinlich gehalten und vor dem Aufliegen geschützt werden. Der Mund muss mit einem reinen angefeuchteten Leinwandläppchen regelmäßig gereinigt und der stinkende Belag der Zähne etc. entfernt werden. Als Getränk gibt man
155 Wasser und fordert zu fleißigem Trinken auf. Vielfach wird, besonders im Anfang der Krankheit, Kalomel mit gutem Erfolg verabreicht, von manchen eine Mischung von Jod und Jodkalium gerühmt, außerdem kommen unter Umständen
160 Antipyretika, wie Chinin, Chinarindenabkochung mit Wein, Antipyrin etc. in Anwendung. Viel wichtiger ist eine richtige Diät, die im Hinblick auf den langwierigen und abzehrenden Verlauf des T. kräftigend und leichtverdaulich sein muss. Deshalb
165 wird Milch in reichlichen Quantitäten, Kakao mit Milch, Bouillon mit Ei, bei Appetit auf feste Speisen eingeweichtes Weißbrot und von Anfang an, um die Herzkraft zu stärken, Wein oder Kognak gereicht. Die Heftigkeit des Fiebers, von welcher
170 im Anfang der Krankheit die meiste Gefahr droht, bekämpft man nach E. Brand in Stettin durch Vollbäder, die man, während die Kranke im Bade ist, durch Hinzugießen von kaltem Wasser am Fußende der Wanne von 24 °C. auf 20° abkühlt, und in
175 welche man den Kranken, solange die Körpertemperatur 39° oder 39,5° übersteigt, von Anfang bis Ende der Krankheit, bei Tag und bei Nacht alle drei Stunden auf etwa 8 – 10 Minuten hineinträgt. Neben der Herabsetzung des Fiebers erreicht
180 man durch diese Bäderkur einmal eine Reinigung des Körpers und ferner eine allgemeine Erfrischung und Ermunterung besonders der unbesinnlichen Kranken, auch beugt man hierdurch am besten (schon allein durch die damit verbundene
185 häufige Ordnung des Lagers) dem so gefürchteten Durchliegen vor. Unmittelbar nach dem Bad wird der Kranke in wollenen Laken frottiert abgetrocknet und durch Wein und Kognak gestärkt."

Aus: Meyers Großes Konversationslexikon (1897), 5. Auflage, Band 17, S. 19 – 22

EinFach Deutsch: Unterrichtsmodell: Buddenbrooks. © Schöningh Verlag 2003

Die Farbe Blau als Leitmotiv

Fundstelle im Text	Verweis/Bedeutung

EinFach Deutsch: Unterrichtsmodell: Buddenbrooks. © Schöningh Verlag 2003

Lösung
Die Farbe Blau als Leitmotiv

Fundstelle im Text	Verweis/Bedeutung
bläuliches Geäder von Thomas' Schläfen (IV,10, S. 235)	schwächliche Konstitution und literarische Neigung (für die Buddenbrooks bis dahin untypisch)
Thomas' bläuliche Hände (V,1, S. 253)	Empfindsamkeit Thomas', ängstliche Zurückhaltung (für die Buddenbrooks bis dahin untypisch)
tiefere und dunklere bläuliche Schatten als sonst bei Gerda vor dem Ausflug mit Permaneder (VI,6, S. 343)	Abneigung gegen die Pflichten der gesellschaftlichen Repräsentation
bläuliche Schatten – Beschreibung Gerdas vor Beginn der Feierlichkeiten zum 100-jährigen Firmenjubiläum (VIII,5, S. 480)	Abneigung und Rückzug aus dem Alltagsgeschäft
bläuliche Schatten und konzentrierte Aufmerksamkeit (Gerda richtet ihren Blick „spähend" auf ihren Mann (X,1, S. 618)	Sensibilität für die Gefühls- oder Innenwelt anderer
bläuliche Schatten vor dem Musizieren mit v. Throta (X,5, S. 644)	musikalisch-künstlerische Fähigkeit
bläuliche Schatten und gesunde, breite, weiße Zähne bei Gerda (V,8, S. 291; VIII,8, S. 530; X,8, S. 681)	Todesbote
bei Hanno bläuliche Schatten in Verbindung mit Todesnähe und Verwesungsgeruch (IX,3, S. 588)	dominanter Verweis auf den Tod
bei Hanno bläuliche Schatten und eine genaue Beobachtung für das Gefühlsleben der anderen (X,5, S. 662)	Sensibilität, Beobachtungsgabe
Blau in der Tapete und im Gemälde im Speisesaal (I,4, S. 22)	Verweis auf die „außerordentlich wirksame" Kunst

EinFach Deutsch Unterrichtsmodell: Buddenbrooks. © Schöningh Verlag 2003

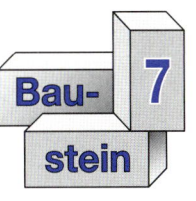

„[...] europäische Ereignisse: Schopenhauer, Nietzsche und Wagner"[1] – Philosophie und Musik in den „Buddenbrooks"

Thomas Mann hat sich recht häufig zu den Spuren bekannt, die Schopenhauer, Nietzsche und Wagner in den „Buddenbrooks" hinterlassen haben. Insbesondere die Bezüge zu Schopenhauer stellt Thomas Mann an verschiedenen Stellen heraus. Immer wieder erwähnt er die biografisch parallel geführte Lektüreerfahrung von Thomas Buddenbrook und seinem Autor: In seinem Lebensabriss beispielsweise bezeichnet er die Lektüre Schopenhauers als ein *„seelisches* Erlebnis ersten Ranges und unvergesslicher Art [...]. Es ging mir mit diesen Büchern ein wenig so, wie ich es meinem Thomas Buddenbrook dann mit dem Bande Schopenhauer ergehen ließ, den er in der Schublade des Gartentisches findet: Die Brockhausausgabe war ein Okkasionskauf beim Buchhändler gewesen, geschehen mehr um des Besitzes als um des Studiums willen, und Jahr und Tag hatten die Bände unaufgeschnitten das Bord gehütet. Aber die Stunde kam, die mich lesen ließ, und so las ich denn, Tage und Nächte lang, wie man wohl nur einmal liest".[2] Auch in den „Betrachtungen eines Unpolitischen"[3] – wie auch in seinem zwanzig Jahre später veröffentlichen Essay „Schopenhauer"[4], – finden sich weitere Bestätigungen der autobiografisch gefärbten Lektüreerfahrung Thomas Buddenbrooks.

Bemerkenswert ist, dass es das Lektüre-*Erlebnis* ist, das Thomas Mann wiederholt parallelisiert, während er den Gehalt, die Philosophie Schopenhauers also, in späteren Aussagen sogar explizit zurückweist. So schreibt Mann 1951 an Walter Rilla: „‚Buddenbrooks' waren gar keine schopenhauerische Conception, denn ich habe ‚Die Welt als Wille und Vorstellung' erst gelesen, als ich schon im letzten Drittel des Buches stand, – und war dann freilich sehr froh, mein rauschhaftes Erlebnis gleich auf den sich zum Tode bereitenden Thomas Buddenbrook übertragen zu können. Das Buch hat ‚es', weiß Gott, überallher, aber gerade von Schopenhauer hat es im Grunde gar nichts. Die Idee des ‚Verfalls' kommt von Nietzsche (‚Verfall eines Gottes'!)"[5].

Zwar scheint der Erlebnisgehalt der Leseerfahrungen, die Thomas Mann mit Nietzsche gesammelt hat, hinter der Schopenhauers zurückgeblieben zu sein. Nietzsche habe „geistige und stilistische" Einflüsse schon auf die frühesten Prosaversuche ausgeübt.[6] Insgesamt aber attestiert Mann auch Nietzsche einen großen Einfluss auf sein Werk: „Die Berührung mit ihm [Nietzsche, D. S./G. S.] war in hohem Grade bestimmend für meine sich bildende Geistesform"[7]. Seine Rezeption begleitete Thomas Mann über viele Jahre. Sie vollzog sich „gleichsam in mehreren Schüben und verteilte sich auf Jahre"[8].

Dem musikalischen Werk Wagners gegenüber zeigte sich Thomas Mann Zeit seines Lebens begeistert, bewundernd: „Die Passion für Wagners zaubervolles Werk begleitet mein Leben, seit ich seiner zuerst gewahr wurde und es mir zu erobern, es mit Erkenntnis zu durchdringen begann. Was ich ihm als Genießender und Lernender verdanke, kann ich nie vergessen, nie die Stunden tiefen, einsamen Glücks inmitten der Theatermenge, Stunden voll von Schauern und Wonnen der Nerven und des Intellektes, von Einblicken in

---

[1] Mann 1918/1983, S. 71.
[2] Mann 1930/1983, S. 112 f.; Hervorhebung Thomas Mann
[3] Vgl. Mann 1918/1983, S. 71 f.
[4] Vgl. Mann 1938/1982, S. 696 f.
[5] Wysling 1975, S. 123
[6] Mann 1930/1983, S. 110
[7] Mann 1930/1983, S. 111
[8] Mann 1930/1983, S. 112

rührende und große Bedeutsamkeiten, wie eben nur diese Kunst sie gewährt."[1] Der Bewunderung des Werks Richard Wagners blieb Thomas Mann sein Leben lang treu.[2]

Diesem „Dreigestirn ewig verbundener Geister", den „europäische[n] Ereignisse[n] Schopenhauer, Nietzsche und Wagner"[3], weist Thomas Mann Leitsternfunktion für sich und sein Werk zu. Dem Niederschlag nachzuspüren, den dieser Einfluss auf die „Buddenbrooks" ausgeübt hat, ist das Anliegen dieses Bausteins.

7.1 ☐ Schopenhauer und Nietzsche

Die Behandlung der Gedankenwelt der beiden Philosophen Schopenhauer und Nietzsche legt eine enge Zusammenarbeit mit dem Fach Philosophie nahe. Eine parallele Besprechung erweitert und vertieft wechselweise das Verständnis der philosophischen Systeme einerseits und des Romans „Buddenbrooks" andererseits. Eine solche Zusammenarbeit lässt sich aber im schulischen Alltag – häufig auch aus organisatorischen Gründen – nicht immer realisieren. Wir beschränken uns daher auf erste Ansätze der Arbeit an den philosophischen Systemen, wie sie auch alleine im Fach Deutsch erarbeitet werden können. Ausgangspunkt für die Erarbeitung bleibt der Roman, den kleinere Textausschnitte aus dem Werk der beiden Philosophen ergänzen.

7.1.1 Thomas' „unirdische" Fragen und ihre Beantwortung

Als vorbereitende Hausaufgabe schlagen wir die nochmalige Lektüre des „Schopenhauer-Erlebnisses" Thomas Buddenbrooks vor:

☐ *Lesen Sie bitte noch einmal das Kapitel X,5, S. 642 ff.*

Als Einstieg in die Erarbeitung des Themas wird an die Lerngruppe die Aufforderung gerichtet, in Partnerarbeit eine Gliederung des Kapitels zu erstellen.

☐ *Erarbeiten Sie in Zweiergruppen die Feinstruktur des Kapitels.*

Die Struktur wird anschließend im Plenum diskutiert. Das so gewonnene Ergebnis könnte i. S. einer Arbeitsgrundlage für die weiteren Überlegungen etwa wie auf Arbeitsblatt 9, S. 133 f., festgehalten aussehen:

Ein Frageimpuls eröffnet den Austausch über den nun strukturiert vorliegenden Inhalt des Kapitels:

☐ *Welche Funktion im Zusammenhang dieses Kapitels erfüllen die Erzählepisoden, die der Schopenhauer-Lektüre vorausgehen? Was haben die hier mit dem „Schopenhauer-Erlebnis" zusammengebundenen Erzählepisoden miteinander zu tun?*

Nachdem die Schülerinnen und Schüler die Feinstruktur erarbeitet haben, fällt es ihnen erfahrungsgemäß leichter, noch einmal im Unterrichtsgespräch zusammenzufassen, dass in allen der Schopenhauer-Lektüre vorausgehenden Episoden noch einmal auf das Scheitern der wichtigsten „irdischen" Hoffnungen Thomas Buddenbrooks hingewiesen wird. Dieses Ergebnis wird an der Tafel gesichert (vgl. unten, S. 117).

1. Thomas hat sich von seiner Ehefrau völlig entfremdet. Schon das Motiv zur Heirat war wohl kaum Leidenschaft, sondern eher der Impuls, mit dieser Heirat den äußeren Glanz des Namens Buddenbrook zu mehren. Immer deutlicher ist im Verlauf hervorgetreten, dass die Ehe diesen Zweck zwar zunächst erfüllt, dass inzwischen die schöne Gerda aber eher eine Belastung für den Namen darstellt. Darüber hinaus haben sich über den ersten Zweck hinaus keine Gemeinsamkeiten zwischen Thomas und

---

[1] Mann 1933/1982, S. 726
[2] Vgl. z. B. Mann 1937/1982, S. 779 ff.; Mann 1949/1982, S. 823 ff.
[3] Mann 1918/1983, S. 71

seiner Frau ergeben. Der gesellschaftliche Rückzug Gerdas auf der einen Seite (vgl. z. B. VIII,5, S. 480) und die Pflege ihrer musikalischen Neigungen andererseits machen diese formale und inhaltliche Entfremdung besonders deutlich. In die Welt der Musik vermag ihr Thomas nämlich nicht zu folgen (vgl. unten, S. 124 ff.), von Musik versteht Thomas nichts (vgl. VIII,7, S. 509). Thomas erscheint mehr und mehr durch seine Frau gesellschaftlich belastet und in der Beziehung zu ihr isoliert und einsam.

2. Thomas muss seine Hoffnungen begraben, die kaufmännische Tradition des Hauses Buddenbrook unter der Leitung seines Sohnes fortgesetzt zu wissen. Für ein solches Engagement vermag er seinen Sohn trotz aller Anstrengungen nicht zu begeistern. Die einzigen Gemeinsamkeiten mit seinem Sohn in Leid und Gram zu suchen lehnt er ab.

3. Thomas kann seinen eigenen körperlichen Verfall – trotz großer Anstrengungen – nicht stoppen.

4. Thomas' Reaktion auf die stets desolater werdende Lage seiner Familie und seiner Person ist es, alle Kräfte auf den Erhalt der Fassade zu konzentrieren. Thomas möchte den Anschein, die Maske des geschäftlichen Erfolgs, des ehelichen Glücks, der körperlichen Frische in der Lübecker Öffentlichkeit aufrechterhalten. Er verdrängt dabei sein Innenleben, seine Gefühle, seine Ängste, seinen Gram und seine Hoffnungen und wird gleichsam immer „äußerlicher“. Schließlich verfolgt ihn die Vorstellung, als eine Art Geistwesen von seiner Umgebung gar nicht mehr als real wahrgenommen zu werden. Er verdrängt seine Emotionen, seinen Gefühlskern und verdeckt die innere Leere durch eine Maske, die Leben nur noch vortäuscht und tatsächlich nicht mehr „ist“.

An der Tafel ergäbe sich in etwa folgendes Bild:

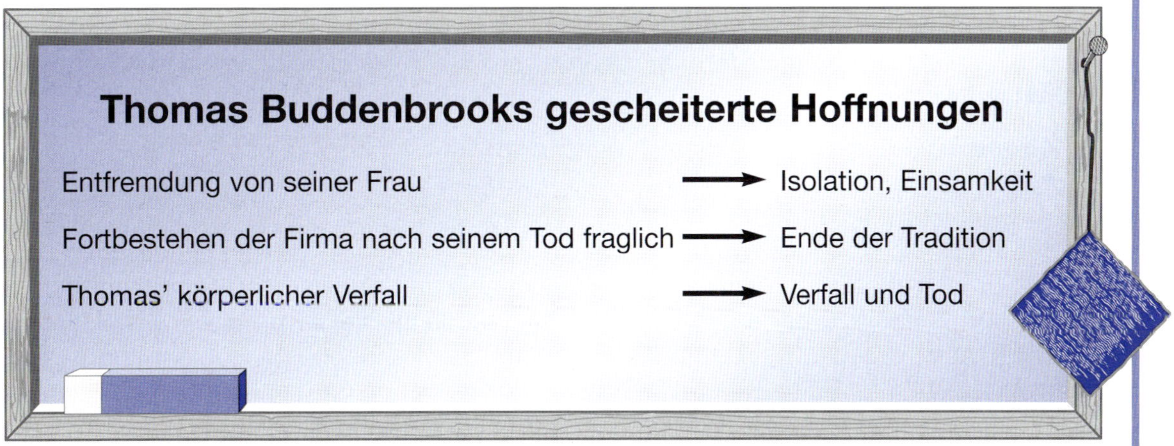
Thomas Buddenbrooks gescheiterte Hoffnungen
Entfremdung von seiner Frau → Isolation, Einsamkeit
Fortbestehen der Firma nach seinem Tod fraglich → Ende der Tradition
Thomas' körperlicher Verfall → Verfall und Tod

Nach der Erarbeitung der Voraussetzung richtet der Unterrichtende jetzt im fortgeführten Unterrichtsgespräch – die Inhalte der Lektüre also überspringend – die Aufmerksamkeit auf die Wirkungen der Lektüre:

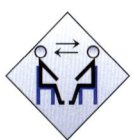

❐ *Welche Wirkung hat die Lektüre Schopenhauers auf Thomas Buddenbrook in dieser Situation? Unterscheiden Sie zwischen der unmittelbaren und der mittelbaren Wirkung.*

Den Blick der Schülerinnen und Schüler zunächst auf die unmittelbaren Wirkungen lenkend bittet die Lehrerin oder der Lehrer zunächst darum, möglichst kurz zusammenzufassen, wie die unmittelbare Wirkung aussieht: Thomas ist von einer „schweren, dunklen Trunkenheit erfüllt“, sein Kopf „glüht“, seine Sinne sind „umnebelt“ und er ist „vollständig berauscht“. Er ist berauscht von „etwas unsäglich Neuem, Lockendem und Verheißungsvollem, das an erste, hoffende Liebessehnsucht gemahnte“ und – für den reflektierten Thomas tatsächlich besonders bemerkenswert – „nicht eines vollkommenen Gedankens fähig“ (S. 655). Dass im Leben Thomas Buddenbrooks in diesem Rausch ein einmaliges Erlebnis gestaltet wird, macht die Episode für das Verständnis der Figur und des Romanganzen nur noch bedeutender.

Der Zustand „schweren, dunklen, trunkenen und gedankenlosen Überwältigtseins" (S. 656) hält an, bis er schließlich ins Bett geht. Die unmittelbaren Wirkungen der Lektüre – das zeigt der Blick auf die Beschreibung – kennzeichnet der Erzähler als einen Rausch. Ein solcher Rausch war es übrigens, der Thomas Mann zur Gestaltung dieses Romanteils angeregt hat: Die Episode der Schopenhauerlektüre wurde ihm „eingegeben von dem Rausch, in den ein metaphysischer Zaubertrank den Zwanzigjährigen [d. i. Thomas Mann, D. S./G. S.] versetzt hatte! Ich bezeuge, dass die organische Erschütterung, die er bedeutete, nur mit der verglichen werden kann, welche die erste Bekanntschaft mit der Liebe und dem Geschlecht in der jungen Seele erzeugt, – und dieser Vergleich ist nicht zufällig".[1]

Möglicherweise muss das Vorverständnis der Schülerinnen und Schüler zum Thema „Rausch" in den nächsten Schritten etwas erweitert werden. Fragend wird auf einen Aspekt aufmerksam gemacht, der das „schwere […] gedankenlose Überwältigtsein" ergänzt. Die Frage nach dem Wesen des Rauschs soll in einem ersten Schritt textimmanent beantwortet werden. Ein zweiter Schritt ergänzt einerseits und kontrastiert andererseits dieses Verständnis mit den Überlegungen Schopenhauers und Nietzsches, die erst im Umfeld dieser Frage in den Romanzusammenhang eingeführt werden.

❑ *Was ist das Neue, das Thomas „verheißungsvoll" lockt? Was ist das, was ihn mit erster „Liebessehnsucht" erfüllt? Formulieren Sie Ihre Antwort auf der Grundlage dessen, was Thomas Buddenbrook nachts widerfährt.*

Thomas Buddenbrook – das dürfte unter Rückgriff auf die einführende Detailanalyse eine der ersten Antworten sein – erhält grob gesprochen in der Nacht nach dem Rausch die Antwort auf seine „unirdischen" Fragen, denen er im Vorfeld der Lektüre nachgegangen ist. Es ist die Antwort auf die Fragen: „Was ist der Tod?" „Was kommt nach dem Tod?" „Gibt es etwas, das nach dem Tod kommt?" Um das Verständnis in Richtung Schopenhauer und Nietzsche zu erweitern, muss an dieser Stelle auf eine differenziertere Antwort gedrungen werden.

❑ *Wie sieht die Antwort auf Thomas' ‚unirdische' Fragen genau aus?*

Die Antwort ist zunächst einmal keine logisch hergeleitete oder „erdachte". Sie ist nicht in Worten zu fassen, sondern Thomas Buddenbrook „besitzt" sie „zutiefst" und „fühlt" sie – was eben im Vergleich zu einer bloß vom Verstand und der Vernunft ermittelten einen qualitativen Sprung zu bedeuten scheint. Der Rausch ist hier also ein Erkenntnismittel. Ein Mittel aber, das die für den Verstand konstitutive Trennung von Subjekt und Objekt überwindet. Thomas Buddenbrook fühlt/besitzt die folgende Erkenntnis: „Der Tod war ein Glück, so tief, dass es nur in begnadeten Augenblicken, wie dieser, ganz zu ermessen war. Er war die Rückkunft von einem unsäglich peinlichen Irrgang, die Korrektur eines schweren Fehlers, die Befreiung von den widrigsten Banden und Schranken – einen beklagenswerten Unglücksfall machte er wieder gut" (S. 656 f.).

❑ *Was ist mit dem ‚beklagenswerten Unglücksfall' gemeint? Konzentrieren Sie Ihre Antwort auf eine detaillierte Bestimmung der Individualität und des ihm entgegengesetzten Begriffes.*

Die Beiträge der Schülerinnen und Schüler werden am OH-Projektor auf Folie gesichert. Die Ergebnisse (linke Spalte) können dann später durch das zur Philosophie Schopenhauers und Nietzsches Erarbeitete ergänzt werden. Hierzu ist an dieser Stelle bereits ein Vorschlag gemacht, der diese oder eine ähnliche Gestalt natürlich erst im Fortgang der Textanalyse annehmen soll. Eine Kopiervorlage für die Folie und das entsprechende Arbeitsblatt 10, finden sich auf S. 135 ff. am Ende des Bausteins.

---

[1] Mann 1938/1982, S. 697 – Trotz der betonten biografischen Nähe schimmert gerade hier eine ironische Distanzierung durch. Während nämlich für Thomas Buddenbrook das Lektüreerlebnis weitgehend folgenlos bleibt, nutzt es Thomas Mann produktiv für sein Romanschaffen – ein Unterschied.

[OH-Folie] **Bedeutungen und Konsequenzen des Todes**		
Bedeutung und Konsequenzen des Todes für Th. Buddenbrook	**Bedeutung und Konsequenzen des Todes in der Philosophie Schopenhauers**	**Bedeutung und Konsequenzen des Todes in der Philosophie Nietzsches**
Der Tod ist die Korrektur „eines Unglücksfalls" (S. 656). Dieser Unglücksfall ist die „Individualität", die eigene „Persönlichkeit" (S. 657). Jeder Mensch ist „ein Missgriff und Fehltritt" (S. 657).	„Der Tod ist die große Zurechtweisung […]; er kann aufgefasst werden als eine Strafe für unser Dasein. […]. Wir sind im Grunde etwas, das nicht sein sollte" (WWV II, IV, 41, S. 595).	*Der Tod scheint nicht als Strafe für das individuelle Dasein gedacht. Der Mensch scheint bei Nietzsche auch nicht etwas zu sein, das besser nicht sein sollte – zumindest finden sich in den grundlegenden Textstellen keine Belege für eine solche Position.*
Die Individualität eines jeden Menschen ist das „Gefängnis", die „Schranke" oder „Bande", die ihn von allem trennt, was er nicht ist (S. 657).	„Der Egoismus besteht eigentlich darin, dass der Mensch alle Realität auf seine eigene Person beschränkt, indem er in diesen allein zu existieren wähnt, nicht in den andern. Der Tod belehrt ihn eines Bessern […]. Sein ganzes Ich lebt also von jetzt an nur in dem, was er bisher als Nicht-Ich angesehn hatte: denn der Unterschied zwischen Äußerem und Innerem hört auf" (WWV II, IV,41, S. 595).	*Die Individualität wird auch nicht als Schranke gedacht, die den Menschen von allem anderen trennt. Ebenso wie Schopenhauer unterscheidet Nietzsche aber zwischen dem Intellekt und einem Selbst. Der Intellekt ist der Diener oder Sklave des Leibes (vgl. As Z, S. 300 f.).*
Jeder Organismus ist „die blinde, unbedachte, bedauerliche Eruption des drängenden **Willens!**" (S. 657)	„[W]as uns den Tod so furchtbar macht, [ist] nicht sowohl das Ende des Lebens, […] als vielmehr die Zerstörung des Organismus: eigentlich, weil dieser der als Leib sich darstellende Wille selbst ist" (WWV II, IV, 41, S. 548 f.).	*Es gibt keine negativen Wertungen der individuellen Existenz. Der Leib hat aber auch bei Nietzsche eine Zentralstellung. „Hinter deinen Gedanken und Gefühlen […] steht ein mächtiger Gebieter […], der heißt Selbst. In deinem Leibe wohnt er, dein Leib ist er." (AsZ, Von den Verächtern des Leibes, S. 300)*
Der Tod ist das Tor zur „Freiheit". Der Tod bedeutet „Heimkehr" (S. 657).	„Das Sterben ist der Augenblick jener Befreiung von der Einseitigkeit einer Individualität, welche nicht den innersten Kern unseres Wesens ausmacht […]" (WWV, II, IV, 41, S. 596).	*Das Sterben ist nicht der Weg in die Freiheit, ist keine Heimkehr und nicht die Befreiung unseres inneren Wesens.*
Der „Wille", das „Es", wird freigesetzt. Der Wille, das Es, der innere Wesenskern des Menschen. Dieser Wesenskern wird ewig weiterleben (S. 657 f.).	„[D]er Wille, sofern er das Ding an sich ist, welches jeder individuellen Erscheinung zum Grunde liegt, [ist] von allem auf Zeitbestimmungen Beruhenden frei, also auch unvergänglich […]" (WWV II, IV,41, S. 584).	*Eine metaphysische Grundlegung und Differenzierung in Ding an sich und Erscheinung wird nicht getroffen.*
Dieser in allen identische Wesenskern sichert auch das	„Metaphysisch ließe sich vielleicht antworten: ‚Ich war im-	

Fortleben von Th. B., der insbesondere in denen weiterleben will, „die es voller, kräftiger, fröhlicher sagen ...": Ich (S. 658).	mer Ich: nämlich Alle, die jene Zeit hindurch Ich sagten, die waren eben Ich'" (WWV II, IV, 41, S. 547). *Eine Differenzierung in „voller und kräftiger" und entsprechende Gegensätze findet sich bei Schopenhauer nicht.*	
Th. B. liebt das Leben – zumindest ist er sich der „Kraft" in ihm bewusst, die „mit einer so schmerzlichen, süßen, drängenden und sehnsüchtigen Liebe das Leben liebte" (S. 659).	*Von einer Liebe des Lebens – weder des individuellen noch des geschilderten metaphysischen Grundkonzeptes – ist bei Schopenhauer nicht die Rede. Er schlägt vielmehr den Einzelnen vor, sich von diesem Leben abzuwenden, den Willen in sich zum Erlöschen zu bringen.*	„Wahrlich, der Sonne gleich liebe ich das Leben und alle tiefen Meere" (AsZ, Von der unbefleckten Erkenntnis, S. 380).
Th. B. liebt gleichsam diejenigen „Eruptionen des Willens", die „dies reine, grausame und starke Leben" (S. 658) bejahen.	*s. o.*	Der Zeitpunkt des Todes ist der Zeitpunkt des Rückblicks und der Zeitpunkt der Bejahung des Lebens. „War das das Leben? [...] Wohlan! Noch einmal!" (AsZ, Das trunkene Lied, S. 551)

Thomas Buddenbrook unterscheidet zwischen einem „Es", das leben wird, und einem „Ich", das „nur eine Täuschung", ein „Irrtum" sei (S. 656), der durch den Tod korrigiert werde. Der Unglücksfall ist also das „Ich", der „Leib", die eigene „Persönlichkeit" oder die „Individualität" (S. 657). Diese Individualität sei das entscheidende „Hindernis, etwas Anderes und Besseres" (S. 657) zu sein. Diese Individualität ist das „Gefängnis", die „Schranke" und „Bande", die der Tod zerbricht. Der Organismus jedes Menschen, jede individuelle Persönlichkeit, ist nur die „blinde, unbedachte, bedauerliche Eruption des drängenden Willens!" (S. 657). Der Tod öffnet den Weg zur eigentlichen Heimat und zur „Freiheit" (S. 657).

Im Anschluss an den Lese-Rausch erkennt Thomas die Identität von sich mit allen anderen Menschen. Diese Erfahrung lässt ihn die eigene Individualität als Hindernis, als Grenze erfahren, was ihn von der Vereinigung mit allen anderen abhält. Er strebt nach Vereinigung, nach dem Versinken der Grenzen, zu deren Halt und Aufbau er tagtäglich seine ganze Kraft aufbietet. In dieser Nacht aber sehnt Thomas Buddenbrook die Überwindung der Individuation, der Vereinzelung herbei oder anders formuliert: Er sehnt seinen Tod herbei, der diese Überwindung ist. Die Gewissheit, identisch mit allen anderen, mit dem Wesenskern der Welt, dem Willen zu sein, macht seinen Sohn entbehrlich. Dieser – so erkennt Th. B. – ist bloß eine schwächliche Wiederholung des bedauerlichen „Unglücksfalls" der Individuation. Der Kern des Lebens in ihm bejaht sich selbst und natürlich vor allem seine kraftvollen „Unglücksfälle". Ein Kern in ihm liebt „mit einer so schmerzlichen, süßen, drängenden und sehnsüchtigen Liebe das Leben" (S. 659) und dieser Kern ist ewig, er ist die „unendliche Gegenwart", die „stete Ewigkeit" (S. 659).[1]

---

[1] Schaut man sich – dies in Parenthese – allerdings die wirkliche Gestalt an, die der Tod für Thomas B. annimmt, dann hat dieser Tod mit dem im Zuge der Lektüre imaginierten nicht das Mindeste zu tun. Die Aufhebung der Individuation, dieses „beklagenswerten Unglücksfalls" oder „peinlichen Irrgangs" ist keine friedvolle Heimkehr, sondern die Rückkehr in den Kot und den Matsch. Diese Überwindung der Vereinzelung, dieser Ausbruch aus dem Gefängnis des Ich, des Individuums, wird im Fall Thomas nicht als Verheißung gestaltet, sondern als ziemlich prosaische, dreckige Veranstaltung.

Die philosophische Initiation, das Erweckungserlebnis, bleibt für Thomas folgenlos. Er verdrängt sie wieder und lässt schließlich auch den Auslöser dieser starken Seelenerregung wieder ordentlich ins Bücherregal einsortieren (X,5, S. 660). Nach dem letztlich doch fehlgeschlagenen Versuch, „seine ewigen Angelegenheiten" zu ordnen, entschließt sich Thomas „zum Wenigsten einmal seine irdischen gewissenhaft zu bestellen". Er macht sein Testament (X,5, S. 661 f.).

7.1.2 Im Original: Schopenhauer und Nietzsche

Im Anschluss an diese anspruchsvollere textimmanente Arbeit bieten sich nun für das weitere Vorgehen zwei Alternativen an.

Um die philosophischen Gedanken zu erarbeiten, die in die Romangestaltung eingeflossen sind, können die Schülerinnen und Schüler

a) aufgefordert werden, sich eigenständig über die Grundgedanken der beiden Philosophen Arthur Schopenhauer und Friedrich Nietzsche zu informieren. Aufgabenstellung wäre dann:

❐ *Informieren Sie sich über die Philosophie A. Schopenhauers und F. Nietzsches vor allem mit Blick auf die Deutung des Todes. Nutzen Sie dazu die gängigen Konversationslexika, Kindlers Literaturlexikon und das Internet. Welche Übereinstimmungen und welche Abweichungen können Sie feststellen?*

b) Alternativ werden die Schülerinnen und Schüler gebeten, die als Zusatzmaterialien 15 und 16 (S. 184 ff.) beigefügten Textkompilationen zur Vorbereitung der folgenden Unterrichtsstunde zu lesen und ein erstes Verständnis der beiden Konzeptionen schriftlich festzuhalten. Dieses Vorverständnis soll sich an dem aus dem Roman erarbeiteten Verständnis der Philosophen orientieren und Gemeinsamkeiten und Abweichungen registrieren. Grundlage der vergleichenden Arbeit ist das Arbeitsblatt 10. Will die bzw. der Unterrichtende den Aufwand der Lerngruppe zur Vorbereitung des Unterrichts reduzieren, könnte auch nur die Schopenhauerlektüre, die argumentierender aufgebaut und leichter nachvollziehbar sein dürfte, zu Hause vorbereitet und die Nietzschelektüre in den Unterricht integriert werden.

❐ *Lesen Sie die Auszüge aus Schopenhauers „Die Welt als Wille und Vorstellung" – „Über den Tod und sein Verhältnis zur Unzerstörbarkeit unsres Wesens" und aus Nietzsches „Also sprach Zarathustra". Skizzieren Sie in Stichworten, welche Positionen der beiden Philosophen sinngemäß von Thomas Buddenbrook aufgenommen werden. Vervollständigen Sie zu diesem Zweck das Arbeitsblatt. Halten Sie zusätzlich fest, welche Abweichungen Sie beobachtet haben.*

An dieser Stelle böte sich als weitere Alternative die Gelegenheit zu einem wesentlich umfassenderen Vergleich, wenn im Fach Philosophie bereits an den beiden philosophischen Konzeptionen gearbeitet wurde. Mit Referaten können die Schülerinnen und Schüler der Lerngruppe, die auch am Unterricht im Fach Philosophie teilnehmen, die erarbeiteten Grundzüge in den Deutschunterricht einbringen. Die so erweiterte Wissensbasis sollte auf jeden Fall ausreichen, Übereinstimmungen und Abweichungen zu fixieren. Vielleicht ließe sich auf dem Wege des fachübergreifenden Unterrichts auch die Ästhetik Schopenhauers mit den Musikschilderungen im Roman vergleichen oder einer Spekulation über die Nähe der Konzeption der Figuren Thomas und Hanno zu den Nietzsche'schen Antipoden Apollon bzw. Dionysos nachgehen, was dem Verständnis des Romans weitere Facetten hinzufügte und über den bloßen Stellenvergleich weit hinausginge. Im Rahmen dieser Baustein-Reihe kann eine solche Initiative nur angeregt werden.

Schopenhauer

Die vorausgehende Analyse des Schopenhauer-Erlebnisses im Roman dürfte den Schülerinnen und Schülern das Instrumentarium an die Hand gegeben haben, die Gemeinsamkeiten und Unterschiede herauszuarbeiten. Es kann hier – und das soll noch einmal betont werden – nur um eine kursorisch angelegte vergleichende Skizze gehen und nicht

um eine detaillierte und erschöpfende Herausarbeitung der philosophischen Positionen. Dieses Vorgehen setzt den Mut zur Lücke in ganz besonderem Maße voraus.

Die Schülerinnen und Schüler werden festgestellt haben, dass – wie im Roman Thomas Buddenbrook – auch Schopenhauer der Frage nachgeht, was den Menschen nach seinem Tod erwartet. Die beiden konventionellen Positionen – erstens: „Der Tod bedeutet die vollständige Vernichtung" und zweitens: „Der Mensch, zumindest seine Seele, ist unsterblich" – weist Schopenhauer zurück.

Die Schülerinnen und Schüler werden weiterhin festgestellt haben, dass Schopenhauer zwei Pole seiner Weltsicht einander gegenüberstellt: Den „Geist" des Menschen, also den Verstand, den Intellekt, die Vernunft setzt er dem Willen auf der anderen Seite gegenüber. Diese zwei Seiten der einen Medaille „Welt" sind bereits im Titel seines zitierten Hauptwerkes vorgeprägt: „Die Welt als Wille und Vorstellung". Beide Seiten entdeckt er bei seiner Analyse der Todesfurcht der Menschen, von der alle Menschen gepeinigt sind. Aber wer oder was ist es, der bzw. das sich in uns vor dem Tode fürchtet? Der Verstand oder die Vernunft kann es nicht sein. Dem Intellekt des Menschen erscheint das Leben nämlich – nüchtern betrachtet – als nicht lebenswert. Wenn nämlich selbst unheilbar Kranke oder Menschen, die immer wieder an den Bedingungen ihres Lebens scheitern, mit aller Macht um die Fortsetzung ihres Lebens, d. h. konkreter um die Fortsetzung ihrer schweren Leiden kämpfen, dann ist ein solches Verhalten einfach irrational. Verstand und Vernunft – und das ist eine empirische Beobachtung bei Kranken, die eine lange Leidensphase vor dem unausweichlichen Tod durchleben müssen – argumentieren für das Ende der Leiden im Tod. Beide sind folglich für die Todesfurcht nicht verantwortlich zu machen – im Gegenteil: Sie dämpfen die Furcht, indem sie uns den Tod „schmackhaft" zu machen suchen.

Auf der Suche nach der Quelle unserer Furcht vor dem Tode macht Schopenhauer nur unser innerstes Wesen aus. Dieses Innere nennt Schopenhauer **Wille**. Dieser blinde Wille ist immer Wille zum Leben. Das Leben gilt dem Willen als der höchste Wert. Der eigene Körper ist der Gestalt gewordene Wille zum Leben, gegen dessen Vernichtung der Wille sich naturgemäß sträubt.

Die Lernenden werden darüber hinaus die besondere Qualität des von Schopenhauer „Wille" genannten innersten Kerns erkannt haben und wahrscheinlich zu einer Reihe von Merkwürdigkeiten dieses inneren Kerns mit Fragen aufwarten, deren wichtigste wohl ist, wie man sich denn den Willen vorstellen müsse. Der Wille, ein blinder, unbewusster und ursprünglicher Drang, den wir unmittelbar in uns als Geschlechtstrieb, als Überlebenstrieb erfahren können, ist für Schopenhauer das metaphysische Prinzip (Die Welt als Wille), das Prinzip, das hinter allen Dingen wirkt. Die Individuen sind allesamt nur Gestalt gewordener Wille. Die zugrunde liegende Kraft war, ist und wird in Zukunft immer identisch bleiben. Genau genommen ist die Beschreibung dieser Kraft in den Kategorien der Zeit unsinnig, da Zeit nur die Erscheinungen oder Manifestationen des Willens betrifft und nicht den Willen selbst (Die Welt als Vorstellung). Er ist unvergänglich, ewig. Alle individuellen Formen – also die Menschen, alle anderen Lebewesen, ja selbst die Materie und die Naturkräfte – sind bloße Manifestationen der in allem identischen Kraft, des Willens. Im Kern also unterscheiden sich die Menschen in den Augen Schopenhauers nicht voneinander – weder die, die im Moment leben, noch die, die vor ihnen gelebt haben oder nach ihnen leben werden; sie unterscheiden sich nicht nur nicht, ihr Kern ist **identisch**. Der Wille ist ewig und ewig der gleiche.

Bis zu dieser Stelle lassen sich problemlos den Textstellen aus der Romananalyse die entsprechenden alternativen Formulierungen aus der Textkompilation zur Seite stellen. Thomas Buddenbrook versteht Schopenhauer also ganz richtig, wenn er feststellt, dass er in denen weiterlebt, die „je und je Ich gesagt haben, sagen und sagen werden. [...]". Die im Roman wiedergegebene freudige Fortsetzung des Gedankens allerdings ist nicht mehr schopenhauerisch: „[...], besonders aber in denen, die es voller, kräftiger, fröhlicher sagen ..." (S. 658). Für Schopenhauer sind die Welt und das Leben eine missliche Angelegenheit, deren zugrunde liegendes völlig irrationalistisches Prinzip das Leiden der Individuen in der Welt vorprogrammiert. Die Einrichtung der Welt, in der das Spiel der wechselnden Objektivationen der zugrunde liegenden Kraft (Willen) in den Individuen eine größtenteils leidvolle Erfahrung ist, lehnt Schopenhauer ab. Er feiert keineswegs das Leben in einer solchen „Verfassung". Er empfiehlt die Überwindung des Wollens, das Erlöschen, das Nirwana. Mit dem Erlöschen des Willens hört der Kreislauf auf. Hier erst ist wirklicher Friede.

Diese Abkehr von den schopenhauerischen Gedankengängen dürfte bei der Lektüre der Textzusammenstellung auffallen und geäußert werden. Ist die Nietzschelektüre nicht häuslich vorbereitet worden, schließt sich jetzt diese Lektüre an, verbunden mit der anschließenden Aufgabe an die Lerngruppe, sich analog zum Vorgehen bei der Schopenhauerlektüre über Gemeinsamkeiten und Unterschiede zu verständigen. Ist der Nietzschetext aber bereits vorbereitet, kann das Unterrichtsgespräch fortgesetzt werden.

Nietzsche

Auch bei dem Gespräch über Nietzsche sei daran erinnert, dass Vollständigkeit und detailgenaue Wiedergabe der Philosophie Nietzsches nicht angestrebt sind, sondern wieder nur die Suche nach Elementen, die Thomas Mann in seinen Roman integriert hat. Die Textausrisse gestatten zwar detaillierter auf die Positionen Nietzsches einzugehen, es sollte aber im Unterrichtsgespräch darauf geachtet werden, dass sich das Gespräch nicht zu sehr in dem teilweise auch sehr poetischen Text verheddert und sich auf die Herausarbeitung der Hauptlinien beschränkt. Wenn sich aus dieser kursorischen Lektüre die Neugier herleitet, sich intensiver mit den Texten des Philosophen zu beschäftigen: umso schöner.

Auch Nietzsche trennt – analog zu Schopenhauer in dem ersten Textstück („Von den Verächtern des Leibes") – zwischen dem Leib (dem Selbst) auf der einen und Seele bzw. Geist, Gedanken, Gefühlen, die das Ich ausmachen, auf der anderen Seite. Zwischen beiden gibt es ein Verhältnis, was wohl am besten mit dem zwischen Herrn und Sklave zu vergleichen ist.

„Hinter deinen Gedanken und Gefühlen [...] steht ein mächtiger Gebieter, ein unbekannter Weiser – der heißt Selbst. In deinem Leibe wohnt er, dein Leib ist er" (AsZ, S. 300), der – so Nietzsche – als das „Gängelband des Ich's und der Einbläser seiner Begriffe" (AsZ, S. 301) vorgestellt wird. Insofern also befindet sich Nietzsche noch in den Gedankenbahnen Schopenhauers, die er mit dem nächsten Schritt aber bereits verlässt. Unter die „Prediger des Todes" nämlich fällt auch Schopenhauer, den Nietzsche – und möglicherweise auch die Schülerinnen und Schüler – der Gruppe der Prediger zuordnen, die sagen: „Das Leben ist nur Leiden" (AsZ, S. 310). Diese wie auch alle anderen Positionen der Prediger des Todes zielen auf die Entwertung des Lebens. Alle betrachten so aber nur das eine Gesicht des Daseins (vgl. AsZ, S. 310), das Nietzsche natürlich auch nicht leugnet. Alle Prediger des Todes aber müssen überwunden werden, um den Standpunkt des Übermenschen zu erreichen.

Diese neue Haltung ist die der Liebe zum Leben, wie sie in der metaphorischen Schilderung der Morgenröte angedeutet wird. Das Leben in allen seinen Facetten und seiner geradezu maximalen Willensbetonung, in seinem ewigen Kreislauf (im Bild des stets neu heraufkommenden Tages) von Schöpfung und Zerstörung, von ständiger Wandlung der Gestalten, von Liebe, Leiden und Begierden wird bejaht, wie es im Bild der Liebe von Feuer und Wasser zum Ausdruck kommt. „Wahrlich, der Sonne gleich liebe ich das Leben und alle tiefen Meere." (AsZ, S. 380).

Das Ziel der Läuterung und Befreiung von allem Gedankenballast ist die rückhaltlose Bejahung des „grausamen" Lebens, was Thomas Buddenbrook immerhin in Tränen ausbrechen lässt (S. 658). Diese Bejahung spricht sich am deutlichsten aus in dem Ja zur ewigen Wiederholung des Lebens: „War das – das Leben? [...] Wohlan! Noch einmal!" (AsZ, S. 552).

Insgesamt dürfte also nach dem Vergleich klar geworden sein, dass Thomas Mann seinem Thomas Buddenbrook eine Kombination aus Gedanken Schopenhauers und Nietzsches eingibt. Die durchaus extrem gegensätzlichen Positionen der beiden Philosophen verschmelzen in eins.

123

Mit solchen Überlegungen wird den Lernenden der Blick geöffnet für die Gedankenwelt des 19. Jahrhunderts, die nicht nur Kunst und Kultur des europäischen „fin de siècle" wesentlich ausmachte, sondern darüber hinaus bis weit ins 20. Jahrhundert hinein wirkte. Einer ihrer wichtigsten Repräsentanten ist Thomas Mann, dessen Person und Werk immerhin auch im Jahre 2002 noch für so wichtig gehalten wurde, dass man ihm eine mehrteilige Fernsehsendung widmete.

7.2 ◻ Musik, die krank macht – Richard Wagner und die „Buddenbrooks"

Erfahrungsgemäß lesen viele unserer Schülerinnen und Schüler, wenn ihnen die Lektüre eines Romans als Pflicht auferlegt wurde, über manche Passagen einfach hinweg, vor allem über solche, die nicht unmittelbar das äußere Geschehen vorantreiben. Fragte man, was bei den „Buddenbrooks" nach Auffassung der Lernenden verzichtbar sei, so würden u. a. sicher die Teile genannt, die sich auf Musik beziehen. Ausführliche Schilderungen wie die der beiden Improvisationen Hannos (VIII,5, S. 505 – 507 / XI,2, S. 747 – 750) dürften überdies äußerst fremd oder gar unverständlich erscheinen. Zu fern liegt den Jugendlichen heute die Vorstellung von Musik als ‚Krankheit zum Tode', als eines lebensfeindlichen Prinzips. Im Zuge der folgenden Unterrichtseinheit soll den Lernenden vermittelt werden, dass Musik – vor allem im Verlauf der zweiten Hälfte des Romans – wesentlich mehr bedeutet als eine weitere Facette bei der Gestaltung einiger Romanfiguren. Vielmehr erscheint sie – ähnlich wie Thomas' Adaption Schopenhauers – als Motor und Inbegriff des Verfalls. Eine enge Zusammenarbeit mit dem Fach Musik liegt hier auf der Hand. An dieser Stelle beschränken wir uns jedoch auf das, was der Deutschunterricht leisten kann.

Wie die Tatsache zu vermitteln ist, dass Musik in den „Buddenbrooks" mehr bedeutet als nur eine Äußerlichkeit, hängt auch vom Gang des gesamten Unterrichtsprojektes ab. Alternativ zur in diesem Baustein vorgeschlagenen Behandlung als Teil eines fachübergreifenden Komplexes ließe sich die Frage nach der Musik an die Beschäftigung mit der Hanno-Figur (Baustein 5) anschließen, entsprechend wären die philosophischen Problemstellungen im Zusammenhang mit Thomas (Baustein 4) zu erörtern.

7.2.1 „U-" oder „E-Musik"? – Unterhaltung oder Ernst?

Vorbereitend auf das folgende Unterrichtsgespräch erhalten die Kursteilnehmer, speziell in ihrer Funktion als „Kapitelexperten", den Auftrag:

◻ *Vergewissern Sie sich, ob und in welchem Zusammenhang in „Ihren" Kapiteln von Musik die Rede ist.*

Ähnliche Ergebnisse können auch auf anderem, den Lernenden vielleicht attraktiverem Wege erzielt werden:

◻ *Recherchieren Sie im Internet, wie oft und in welchen Zusammenhängen das Wort „Musik" in den „Buddenbrooks" auftaucht.[1]*

Das auswertende Gespräch macht deutlich:

1. „Musik" wird innerhalb des Romans in unterschiedlicher Bedeutung verstanden und mit unterschiedlicher Gewichtung gebraucht. Quantitativ betrachtet nimmt der Bereich erst in der zweiten Romanhälfte größeren Raum ein, und zwar im Zusammenhang mit Hanno. Angekündigt wird diese stärkere Gewichtung durch das Auftauchen Gerdas als Thomas' Ehefrau: Wie die Internet-Recherche zeigt, erscheint das *Wort* „Musik" erstmals im Zusammenhang mit ihr (S. 288). Thomas schreibt in seinem Brief aus

---

[1] Wenn diese Aufgabe zu unspezifisch erscheint, kann die Adresse der japanischen Universität angegeben werden, unter der die Recherche problemlos möglich ist: http://corpus.en.kyushu-u.ac.jp/corpus. Die Lösung ist hier als Zusatzmaterial 17 (S. 188 ff.) abgedruckt.

Amsterdam an seine Mutter (V,7, S. 288): „... wir bedauernswerten Buddenbrooks wissen allzuwenig davon" (von der vorher erwähnten Musik, D. S./G. S.).

2. Hinweise auf die mangelnde Musikalität der Buddenbrooks finden sich im Roman auch an anderen Stellen: Christian ist „unmusikalisch wie die meisten Buddenbrooks" (V, 2, S. 263, wo er einen Klaviervirtuosen *spielt* [!]); Gerda hält ihrem Mann vor, „wie fremd" ihm die Musik ist (VIII, 7, S. 509).

3. Musik hat im Roman zum einen eine dienende Funktion: Sie unterhält oder sie garniert (wie die Literatur des Dichters Jacques Hoffstede) familiäre und gesellschaftliche Ereignisse. Johann Buddenbrook der Ältere spielt zu Beginn der Romanhandlung, „von der Konsulin auf dem Harmonium begleitet, eine kleine, helle, graziöse Melodie" auf der Flöte (I,8, S. 36); ein Diner, das Thomas und Gerda geben, wird „mit Whist und ein paar Ohren voll Musik geschlossen (VI,1, S. 305) und zum Firmenjubiläum spielt „eine Schar von fünfzehn oder zwanzig Männern mit Musikinstrumenten" (VIII,5, S. 490) eine „minderwertige[ ], akustisch verzerrte[ ] Musik" (VIII, 5, S. 492). – Zum anderen aber ist die Musik „Kunst", das Gegenteil des „Banalen": Sie schließt Thomas aus dem engen Kreis der Verstehenden aus (VIII, 7, S. 509), stiftet Gemeinschaften wie die zwischen Gerda, Pfühl und Hanno, zwischen Gerda und Leutnant von Throta, sie zehrt sogar, wie der Vater glaubt, an Hannos Gesundheit und absorbiert seine Geisteskräfte (VIII, 7, S. 522). Die letzte Tätigkeit Hannos vor seinem frühen Ende, die der Roman berichtet, ist eine Improvisation am Klavier (XI, 2, S. 747–750). Sie führt den letzten Spross der Buddenbrooks hin zum Tod.

4. Indem Thomas Mann Musik als das bisher der Familie Fremde und Fernliegende, für Thomas sogar Feindliche (VIII, 7, S. 508, X, 2, S. 619) mit Gerda in den Kreis der Buddenbrooks eintreten lässt, macht er sie zu einer wesentlichen Ursache für den Niedergang – Thomas holt mit seiner Frau den Tod ins Haus.

Zusammenfassend wird an der Tafel festgehalten:

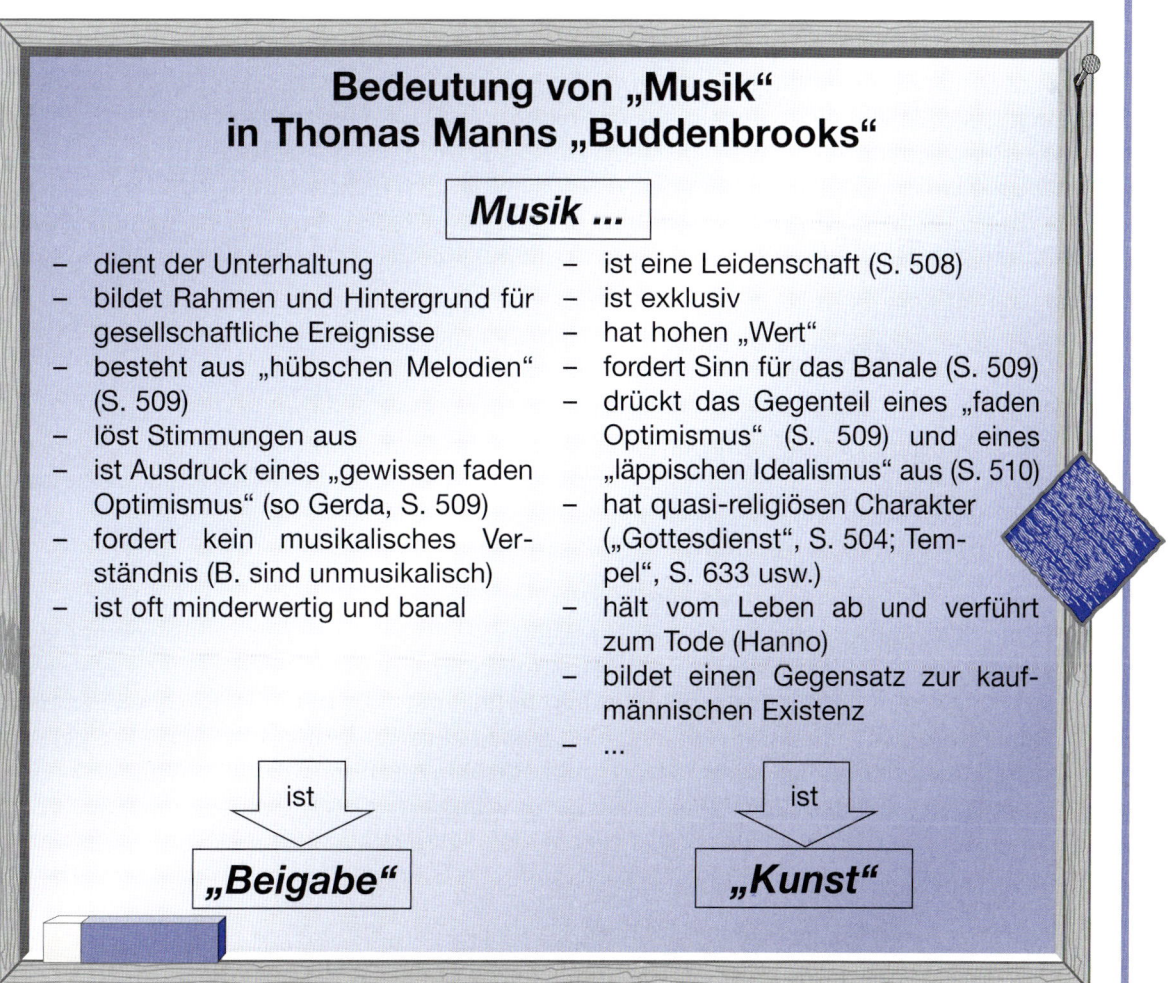

Bedeutung von „Musik"
in Thomas Manns „Buddenbrooks"

Musik ...

- dient der Unterhaltung
- bildet Rahmen und Hintergrund für gesellschaftliche Ereignisse
- besteht aus „hübschen Melodien" (S. 509)
- löst Stimmungen aus
- ist Ausdruck eines „gewissen faden Optimismus" (so Gerda, S. 509)
- fordert kein musikalisches Verständnis (B. sind unmusikalisch)
- ist oft minderwertig und banal

- ist eine Leidenschaft (S. 508)
- ist exklusiv
- hat hohen „Wert"
- fordert Sinn für das Banale (S. 509)
- drückt das Gegenteil eines „faden Optimismus" (S. 509) und eines „läppischen Idealismus" aus (S. 510)
- hat quasi-religiösen Charakter („Gottesdienst", S. 504; Tempel", S. 633 usw.)
- hält vom Leben ab und verführt zum Tode (Hanno)
- bildet einen Gegensatz zur kaufmännischen Existenz
- ...

ist → **„Beigabe"**

ist → **„Kunst"**

Im Folgenden wird zu zeigen sein, dass die im Roman vertretene Auffassung von Musik als „Kunst" zeitgenössischen Lesern durchaus nicht fremd war. Sie liegt vielmehr innerhalb der Grenzen einer Vorstellungswelt, die im Verlauf des 19. Jahrhunderts von Schopenhauer bis hin zu Richard Wagner und Nietzsche (vgl. Abschnitt 7.1) entfaltet wurde.[1]

7.2.2 „Ich weiß, wovon du spielst" – Musik als Eros

Um die Bedeutung, die die Musik für Hanno hat, ins Bewusstsein der Schülerinnen und Schüler zu rücken, soll vor allem seine letzte Klavierimprovisation genauer betrachtet werden. Zum Einstieg lässt der oder die Lehrende folgende kurze Passage aus Kapitel XI,3 (S. 744) vorlesen:

> „... ‚Willst du heute Nachmittag spielen?'
> Hanno schwieg einen Augenblick. Etwas Trübes, Verwirrtes und Heißes war in seinen Blick gekommen.
> ‚Ja, ich werde wohl spielen', sagte er, ‚obgleich ich es nicht tun sollte. Ich sollte meine Etüden und Sonaten üben und dann aufhören. Aber ich werde wohl spielen, ich kann es nicht lassen, obgleich es alles noch schlimmer macht.'
> ‚Schlimmer?'
> Hanno schwieg.
> ‚Ich weiß, wovon du spielst' sagte Kai. Und dann schwiegen beide. Sie waren in einem seltsamen Alter. Kai war sehr rot geworden und blickte zu Boden, ohne den Kopf zu senken. Hanno sah blass aus. Er war furchtbar ernst und hielt seine verschleierten Augen seitwärts gerichtet."

Diese Sätze geben einige Rätsel auf, die im folgenden Unterrichtsgespräch formuliert und schließlich auch gelöst werden können. Kais simpel scheinende Frage „Willst du heute Nachmittag spielen?" ließe sich einfach beantworten; sie löst indessen bei Hanno eine Reaktion aus, die dem Klavierspiel eine über das Gewohnte und Erwartete hinausreichende Dimension gibt: Worauf verweist das „Trübe", „Verwirrte" und „Heiße" in Hannos Blick? Kais Freund scheint einem Zwang, geradezu einer Sucht zu unterliegen, wenn er das Spielen „nicht lassen [kann], obgleich es alles noch schlimmer macht." Der Satz „Ich weiß, wovon du spielst" signalisiert nun deutlich, dass mehr und anderes als „nur" Musik gemeint ist, sie bedeutet etwas, sie hat einen Inhalt, und zwar einen solchen, der Kai erröten und Hanno blass werden lässt. Der Erzähler leitet diese Reaktion ein mit dem Satz: „Sie waren in einem seltsamen Alter." Hier ist von Sexualität und Erotik die Rede. Das festzuhalten dürfte den Lernenden nicht schwer fallen, obwohl ihnen der Zusammenhang mit der Musik noch dunkel erscheinen muss. Sie erhalten deshalb den Auftrag:

❐ *Lesen Sie die Schilderung von Hannos letzter Improvisation (S. 748 – 751) und prüfen Sie, ob es Hinweise darauf gibt, dass es um mehr als Musik geht.*

Zur Bewältigung dieser Aufgabe bietet sich eine Gruppenarbeit an, da die relative Offenheit des Auftrags die Nennung unterschiedlichster Aspekte möglich macht, die einem Einzelnen nicht allesamt in den Blick kommen müssen. Bei der Auswertung der Arbeit können genannt werden:

- Die *Wortwahl* im Allgemeinen passt auch zu einer Schilderung sexueller Erregung. Als Beispiele sind zu nennen: „verlangend", „verheißungsvoll", „inbrünstig", „flehend", „das haltlos Drängende, das Wogende, Irrende und Entgleitende", das „süße schmerzliche Hinsinken", „ein ungeheuerer Aufruhr und wild erregte Geschäftigkeit", „quälend, irrselig und süß", „eine unbegreiflich selige Verheißung", „immer neue[n], gewaltsame[n] Anstrengungen", „rasende Anläufe", „ein Aufschwellen, eine unaufhaltsame Steigerung, ein ... Aufwärtsdringen von wilder, unwiderstehlicher Sehnsucht", „ein Versinken in Begierde", ein „unaussprechliche(s) Ziel ..., das kommen musste, nun kommen musste ..., an diesem furchtbaren Höhepunkt, da die lechzende Drangsal zur Unerträglichkeit geworden war ...", „die Erfüllung, die vollkommene Befriedigung brach herein ..." usw.

---

[1] Zu fragen ist, ob die im Roman getroffene Unterscheidung auch heute in Deutschland noch üblich ist. Man spricht weiterhin hier von „U(nterhaltungs-)" und „E(rnster)" Musik.

- Die jeweils enge *Verbindung gegensätzlicher Empfindungen* macht die Spannung zwischen (schmerzlichem) sexuellem Verlangen und seiner (lustvollen) Erfüllung deutlich: „sehnsüchtige(s) und schmerzliche(s) Hinsinken", „fragend, klagend, ersterbend, verlangend, verheißungsvoll", die „dumme oder geheimnisvolle Figur, dieses süße, schmerzliche Hinsinken", „verzweifelte[r] Übermut[ ]", „quälend, irrselig und süß", „lechzende Drangsal", „Krämpfe der Sehnsucht", „Brutales und Stumpfsinniges" – „asketisch Religiöses", „Süßigkeit ... bis zum Ekel und Überdruss".
- Hanno, der Improvisierende, scheint nicht Agierender, sondern *Getriebener* zu sein: Das Spiel wird als etwas vom Spieler Losgelöstes geschildert: „Das haltlos Drängende ... war verstummt und besiegt", „da entstand ein ungeheurer Aufruhr ...", „es scholl wie Hörner"; Fragen wie „Was geschah? Was war in Vorbereitung?", „Was wurde erlebt?"
- Der *Verlauf* der Improvisation bildet sexuelle Erregung und Erfüllung ab: Er reicht vom aufkeimenden Verlangen über „wild erregte Geschäftigkeit", „unaufhaltsame Steigerung" bis hin zur „vollkommenen Befriedigung" und zur abschließenden „Erschöpfung". Im letzten Drittel der Schilderung ist sogar von einer „zügellose(n) Orgie" die Rede.
- Die Schilderung geht über weite Strecken parataktisch vor. Im Mittelteil durchbrechen die genannten Fragen den Fluss des Erzählens. Auffallend sind häufige Vergleiche der musikalischen Figuren mit außermusikalischen Gegebenheiten.

Insgesamt entsteht der Eindruck eines – bei allem Auf und Ab – vorwärts drängenden Ablaufs. Die im Roman häufig eingesetzten drei Punkte, welche die Sätze „offen" lassen, werden hier besonders ausgiebig verwendet.

7.2.3 Liebe und Tod – Vorbild Wagner?

Mit den genannten Aspekten ist noch nicht geklärt, was denn das hier zum Ausdruck kommende Verständnis von „Musik" mit „Verfall" und „Untergang" zu tun hat: Wieso macht Hannos Klavierspiel „[a]lles noch schlimmer", wie er selbst sagt (vgl. o.)? Was bedeutet Kais Rat: „Sei nicht verzweifelt ... Und spiele lieber nicht!" (XI, 2, S. 746)? Wie passt Hannos leidenschaftliches, den Verlauf sexueller Erregung nachzeichnendes Spiel zu seinem schwach entwickelten Lebenswillen (vgl. Baustein 5)?

Um diese Fragen beantworten zu lassen, schlagen wir hier einen „Umweg" vor: Möglicherweise fällt einer oder einem der Lernenden auf[1], dass es in den „Buddenbrooks", wenn von Musik als „Kunst" die Rede ist, meistens um die Werke *eines* Komponisten geht: Richard Wagner, dessen Name jedoch nur einmal fällt (S. 500). Am Vorabend seines quälenden Schultages hört Hanno „Lohengrin", in den musikalischen Auseinandersetzungen zwischen Gerda und dem Organisten Pfühl werden u. a. „Die Meistersinger von Nürnberg" (VIII, 6, S. 498) und „Tristan" (VIII, 6, S. 499) genannt. Es ist die Musik, die Hannos Verständnis prägt.

Um die Schülerinnen und Schüler in die Vorstellung von „Liebe" und „Tod", von „Eros" und „Thanatos" als einer *Einheit* einzuführen, erhalten sie einen kurzen Textauszug aus Richard Wagners eigener Paraphrase seines „Tristan"-Vorspiels[2] (Arbeitsblatt 11, S. 138). Der Auftrag für eine Einzelarbeitsphase lautet:

❏ *Lesen Sie den vorgelegten Text genau und markieren Sie die Begriffe, die sich direkt oder indirekt mit der Schilderung von Hannos letzter Improvisation verbinden lassen.*

Zweifellos – das wird nun im Unterrichtsgespräch zu thematisieren sein – fantasiert Hanno auf dem Klavier „wagnerisch"; die Erzählpassage ist – wie übrigens auch die Darstellung der ersten Improvisation – von „Tristan und Isolde" inspiriert: Zu nahe ist das Vokabular des Romanausschnittes dem des Wagner-Textes, zu nahe sind sich aber auch die

---

[1] Ist dieses nicht der Fall, muss die Lehrperson den Hinweis geben. Er kann auch schon vorher im Zuge der Analyse von Hannos Improvisation erfolgen. Die dort gestellte Frage: „Wurden hier furchtbare Hindernisse bewältigt, Drachen getötet, Felsen erklommen, Ströme durchschwommen, Flammen durchschritten?" (XI, 2, S. 749) spielt eindeutig auf Wagners „Siegfried" an. Wie viel der Roman auch erzähltechnisch dem Komponisten verdankt, dürfte für die Schüler und Schülerin nicht nachvollziehbar sein, es sei denn, die Zusammenarbeit mit dem Fach Musik ist sehr eng. Immerhin sollte ihnen der Begriff des „Leitmotivs" vertraut sein (vgl. Bausteine 2 und 6).

[2] Wagner 1974, S. 160 f.

Vorstellungswelten in beiden Äußerungen, als dass hier Zufall walten könnte. Die Aussagen des Komponisten erhellen darüber hinaus, eine wie enge Verbindung das Liebesmotiv mit dem des Todes eingeht: Was bei Wagner „Wonne ... des Nichtmehrseins, der letzten Erlösung in jenes wundervolle Reich ..." – nämlich des Todes – heißt, setzt sich in Hannos letzter Musik schließlich als „etwas cynisch Verzweifeltes, etwas wie Wille zu Wonne und Untergang in der Gier, mit der letzte Süßigkeit aus ihr gezogen wurde" (XI, 2, S. 750) durch.

Wenn schon von Wagners Musik die Rede ist, bietet es sich an dieser Stelle des Unterrichtsverlaufs an, sie auch zu Gehör zu bringen. Ideal wäre eine eingehendere Analyse des „Tristan"-Vorspieles und des die Oper abschließenden berühmten „Liebestods" der Isolde im Musikunterricht; vielleicht reicht es aber auch, den Lernenden in einer Deutschstunde zumindest einen Eindruck dessen zu vermitteln, wovon hier so ausführlich gesprochen und geschrieben wird.

Hilfreich ist es selbstverständlich, wenn sich die Schülerinnen und Schüler – wenn auch nur grob – mit der Handlung der Oper vertraut machen. Hier wäre Gelegenheit für ein Kurzreferat. Alternativ dazu bietet sich der an alle gerichtete Auftrag an:

❐ *Informieren Sie sich kurz über Inhalt und Bedeutung von Richard Wagners Oper „Tristan und Isolde".[1]*

Wenn auch der Besuch von Wagner-Aufführungen nicht zu den bevorzugten Freizeitaktivitäten der Mehrheit unserer Jugendlichen zählt, so hören sie doch immerhin, was gemeint ist, wenn sie angehalten werden, die beiden oben angesprochenen Textpassagen (Hannos Improvisation und Wagners Paraphrase) vor oder während des Hörens noch einmal zu lesen. Vor allem der die Oper abschließende geradezu jubelnde „Liebestod" kann – bei aller möglichen Fremdheit der musikalischen Diktion – verdeutlichen, was „Wille zu Wonne und Untergang" und „letzte Süßigkeit" bei Hannos Klavierspiel heißt. Sowohl er als auch die wagnerschen Liebenden erfahren das Sterben als lustvolle Befreiung aus der Enge einer Welt, die nicht die ihre ist, aber auch aus der Enge des eigenen Ichs, das nach Auflösung drängt. Hier lässt sich leicht eine Weltverneinung erkennen, die mit der Schopenhauers zumindest eng verwandt ist (vgl. o., S. 121ff.).[2] Die letzten Worte der sterbenden Isolde lauten:

> „In dem wogenden Schwall,
> in dem tönenden Schall,
> in des Welt-Atems
> wehendem All –
> ertrinken,
> versinken –
> unbewusst –
> höchste Lust!"[3]

7.2.4 Flucht in den Rausch – Flucht in den Tod

Diese Verse, den Lernenden noch einmal deutlich vorgetragen und ins Bewusstsein gerufen, könnten als Ausgangspunkt für eine klärende und zusammenfassende Reflexion dienen:

❐ *Lassen Sie die Situationen, in denen Musik für Hanno im Roman von Bedeutung ist, noch einmal Revue passieren und erläutern Sie, welche Funktion Musik für ihn hat. Stellen Sie eine Beziehung her zu dem, was früher im Hinblick auf den jüngsten Buddenbrook im Unterricht erarbeitet wurde.*

Hilfestellung bietet bei dieser Gruppenarbeit die Übersicht in Baustein 5 (s. o., S. 78), der entsprechende Textpassagen zu entnehmen sind, die aber noch ergänzt werden müssen. Im Sinne der Aufgabenstellung seien hier beispielhaft genannt:

---

[1] Die entsprechende Passage aus einem Opernführer ist als Zusatzmaterial 18, S. 197 f. abgedruckt. Darüber hinaus ist zu empfehlen: Karthaus 2000, S. 75–80.
[2] Bekanntlich schrieb Wagner „Tristan und Isolde" auch unter dem Eindruck seiner Schopenhauer-Lektüre.
[3] Wagner 1857/2000, S. 74

- Der 7-Jährige wird „der Musik als einer außerordentlich ernsten, wichtigen und tiefsinnigen Sache gewahr" (VIII, 6, S. 500) und *„Glaube, Liebe und Ehrfurcht"*[1] lassen ihn den Musizierenden Gerda und Pfühl lauschen (S. 500).

- Edmund Pfühl erscheint Hanno bei seinen Musikstunden „wie ein großer *Engel*, der ihn ... in die Arme nahm, um ihn *aus aller alltäglichen Misere* in das klingende *Reich* eines milden, süßen und *trostreichen* Ernstes zu entführen ..." (VIII, 6, S. 503).

- An seinem achten Geburtstag spielt Hanno seine erste im Roman erwähnte Fantasie vor, was ihn „in vollständiger *Entrücktheit* alles um sich her vergessen" lässt (S. 506). Die Schilderung ist – wie oben bereits erwähnt – der der letzten Improvisation auch sprachlich sehr verwandt.

- Am Vorabend des ausführlich erzählten Schulvormittags hört Hanno im Stadttheater Wagners „Lohengrin". Es ist für ihn „das Glück" schlechthin. Es kommt über ihn „mit seinen Weihen und Entzückungen, seinem heimlichen *Erschauern und Erbeben* ..., seinem ganzen überschwänglichen und unersättlichen Rausche", er lauscht auf die „süße und *verklärte Herrlichkeit*" der Musik (XI, 2, S. 702). Und im folgenden Abschnitt heißt es: „Er hatte wieder empfunden, wie wehe die Schönheit tut, wie tief sie in Scham und sehnsüchtige Verzweiflung stürzt und doch auch den Mut und die Tauglichkeit zum gemeinen Leben verzehrt" (S. 702).

Kein Zweifel: In den zitierten Passagen herrscht die Sprache einer *quasi-religiösen Selbstvergessenheit*: Hanno flieht vor dem „gemeinen Leben", das ihn überfordert, in die Musik; anders als die Liebenden Tristan und Isolde hat er kein menschliches Gegenüber, mit dem er todessüchtig verschmelzen möchte – sein erotisches „Objekt" ist die Musik, die Kunst-Schönheit selbst. Sie versetzt ihn – ebenso, wie es die Gegenwart des Meeres tut (vgl. Baustein 5) – in einen Rauschzustand (den man heute vielleicht „bewusstseinserweiternd" nennen würde); Musik wird zur Droge, an der er schließlich zugrunde geht. Dies im Unterrichtsgespräch festzustellen wird den Lernenden nach dem bisher Erarbeiteten nicht schwer fallen. Zur Stützung dieser Einsichten können sie Thomas Manns eigene Aussage festhalten; er spricht von Hannos „Flucht in die Musik, die gar bald zur Flucht in den Tod wird und in der Tat nur eine Vorform davon ist"[2].

7.2.5 Wagner-Deutung bei Nietzsche und in den „Buddenbrooks"

Es sollte in einer letzten Unterrichtssequenz noch verdeutlicht werden, dass Thomas Mann mit seiner Variante des Eros-Thanatos-Motivs sich nicht nur im Umfeld der schopenhauerschen (Musik-)Philosophie bewegt, sondern darüber hinaus auf die Gedanken des anderen oben (S. 123 f.) schon erwähnten Philosophen Bezug nimmt. Friedrich Nietzsches Verhältnis zu Richard Wagner wandelte sich im Verlauf seines (gesunden) Lebens von begeisterter Bewunderung hin zu hasserfüllter Ablehnung. Im Rahmen unserer Romanbehandlung kann es nicht darum gehen, die Beziehung zwischen dem Philosophen und dem Komponisten von den Lernenden genauer fassen zu lassen. Das Ziel der folgenden Untersuchung kann aber sein, die „Buddenbrooks" gewissen Vorstellungswelten zuzuordnen, die um die Wende vom 19. zum 20. Jahrhundert das geistige Leben wesentlich bestimmten.

Zunächst sollten sich die Lernenden mit dem Begriff vertraut machen, der – spätestens seit Nietzsche – einige Bedeutung in der zeitgenössischen literarischen Diskussion hatte und der heute noch zur Kennzeichnung einer breiten europäischen Strömung des ausgehenden 19. Jahrhunderts dient:

❏ *Informieren Sie sich über die Begriffe „Décadence", „Dekadenzdichtung" in einschlägigen Fachlexika und Literaturgeschichten.*[3]

---

[1] Hervorhebungen D. S./G. S.

[2] Mann 1947/1968, S. 208

[3] Zur ersten, groben Orientierung dient: v. Wilpert 1989: 171 f. (Stichwort „Dekadenzdichtung"). Speziellere Informationen zur deutschsprachigen „Décadence"-Literatur und zeitgleichen Strömungen: Wunberg 1982. Instruktiv sind hier die Einleitung (S. 11–79) und die zeitgenössischen Originaltexte, z. B. Hermann Bahrs Aufsätze.

Wie ausführlich die Informationen – je nach Zeit, die im Rahmen des Unterrichtsvorhabens verfügbar ist – auch immer ausfallen mögen, in jedem Fall werden die Schülerinnen und Schüler eines Zeitphänomens gewahr, in dem Lebensmüdigkeit, Resignation und Todesverherrlichung geradezu „Kultcharakter" gewannen.

Dies macht den kurzen Auszug aus Nietzsches später Schrift „Der Fall Wagner" (Arbeitsblatt 12, S. 139) verständlicher. Der Arbeitsauftrag lautet:

❏ *Zeigen Sie, worum es Nietzsche in seinem Text geht. Listen Sie die wesentlichen Aussagen auf und ordnen Sie sie.*

Die Lernenden tun sich möglicherweise nach Lektüre des Textes mit der Bearbeitung trotz der Informationen, die sie sich zum Begriff „Décadence" angeeignet haben, schwer. Ohne Kenntnis der Wagnerschen Musik glauben sie keinerlei Standpunkt zu haben, von dem aus das Gesagte einzuordnen und einzuschätzen wäre. Die Lehrperson wird in diesem Fall möglichem Sträuben freundlich insistierend begegnen müssen und darauf verweisen, dass der Text auch verständlich sei, wenn ein spezifisch musikalischer Zugang versperrt sei. Die Schülerinnen und Schüler werden daraus unschwer schließen können, dass Nietzsche nicht eigentlich auf eine Kritik von Wagners Werk abzielt. Greifbar wird dies dadurch, dass die entsprechenden Aussagen sehr dürftig und sehr pauschal ausfallen und stets behaupten und nicht begründen, wodurch der Text seinen polemischen Charakter erhält.

Insgesamt gesehen lassen sich Nietzsches Äußerungen drei Ebenen zuordnen:

1. „Wagners Kunst", so heißt es allgemein, „ist krank". Das gilt für die dort vorgeführten Probleme ebenso wie für die Helden und Heldinnen; Symptome der psychischen Krankheit sind das „Konvulsivische" des „Affekts", „überreizte Sensibilität", „Instabilität", sie mischt „das *Brutale,* das *Künstliche* und das *Unschuldige* [...]". Was das konkret bedeutet, mag zunächst offen bleiben.
2. Wesentlich stärker scheint den Autor Nietzsche die Frage nach der *Wirkung* Wagners in Deutschland, ja, in ganz Europa zu interessieren: Schon quantitativ gesehen nimmt die Beschäftigung damit den größten Raum ein. Wagner (als Inbegriff seiner Kunst verstanden) *macht* krank, er verführt, „zieht ... die Schwachen und Erschöpften an", ruft „die Halbtoten ins Leben", „wirft die Stärksten ... um", füllt schließlich „unsre großen Theater".
3. Europa ist krank. Die genannte breite Wirkung Wagners wäre unvorstellbar – so Nietzsche – käme seine Kunst nicht einem großen Publikum, seinem Zustand und seinen Bedürfnissen, entgegen: „(M)an wehrt sich nicht"; „(d)en Erschöpften *lockt* das Schädliche": Der „décadent" Wagner ist Ausdruck und Inbegriff der europäischen „Décadence", d. h., die „kranke" Kunst beschleunigt den Verfall einer ohnehin schon „kranken" europäischen („modernen") Kultur.

Hier kann es nicht darum gehen, Nietzsches Kulturkritik den Lernenden im Einzelnen nahe zu bringen; wenn doch, dann könnten an dieser Stelle die Informationen durch ein Schüler-Referat oder in Zusammenarbeit mit dem Fach Philosophie vermittelt werden. Vielleicht reichen auch einige Hinweise der oder des Lehrenden, womöglich anknüpfend an den Begriff „Instinkt", der in Nietzsches Text offenbar als Gegenbegriff zu „décadence" und „Krankheit" angeführt wird.

Wichtig für unseren Zusammenhang erscheint, dass Thomas Mann in seinen „Buddenbrooks" Denkfiguren von Nietzsches Kritik speziell auch im Zusammenhang mit Wagner adaptiert und literarisch ver-wertet. Offenbar aber be-wertet der Romanautor den Komponisten und seine Wirkung anders als der Philosoph: „Verfall" ist für Mann eben auch „Verfeinerung" – dem jungen Hanno, dem „Verfallsprinzen", wie der Autor ihn häufiger nennt[1], gehört seine Sympathie wie auch wohl überwiegend die des Lesers.

Die Lernenden werden abschließend aufgefordert:

---

[1] so u. a. in: Mann 1947/1968, S. 210

❑ *Versuchen Sie zwischen Nietzsches Text aus seiner Schrift „Der Fall Wagner" und dem Roman „Buddenbrooks" möglichst viele Berührungspunkte zu finden. Beziehen Sie sich auf die Passagen, in denen Hanno charakterisiert wird und von Wagners oder „wagnerhafter" Musik die Rede ist.*

Auch diese Aufgabe lässt sich am besten in Form einer Gruppenarbeit bewältigen. Sie setzt Verständnis des bisher in diesem Baustein Erarbeiteten voraus und bietet darüber hinaus den Schülerinnen und Schülern die Möglichkeit, den Roman zumindest partiell der „Décadence"-Literatur im Umkreis des „fin de siècle" zuzuordnen.

Das Ergebnis lässt sich etwa wie folgt fixieren:

Wagner – Nietzsche – Hanno	
Nietzsches Aussagen über Wagner ...	**... spiegeln sich in Elementen der „Buddenbrooks" ...**
Wagners Musik ist krank. Er verdirbt die Gesundheit und die Musik; er macht alles krank, woran er rührt.	Pfühls (anfänglicher) Widerwille gegen Wagner: „Das ist keine Musik". „Dies ist das Chaos" (VIII, 6, S. 498). Pfühl befürchtet, dass Hannos Geist „ganz und gar" vergiftet wird (VIII, 6, S. 499). Thomas befürchtet: „Diese träumerische Schwäche aber, dieses Weinen, dieser vollständige Mangel an Frische und Energie war der Punkt, an dem der Senator einsetzte, wenn er gegen Hannos leidenschaftliche Beschäftigung mit der Musik Bedenken erhob" (S. 512).
Wagner als „décadent" bringt „seine Verderbnis als Gesetz, als Fortschritt, als Erfüllung in Geltung".	Gerda als „leidenschaftliche Verehrerin der neuen Musik" (= Wagners).
„Seine Verführungskraft steigt ins Ungeheure, es qualmt um ihn von Weihrauch, das Missverständnis über ihn heißt sich ‚Evangelium' ...".	Pfühl spricht von „Blasphemie". „Das ist parfümierter Qualm, in dem es blitzt!" (VIII, 6, S. 498). Hannos quasi-religiöse Schauer, als er „Lohengrin" hört (XI, 2, S. 702).
„Man setzt an die Lippen, was noch schneller in den Abgrund treibt ... Den Erschöpften *lockt* das Schädliche ...": „Wagner vermehrt die Erschöpfung: *deshalb* zieht er die Schwachen und Erschöpften an".	Hannos generelle Vorliebe für Wagner-Musik; seine Erschöpfung nach seinen ‚wagnerhaften' Improvisationen; sein Bewusstsein, dass Musik für ihn schädlich ist.
„(D)as Konvulsivische seines [Wagners, D. S./ G. S.]] Affekts, seine überreizte Sensibilität [...], seine Instabilität ...".	Hannos labiler Gesundheitszustand, seine Sensibilität. Schon das Zahnen ist bei ihm mit „Krämpfen" verbunden, die in „tiefster Erschöpfung" enden (VII, 5, S. 423).
„Spätheit und Überreiztheit der nervösen Maschinerie" als „Gesamterkrankung".	entspricht etwa Hannos häufiger Befindlichkeit. Beispiel: „In einem Zustand von Unwohlsein, Erregtheit, Beklommenheit, Müdigkeit und Glück lag er lange und konnte nicht schlafen" (VIII, 8, S. 547).
Die „drei großen Stimulantia der Erschöpften, das *Brutale*, das *Künstliche* und das *Unschuldige* (Idiotische)" werden von Wagner „gemischt".	Hannos letzte Improvisation: „Es lag etwas Brutales und Stumpfsinniges und zugleich etwas asketisch Religiöses, etwas wie Glaube und Selbstaufgabe in dem fanatischen Kultus dieses Nichts, dieses Stücks Melodie, dieser kurzen kindischen, harmonischen Erfindung ..." (XI, 2, S. 750).
Wagner ist „der Meister hypnotischer Griffe".	Hannos Rauschzustände, wenn er improvisiert oder wenn er „Lohengrin" hört (XI, 2, S. 702).

Diese Gegenüberstellung beinhaltet keine stringenten ‚logischen' Zusammenhänge. Berührungspunkte, Überschneidungen zwischen Nietzsches Aussagen und Elementen des Romans sind z. T. rein assoziativ. Die Aussagen des Philosophen kehren bei Thomas Mann als Aussagen über Hanno, über seine Musik, aber auch unmittelbar als solche über Wagner wieder. So ergibt sich ein recht klares Bild einer engen Verwandtschaft des Denkens und Vorstellens, wodurch die „Buddenbrooks" auch als ein literarisches Zeugnis der Epochenwende erkennbar werden.

Ein abschließender und zugleich weiterführender Arbeitsauftrag könnte nun lauten (er sollte sinnvollerweise arbeitsteilig ausgeführt werden):

❒ *Informieren Sie sich über Entwicklungen in den Bereichen Kunst, Literatur, Philosophie, Naturwissenschaft und Technik etwa zwischen 1890 und 1910 und prüfen Sie, ob und in welcher Hinsicht man von einem „Epochenumbruch" sprechen kann.*

Notizen

_____

_____

_____

_____

_____

_____

_____

_____

_____

_____

_____

_____

_____

_____

_____

_____

_____

_____

_____

_____

Struktur des Kapitels X,5

1. Die Einschätzung der Ehe Thomas – Gerda von außen (Lübecker Gesellschaft):
- Die Ehe ist „rätselhaft" und „extravagant" (S. 642 f.).
5 - Hauptkennzeichen der Ehe sind Höflichkeit und korrekter Umgang der Eheleute. Das Motiv zur Eheschließung scheint weder Leidenschaft noch Geld (S. 643) gewesen zu sein.
- Die 18 Ehejahre haben Thomas Buddenbrook
10 körperlich stark zugesetzt. Er erscheint stark gealtert. Gerda dagegen ist fast unverändert (S. 643).
- Schlussfolgerung der Lübecker Bürger aus diesem Bild der Ehe: Gerda betrügt ihren
15 Ehemann mit Leutnant René Maria von Throta (S. 644).

2. Der Leutnant René Maria von Throta: Beschreibung seiner völlig „unmilitärisch" wirkenden körperlichen Erscheinung (S. 644 f.).
20 - Sein Verhalten und seine Vorlieben sind ebenfalls militäruntypisch. Weder Frauen noch Pferden, dem Spiel oder der Jagd gilt seine Liebe, sondern alleine der Musik (S. 645).
- Gesellschaftliche Kontakte hält er nur zu den
25 Buddenbrooks; die aber sehr intensiv.

3. Thomas Buddenbrooks Innenleben:
- Thomas will seine Gefühlswelt, sein Inneres, seinen „Hass", seine „Ohnmacht" und seinen „Gram" (S. 646) vor allen verbergen. Er ach-
30 tet krampfhaft auf äußerste Gepflegtheit, um seiner Frau gegenüber nicht zu sehr abzufallen, und verbirgt jede Angst vor einer Untreue seiner Frau (S. 646).
- Thomas fürchtet das „abgründige" Musizie-
35 ren seiner Frau mit dem Leutnant und die Stille danach. Die gemeinsame Stille der beiden Musizierenden nach dem „Jubeln", den „irren und vagen Ekstasen", dem „schäumenden Umschlingen" und Hinsinken in
40 „Schwäche und Schluchzen" (S. 646) ist anders und mehr als „Ehebruch" (S. 647), ein musikalischer Beischlaf (vgl. auch Abschnitt 7.2).
- Wenn die beiden musizieren, hält es Thomas
45 nicht in seinem Comptoir. Er irrt unruhig und unfähig zur Handlung durch das Haus (S. 649).

4. Thomas und Hanno verstehen sich für einen Moment:
- Thomas trifft Hanno im Treppenhaus und un- 50 terwirft ihn wie üblich einer kurzen Befragung (S. 649).
- Thomas gibt für einen Moment den Blick auf sein Gefühlsleben frei („Nun ist der Leutnant schon zwei Stunden bei Mama ..." – S. 650) 55 und hier, wo es „um Furcht und Leiden" geht, verstehen sich beide.
- Thomas wehrt sich dagegen, gerade im Leiden und in der Furcht, mit seinem Sohn eins zu sein. Er reagiert mit noch härteren Erzie- 60 hungsversuchen (S. 650).

5. Der körperliche Zustand von Thomas verschlechtert sich weiter; er fühlt seinen Tod nahen und denkt über das Jenseits nach.
- Schlaflosigkeit, Schwindel und Schüttelfrost 65 plagen ihn. Den Ratschlägen des Arztes vermag er nicht mehr Folge zu leisten (S. 651).
- Thomas überkommen Ahnungen von seinem nahen Tod. Er halluziniert, bei den Mahlzeiten im Kreise seiner Familie nicht mehr kör- 70 perlich anwesend zu sein (S. 651).
- Die Unentschlossenheit und Energielosigkeit seines Sohnes macht eine Fortführung der Firma unter dessen Führung zunehmend unwahrscheinlich (S. 652). 75
- Seine Reflexionen über die „unirdischen" (d.h. die ewigen) Fragen führen zu keinerlei Ergebnis (S. 652). Er kann sich weder mit dem schwärmerischen Christentum seines Vaters, noch mit der allzu simplen Oberflächlichkeit 80 seines Großvaters anfreunden (S. 652) – er bleibt auch in dieser Richtung ohne jede halbwegs beruhigende Antwort. Er bleibt auf sich allein gestellt (S. 653).

6. Thomas Buddenbrooks Schopenhauer-Er- 85 lebnis
- Thomas zieht es an die frische Luft – selbst während der Geschäftszeiten. Lieber als mit Geschäftsbriefen beschäftigt er sich mit Gartenarbeiten (S. 653). 90
- In dem Gartenpavillon liest er eines Nachmittags „vier Stunden" in der „Welt als Wille und Vorstellung" – insbesondere das Kapitel „Über den Tod und sein Verhältnis zur Un-

EinFach Deutsch: Unterrichtsmodell: Buddenbrooks. © Schöningh Verlag 2003

95 zerstörbarkeit unseres Wesens an sich"
(S. 655).

- Dieses Buch hat eine tiefe Wirkung auf ihn.
Er ist wie berauscht und muss konstatieren,
dass dieses Erlebnis „zu viel, zu viel […] für
100 mein Bürgerhirn" (S. 655) ist.
- Folgen der Lektüre: Nachts in seinem Bett
überkommt ihn die Einsicht der Beschränktheit seiner Persönlichkeit und Individualität,
die ihm als *Hindernis, etwas Anderes und*
105 *Besseres zu sein!"* (S. 657 – Hervorhebung
Thomas Mann, D. S./G. S.) erscheint. Er –
oder sein innerster Wesenskern, der Wille –
lebt nicht – gleichsam dynastisch beschränkt
– fort in seinem Sohn, sondern in allen Lebe
110 wesen, die „je und je Ich gesagt haben […]
besonders aber in denen, die es voller, kräf
tiger, fröhlicher sagen" (S. 658 – Hervorhe

bung Thomas Mann, D. S./G. S.). Thomas
schlussfolgert: Er liebt das Leben, die zukünftigen besonders starken, lebensbejahenden 115
Individuen und bricht in Tränen aus (S. 658).

- Seinen Entschluss, Schopenhauer jetzt noch
einmal gründlich zu lesen, legt er am nächsten Morgen ad acta (S. 659 f.). Wie den Plan
zur nochmaligen Lektüre Schopenhauers 120
gibt er wenig später die Suche nach einer
Antwort auf die „unirdischen Fragen" überhaupt auf (S. 661).

7. Thomas Buddenbrook macht sein Testament: 125
- Thomas schließt sich mit einem Rechtsanwalt im Rauchzimmer ein und formuliert sein
  Testament. Hanno hält vor der Tür Wache
  (S. 661 f.).

134

EinFach Deutsch. Unterrichtsmodell: Buddenbrooks. © Schöningh Verlag 2003

Bedeutung und Konsequenzen des Todes

Bedeutung und Konsequenzen des Todes für Th. Buddenbrook	Bedeutung und Konsequenzen des Todes in der Philosophie Schopenhauers	Bedeutung und Konsequenzen des Todes in der Philosophie Nietzsches
Der Tod ist die Korrektur „eines Unglücksfalls" (S. 656). Dieser Unglücksfall ist die „Individualität", die eigene „Persönlichkeit" (S. 657). Jeder Mensch ist „[e]in Missgriff und Fehltritt" (S. 657).		
Die Individualität eines jeden Menschen ist das „Gefängnis", die „Schranke" oder „Bande", die ihn von allem trennt, was er nicht ist (S. 657).		
Jeder Organismus ist „die blinde, unbedachte, bedauerliche Eruption des drängenden **Willens**!" (S. 657).		
Der Tod ist das Tor zur „Freiheit". Der Tod bedeutet „Heimkehr" (S. 657).		

EinFach Deutsch: Unterrichtsmodell: Buddenbrooks. © Schöningh Verlag 2003

Bedeutung und Konsequenzen des Todes für Th. Buddenbrook	Bedeutung und Konsequenzen des Todes in der Philosophie Schopenhauers	Bedeutung und Konsequenzen des Todes in der Philosophie Nietzsches
Der „Wille", das „Es", wird frei gesetzt. Der Wille, das Es ist der innere Wesenskern. Dieser Wesenskern wird ewig weiterleben (S. 657f.).		
Dieser in allen identische Wesenskern sichert auch das Fortleben von Th. B., der insbesondere in denen weiterleben will, „die es voller, kräftiger, fröhlicher sagen ...": Ich (S. 658).		
Th. B. liebt das Leben – zumindest ist er sich der „Kraft" in ihm bewusst, die „mit einer so schmerzlichen, süßen, drängenden und sehnsüchtigen Liebe das Leben liebte" (S. 659).		
Th. B. liebt gleichsam diejenigen „Eruptionen des Willens", die „dies reine, grausame und starke Leben" (S. 658) bejahen.		

Einfach Deutsch: Unterrichtsmodell: Buddenbrooks. © Schöningh Verlag 2003

Bedeutung und Konsequenzen des Todes

(Mann, X,5, S. 654 – 660, Schopenhauer, Nietzsche)

Bedeutung und Konsequenzen des Todes für Th. Buddenbrook	Bedeutung und Konsequenzen des Todes in der Philosophie Schopenhauers	Bedeutung und Konsequenzen des Todes in der Philosophie Nietzsches

EinFach Deutsch: Unterrichtsmodell: Buddenbrocks. © Schöningh Verlag 2003

Richard Wagner über „Tristan und Isolde"

„Der Musiker, der dieses Thema sich für die Einleitung seines Liebesdramas wählte, konnte, da er sich hier ganz im eigensten, unbeschränktesten Elemente der Musik fühlte, nur dafür besorgt sein, wie er sich beschränkte, da Erschöpfung des Themas unmöglich ist. So ließ er denn nur einmal, aber im lang gegliederten Zuge, das unersättliche Verlangen anschwellen, von dem schüchternsten Be-
5 kenntnis, der zartesten Hingezogenheit an, durch banges Seufzen, Hoffen und Zagen, Klagen und Wünschen, Wonnen und Qualen, bis zum nächsten Andrang, zur gewaltsamsten Mühe, den Durchbruch zu finden, der dem grenzenlos begehrlichen Herzen den Weg in das Meer unendlicher Liebeswonne eröffne. Umsonst! Ohnmächtig sinkt das Herz zurück, um in Sehnsucht zu verschmachten, in Sehnsucht ohne Erreichen, da jedes Erreichen nur wieder neues Sehnen ist, bis im letzten Ermatten
10 dem brechenden Blicke die Ahnung des Erreichens höchster Wonne aufdämmert. Es ist die Wonne des Sterbens, des Nichtmehrseins, der letzten Erlösung in jenes wundervolle Reich, von dem wir am fernsten abirren, wenn wir mit stürmischester Gewalt darin einzudringen uns mühen. Nennen wir es Tod? Oder ist es die nächtige Wunderwelt, aus der, wie die Sage uns meldet, ein Efeu und eine Rebe in inniger Umschlingung einst auf Tristans und Isoldes Grabe emporwuchsen?"

Lösung*
Richard Wagner über „Tristan und Isolde"

„Der Musiker, der dieses Thema sich für die Einleitung seines Liebesdramas wählte, konnte, da er sich hier ganz im eigensten, unbeschränktesten Elemente der Musik fühlte, nur dafür besorgt sein, wie er <u>sich beschränkte</u>, da Erschöpfung des Themas unmöglich ist. So ließ er denn nur einmal, aber im lang gegliederten Zuge, das unersättliche Verlangen anschwellen, von dem schüchternsten Be-
5 kenntnis, der zartesten Hingezogenheit an, durch <u>banges Seufzen, Hoffen und Zagen</u>, Klagen und <u>Wünschen</u>, Wonnen und Qualen, bis zum nächsten Andrang, zur <u>gewaltsamsten Mühe</u>, den <u>Durchbruch</u> zu finden, der dem <u>grenzenlos</u> begehrlichen Herzen den Weg in das Meer unendlicher Liebeswonne eröffne. Umsonst! Ohnmächtig sinkt das Herz zurück, um in Sehnsucht zu verschmachten, in Sehnsucht ohne <u>Erreichen</u>, da jedes Erreichen nur wieder neues Sehnen ist, bis im letzten Ermatten
10 dem brechenden Blicke die <u>Ahnung des Erreichens</u> höchster Wonne aufdämmert. Es ist die <u>Wonne des Sterbens, des Nichtmehrseins</u>, der letzten Erlösung in jenes wundervolle Reich, von dem wir am fernsten abirren, wenn wir mit <u>stürmischester Gewalt</u> darin einzudringen uns mühen. Nennen wir es Tod? Oder ist es die nächtige Wunderwelt, aus der, wie die Sage uns meldet, ein Efeu und eine Rebe in inniger Umschlingung einst auf Tristans und Isoldes Grabe emporwuchsen?"

EinFach Deutsch: Unterrichtsmodell: Buddenbrooks. © Schöningh Verlag 2003

* Grau unterlegt sind Begriffe, die so oder leicht variiert in der Schilderung von Hannos Improvisation auftauchen. Unterstrichen sind solche Begriffe, die im entsprechenden Romantext sinngemäß erscheinen.

Friedrich Nietzsche:
Der Fall Wagner

(1888, gekürzter Auszug)

Dem *Künstler der décadence*[1] – da steht das Wort. […] Ich bin ferne davon, harmlos zuzuschauen, wenn dieser *décadent* uns die Gesundheit verdirbt – und die Musik dazu! Ist
[5] Wagner überhaupt ein Mensch? Ist er nicht eher eine Krankheit? Er macht alles krank, woran er rührt – *er hat die Musik krank gemacht* –

Ein typischer *décadent,* der sich notwendig in seinem verderbten Geschmack fühlt, der mit
[10] ihm einen höheren Geschmack in Anspruch nimmt, der seine Verderbnis als Gesetz, als Fortschritt, als Erfüllung in Geltung zu bringen weiß.

Und man wehrt sich nicht. Seine Verführungs-
[15] kraft steigt ins Ungeheure, es qualmt um ihn von Weihrauch, das Missverständnis über ihn heißt sich „Evangelium" – er hat durchaus nicht bloß die *Armen des Geistes*[2] zu sich überredet!

[…] Wie verwandt muss Wagner der gesamten
[20] europäischen *décadence* sein, dass er von ihr nicht als *décadent* empfunden wird! Er gehört zu ihr: er ist ihr Protagonist, ihr größter Name … Man ehrt sich, wenn man ihn in die Wolken hebt. – Denn dass man nicht gegen ihn sich
[25] wehrt, das ist selbst schon ein Zeichen von *décadence.* Der Instinkt ist geschwächt. Was man zu scheuen hätte, das zieht an. Man setzt an die Lippen, was noch schneller in den Abgrund treibt. […] Den Erschöpften *lockt* das Schädli-
[30] che: den Vegetarier das Gemüse. Die Krankheit selbst kann ein Stimulans des Lebens sein: nur muss man gesund genug für dies Stimulans sein! – Wagner vermehrt die Erschöpfung: *deshalb* zieht er die Schwachen und Erschöpften
[35] an. Oh über das Klapperschlangen-Glück des alten Meisters, da er gerade immer „die Kindlein" zu sich kommen[3] sah! –

Ich stelle diesen Gesichtspunkt voran: Wagners Kunst ist krank. Die Probleme, die er auf die Bühne bringt – lauter Hysteriker-Probleme –, [40] das Konvulsivische seines Affekts, seine überreizte Sensibilität, sein Geschmack, der nach immer schärferen Würzen verlangte, seine Instabilität, die er zu Prinzipien verkleidete, nicht am wenigsten die Wahl seiner Helden und [45] Heldinnen, diese als physiologische Typen betrachtet (– eine Kranken-Galerie! –): alles zusammen stellt ein Krankheitsbild dar, das keinen Zweifel lässt. […] Gerade, weil nichts moderner ist als diese Gesamterkrankung, die-[50] se Spätheit und Überreiztheit der nervösen Maschinerie, ist Wagner der *moderne Künstler par excellence,* der Cagliostro der Modernität. In seiner Kunst ist auf die verführerischste Art gemischt, was heute alle Welt am nötigsten hat – [55] die drei großen Stimulantia der Erschöpften, das *Brutale,* das *Künstliche* und das *Unschuldige* (Idiotische).

Wagner ist ein großer Verderb für die Musik. Er hat in ihr das Mittel erraten, müde Nerven zu [60] reizen – er hat die Musik damit krank gemacht. Seine Erfindungsgabe ist keine kleine in der Kunst, die Erschöpftesten wieder aufzustacheln, die Halbtoten ins Leben zu rufen. Er ist der Meister hypnotischer Griffe, er wirft die [65] Stärksten noch wie Stiere um. Der *Erfolg* Wagners – sein Erfolg bei den Nerven und folglich bei den Frauen – hat die ganze ehrgeizige Musiker-Welt zu Jüngern seiner Geheimkunst ge-[70] macht. Und nicht nur die ehrgeizige, auch die *kluge …* Man macht heute nur Geld mit kranker Musik; unsre großen Theater leben von Wagner.

Aus: Friedrich Nietzsche: Werke in drei Bänden, Bd. 2, hrsg. v. Karl Schlechta. Darmstadt: Wissenschaftliche Buchgesellschaft 1997, S. 912 f.

---

[1] Gemeint ist Richard Wagner. Mit dem Dativ knüpft Nietzsche an den letzten Satz des vorangegangen Abschnitts an.
[2] Anspielung auf die Bergpredigt im Neuen Testament (Mat. 5,3)
[3] Anspielung auf das Neue Testament (Mat. 19,14; Mark. 10,14; Luk. 18,16)

EinFach Deutsch: Unterrichtsmodell: Buddenbrooks. © Schöningh Verlag 2003

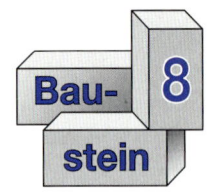

„Frei nach dem Roman von Thomas Mann"[1] – „Buddenbrooks" als Film

Thomas Manns Romanerstling wurde in Deutschland bisher viermal verfilmt: Der 1923 entstandene Stummfilm (Regie: Gerhard Lamprecht) fand Anklang bei Kritik und Publikum, vor den Augen des Autors konnte er jedoch nicht bestehen; er lehnte das „strohdumme und sentimentale Kino-Drama" ab.[2] Der Film habe außer den Personennamen von der Romanhandlung beinahe nichts übrig gelassen.[3]

Gut dreißig Jahre später – 1954 – wünschte sich Thomas Mann zu seinem 80. Geburtstag eine neue Verfilmung seines Erstlings. Da er aber die Filmrechte nur an die Bundesrepublik und die damalige DDR gemeinsam vergeben wollte, die Regierung in Bonn aber ein gemeinsames Filmprojekt ablehnte, ging dieser Wunsch nicht in Erfüllung. Nach dem Tod des Autors wurden die Filmrechte in beide Staaten getrennt verkauft; nur der Westen nutzte sie: Unter der Regie von Alfred Weidenmann entstand 1959 der zweiteilige insgesamt ca. 205 Minuten laufende Spielfilm „Buddenbrooks".

Die umfangreichste Filmfassung stammt aus dem Jahr 1979: Es ist die aus elf jeweils 60 Minuten dauernden Teilen bestehende Fernsehserie des Hessischen Rundfunks, bei der Franz Peter Wirth Regie führte und die ein großer Publikumserfolg wurde.[4]

Zu Weihnachten 2008 kam der zweieinhalbstündige Film „Buddenbrooks" unter der Regie von Heinrich Breloer in die deutschen Kinos. Die Presse reagierte überwiegend skeptisch bis ablehnend (vgl. Zusatzmaterial 6, S. 169ff.).

Baustein 8 stellt die Filmfassung von 1959 in den Mittelpunkt. Sie eignet sich für den Unterricht aus folgenden Gründen:

- Die beiden Teile haben jeweils Spielfilmlänge. Sie sind damit überschaubar und gut – auch einzeln – einsetzbar.
- Die Dramaturgie des Films ist recht konventionell; die Handlung verläuft zügig und im Wesentlichen einsträngig, die Schauspieler erscheinen glaubhaft und ‚realistisch'. Auch auf die heutigen Lernenden kann die Produktion durchaus unterhaltend wirken, was den Einstieg in eine analytische Arbeit erfahrungsgemäß erleichtert.
- Filmhandlung und Personenzeichnung lassen den Roman gut wiedererkennen, Veränderungen und Hinzufügungen fordern aber auch zum inhaltlichen Vergleich heraus.
- Gerade die eher konventionelle ‚realistische' Machart des Films macht den Schülerinnen und Schülern deutlich, welchen spezifischen Form-Gesetzen er – im Unterschied zum Roman – zu folgen hat.
- Die Verfilmung darf eine gewisse Authentizität beanspruchen durch die Mitarbeit Erika Manns.

Das hier angeregte Verfahren zur Behandlung der Romanverfilmung von Alfred Weidenmann kann problemlos auf den jüngeren Breloer-Film übertragen werden.

Ein Vergleich zwischen dem literarischen Text und seiner Verfilmung sollte im Rahmen des Deutschunterrichts nicht ausufern.[5] Gerade die akribische Arbeit mit Filmen ist äußert zeitaufwändig und manchmal ermüdend. Akzente zu setzen und ‚Mut zur Lücke' zu zeigen ist hier mehr als sonst geboten.

---

[1] So steht es im Film von 1959 unter dem Titel „Buddenbrooks".

[2] Wysling/Fischer 1975, S. 65

[3] Über Entstehung und Inhalt dieser und der im Folgenden angesprochenen Verfilmungen des Romans informiert: Pils 2000, S. 154–175

[4] Näheres auch dazu: ebd., S. 166–171. Dort finden sich auch kurze Hinweise auf eine 1965 entstandene Buddenbrooks-Fernsehserie der BBC (S. 171).

[5] Ob sich ein fächerverbindendes Arbeiten (etwa in Zusammenarbeit mit dem Fach Kunst) hierbei lohnt, sollte im Einzelfall geprüft werden.

Dieser Baustein bietet die Behandlung zweier Schwerpunkte an: Er befasst sich im ersten Teil mit einem inhaltlichen Vergleich zwischen dem Roman und seiner Adaption, im zweiten Teil mit der Frage der filmspezifischen Umsetzung der Vorlage. Hier geht es vor allem um eine Filmszene, die als getreue Widerspiegelung einer Romanepisode intendiert ist. Eines vor allem sollte die Lehrperson während der Unterrichtssequenz vermeiden, dass nämlich das gängige Urteil „Das Buch ist besser" von Beginn an die Auseinandersetzung mit dem Film bestimmt. Vorschnell gefasst verstellt es nämlich den Blick auf die Eigenarten und Besonderheiten der visuellen Adaption, auf die von der literarischen sehr verschiedene *filmische* Sprache, aber auch auf die unterschiedliche Funktion und Wirkungsabsicht der beiden Medien.

8.1 ❐ Film- und Romaninhalt: Ein Vergleich

8.1.1 Gestaltungsprinzipien der Filmhandlung

Da die Lernenden den Film in Kenntnis des Romans sehen, bedarf es keiner ausdrücklichen Aufforderung zum Vergleich. Auch auf spezielle Beobachtungsaufgaben kann verzichtet werden: Die Rezeption sollte möglichst unbefangen geschehen, der Blick sich nicht von Anfang an verengen. Das anschließende Unterrichtsgespräch fördert erfahrungsgemäß eine Fülle von Aspekten zu Tage, die zu ordnen sind und schließlich die Richtung für die weitere Arbeit weisen. Selbstverständlich werden die Schülerinnen und Schüler nicht daran gehindert, sich Notizen zu machen, wenn ihnen das eine oder andere bemerkenswert erscheint.

Es fördert die Motivation und das Interesse bei der Betrachtung des Films, wenn folgende Unterrichtsphase vorausgeht: Die Lernenden erhalten für eine Einzelarbeit den Auftrag:

❐ *Gesetzt, Sie wären bei einer Verfilmung des „Buddenbrooks"-Romans als Drehbuchautor beschäftigt. Es ist Ihnen bewusst, dass das Projekt ohne einschneidende Kürzungen nicht realisierbar ist. Listen Sie zehn Textelemente auf (Personen, Episoden, Szenen, Gespräche, Reflexionen), die Ihnen im Hinblick auf die Film-Version verzichtbar erscheinen.*

Ein Ergebnis wird die anschließende Diskussion nicht erbringen, sie dürfte aber lebhaft und kontrovers verlaufen und das Problem jeglicher Literaturverfilmung greifbar machen und speziell hier die Neugier der Lernenden auf die im Anschluss gezeigte Lösung wecken.

Ratsam ist es, die beiden Teile der Verfilmung nicht unmittelbar aufeinander folgen zu lassen (etwa in zwei Doppelstunden), weil möglicherweise mehr als drei Stunden Film das Gedächtnis überforderten; vielmehr sollte nach beiden Teilen zunächst der Inhalt gesichert werden – möglichst noch ohne den vergleichenden Blick auf den Text. Als Hausaufgabe erhalten die Kursteilnehmer also den Auftrag:

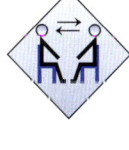

❐ *Geben Sie schriftlich den Inhalt des Films wieder. Vermeiden Sie dabei jeglichen Vergleich mit der Romanhandlung.*

Das Ziel der jeweils folgenden (Einzel-)Stunde ist es, die Einzelergebnisse abzugleichen und zu einer möglichst vollständigen Inhaltsübersicht der beiden Filmteile zu gelangen. Dazu bietet sich die Arbeit in Gruppen (je vier Teilnehmer) an:

❐ *Vergleichen Sie Ihre Inhaltsangaben, überprüfen Sie sie auf Vollständigkeit und ergänzen Sie sie, wenn nötig.*

Die so gewonnenen Endfassungen werden im Plenum vorgetragen, kommentiert und ggf. korrigiert.

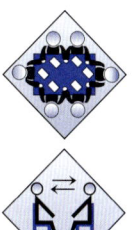

Nachdem der Inhalt beider Filmteile gesichert ist, beginnt die eigentliche analytische Arbeit mit der Aufforderung:

❏ *Versuchen Sie herauszufinden, welchen Gestaltungsprinzipien die Filmhandlung folgt. Berücksichtigen Sie vor allem deren Aufbau, die Rolle der Hauptfiguren, inhaltliche Schwerpunkte sowie Motive und Themen.*

Eine solche Aufgabe öffnet den Blick für die Bauform des Films: Sie zeigt z. B., wie die Handlungsstränge miteinander verwoben werden, welche Einschnitte gemacht werden, ob sich eine Art Spannungskurve erkennen lässt und welche Aspekte im Vordergrund stehen. So ist die Basis geschaffen für den später folgenden Vergleich zwischen Roman- und Filmhandlung.

Sollte das Verfahren der oben vorgeschlagenen Inhaltssicherung im Rahmen der Unterrichtseinheit zu aufwändig erscheinen, lässt sich die (für den weiteren Verlauf der Reihe wichtige) Frage nach den Gestaltungsprinzipien auch auf der Basis einer vorgegebenen Inhaltswiedergabe beantworten (s. Arbeitsblatt 13, S. 153 f.).

In jedem Fall sollte das Unterrichtsgespräch etwa Folgendes ergeben:

Die Handlung des Films ist generell *an den Hauptfiguren* und ihren Schicksalen *orientiert*. Manchmal werden verschiedene Abläufe inhaltlich gebündelt. So etwa stehen zu Beginn des ersten Teils Mann-Frau-Beziehungen, Liebe und Ehe deutlich im Vordergrund:
- Tonys Verhältnis zu Bendix Grünlich und zu Morten Schwarzkopf, ihre Eheschließung mit dem Ungeliebten und die Scheidung,
- Christians Verehrung einer Theaterschauspielerin und die Folgen,
- Thomas' Beziehung zu Anna und seine spätere Ehe mit Gerda Arnoldsen,
- Claras Verlobung mit Tiburtius.

Im zweiten Teil des Films stehen alle Beziehungen im Zeichen der Krise.
Zu nennen sind:
- Tonys zweite scheiternde Ehe,
- Claras Tod und Tiburtius' Entlarvung als Erbschleicher,
- Thomas' Ehe, die von zunehmender Entfremdung gekennzeichnet ist,
- Christians Abschiebung in eine Anstalt durch seine Frau Aline.

Zu den persönlichen Entwicklungen bildet das *Geschäftliche* den *Hintergrund*, das jedoch im Verlauf des Films immer bestimmender gerät:
- Die Gestalt Wagenströms als Konkurrent der Buddenbrooks-Firma taucht während der ganzen Zeit immer wieder auf, bis zum Schluss, wo er das Haus der Familie in Besitz nimmt.
- Finanzielle Belastungen und Misserfolge nehmen bis hin zum gescheiterten Spekulationsgeschäft dramatisch zu.
- Christians fehlender Geschäftssinn und die Bigotterie der Konsulin belasten die Firma auch finanziell.

Auch in diesem Zusammenhang kommt es im ersten Teil des Films zu einer inhaltlichen Bündelung: Das Gespräch zwischen Thomas und dem Teilhaber Markus fasst die ökonomischen Schwierigkeiten der Firma zusammen (Spendenfreudigkeit der Konsulin, Wagenströms Konkurrenz, Christians Leichtlebigkeit), worauf sich die Erkenntnis, dass Tonys Heirat mit Grünlich ein Fehlschlag war, unmittelbar anschließt.

Bei genauerem Hinsehen lassen sich im Film auch *thematische Schwerpunktsetzungen* ausmachen:
Eine davon ließe sich mit der Überschrift versehen: „Liebe und Ehe zwischen Pflicht, Neigung und Berechnung". Als Variationen dieses Themas können die Beziehungen aller auftretenden Hauptpersonen gelten:
- Tony – Grünlich – Morten – Permaneder
- Thomas – Anna – Gerda – Leutnant Throta
- Clara – Tiburtius – Konsulin
- Christian – Aline – Wagenström.

Der Film widmet gesellschaftlichen und politischen Verhältnissen nicht gerade besondere Aufmerksamkeit; umso erstaunlicher erscheint, dass er den revolutionären Tendenzen um die Jahrhundertmitte so viel Raum gibt, und das (im ersten Teil) in auffallender Geschlossenheit: Morten Schwarzkopfs Tony gegenüber geäußerte „revolutionäre" Ansichten manifestieren sich im Hause Buddenbrook durch die Auseinandersetzung der Köchin Trina mit der Konsulin wie auch öffentlich bei der Beschwichtigung der Demonstranten durch Konsul Johann; schließlich wird dieser auch Opfer der „Revolution". Man kann also durchaus von einem thematischen Schwerpunkt sprechen: „Die Wirkungen der deutschen Revolution von 1848 auf die Buddenbrooks."

Insgesamt gesehen erzählen beide Filmteile geradlinig und chronologisch, wobei der erste offenbar noch um eine inhaltliche und thematische Bündelung von Abläufen bemüht ist.

Die enge Verbindung von Handlungsebenen (persönlich, geschäftlich, politisch) und thematischen Akzentsetzungen im Medium der „human-interest"-Geschichte lässt den Film insgesamt mehr „episch" als „dramatisch" erscheinen: Er gestaltet die Entwicklung – im Wesentlichen – einer Generation der Buddenbrooks chronologisch. Hauptstationen der Entwicklung sind dabei: Todesfälle, Eheschließungen, Scheidungen. Eine Spannungskurve etwa nach dem Gustav-Freytag'schen Schema einer klassisch-dramatischen Form (Exposition, steigende Handlung, Peripetie, fallende Handlung, Katastrophe), die sich auch in Filmen nicht selten findet, ist hier nicht zu zeichnen.

Die vorangegangenen Überlegungen sollten an der Tafel zusammengefasst werden:

Gestaltungsprinzipien der Filmhandlung

Aspekt: Aufbau
chronologisch,
Fixpunkte: Todesfälle,
Eheschließungen,
Scheidungen

Aspekt: Figuren
Schicksale und Handlungen der Hauptfiguren stehen im Zentrum

Aspekt: Thematische und inhaltliche Schwerpunkte
- Mann-Frau-Beziehungen (Liebe, Ehe)
- ökonomische Schwierigkeiten der Firma
- Wirkungen der Revolution

8.1.2 Vergleich von Film- und Romanhandlung

In der folgenden Unterrichtssequenz wird es darum gehen, Unterschiede und Gemeinsamkeiten zwischen der Filmhandlung und der des Romans genauer zu bestimmen und zu deuten. Das Unterrichtsgespräch wird eröffnet mit dem betont weit gefassten Frage-Impuls:

❐ *In welchem Verhältnis steht der Film „Buddenbrooks" von 1959 zu Thomas Manns Roman?*

Erfahrungsgemäß benennen die Lernenden zunächst, was den Film vom Buch unterscheidet, und hier vor allem, was er *auslässt:* Zur Sprache kommen einzelne Romanfiguren wie die Großeltern Buddenbrook, Krögers, Tonys Tochter Erika, Weinschenk und andere. Auffallend ist auch das Fehlen von Episoden, die sich den Schülern und Schülerinnen nach der Romanlektüre und nach unterrichtlicher Behandlung eingeprägt haben: Einige von Hannos Kindheitserlebnissen und die Schulepisode; angesprochen wird möglicherweise Thomas' Schopenhauer-Lektüre.

Nicht entgangen sein wird den Filmbetrachtern aber auch, dass bestimmte Figuren häufiger auftauchen, als es im Roman der Fall ist, so etwas Thomas' Jugendliebe Anna sowie Aline Puvogel. Konsul Johann Buddenbrook, nicht Konsul Kröger stirbt im Film durch einen Steinwurf; generell ändert sich die Reihenfolge der Todesfälle. So stirbt Thomas im Film erst nach Hanno.

Ein Impuls sollte, bevor es zu einer genaueren Betrachtung der Unterschiede kommt, den Blick der Schüler auf die Gemeinsamkeiten lenken:

❐ *Wäre der Film, wenn seine Akteure andere Namen trügen, als Verfilmung der „Buddenbrooks" zu erkennen?*

Die Frage – das wird das Unterrichtsgespräch ergeben – muss bejaht werden:

- Die Konstellation der Hauptfiguren bleibt erhalten.
- Deren Charakterisierung wird bis hin zu sprachlichen Eigenheiten im Wesentlichen übernommen (besonders deutlich bei Tony, Christian, Grünlich).
- Die Grundzüge der Romanhandlung sind – bei allen Abweichungen – wiederzuerkennen, einige Episoden scheinen sogar ‚abgebildet' zu sein (z. B. Grünlichs Vorstellung im Hause Buddenbrook, Gespräche Tonys mit Morten etc.).
- Ort und – wenn auch nur in ihrem Kern – Zeit der Handlung werden übernommen.

Nach diesen Feststellungen, die doch deutlich machen, dass es in der Tat um eine filmische Adaption des Romans geht, drängt sich bei den Lernenden die Frage auf, wie denn die Unterschiede zu begründen seien. Für die folgende Gruppenarbeit erhalten die Lernenden den Auftrag:

❐ *Listen Sie wesentliche Veränderungen, welche die Verfilmung der „Buddenbrooks" im Verhältnis zum Roman vorgenommen hat, in systematischer Form auf und kommentieren Sie sie. Reflektieren Sie dabei vor allem mögliche Gründe für die Veränderungen und deren Wirkung im Film. – Halten Sie Ihre Ergebnisse tabellarisch auf einer Transparentfolie fest.*

Während der Arbeitsphase wird es von Seiten der einzelnen Gruppen zu Nachfragen kommen, z. B. im Hinblick auf die Detailliertheit der Auflistung, d. h. darauf, was denn „wesentlich" sei. Die Lehrperson sollte auf ein „mittleres Maß" hinwirken: So etwa muss nicht jede Romanfigur, die der Film auslässt, genannt werden; andererseits ist es nicht ohne weitreichendere Bedeutung, wenn Tonys erste Ehe kinderlos bleibt (d. h.: Tochter Erika wird im Film ‚ausgelassen'). Insgesamt gesehen fordert diese Arbeit von den Schülerinnen und Schülern neben der Fähigkeit des Abstrahierens und Systematisierens, dass sie schon während des Sammelns und Auflistens den Blick auf die eigentlich bedeutsame Frage nach den Gründen und der Funktion der Veränderungen richten.

Folgendes ist als Arbeitsergebnis vorstellbar:

Film „Buddenbrooks" (1959): Veränderungen der Handlung im Vergleich zum Roman	
Veränderungen (Auswahl)	**Kommentar** (mögliche Gründe für die Veränderung, veränderte Wirkung)
1. Auslassungen	
1.1 von Figuren(-gruppen) • die erste Generation der B. (Johann, Antoinette) • Konsul Kröger und seine Frau • Gotthold und andere Zweige der B.-Familie • Tonys Tochter, Weinschenk	Konzentration der Handlung im Wesentlichen auf vorletzte Generation der Familie, hier vor allem auf Thomas, Christian, Tony, Clara; mögliche Gründe: Filmlänge, Vermeiden eines Wechsels in der Rollenbesetzung (Kinder-Erwachsene); Tonys Kinderlosigkeit kappt einen ganzen Handlungsstrang, lässt sie vielleicht etwas altjüngferlich erscheinen und hebt sie als Einzelne stärker hervor. Insgesamt tritt der Aspekt des „Verfalls" der Familie als eines langsam sich vollziehenden Prozesses in den Hintergrund.
1.2 von Handlungselementen • Umzug in das Haus Breite Straße (1857) • Verkauf des Hauses Mengstraße (1871) • Entwicklung Hannos (z. B. Musik, Schule) • politische Ereignisse (z. B. Preußens Kriege mit Dänemark und Österreich) • Christians ökonomische Fehlschläge	Konzentration auf nur einen Wohnort der Familie macht die Handlung übersichtlicher, sie verkürzt aber auch Aspekte wie „Steigerung des gesellschaftlichen Ansehens" und „ökonomischer Aufstieg und Niedergang". Hannos Prozess der Verfeinerung wird nur im Groben gezeichnet. Damit tritt auch die mit dem ökonomischen Abstieg verbundene geistige Entwicklung in der Familie zurück (vgl. o.). Die politischen Ereignisse passen nicht in die veränderte Chronologie des Films (vgl. u.), ihr Auslassen unterstützt zudem die Konzentration auf das Menschliche. Bei Christian zeigt sich der Film vor allem an dessen „Wahnsinn" interessiert, nicht an seinen ökonomischen Fehlschlägen.
1.3 von Reflexionen • über Thomas' Innenleben (zunehmende Masken-Existenz, Schopenhauer-Erlebnis) • über Musik (im Zusammenhang mit Pfühl, Gerda, Hanno)	Die Figur Thomas' wird um ein im Roman wesentliches Element verkürzt. Das Fehlen seiner Reflexionen über den Sinn des Daseins lässt ihn im Film einfach als kraftlos und resigniert erscheinen, aber nicht von geistiger Einsicht geprägt. Die Bedeutung der Musik, die im Roman geistige Verfeinerung bei gleichzeitig sinkendem Lebenswillen signalisiert, wird im Film kaum angedeutet, dadurch tritt Thomas Manns Konzept nicht in Erscheinung.
2. Abänderungen	
2.1 der Zeitstruktur Film spielt insgesamt von 1847 bis ca. 1861 (Roman: 1835-1877)	Die Zusammenziehung der Handlung macht aus dem komplexen Geflecht des Romans eine fast einsträngige, geraffte Film-Erzählung, die sich wesentlich auf eine Generation beschränkt. Verfallsprozess tritt in den Hintergrund (vgl. o.).
2.2 des Handlungsablaufs • Hanno stirbt vor Thomas	Todesfälle treten mehr als Unglücksfälle denn als Stationen eines länger andauernden Prozesses in Erscheinung. Der Tod Hannos ist im

• Johann (Jean) B., nicht Konsul Kröger, stirbt als Opfer der Revolution (also auch früher als im Roman). • Verschiedene Auseinandersetzungen zwischen Thomas und Christian werden zu einer zusammengezogen. • Thomas, nicht der Vater Jean, befreit Tony aus der Ehe mit Grünlich.	Film ein Schicksalsschlag für die Familie und vor allem für den Firmenleiter Thomas (nicht wie im Roman das „Ersterben" einer einst vitalen Familie). Johann (Jean) stirbt durch Einwirkung von außen, ohne dass er vorher erkennbar Rückschläge zu erleiden hatte. Er stirbt als Opfer der Revolution. Das Zusammenziehen mehrerer Auseinandersetzungen zwischen den Brüdern zu einer lässt außer Acht, dass sich das Verhältnis *entwickelt*. Im Verhältnis zu Grünlich muss nicht der Vater Jean seinen Irrtum erkennen und damit einen geschäftlichen Rückschlag erleiden, sondern Thomas ist der unschuldig Leidtragende.
2.3 der Figurenkonzeption Wagenström als Verbindung von Konsul Döhlmann und H. Hagenström.	Beschränkung des Personals im Sinne der Einsträngigkeit. Durch die Zusammenziehung erhält Wagenström eine zweifache Funktion: Er ist der erfolgreichere Konkurrent der Buddenbrooks und zumindest befördert er Christians Niedergang (Aline) durch sein provozierendes Verhalten – z. B. im Club.
3. Hinzufügungen	
• Ball zu Beginn des zweiten Filmteils • Christians Auftritte im Club • Christians Aufenthalt in der Nervenklinik • Auftritte Aline Puvogels • Auftritte Annas	Der prunkvolle Ball macht die gesellschaftliche Stellung der B. wohl sinnfälliger und optisch eindrucksvoller als ein Essen im Hause. Betont wird weniger Christians Hypochondertum als Anzeichen der familiären Dekadenz als vielmehr seine Leichtlebigkeit, die sich zunehmend als eine Art des Wahnsinns erweist. Christian erscheint als gesellschaftlicher Außenseiter, während der Roman ihn ‚symmetrisch' seinem Bruder Thomas gegenüberstellt und sein ‚Leiden' zu einer Variation des „Verfalls"-Themas macht. Aline wird durch ihr Auftreten im Film eine Kontrastfigur zu den bürgerlich-situierten B. Wie Alines Erscheinen verweist auch das häufige Auftreten von Thomas' Jugendliebe Anna auf die stärkere Betonung des Themas „Liebe und Ehe": So etwa wird der Widerspruch zwischen beiden Elementen dem Firmenleiter Thomas immer wieder ins Bewusstsein gerufen.

Das diese Sequenz zusammenfassende Unterrichtsgespräch wird ergeben:

Selbstverständlich kann die Verfilmung eines Romans vom Umfang der „Buddenbrooks" nicht alle Facetten des Buches wiedergeben. Selbst ein Film von drei Stunden Spielzeit kommt ohne radikale Kürzungen nicht aus. Durch die Auswahl des Erzählten wird die Adaption schon zur Interpretation. Alfred Weidenmann konzentriert die Filmhandlung auf die Ereignisse um die vorletzte Generation der Familie und legt das größte Gewicht auf die Aspekte „Beziehungen", „Liebe" und „Ehe". Die den Roman bestimmenden Themen „Verfall" und „Verfeinerung" treten in den Hintergrund – ebenso wie die historische Dimension des Romans. Insgesamt gesehen lässt sich von einer Veräußerlichung des Romangeschehens sprechen: Der Film braucht Bilder und für sie opfert er oftmals die Treue gegenüber der Vorlage. Zweifellos will er in erster Linie unterhalten: Die Handlung darf nicht zu komplex ausfallen und Szenen müssen unmittelbar ‚sprechen': So etwa kann er eine Halbwelt-Figur wie Aline Puvogel nicht auslassen, er setzt sie mehrfach wirkungsvoll ins Bild. Gleichwohl – wie oben schon festgestellt – ist der Film als Adaption des „Buddenbrooks"-Romans durchaus zu erkennen.

8.2 ❐ Die Sprache des Films: Grünlichs erster Auftritt im Kreis der Familie

8.2.1 Analyse der Filmsequenz

Schon der vorausgegangene Vergleich von Roman- und Filmhandlung hat im Unterrichtsgespräch erbracht, dass einzelne Filmszenen sich sehr eng an die Romanvorlage halten – unter anderem auch Grünlichs Vorstellung im Familienkreis. Der Lehrer/die Lehrerin greift auf die entsprechende Feststellung zurück. Die Lernenden werden aufgefordert:

❐ *Erstellen Sie in Gruppenarbeit ein Protokoll der Filmsequenz (entsprechend den Vorgaben des Arbeitsblattes 14), die das erste Auftreten Grünlichs im Kreise der Buddenbrooks darstellt.*

Diese Arbeit ist sehr zeitaufwändig, weil die Szene mehrfach betrachtet und dabei immer wieder unterbrochen werden muss. Als technische Voraussetzungen bedarf es vor allem mehrerer Fernsehmonitore, der Abspielgeräte (DVD-Player, Videorekorder) und der entsprechenden Zahl von Bildträgern. Die zu bearbeitende Sequenz dauert vier Minuten und zwei Sekunden. Der Arbeitsaufwand lässt sich verringern, indem man die Sequenz entsprechend der Anzahl der Gruppen in etwa gleichlange Abschnitte aufteilt, deren Protokolle anschließend zusammengefügt werden. Falls alle Gruppen die ganze Sequenz bearbeiten (arbeitsgleiche Gruppenarbeit), sollten die Ergebnisse am Ende abgeglichen werden, sodass schließlich eine gemeinsame Fassung für den Kurs Grundlage der weiteren Arbeit bildet. Es wäre jedenfalls wünschenswert, auf eine der genannten Weisen alle Schülerinnen und Schüler arbeiten zu lassen: Nur so wird genaues Hinsehen gewährleistet und der Blick analytisch geschult. Wenn gewichtige Gründe dem hier vorgeschlagenen Verfahren entgegenstehen, kann der Aufwand weiter reduziert werden – etwa durch entsprechend zu dosierende Vorgaben des hier wiedergegebenen Protokolls (z. B. könnten die Spalten I und II des Arbeitsblattes durch die Lernenden ausgefüllt sein).

Es wird hier vorausgesetzt, dass die Lernenden mit den gängigen Kategorien der Filmsprache, wie das Arbeitsblatt sie aufführt, vertraut sind (vgl. auch Zusatzmaterial 19, S. 198–200).

Wenn das fertige Sequenzprotokoll jedem Kursteilnehmer vorliegt, kann es zur Auswertung kommen. Zunächst leitet die Lehrperson mit der weit gefassten Frage eine kurze Gesprächsphase ein:

❐ *Weist die protokollierte Filmsequenz für Sie formal oder inhaltlich Auffälliges oder Bemerkenswertes auf?*

Erfahrungsgemäß wird dies verneint werden: Die Kamera bildet das Geschehen einsträngig ab, sie zeigt die jeweils Sprechenden im Wechsel. Überhaupt gestaltet sich die Filmsprache auf den ersten Blick recht einförmig; bei der Kameraeinstellung überwiegt „halbnah", deren Bewegungen beschränken sich zumeist auf Schwenks und Schuss-Gegenschuss-Einstellungen, die Perspektive ist überwiegend normal. Inhaltlich betrachtet erscheint Grünlich dem Zuschauer recht unsympathisch und dominant; Tonys Reaktionen auf den Geschäftsfreund des Vaters sind distanziert und skeptisch, während die Eltern ihn offenbar gerne sehen. Die Frage:

❐ *Mit welchen Mitteln macht der Film die hier genannten inhaltlichen Aussagen dem Zuschauer deutlich?*

lenkt den Blick etwas genauer auf die Einzelheiten der filmischen Gestaltung. Genannt werden zunächst:

● Grünlichs gestelzte Äußerungen und seine Gestik, die es eindeutig auf den Beifall der Eltern anlegen, und deren wohlwollende Reaktionen in Wort und Mimik;
● Tonys schnippischer Tonfall im Umgang mit Grünlich, ihre skeptischen und zweifelnden Blicke.

147

Aber auch hier ist noch akribischere Arbeit erforderlich. In Partnerarbeit sollen die Lernenden nun folgenden Auftrag erfüllen:

❐ *Überprüfen Sie genau anhand des Sequenzprotokolls, wie der Film einzelne Figuren und ihr Verhältnis zueinander in Bilder umsetzt. Achten Sie dabei vor allem auf die Variation beim Einsatz filmischer Mittel.*

In dieser Arbeitsphase dürften die Schülerinnen und Schüler ihr Urteil im Hinblick auf die Einförmigkeit der Gestaltungsmittel modifizieren. Als Ergebnisse werden vorgetragen und womöglich diskutiert:

● Der vielsagende Blick, den die **Eltern** (1. Einstellung, halbnah) zu Beginn der Sequenz tauschen, zeigt, dass der Auftritt Grünlichs keineswegs zufällig ist. Dessen Wertschätzung von Seiten des Konsuls wird dadurch deutlich, dass der Firmenchef den Gast von der Tür abholt und zum Tisch führt (4. Einstellung, Kameraschwenk). Die Kamera richtet sich im Folgenden mehrfach halbnah auf die Eltern, deren Gesichter jeweils Wohlgefallen über Grünlich zeigen (8., 9., 19., 21. Einstellung).

● **Grünlich** wird filmisch auf mehrfache Weise hervorgehoben: 1. Sein Sprechanteil ist in der Sequenz am höchsten; 2. wie Tony (4x) und die Konsulin (2x) kommt er als Einzelner ins Bild, und zwar deutlich häufiger als die beiden Frauen (2., 4., 8., 10., 12., 16., 18., 23., 25. Einstellung); 3. nur er erscheint während der Sequenz mehrfach in der Naheinstellung (8., 18., 23., 25. Einstellung). Halbnah zeigt ihn die Kamera meist zusammen mit den „Chefs" Johann und Thomas, einmal zusammen mit Clara. 4. Ebenso wie Tony steht Grünlich während des Gesprächs vom Tisch auf (10. Einstellung). 5. Einige Male scheint die Kamera die Perspektive Grünlichs einzunehmen (Aufsicht in 5., 11., 13., 15., 28. Einstellung).

● Auch **Tony** wird – darin Grünlich ähnlich – deutlich herausgehoben: 1. Bei Auftritt des Gastes zoomt die Kamera auf ihr Gesicht bis zur Nahaufnahme (3. Einstellung).[1] Es ist dies im Übrigen die einzige mit Musik unterlegte Einstellung.[2] 2. Zwischen Auftritt und Abgang Grünlichs steht auch Tony vom Tisch auf: Sie geht aus dem Bild (18. Einstellung) und wird aus relativer Ferne (Halbtotale) in einer Ecke des Zimmers stehend (20., 31. Einstellung) oder zwischen dem Samowar und dem Platz Grünlichs einmal hin- und hergehend (22., 24., 26. Einstellung) gezeigt. 3. Die übrigen Einstellungen zeigen Tony zumeist halbnah mit anderen Mitgliedern der Familie zusammen: mit der Mutter (5. Einstellung), mit Christian und Klothilde (11., 13., 15. Einstellung), zwischen Mutter und Christian (18. Einstellung).

Nach diesen Feststellungen werden die Schülerinnen und Schüler nun zu einer zusammenfassenden Deutung des Erarbeiteten aufgefordert. Hierbei kann es helfen, wenn sie die Filmsequenz noch einmal – diesmal aber ohne Ton – betrachten.

❐ *Zeigen Sie auf, was allein die Bilder der hier behandelten Sequenz dem Betrachter des Films über das Geschehen „sagen".*

Als Ergebnis kann das Unterrichtsgespräch ergeben:

1. Grünlich wird in den Kreis (hier als „Sitzkreis" wörtlich zu verstehen) der Familie aufgenommen und erhält seinen Platz in der Reihe der „Chefs" Johann und Thomas (und genau gegenüber Tony). Sein Auftritt ist von den Eltern geplant und zielt auf eine Verbindung mit Tony ab (3. Einstellung). Grünlich steht im Zentrum des Geschehens und nimmt ausführlich die Gelegenheit zur Selbstdarstellung wahr (Halbnah- und Naheinstellungen), in die er auch Tony einbezieht (23., 25. Einstellung). Nicht zuletzt auch die Kameraperspektive (Aufsicht auf sein „Publikum") legt nahe, dass er das Spiel bestimmt.

2. Tony ist sich ihrer Rolle in diesem Spiel nicht bewusst: Ihr spöttischer Blick von oben herab, ihre Schnippischkeit signalisieren selbstbewusste Antipathie. Aber die Bilder zeigen doch, wie sie sich aus dem Kreis ihrer Familie entfernt, wie sie in der Ecke ste-

---

[1] Der Zoom signalisiert auch ein Wiedererkennen: Tony ist Grünlich im Film schon auf der Straße begegnet.
[2] Der Zapfenstreich aus dem Off (31. Einstellung) bei Aufbruch der drei Männer ist Teil der Filmhandlung.

hend, den Angehörigen den Rücken zukehrend isoliert erscheint. Nur widerwillig geht sie auf Grünlich zu (22. Einstellung), sie wendet sich ab und verharrt im Hintergrund, während Grünlich mit dem Vater und Thomas das Zimmer verlässt. Am Ende der Sequenz kehrt sie zur Mutter zurück, mit der gemeinsam sie Christians Parodie des „Albernen" goutiert.

Je nach Interesse und Fantasie der Lerngruppe lassen sich noch mancherlei Beobachtungen hinzufügen und deuten. Die Lehrerin/der Lehrer sollte dabei auch Vermutungen und Spekulationen zulassen, sofern sie noch einigermaßen das Plausibilitätskriterium erfüllen: Die Bilder sprechen zwar oft eindeutig das Gemeinte aus, sie öffnen manchmal aber auch mehr Interpretationsräume als das gesprochene und geschriebene Wort. Als Beispiel sei hier die Rolle Claras in der behandelten Filmsequenz angesprochen: Der Zuschauer kann den Eindruck haben, als werbe Grünlich um die ‚falsche' Buddenbrook-Tochter, als habe er Clara leichter gewinnen können. Sie, die einmal mit ihm zusammen halbnah ins Bild gerät, schenkt ihm bewundernde Blicke, während sie ihm noch einmal Christians Namen nennt (14. Einstellung). Auch über die Bedeutung des jüngeren Buddenbrook-Sohnes lassen sich einige Vermutungen anstellen. Dessen die Sequenz abschließende Parodie Grünlichs wird vorbereitet durch den wiederholten Blick auf Christian, wie er zwischen Tony und Klothilde sitzend den Gast mustert (11., 13. und 15. Einstellung). Dabei drückt sein Gesicht eine Mischung aus „wissenschaftlichem" Interesse und Amüsiertheit aus: Christian studiert sein Gegenüber, um ihn dann schauspielerisch imitieren zu können. Die leichte Aufsicht der Kamera auf die Dreiergruppe lässt sie wie in Theatersesseln sitzend und auf eine Bühne blickend erscheinen. Christian wäre somit der eigentliche Widerpart Grünlichs, weil er dessen Auftritt als „Schauspiel" entlarvt.

8.2.2 Romankapitel und Filmsequenz: Ein Vergleich

Um den Unterschied zwischen filmischer und literarischer Vermittlung vollends zu verdeutlichen, bedarf es eines letzten Schrittes: Die Lernenden blicken vergleichend auf die der Filmsequenz entsprechende Romanpassage und werden dabei feststellen, dass der Film eben nicht, wie anfangs angenommen, das Erzählte unmittelbar abbildet. Als Hausaufgabe erhalten die Schülerinnen und Schüler den Auftrag:

❑ *Lesen Sie noch einmal das Kapitel III,1 (S. 91-99) der „Buddenbrooks" und vergleichen Sie Text und entsprechende Filmsequenz.*

Zu erwarten ist zu Beginn der folgenden Unterrichtsstunde eine reichhaltige Sammlung, wobei die Gemeinsamkeiten den geringeren Teil ausmachen werden. Allzu detaillierte Aufzählungen sollte man hier vermeiden – einmal um die Beschäftigung mit einer kurzen Filmsequenz nicht zu überdehnen, zum anderen, um den Blick auf das Wesentliche zu bewahren.

Zunächst sticht ins Auge, dass die Sätze des Filmdialogs wörtlich aus dem Romankapitel stammen, wobei das Gespräch selbst stark gekürzt erscheint.

Unterschiedlich ist indessen das Arrangement der gesamten Szene während Grünlichs Auftritt:[1] Der Film lässt sie im Hause, nicht im Garten spielen, man sitzt im Kreis, nicht im Halbkreis um den Tisch, Christian präpariert nicht „ein wenig seitwärts" seinen Cicero, man nimmt Tee und Gebäck und beschäftigt sich nicht mit Lesen und Stickerei. Clara sitzt im Film als Erwachsene am Tisch und sucht nicht als Kind „auf dem Rasenplatz Veilchen" (S. 91). Die Szene endet im Roman nicht mit Christians parodistischem Auftritt, sondern damit, dass die Anwesenden – sogar auch Klothilde – ihre Urteile über den Gast austauschen. Mit dabei sind bis zum Schluss auch Thomas und der Konsul, der mit Grünlich einen „Gang durch den Garten" tut (S. 93), bevor er zur Familie an den Tisch zurückkehrt.

Grünlichs Äußerungen kürzt der Film im Wesentlichen um die, welche sich auf Literatur (S. 96), den Brand in Hamburg (S. 95) und die dortigen Verwandten der Buddenbrooks

---

[1] Das „Arrangement" der Szene im Roman erfährt der Leser zu Beginn des Kapitels III,1 (S. 91), also bevor die analysierte Filmszene einsetzt.

(S. 94 f.) beziehen. Sozusagen naturgemäß lässt der Film die Erzählerkommentare aus, vor allem solche, die darüber Auskunft geben, was einzelne Figuren denken (z. B.: „Als eine Pause entstand, dachte Tony: ...", S. 96; „,Ein *paar* Zimmer', dachte die Konsulin", S. 97).

Strittig dürfte im Unterrichtsgespräch sein, ob der „Film-Grünlich" (Robert Graf) der Vorstellung entspricht, die der Roman erzeugt. Von der Beschreibung (S. 93) weicht er jedenfalls in einigen Punkten ab: Im Film scheint er durchaus größer als „mittelgroß", das „Haupthaar" ist eigentlich nicht „spärlich" und es gibt keine „auffällige Warze" im Gesicht. Möglicherweise wirkt die Filmfigur zumindest äußerlich weniger abstoßend auf den Zuschauer als die Romanfigur auf den Leser.

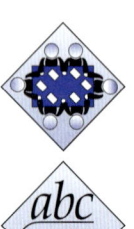

Genauer zu fragen bleibt noch nach den Gründen für die genannten Veränderungen. Die folgende Gruppenarbeit dient zur Beantwortung dieser Frage, aber auch als Zusammenfassung der bisherigen Ergebnisse:

❐ *Verfassen Sie auf dem Hintergrund des bisher Erarbeiteten ein fiktives Interview mit Erika Mann (1905-1969), der Tochter Thomas Manns, die am Drehbuch des „Buddenbrooks"-Filmes mitarbeitete. Thema ist die hier behandelte Grünlich-Szene. Beginnen Sie das Interview folgendermaßen:*
F (= Frage): Die Gestaltung von Grünlichs erstem Auftreten bei der Buddenbrook-Familie im Film weicht im Einzelnen doch entscheidend von dem im Roman Erzählten ab. Warum haben Sie sich nicht genau an den Text gehalten?
A (= Antwort): Richtig ist, dass wir bei der filmischen Umsetzung einiges verändert haben. Wir waren zwar nicht buchstabentreu, haben aber, so glauben wir, den ,Geist', das Wesentliche der Szene, vermitteln können. So etwa ...
F: ...

Um das fiktive Interview möglichst lebendig zu gestalten, sollten die Lernenden darauf verzichten, im Vorhinein Fragen aufzulisten. Die Richtung des Gesprächs weist das bisher Erarbeitete – ein starrer, vorher erstellter Fragenkatalog verhindert möglicherweise ein Nachhaken, ein Vertiefen und Erläutern des jeweils Geäußerten.

Inhaltlich gesehen dürften die Schülertexte Folgendes ergeben:

1. Räumliches Arrangement und Ambiente
   Der Raum und die kreisförmige Sitzordnung der Familienmitglieder erwecken mehr den Eindruck von „Geschlossenheit" als der offene Garten mit halbkreisförmiger Anordnung der Plätze. Grünlichs Auftritt im Film wird zunächst als „Eindringen" in die fremde Umgebung wahrgenommen. Indem er sich aber im Kreis der Familie niederlässt, spiegelt sich das spätere Geschehen vorausdeutend. Dass es dabei um Tony geht, wird u. a. durch den Zoom zu Beginn verdeutlicht wie auch dadurch, dass der Neuankömmling sich im Tischkreis auf einer Achse mit ihr befindet, ihr also genau gegenüber sitzt. Die Verlegung der Handlung in den geschlossenen Raum bietet überdies weitere Möglichkeiten symbolischer und antizipierender Spiegelungen: Zu nennen sind Tonys Verlassen des Familientisches, ihre Isolation in der Zimmerecke und ihre übrigen Bewegungen im Raum, etwa das Hin- und Hergehen zwischen Samowar und Grünlich.

2. Aufbau und Konzept der Szene
   Anders als im Roman *endet* die Filmszene mit Christians Parodie des Gastes. Schon deshalb erhält sie stärkeres Gewicht, vor allem aber auch dadurch, dass das bloße ,Nachahmen', wie es im Roman sinngemäß heißt (98), geradezu zum theatralischen Auftritt ausgestaltet wird: Christian verlässt das Zimmer und kehrt mit Requisiten, nämlich Grünlichs Hut und Stock, zurück. Dies und der Blick des Einverständnisses, den Konsulin und Konsul tauschen, bevor der künftige Schwiegersohn den Raum betritt, betonen die Künstlichkeit, das Gewollt-Sein des Geschehens; der Zuschauer kann es greifen: Das Folgende ist von den Eltern geplant und zielt auf Tony ab. Das sagt der Roman so deutlich nicht, er legt es aber nahe. Die optische Dominanz des

Gastes signalisiert dessen Hartnäckigkeit, wie die Hohlheit seines Gebarens und Redens auf den späteren Bankrotteur verweist. Im Film verlassen mit Grünlich am Ende auch der Konsul und Thomas den Raum endgültig, anders als im Roman sind Letztere an der abschließenden Beurteilung des Gastes also nicht beteiligt. Das lässt Tonys künftiges Schicksal unausweichlicher erscheinen: Die Urteile werden nicht mehr familienintern diskutiert. Auch hier macht der Film eindeutiger, was der Text noch eine Zeit lang in der Schwebe hält.

3. Andere inhaltliche Veränderungen

Dass der Film Gesprächsgegenstände, die der Roman nennt, auslässt, ist Folge der Gesamtkonzeption, die ohne inhaltliche Kürzungen nicht erfüllt werden kann: Der Film beschränkt sich auf die wichtigsten Romanfiguren und lässt u. a. Seitenlinien der Familie (hier die Hamburger Verwandten) unerwähnt. Clara ist in unserer Szene anders als im Roman schon erwachsen: Dies folgt aus der filmischen Komprimierung der Romanhandlung (vgl. o., S. 145 f.) und bietet hier zugleich die Möglichkeit, Clara – wenn auch nur episodisch – als eine Art „Alternative" zu Tony aufzubauen (Clara sitzt unmittelbar neben Grünlich, kommt mit ihm als „Paar" ins Bild und bewundert ihn offensichtlich). Der Film greift hier schon vor: Erkennbar wird nämlich Claras Anfälligkeit gegenüber frömmelnden Haltungen, was sie später dem Erbschleicher Tiburtius in die Arme treibt. – Der Verzicht auf die literarischen Äußerungen des Gastes (E. T. A. Hoffmann, Cicero) liegt einerseits im veränderten Arrangement der Szene begründet (Teetrinken statt Lesen und Sticken), hat andererseits aber auch mit der Zielgruppe ‚Kinopublikum' zu tun, das wohl mehrheitlich mit den im Roman genannten Namen wenig anzufangen gewusst hätte. – Mit Blick auf Publikumswirksamkeit ist im Übrigen sicher auch die Figur des Grünlich etwas ‚geschönt' worden.

Zusammenfassend ist zu sagen:
Zwischen Filmszene und Romanausschnitt gibt es im Hinblick auf Aussage und Tendenz viel Gemeinsames. Zwar werden einerseits Informationen zugunsten einer inhaltlichen Einsträngigkeit im Film reduziert und vereinfacht. Andererseits jedoch vermittelt die Filmszene durch ihr Arrangement und die veränderte Konzeption auf eine eingängige, bildliche Weise Interpretationen des Geschehens und Vorausdeutungen, setzt Akzente, die den Aussagen des Romans als Ganzem entsprechen, z. T. aber über das im Kapitel selbst Erzählte hinausweisen.

8.3 ❐ „Buddenbrooks" – Ein westdeutscher Nachkriegsfilm

Je nach Interessenlage des Kurses oder nach Schwerpunkt der Unterrichtsreihe kann der hier analysierte „Buddenbrooks"-Film noch vertiefend behandelt werden. Über die Frage, wie die Produktion sich in den Kontext des westdeutschen Nachkriegsfilms einordnen lässt, können z. B. Schlüsse im Hinblick auf sein Publikum, seine Wirkung und seine Wirkungsabsichten gezogen werden. Im Folgenden werden dabei lediglich Anregungen in Form kommentierter Aufgabenstellungen gegeben, welche die Lehrperson – auch im Rahmen einer Projektarbeit – nutzen kann:

❐ *Zeigen Sie das folgende Bild der „Buddenbrooks"-Darsteller Ihren Eltern, Ihren Großeltern und fragen Sie sie, ob ihnen die Schauspieler bekannt sind. Ergänzend können Sie auch die Besetzungsliste des Films präsentieren (s. Zusatzmaterial 6, S. 169 f.).*

Die Lernenden werden erfahren, dass vermutlich der größte Teil der hier gezeigten oder genannten Schauspieler, wenn nicht den Eltern, so doch den Großeltern bekannt ist. Vielleicht können sie sogar Titel von Film- oder Fernsehproduktionen der 50er und 60er-Jahre nennen. Es zeigt sich, dass unser Film eine äußerst populäre Riege von Darstellern des westdeutschen Nachkriegsfilms vorstellt.

151

❐ *Verschaffen Sie sich einen Überblick über die westdeutschen Filmproduktionen bis zum Anfang der 60er-Jahre und versuchen Sie eine Art Typologie zu erstellen. Informieren Sie sich zum Vergleich über im selben Zeitraum in der DDR entstandene Filme.*

Eingrenzen lässt sich diese Aufgabenstellung durch die Vorgabe der Erfolgsstatistiken der in Deutschland gezeigten Filme im Umkreis der „Buddenbrooks"-Produktion. Angegeben werden jeweils die Top Ten eines Jahres (Arbeitsblatt 15, S. 158). Auffallen dürfte den Lernenden auf Anhieb der – im Vergleich zu heutigen Verhältnissen – geringe Anteil amerikanischer Filme in deutschen Kinos. Vielfach geben darüber hinaus schon die Titel Auskunft über den Charakter des jeweiligen Produktes; manches dürfte unseren Schülerinnen und Schülern auch aus Fernseh-Wiederholungen bekannt sein. Die Aufforderung:

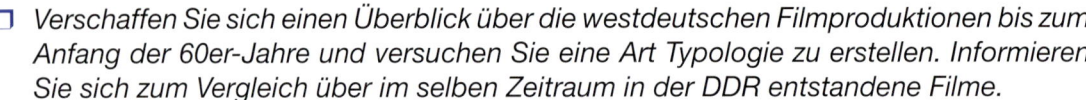

❐ *Informieren Sie sich in einschlägigen Lexika und Handbüchern über Inhalt und Charakter der in den „Top Ten" aufgeführten deutschsprachigen Filme.*

bringt die Lernenden zu der Einsicht, dass der „Buddenbrooks"-Film sich zwar in die Reihe der größtenteils recht schlichten Unterhaltungsfilme einordnen lässt, dabei doch auch versucht einen gewissen literarischen Anspruch zu halten. Ob dieser Balance-Akt gelungen ist, sollte in der Lerngruppe diskutiert werden.

Als Abschluss der gesamten Unterrichtseinheit über die „Buddenbrooks"-Verfilmung im Sinne einer Lernerfolgsüberprüfung ist folgende Aufgabe denkbar:

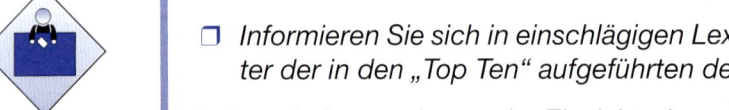

❐ *Auf der Internet-Seite des Buch- und Filmversands Amazon findet sich (20.9.2002) in Bezug auf die DVD unseres Films folgende Kundenrezension:*[1]

„Die DVD hält nicht, was man sich erhofft, 31. März 2002
Rezensentin/Rezensent: ..... aus frankfurt
Ich habe gedacht ich kann die DVD benutzen, um mich fürs Abitur vorzubereiten, jedoch gibt es viele Sprünge und Teile werden einfach weggelassen!
So beginnt die DVD erst ab der 2. Generation und es fehlt auch das Toni eine Tochter hat.
Ich empfehle die DVD nur denen die das Buch vorher gelesen haben, damit man weiß welche teile fehlen und auch die richtige Reihenfolge im Kopf behält (Sprünge in der Handlung!!). Eine Erleuterung ist aufjedenfall empfehlenswerter, aber als Ergänzung ist die DVD nicht schlecht!

❐ *Schreiben Sie der Verfasserin/dem Verfasser ausführlich, worin ihr/sein Missverständnis besteht.*

---

[1] Die Wiedergabe der Rezension erfolgt hier unkorrigiert.

„Buddenbrooks", ein Film von Alfred Weidenmann (1959)

Inhaltsangabe

Erster Teil (99 Minuten)

Die Handlung setzt im Jahre 1847 ein. Als Mitglieder der Familie Buddenbrook werden Konsul Johann Buddenbrook und seine Frau, deren vier Kinder Thomas, Christian, Tony und Clara
5 sowie die Cousine Klothilde vorgestellt. Bendix Grünlich, ein Geschäftsfreund des Konsuls, beginnt, um Tony zu werben. Diese ist abgeneigt und reist für den Sommer zu Familie Schwarzkopf nach Travemünde. Christian verursacht
10 durch seine Verehrung einer Schauspielerin einen Skandal und wird in die Lehre nach England resp. Valparaiso gegeben. Thomas unterhält eine geheime Beziehung zum Blumenmädchen Anna.

15 Christians Fauxpas sorgt für Heiterkeit bei Konsul und Kaufmann Hermann Wagenström [!], der im Film wiederholt auftritt, als Freund Christians, sozialer Aufsteiger und somit Konkurrent der Firma Buddenbrook, dessen Geschäfts-
20 praktiken Johann verurteilt.

In Travemünde verliebt sich Tony in den Studenten Morten Schwarzkopf, der ihr seine revolutionären Ansichten anvertraut. Gleichzeitig regt sich Unruhe in der Stadt. Die Köchin Trina
25 wird entlassen, da sie in Erwartung revolutionärer Umwälzungen der Konsulin gegenüber ausfällig geworden ist. Tony und Morten versprechen sich einander, als das Auftreten Grünlichs in Travemünde der Romanze ein Ende macht.
30 Tony kehrt nach Hause zurück und wird von ihrem Vater zur Ehe mit Grünlich gedrängt. Aus Familienräson ringt sich Tony die Entscheidung ab. Christian gratuliert ein halbes Jahr später aus Valparaiso, während die Unruhen in der
35 Stadt ihren Höhepunkt erreichen. Johann gelingt es, Demonstranten, welche die Bürgerschaft belagern, zum Aufgeben zu bewegen. Auf dem Heimweg wird durch das Fenster seiner Kutsche ein Stein geworfen, der Johann
40 tödlich trifft.

Mit Übernahme des Konsulats und der Firma beendet Thomas sein Verhältnis zu Anna und legt geschäftlichen Ehrgeiz an den Tag, um sich der veränderten Geschäftswelt anzupassen.

Als Christian aus Südamerika zurückkehrt, um 45 in die Firma einzutreten, bemerkt er überrascht die frommen Neigungen seiner Mutter. Sie spendet großzügig für missionarische Zwecke und lässt Andachten abhalten, die unter anderem von Pastor Tiburtius aus Riga geleitet wer- 50 den. Dieser hat ein Auge auf Clara und insbesondere ihr Vermögen geworfen. Dem Geistlichen berichtet Christian von seinen unbestimmten und unverstandenen Leiden.

Im Kontor hält Christian mit seinen Scherzen 55 die Kontoristen von der Arbeit ab, sodass der Teilhaber Markus Ruhe herstellen muss. Eine Unterredung zwischen Thomas und Markus zeigt das Nebeneinander von politischen Erfolgen des Konsuls und finanziellen Belastungen 60 der Firma durch die Spenden der Mutter, Wagenströms Konkurrenz und Christians Rechnungen aus dem Club. Ein Hilferuf Grünlichs lässt Thomas nach Hamburg eilen. Der Schwager ist bankrott. Bankier Kesselmeyer offenbart, 65 dass die Geschäftsbücher, die dem alten Konsul die Verbindung vorteilhaft hatten erscheinen lassen, gefälscht waren. Thomas will seine Schwester, deren Scheidung beschlossen wird, nach Lübeck zurückholen. Zunächst reist Tony 70 jedoch zu ihrer Freundin Eva Ewers nach München.

Christian verbringt seine Zeit mit Wagenström im Club, während Thomas in Amsterdam bei Familie Arnoldsen zu Gast ist. An Herrn Arnold- 75 sen, der mit seiner Tochter Gerda musiziert, bewundert er die Synthese von Kaufmann und Künstler. Thomas hat um die Hand Gerdas angehalten und empfängt die Einwilligung von Vater und Tochter. Der Hochzeitstermin wird für 80 ein halbes Jahr später festgelegt. Wieder zu Hause stellt Thomas seinen Bruder zur Rede, der die Firma fortwährend blamiert. Die Übernahme einer Hamburger Weinhandelsniederlassung durch Christian wird beschlossen. Er freut 85 sich, damit in der Nähe seiner Geliebten Aline Puvogel zu sein. Von dieser, wie auch von Christians Leiden will der Bruder nichts hören.

EinFach Deutsch: Unterrichtsmodell Buddenbrooks. © Schöningh Verlag 2003

Nachdem die Hochzeit von Thomas und Gerda sowie die Verlobung Claras mit Tiburtius gefeiert wurde, treten die Vermählten die Hochzeitsreise an.

Zweiter Teil (106 Minuten)

1850 bringt Gerda in einer schweren Geburt den Sohn Hanno zur Welt. Tony gedenkt ihres Aufenthaltes in München, als Alois Permaneder, für den sie in jener Zeit Sympathien gefasst hatte, sich melden lässt. Während der Zeit seines Besuches wird die Ehe zwischen ihm und Tony angebahnt. Christian möchte sich ebenfalls binden, doch die Konsulin billigt den Umgang mit Aline Puvogel nicht. Dennoch verlobt sich Christian.

Das gesellschaftliche Ansehen der Buddenbrooks spiegelt sich in der Darstellung eines festlichen Balls. Gerda steht im Mittelpunkt des Interesses. Sie lässt Wagenström auflaufen, tanzt hingegen mit dem Bürgermeister, der lobende Worte für Thomas' politische Arbeit findet. Während der Festlichkeit wird die Nachricht von Tonys Rückkehr überbracht. Sie schildert Fehltritte ihres Münchener Gatten, von dem sie sich scheiden lassen will.

Als Clara stirbt, erweist sich Tiburtius als Erbschleicher. Die Anweisung der alten Konsulin, ihm den Erbteil auszahlen zu lassen, löst einen Konflikt zwischen ihr und Thomas aus, der finanzielle Schwierigkeiten einräumt. Zu diesen addieren sich für ihn persönliche Probleme:

Hannos Entwicklung bietet Anlass zur Sorge, und Gerda zieht sich ins Musizieren mit Leutnant Throta zurück. Thomas macht sein Testament.

Bei allzu mäßigen Geschäften macht Tony den Vorschlag, ein spekulatives Geschäft einzugehen. Thomas lehnt zunächst ab, doch der Verweis auf die Konkurrenz Wagenströms lässt ihn schließlich einwilligen.

Nach dem Tod der alten Konsulin feiert die Firma ihr 100-jähriges Jubiläum. Am Ende der Feierlichkeiten, während derer sich bei Thomas Ermüdungserscheinungen zeigen, wird die Nachricht vom gescheiterten Geschäft überbracht.

Der designierte Firmenerbe Hanno stirbt an Typhus, sodass die Ernennung Thomas' zum Senator diesen nur wenig freuen kann. Christian wird in Hamburg von seiner Frau Aline in eine Anstalt abgeschoben. Zur Vereidigung im Senat verspätet sich Thomas, da er sich einen kariösen Zahn ziehen lässt. Beim Ablegen des Eides schwindelt ihm, er stürzt und stirbt.

Das Haus Mengstraße wird an Wagenström verkauft. Gerda geht zurück nach Amsterdam; Tony zieht mit Ida in ein Hotel; Klothilde wird in einem Stift untergebracht.

Aus: Pils, Holger, Relektüre Buddenbrooks. Adaptionen für Film und Fernsehen. In: Eickhölter, Manfred; Wißkirchen, Hans (Hrsg.): „Buddenbrooks". Neue Blicke in ein altes Buch. Begleitband zur neuen ständigen Ausstellung Die ‚Buddenbrooks' – ein Jahrhundertroman im Buddenbrookhaus. Lübeck: Dräger 2000, S. 154–175

EinFach Deutsch: Unterrichtsmodell: Buddenbrooks. © Schöningh Verlag 2003

Grünlichs erster Auftritt im Familienkreis

Sequenzprotokoll
Dauer der Szene: 4 Min. 2 Sek.

I	II	III	IV	V	VI
Nr.	Einstellung	Dauer in Sek.	Einstellungs-größe	Kamera-bewegung	Perspektive

EinFach Deutsch: Unterrichtsmodell: Buddenbrooks. © Schöningh Verlag 2003

Lösung
Grünlichs erster Auftritt im Familienkreis

Sequenzprotokoll
Dauer der Szene: 4 Min. 2 Sek.

I	II	III	IV	V	VI
Nr.	Einstellung	Dauer in Sek.	Einstellungsgröße	Kamerabewegung	Perspektive
1.	Tür öffnet sich. Diener geht mit Tablett auf Konsul zu, der im Kreise seiner Familie an einem runden Tisch sitzt. Im Bild sind Thomas, Konsul, Konsulin, während der Konsul die Visitenkarte vorliest: Grünlich. Eltern sehen sich vielsagend an.	20	Halbtotale – halbnah	Schwenk (Kamera verfolgt den Weg des Dieners, schwenkt dann auf die Eltern.)	
2.	Blick auf die Tür. Grünlich tritt mit tiefer Verbeugung auf.	3	Halbtotale		
3.	Blick auf Tony, deren Gesicht Wiedererkennen und Erstaunen ausdrückt.	4	nah	Zoom	
4.	Grünlich bleibt an der Tür stehen, Vater kommt zu ihm, beide gehen zum Tisch, wo der Vater Grünlich der Familie vorstellt.	14	Halbtotale – Totale (ganzer Tisch)	Schwenk (Kamera verfolgt den Weg der beiden Männer zum Tisch, fährt dann zurück bis zur Totalen.)	
5.	Konsulin und Tony, – Erstere mit erwartungsvollem, diese mit schnippisch-zweifelndem Blick.	1	halbnah		leichte Aufsicht
6.	Forts. von 4., Grünlich nimmt an Thomas' rechter Seite Platz, gegenüber von Tony.	17	Totale (s. 4.)		Normalsicht
7.	Im Bild: Eltern. Konsulin eröffnet das Gespräch.	1	halbnah	Schuss-Gegenschuss	
8.	Grünlich – allein im Bild – berichtet von seinem regen Geschäft. Thomas' rechter Arm, eine Teetasse haltend, ragt von rechts ins Bild.	9	nah		
9.	Blick auf die Eltern. Konsulin hebt Grünlichs Äußerungen über den Geschäftsgang hervor.	2	halbnah		
10.	Grünlich wendet sich um, blickt aus dem Fenster in den Garten, steht dann vom Tisch auf.	2	nah – halbnah	leichter Schwenk (K. folgt Grünlichs Bewegung.)	
11.	Blick auf Christian zwischen Tony und Klothilde sitzend. Christians interessierter Blick auf Grünlich.	2	halbnah		leichte Aufsicht
12.	Grünlich wendet sich den neben dem Fenster stehenden Klatschrosen zu, setzt sich wieder hin.	10	halbnah	wie 10.	
13.	Christian wieder zwischen den beiden jungen Frauen. Tony blickt spöttisch, Christian stößt ein kurzes Lachen an.	1	halbnah		leichte Aufsicht
14.	Grünlich und Clara – beide mit Blick auf Christian. Grünlichs Nachfrage nach Christians Namen. Clara antwortet.	8	halbnah		Normalsicht
15.	Christian wieder zwischen Tony und Klothilde.	1	halbnah		leichte Aufsicht
16.	wie 14. Grünlich äußert sich über christliche Namen und Tugenden.	6	halbnah	Schuss-Gegenschuss	Normalsicht

EinFach Deutsch: Unterrichtsmodell: Buddenbrooks. © Schöningh Verlag 2003

17.	Tony – im Bild diesmal zwischen Mutter und Christian – erhebt sich und geht mit ihrer Tasse aus dem Bild.	6	halbnah, zunächst über Klothildes Schulter		
18.	Grünlich, der weiter über christliche Tugend spricht.	5	nah	Schuss-Gegenschuss	
19.	Konsul und Konsulin, die ihr Wohlgefallen an Grünlichs Aussagen in Wort und Blick äußern.	1	halbnah, über Grünlich und Claras Schultern		
20.	Tony in der Ecke des Zimmers am Samowar stehend.	2	(Halb-)Totale		leichte Aufsicht
21.	Blick auf die Eltern. Konsulin fordert Tony auf, dem Gast Tee anzubieten.	5	halbnah, wie 19.		
22.	Tony, zunächst noch in der Zimmerecke stehend, nähert sich Grünlichs Platz. Jetzt im Bild: Tony stehend und auf Grünlich (im Profil) hinabblickend. Gr. lehnt Angebot (Tee) ab.	8	Halbtotale – halbnah – nah	Schwenk (K. verfolgt Tonys Weg aus der Ecke zu Grünlich)	Normalsicht
23.	Grünlich bittet Tony in ihrer Stellung zu verharren.	2	nah		
24.	Blick auf Tony, die, zur Ecke zurückgehend, sich zu Grünlich umwendet.	3	Halbtotale – halbnah	Zoom	
25.	Forts. von 23.: Grünlich wendet sich zur Konsulin und weist auf Tonys Erscheinung im Sonnenlicht hin.	6	nah		leichte Aufsicht
26.	Tony wendet sich schnippisch ab und setzt ihren Weg zurück zum Samowar fort.	6	halbnah		
27.	Im Bild zunächst Grünlich und Thomas, außer Grünlich erheben sich Thomas und der Konsul.	6	halbnah – Halbtotale	K. fährt zurück	
28.	Blick auf Konsulin, die Grünlich einlädt im Hause zu wohnen.	6	halbnah, linker Bildrand: Grünlichs Arm		leichte Aufsicht
29.	Im Bild die drei Herren, links davon Clara zu ihnen aufblickend. Grünlich lehnt Angebot der Konsulin ab mit dem Hinweis auf die ,paar' Zimmer, die er im Hotel bewohnt.	4	Halbtotale	Schuss-Gegenschuss	
30.	Blick auf die Konsulin.	3	wie 28.		
31.	Verbeugung Grünlichs. Die drei Männer gehen zur Tür. Im Hintergrund, in der Ecke stehend, Tony.	11	Halbtotale	Schwenk (K. verfolgt den Weg der Männer zur Tür)	
32.	Tony bringt ihre Tasse Tee zu ihrem Platz am Tisch. Konsulin blickt zu Tony hoch, während sie Grünlich lobt. Zu Tonys Rechten Christian, der auch zu ihr hochblickt. Tony setzt sich und findet Grünlich ,albern'. Christian erhebt sich, im Bild Mutter und Tochter.	37	halbnah	Schwenk (K. verfolgt Weg Tonys zum Tisch) leichter Schwenk und Zoom auf Mutter u. Tochter	
33.	Christian tritt zur Tür ein und parodiert Grünlich.	5	Halbtotale		
34.	Konsulin und Tony sind amüsiert. Christian setzt sich dazu; entfernt sich dann aber wieder durch die Tür.	25	halbnah – Halbtotale	Kamerafahrt (Christians Weg zum Tisch und wieder zur Tür zurück)	

Top Ten der Filme in deutschen Kinos 1957-1961

1957/58

1. Die Brücke am Kwai (GB)
2. Einer kam durch (GB)
3. Sissi – Schicksalsjahre einer Kaiserin (A)
4. Der Arzt von Stalingrad (D)
5. Panzerschiff Graf Spee (GB)
6. Das Wirtshaus im Spessart (D)
7. Die zehn Gebote (USA)
8. Haie und kleine Fische (D)
9. Das haut hin (D)
10. Weißer Holunder (D)

1958/59

1. Der Pauker (D)
2. Das Mädchen Rosemarie (D)
3. Freddy, die Gitarre und das Meer (D)
4. Wenn die Kraniche ziehen (SU)
5. Das indische Grabmal (D/F/I)
6. Heiße Küsse – scharfe Schüsse (F)
7. Hunde, wollt ihr ewig leben (D)
8. Wenn die Conny mit dem Peter (D)
9. Der Tiger von Eschnapur (D/F/I)
10. Helden (D)

1959/60

1. Freddy unter fremden Sternen (D)
2. Und ewig singen die Wälder (A)
3. Die Brücke (D)
4. Geschichte einer Nonne (USA)
5. Buddenbrooks I (D)
6. Die Nackten und die Toten (USA)
7. Serengeti darf nicht sterben (D)
8. Strafbataillon 999 (D)
9. Salomon und die Königin von Saba (USA)
10. Buddenbrooks II (D)

1960/61

1. Das Spukschloss im Spessart (D)
2. Ben Hur (USA)
3. Der brave Soldat Schwejk (D)
4. Im weißen Rössl (A)
5. Moskauer Staatszirkus (SU)
6. O sole mio (D)
7. Das Erbe von Björndal (A)
8. Weit ist der Weg (D)
9. Ich zähle täglich meine Sorgen (D)
10. Die Abenteuer des Grafen Bobby (A)

Gekürzt zitiert nach: Joseph Garncarz: Hollywood in Germany. Die Rolle des amerikanischen Films in Deutschland 1925–1990. In: Uli Jung (Hrg.): Der deutsche Film. Trier: Wissenschaftlicher Verlag Trier 1993, S. 202f.

EinFach Deutsch: Unterrichtsmodell: Buddenbrooks. © Schöningh Verlag 2003

Thomas Mann: Buddenbrooks. Strukturraster

Teil/ Kap.	Zeitangaben	Ort(e)	Figuren (wichtigste unterstrichen)	Inhalt/Geschehen	erzähltechn. Auffälligkeiten		

Mitglieder der Familie Mann, die Thomas Mann als „Vorlagen" seiner Romanfiguren dienten

Vergleichen Sie die Schicksale und Charaktere der Hauptfiguren aus den „Buddenbrooks" mit den folgenden Kurzbiografien der Familie Mann und ordnen Sie sie einander zu. Welche Veränderungen hat
5 *Thomas Mann vorgenommen? Welche Wirkungen gehen von diesen Veränderungen aus?*

1. Der Vater von Thomas Mann: **Thomas**
10 **Johann Heinrich Mann** (*22.08.1840 in Lübeck –†13.10.1895 in
15 Lübeck) wurde bereits mit 23 Jahren Chef der Getreidefirma Mann und Nie-
20 derländischer Konsul in der Hansestadt Lübeck, unmittelbar nachdem
25 sein Vater, Johann Siegmund Mann, im Alter von 66 Jahren

Vater des Dichters, Foto aus jüngeren Jahren

überraschend gestorben war. Seine Mutter, Elisabeth
30 Mann, geb. Marty (*1811–†1890), war die zweite Frau seines Vaters und – im Gegensatz zu ihrem Ehemann – eine „sehr fromme Frau, die viel mit Geistlichen und Missionaren verkehrte" (Thomas Mann: On myself, S. 55). Thomas Johann Heinrich
35 Mann war nicht das einzige Kind der zweiten Ehe seines Vaters. Er hatte eine ältere und eine jüngere Schwester (Maria <u>Elisabeth</u> Amalia *1838–†1917 bzw. Olga Maria *1845–†1886) und zwei jüngere Brüder (Johannes *1842–†1844 und Friedrich Wil-
40 helm Leberecht „Friedel" *1847–†1926).
Thomas Johann Heinrich Mann machte eine steile Karriere. Mit 29 Jahren wurde er in die Bürgerschaft, das Lübecker Stadtparlament, mit 37 Jahren schließlich in den Senat, die Lübecker Regierung, gewählt.
45 Er bekleidete den einflussreichsten politischen Posten nach dem Bürgermeister in Lübeck, den des „Steuersenators" (vgl. Moulden/v. Wilpert 1988: 18) – in etwa vergleichbar mit der Funktion eines Wirtschafts- und Finanzministers. In der Lübecker Re-
50 gierung verfocht er den Anschluss Lübecks an das Eisenbahnnetz des Deutschen Reiches. Thomas Johann Heinrich Mann heiratete 1869 Julia da Silva Bruhns. Sie hatten zusammen drei Söhne (Paul <u>Thomas</u> (s. u.), Luiz <u>Heinrich</u> *27.03.1871–†12.03.1950
55 und Karl <u>Viktor</u> Mann *12.04.1890–†21.04.1949) und zwei Töchter (<u>Julia</u> Elisabeth Therese 12.08.1877 – †10.05.1927 und <u>Carla</u> Auguste Olga

Maria *23.09.1881–†Freitod 30.07.1910) (vgl. auch die markierte Reihe im Stammbaum, S. 165).
Von seinem Sohn Paul Thomas wird Thomas Johann 60 Heinrich als ehrgeizig, intelligent, fleißig, humorvoll, „ziemlich entrückt, auch gefürchtet" (Brief vom 29.06.1939 an Agnes Meyer, zitiert nach Kurzke 1999, S. 26), elegant und durchsetzungsfähig beschrieben. Er konnte Besucher mit strahlendem 65 Lächeln oder in Tränen aufgelöst wieder entlassen (vgl. Schröter 1964: 12). Auch beim einfachen Volk war er sehr populär und wusste es zu nehmen. Er rauchte russische Zigaretten und las vorzugsweise französische Romane (vgl. Schröter 1964, S. 12). Er 70 verfügte testamentarisch die Liquidation der mehr als hundertjährigen Firma J. S. Mann. Er hatte erkannt, dass weder sein Sohn Heinrich noch sein Sohn Thomas willens und in der Lage waren, die Geschäfte weiterzuführen. Seine Frau wies er eben- 75 falls testamentarisch an, die Kinder in steter finanzieller Abhängigkeit zu halten. Sollte sie im Laufe der Zeit doch einmal schwach werden, solle sie, bevor sie etwa das ererbte Vermögen übertrug, Shakespeares „Lear" lesen, der ja bekanntlich vom Undank sei- 80 ner Kinder in den Wahnsinn getrieben wird [vgl. Kurzke 1999, S. 28]. Gab es schon bis zu seinem Tod keinerlei Hinweise auf Identitätskrisen oder fehlende geschäftliche Fortune, so zeigt ihn auch das Testament als entschlossenen, unsentimentalen und 85 klarsichtigen Mann, der „vorausschauende" Entscheidungen treffen konnte.

2. Julia da Silva Bruhns (*14.08.1851– †11.03.1923) war die Tochter des 1837 nach Brasilien ausgewanderten Lübecker Kaufmanns und Pflanzers Johann Ludwig Hermann Bruhns (*1821 in Lübeck –†1893 in Kassel) und seiner brasilianischen Frau Maria da Silva (*1828– †1856 in Rio de Janeiro). Nach-

Mutter des Dichters

dem sie mit ihrem Vater nach Deutschland zurückge- 110 kehrt war, heiratete sie 1869 Thomas Johann Heinrich Mann. Sie war eine schöne und fast exotische Frau. Ihrer „sinnlich-praeartistische[n] Natur" (zitiert nach Wißkirchen 1999, S. 13) verdanke er (Thomas Mann) seine „Lust zum Fabulieren" und seine Musikkenntnisse. Julia verfügte nämlich über ein beeindruckendes Lieder- und Klavierrepertoire (Chopin, Schumann, Brahms, Liszt, Schubert und Mozart und Beethoven) d. h. vornehmlich vorwagnerische Musik (Schröter 1964, S. 16).

Aus der Ehe mit Thomas Johann Heinrich Mann gehen insgesamt fünf Kinder hervor (s. o.) (vgl. auch Wißkirchen 1999, S. 14). Nach dem Tod ihres Mannes verlässt sie Lübeck und übersiedelt nach München.

3. Paul
Thomas Mann (*06.06.1875 in Lübeck– †12.08.1955 in Kilchberg bei Zürich) Thomas Mann war gerade 16 Jahre alt, als sein Vater mit 55 Jahren starb. Einige Monate nach dem Tod des Vaters wurde die Getreidefirma liquidiert, die mehr als 100 Jahre lang Thomas und seinen Ahnen ein finan-

1900

ziell sorgenfreies Leben garantiert hatte. Thomas blieb auf der höheren Schule in Lübeck, während seine Mutter nach München übersiedelte. Ohne Abitur, aber immerhin mit einem Abgangszeugnis, das in etwa der Mittleren Reife entspricht, verließ er die Schule. Thomas Mann war ein miserabler Schüler. Für die letzten drei Schuljahre brauchte er fünf. Auch im Fach Deutsch, wo noch am ehesten der spätere Nobelpreisträger hätte hervortreten können, verzeichnete das Abgangszeugnis von 1894 sowohl mündlich als auch schriftlich ein eher unauffälliges „befriedigend" (Hofmann 1999, S. 5 f.). Nach Abschluss der Schule folgte er seiner Mutter nach München, trat dort im April 1894 als Volontär bei einer Feuerversicherungsgesellschaft ein und kündigte die Stelle im August des gleichen Jahres. Noch im selben Jahr veröffentlichte er seine erste Novelle „Gefallen". Als Gasthörer der Münchener Technischen Universität besuchte er Vorlesungen in Nationalökonomie, Ästhetik, Mythologie, Geschichte und Literaturgeschichte. In seiner Freizeit verkehrte er in den In-Cafés der Münchener Künstlerszene in Schwabing. In die Zeit zwischen Juli 1895 und Oktober 1895 fiel der erste Italienaufenthalt. Nach einem Jahr München zog es ihn gemeinsam mit seinem Bruder Heinrich wieder nach Italien. Diesmal für länger. Von Oktober 1896 bis April 1898 reisen die beiden kreuz und quer durch Italien mit monatelangen Aufenthalten in Palestrina und Rom. Im Oktober 1897 begann Thomas Mann in Rom mit der Niederschrift des Romans „Buddenbrooks", nachdem ihn der Verleger Samuel Fischer dazu ermutigt hatte. Im Winter 1899/1900 las Thomas Mann das Hauptwerk des Philosophen Arthur Schopenhauer, was ihn tief beeindruckte. Einige Zeit später stellte er die „Buddenbrooks" fertig und übersandte das Manuskript nach Berlin. Thomas Mann heiratete im Jahre 1905 Katia Pringsheim, die Tochter eines reichen jüdischen Mathematikprofessors, des Erben eines oberschlesischen Eisenbahnmagnaten (Schröter 1964, S. 75). 1929 erhielt Thomas Mann den Nobelpreis für Literatur. 1933 emigrierte er aus dem nationalsozialistischen Deutschland zuerst in die Schweiz, dann in die USA. Thomas Mann engagierte sich politisch/publizistisch auf der Seite der Nazigegner. Er kehrte auch nach dem Ende des Zweiten Weltkrieges nur noch zu kürzeren Besuchen nach Deutschland zurück. Er starb am 12. August 1955 in Zürich. In Kilchberg bei Zürich liegt er begraben.

4. Tante Maria Elisabeth Amalia Mann
(*1838–†1917) **und Tochter Alice**. Details ihrer Lebensgeschichte berichtete die Schwester Julia Thomas Manns nach Italien, als der sich mit der Konzeption der Buddenbrooks beschäftigte. Dieser Brief wurde 1963 neu veröffentlicht. Elisabeth Mann, so der Bericht

Tante „Elisabeth", Foto um 1870

von Julia Mann, tat sich als Kind mit Streichen gegen die „triefäugige ‚Puppenliese' [und die] ‚Schirmmadam' mit dem riesigen, zerrissenen Regenschirm" (Mann, f. 1963, S. 484) hervor und zeigte einen von der Familie Marty ererbten Hang zum Luxus (vgl. Mann, J. 1963, S. 486). Sie war zweimal verheiratet. Zunächst mit dem Hamburger Kaufmann Ernst Elfeldt. Der „brave[.] und besonders sehr christliche[.] junge[.] Mann […]" mit „Flötenstimme" kam ihr vom ersten Moment an „wie ein Heuchler" vor (Mann, J. 1963, S. 488). Die Eltern aber überredeten sie zur Heirat. Als Elfeldt nach nicht ganz einem Jahr Bankrott machte, stellte sich heraus, dass Elisabeth ihren Ehemann richtig eingeschätzt hatte und er mit der Heirat nur seinen Ruin abzuwenden hoffte. „Ich habe dich nur um des Geldes wegen geheiratet, aber du hattest noch lange nicht genug", teilte ihr Ehemann ihr mit, als er Bankrott anmeldete (Mann, J. 1963, S. 490). Zwei Jahre später ließ sich Elisabeth von Ernst Elfeldt scheiden und zog zurück in ihr Elternhaus. Ihre zweite Ehe verlief genau wie ihre erste. Der Eßlinger Kaufmann Gustav Haag heiratete sie nur, um mit ihrer Mitgift seine schlecht laufenden Geschäfte zu beleben. Auch hier langte das Geld nicht und Haag machte Bankrott (Mann, J. 1963, S. 493). Auch in diesem Fall ließ sich Elisabeth scheiden. Begründung für den Scheidungsantrag im ersten wie im zweiten Fall war die „Unfähigkeit des Mannes, seine Familie zu ernähren" (Mann, J. 1963, S. 490). Elisabeth Mann hatte vier Kinder. Alice Haag, ihre Tochter aus der zweiten Ehe, heiratetet den Direktor der Lübecker Feuerversicherungsgesellschaft Guido Biermann, der für seine Rückversicherungsbetrügereien zwei Jahre im Gefängnis abbüßte und anschließend spurlos verschwand.

5. Olga Maria Mann
(*1845–†1886) wird als „bedeutend sanftmütiger und braver" (Mann, J. 1963, S. 491) als ihre Schwester beschrieben. Verheiratet mit dem Kaufmann Gustav Sievers lebte sie in St. Petersburg. Sie war kränklich und verstarb kinderlos. Sie sandte der in Lübeck zurückgebliebe-

Tante, Foto als junges Mädchen

nen Familie einen riesigen ausgestopften Bären als Geschenk (vgl. auch Moulden/v. Wilpert 1988, S. 21).

6. Friedrich Wilhelm Leberecht Mann, gen. Friedel (*1847–†1926) war der Bruder des Senators und war in der Familie der Außenseiter. Er war ein „neurotischer Tunichtgut, der sich in der Welt herumtrieb und über eingebildete Krankheiten klagte" (Mann, K. 1952, S. 8). Er machte Schulden, verkehrte in wenig standesgemäßer Gesellschaft, heiratet weit unter seinem Stande und musste „schließlich wegen seiner ‚hilflosen Hypochondrie' in eine Nervenheilanstalt (Viktor Mann zitiert nach Moulden/v. Wilpert 1988, S. 21). Sein Onkel Friedel war das einzige Mitglied der Familie, das es nicht mit Humor nahm, von Tho-

mas Mann in den Buddenbrooks zumindest ansatzweise porträtiert worden zu sein (vgl. das späte Inserat, S. 31).

Onkel „Friedel", Foto aus jüngeren Jahren

7. Johann Siegmund Mann der Ältere
(*1761– †1848) war Gründer der Firma in Lübeck. Er hatte seine Frau in Lübeck geheiratet und führte mit ihr ein äußerst bescheidenes Leben. Seine „Gewohnheiten waren von sehr großer, beinahe übertriebener Einfachheit", wie Thomas Manns Schwester Julia berichtete (Mann, J. 1963, S. 486). Von ihm stammt die warnende Leitformel für die Firmenlenker: „Mein Sohn, arbeite gerne am Tage, aber mache nur solche

Urgroßvater des Dichters

Geschäfte, dass wir die Nächte ruhig schlafen können" (vgl. Moulden/v. Wilpert 1988, S. 16). Er blieb „sehr rüstig" (Mann, J. 1963, S. 486) bis an sein Lebensende. Er starb 87-jährig im Revolutionsmärz 1848 an einem Schlaganfall, den er sich aus Wut über die harmlos randalierende Canaille zugezogen hatte (vgl. Moulden/v. Wilpert 1988, S. 16).

8. Johann Siegmund Mann der Jüngere [und seine Frau **Elisabeth Mann, geb. Marty**] (*1797 – †1863) war ein akribischer Chronist der Familienereignisse in der „Familienbibel". Er berichtete in dieser Familienchronik über seine gesundheitlichen Handicaps, seine Nervosität und seine insgesamt etwas kränkliche Natur, die ihn zwinge „nicht selten

zum Arzt und zur Medizin Zuflucht [zu] nehmen" (zitiert nach Moul-
350 den/v. Wilpert 1988, S. 16). Trotz dieser Beeinträchti-gungen wurde
355 er nach seiner Lehrzeit in Hamburg und später in Ams-terdam ein
360 äußerst erfolg-reicher Kauf-mann, der viel-leicht noch er-folgreicher hätte
365 sein können, wenn ihm nicht Johann Fehling (dessen Kinder Jul-chen und Hermann hießen) „in geschäftlicher und anderer Beziehung, wo er es irgend konnte, Schwie-

Großvater des Dichters, um 1862

rigkeiten in den Weg" gelegt hätte (Mann, J. 1963, S. 496). Johann heiratete 1825 seine erste Frau
370 Emilie Wunderlich „aus Liebe" und nach deren Tod 1837 seine zweite Frau Elisabeth Marty „aus Vernunftgründen, sowohl um seinen kleinen Kindern eine Mutter zu geben, als auch weil er wünschte, eine Frau aus reichem und angesehenem Hause zu
375 haben" (Mann, J. 1963, S. 484). Seine zweite Frau nannte ihn „mein lieber Jean", sie besaß einen gewissen Hang zum Luxus und war sehr fromm (vgl. Moulden/v. Wilpert 1988, S. 17).

Die aufgeführten Personen können dem Autor als Vorbilder gedient haben für:

1. Thomas B.
2. Gerda B.
3. Hanno B. (?)
4. Tony B.
5. Clara B.
6. Christian B.
7. Johann B.
8. Jean und Elisabeth.

Stammbaum der Familie Mann

Johann Mann der Jüngere
Ratsherr und Gewandschneider
*1644 in Parchim †1731 in Grabow
∞ 1684 Brigitte Catharina Schürer
Pastorentochter aus Möllenbeck (1664–1696)

Siegmund Mann
Amtsmeister der Schneider
*1687 in Grabow †1772 in Rostock
∞ 1713 Marie Christine Richter (1689–1742)

Joachim Siegmund Mann
Brauer und Kaufmann
*1728 in Rostock †1799 in Rostock
∞ 1767 Maria Dorothea Stüdemann (†1780)

Johann Siegmund Mann der Ältere
Äldermann und Kaufmann
*1761 in Rostock †1848 in Lübeck
∞ 1794 Anna Catharina Grotjan (1766–1842)

Johann Siegmund Mann der Jüngere
Konsul, Äldermann und Kaufmann
*1797 in Lübeck †1863 in Lübeck
1. ∞ 1824 Emilie Wunderlich (1806–1833)

2 Söhne
3 Töchter
aus 1. Ehe

∞
1837

Johann Heinrich Marty
Konsul und Kaufmann
*1779 in Glarus †1844 in Lübeck
∞ 1805 Catharina Elisabeth Croll (1782–1869)

Elisabeth Marty
*1811 in Lübeck †1890 in Lübeck

Johann Ludwig Bruhns
1873 nach Brasilien
Kaufmann und Pflanzer
*1821 in Lübeck †1893 in Kassel

∞
1847

Maria da Silva
*1828 in Angra dos Reis
†1856 in Rio de Janeiro

164

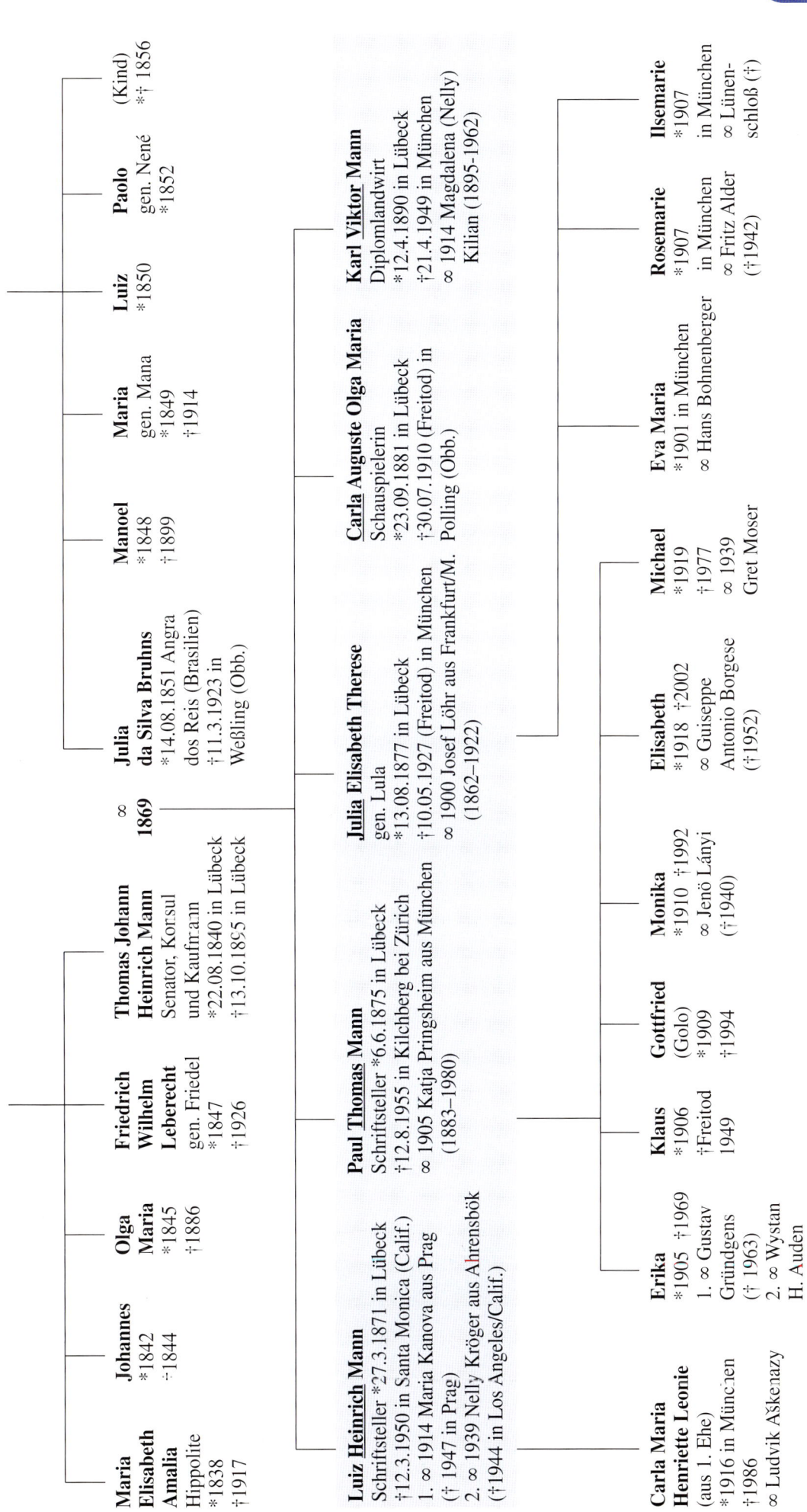

Maria
Elisabeth
Amalia
Hippolite
*1838
†1917

Johannes
*1842
†1844

Olga
Maria
*1845
†1886

Friedrich
Wilhelm
Leberecht
gen. Friedel
*1847
†1926

Thomas Johann
Heinrich Mann
Senator, Konsul
und Kaufmann
*22.08.1840 in Lübeck
†13.10.1895 in Lübeck

∞ 1869

Julia
da Silva Bruhns
*14.08.1851 Angra
dos Reis (Brasilien)
†11.3.1923 in
Weßling (Obb.)

Manoel
*1848
†1899

Maria
gen. Mana
*1849
†1914

Luiz
*1850

Paolo
gen. Nené
*1852

(Kind)
*† 1856

Luiz Heinrich Mann
Schriftsteller *27.3.1871 in Lübeck
†12.3.1950 in Santa Monica (Calif.)
1. ∞ 1914 Maria Kanova aus Prag
(† 1947 in Prag)
2. ∞ 1939 Nelly Kröger aus Ahrensbök
(†1944 in Los Angeles/Calif.)

Paul Thomas Mann
Schriftsteller *6.6.1875 in Lübeck
†12.8.1955 in Kilchberg bei Zürich
∞ 1905 Katja Pringsheim aus München
(1883–1980)

Julia Elisabeth Therese
gen. Lula
*13.08.1877 in Lübeck
†10.05.1927 (Freitod) in München
∞ 1900 Josef Löhr aus Frankfurt/M.
(1862–1922)

Carla Auguste Olga Maria
Schauspielerin
*23.09.1881 in Lübeck
†30.07.1910 (Freitod) in
Polling (Obb.)

Karl Viktor Mann
Diplomlandwirt
*12.4.1890 in Lübeck
†21.4.1949 in München
∞ 1914 Magdalena (Nelly)
Kilian (1895-1962)

Carla Maria
Henriette Leonie
(aus 1. Ehe)
*1916 in München
†1986
∞ Ludvik Aškenazy

Erika
*1905 †1969
1. ∞ Gustav
Gründgens
(† 1963)
2. ∞ Wystan
H. Auden
(†1973)

Klaus
*1906
†Freitod
1949

Gottfried
(Golo)
*1909
†1994

Monika
*1910 †1992
∞ Jenö Lányi
(†1940)

Michael
*1919
†1977
∞ 1939
Gret Moser

Elisabeth
*1918 †2002
∞ Guiseppe
Antonio Borgese
(†1952)

Eva Maria
*1901 in München
∞ Hans Bohnenberger

Rosemarie
*1907
in München
∞ Fritz Alder
(†1942)

Ilsemarie
*1907
in München
∞ Lünen-
schloß (†)

Aus: Hans Wißkirchen: Die Familie Mann. Copyright © 1999 by Rowohlt Taschenbuch Verlag, Reinbek bei Hamburg

Lebenslauf von Thomas Mann

1875	Thomas Mann wird am 6. Juni als zweiter Sohn des Senators Thomas Johann Heinrich Mann in Lübeck geboren.
1891	Tod des Vaters (*1840); Liquidierung der Handelsfirma „Johann Siegmund Mann" (d. i. der Urgroßvater von Thomas Mann und Firmengründer im Jahre 1790)
1893	Mitherausgeber der Zeitschrift „Frühlingssturm, Monatsschrift für Kunst, Litteratur und Philosophie" – Abgang vom Gymnasium aus der Obersekunda. Thomas Mann verlässt Lübeck und zieht nach München.
1894	Volontär einer Feuerversicherungsgesellschaft. Veröffentlichung seiner ersten Erzählung „Gefallen"
1895-1896	Studium an der Technischen Hochschule, München. – Veröffentlichung von Beiträgen in der Zeitschrift „Das Zwanzigste Jahrhundert, Blätter für deutsche Art und Wohlfahrt" (Herausgeber der Zeitschrift ist sein Bruder Heinrich Mann)
1896-1898	Aufenthalt in Rom, Palestrina. 1897 Beginn der Arbeit an „Buddenbrooks"
1898-1899	Redakteur des „Simplicissimus" (einer der renommiertesten zeitgenössischen politisch-satirischen Wochenzeitschriften). – 1898 Veröffentlichung der Erzählungensammlung „Der kleine Herr Friedemann" im S. Fischer Verlag
1900	Militärdienst
1901	Roman „Buddenbrooks, Verfall einer Familie" (in zwei Bänden)
1903	Veröffentlichung der Erzählungensammlung „Tristan", darunter die Erzählung „Tonio Kröger"
1905	Heirat mit Katharina (Katia) Pringsheim. Geburt der Tochter Erika – Drama „Fiorenza" und Erzählungen „Wälsungenblut" und „Schwere Stunde"
1906	Geburt des Sohnes Klaus
1908	Bau eines Sommerhauses in Bad Tölz
1909	Geburt des Sohnes Golo – Roman „Königliche Hoheit"
1910	Geburt der Tochter Monika – Freitod der Schwester Carla (*1881) – Beginn der Arbeit an dem Roman „Bekenntnisse des Hochstaplers Felix Krull"
1912	Erzählung „Tod in Venedig"
1912-1913	Mitglied im Zensurbeirat der Königlich Bayerischen Polizeidirektion
1913	Beginn der Arbeit am Roman „Der Zauberberg"
1914	Fertigstellung und Bezug des Hauses Poschinger Str. 1 (heute Thomas-Mann-Allee 10) in München-Bogenhausen
1915	Veröffentlichung des Essays „Friedrich und die große Koalition"
1918	Geburt der Tochter Elisabeth – Veröffentlichung der „Betrachtungen eines Unpolitischen"
1919	Geburt des Sohnes Michael – Erzählungen „Herr und Hund" und „Gesang vom Kindchen"
1922	Rede „Von deutscher Republik" und Veröffentlichung des ersten Buches der „Bekenntnisse des Hochstaplers Felix Krull, Buch der Kindheit"
1923	Tod der Mutter Julia, geb. da Silva-Bruhns (*1851)
1924	Roman „Der Zauberberg"
1926	Beginn der Niederschrift der „Joseph"-Romane. Erzählung „Unordnung und frühes Leid"
1927	Freitod der Schwester Julia (*1877)
1929	Nobelpreis für Literatur
1930	Erzählung „Mario und der Zauberer". Rede „Deutsche Ansprache, Ein Appell an die Vernunft" wird von rechts gerichteten Krawallmachern gestört. – Reise nach Ägypten und Palästina.

1932	Reden im Goethe-Jahr
1933	Im Februar emigriert Thomas Mann (zuerst nach Sanary-sur-Mer und später nach Küsnacht bei Zürich, wo er bis 1938 lebt). – Veröffentlichung des ersten Bandes der Joseph-Romantetralogie „Joseph und seine Brüder. Die Geschichte Jakobs"
1934	Zweiter Band der Joseph-Romantetralogie „Joseph und seine Brüder. Der junge Joseph" – Erste Reise in die USA
1936	Dritter Band der Joseph-Romantetralogie „Joseph und seine Brüder. Joseph in Ägypten" – Aberkennung der deutschen Staatsbürgerschaft. Thomas Mann wird tschechischer Staatsbürger.
1938	Übersiedlung in die USA – Gastprofessor (Lecturer in the Humanities) an der Universität Princeton, N. J.
1939	Roman „Lotte in Weimar"
1940	Umzug nach Kalifornien – ab Oktober monatlich eine Radiosendung über BBC ins nationalsozialistische Deutschland: „Deutsche Hörer!" bis Ende 1945
1941	Bau eines eigenen Hauses in Kalifornien (Pacific Palisades): Wohnsitz von 1942-1952. Nach dem Ende seiner Princeton-Professur wird er „Consultant in German Literature" der Library of Congress in Washington und behält diesen Posten bis 1944
1943	Vierter Band der Joseph-Romantetralogie „Joseph und seine Brüder. Joseph, der Ernährer" und die Erzählung „Das Gesetz" (zuerst in englischer Sprache, ein Jahr später in deutscher Sprache)
1944	Thomas Mann wird amerikanischer Staatsbürger
1947	Roman „Doktor Faustus. Das Leben des deutschen Tonsetzers Adrian Leverkühn erzählt von einem Freunde". – Erste Europareise nach dem Zweiten Weltkrieg
1949	Roman „Die Entstehung des Doktor Faustus. Roman eines Romans". Reden im Goethe-Jahr. – Erster Besuch in Deutschland nach dem Zweiten Weltkrieg. Freitod seines Sohnes Klaus. Tod seines Bruders Viktor (*1890).
1950	Tod seines Bruders Heinrich (*1871)
1951	Roman „Der Erwählte"
1952	Rückkehr nach Europa. Niederlassungsbewilligung in der Schweiz. Ab diesem Zeitpunkt jährliche Besuche in Deutschland
1953	Erzählung „Die Betrogene"
1954	Romanfragment „Bekenntnisse des Hochstaplers Felix Krull. Der Memoiren erster Teil" – Erwerb des letzten Hauses in Kilchberg bei Zürich
1955	„Versuch über Schiller". Schiller-Reden. Ehrenbürger der Stadt Lübeck. Am 12. August stirbt Thomas Mann im Kantonsspital in Zürich

Aus (leicht verändert): Schröter, Klaus: Thomas Mann. Copyright © 1964 by Rowohlt Taschenbuch Verlag, Reinbek bei Hamburg

Lexikonauszug „Mann, Thomas"

Mann, Thomas, Schriftsteller, Lübeck 6.6.1875, † Kilchberg bei Zürich 12.8.1955 […], entstammte einer Lübecker Patrizier- und Kaufmannsfamilie; seine Mutter war Tochter einer portugiesisch-kreoli-
5 schen Brasilianerin. M. lebte seit 1893 meist in München, ∞1905 mit Katja Pringsheim (*1883, †1980), kehrte im Febr. 1933 von einer Vortragsreise in die Schweiz nicht nach Dtl. zurück, ließ sich dort nieder, ging 1939 in die USA, lebte seit 1952 wieder
10 in der Schweiz (Kilchberg). M. wurde schon mit seinem ersten Roman berühmt: „Buddenbrooks. Verfall einer Familie" (2 Bde., 1901) trägt autobiograf. Züge und schlägt bereits ein Thema an, das M.s Gesamtwerk beherrscht: die Polarität zw. Bürger und Künst-
15 ler (fortgeführt u. a. in den Novellen „Tonio Kröger", „Tristan", beide 1903; „Der Tod in Venedig", 1912). Nach einem inneren Klärungsprozess in der Folge des Ersten Weltkriegs („Betrachtungen eines Unpolitischen", 1918) entstand „Der Zauberberg" (1924),
20 mit dem M. die Tradition des europ. Bildungsromans fortführt und in dem in großen philosoph. Gesprächen die geistigen Bezüge M.s (Schopenhauer und Nietzsche, Goethe und R. Wagner) sichtbar werden. Die Eigenarten seiner Gestaltungskunst sind
25 hier bereits voll ausgebildet. Die skeptisch-iron. Distanz des Erzählers zu seinen Figuren, die leitmotiv. Wiederkehr typ. Konstellationen und der syntaktisch komplizierte Stil bestimmen auch die folgenden Romane. In der Tetralogie „Joseph und seine Brüder"
30 (1933/43) funktioniert er mit diesen Mitteln den Mythos des alttestamentl. Stoffes zur humanist. Botschaft um; in „Lotte in Weimar" (1939) unternimmt er das Wagnis einer literar. Gestaltung Goethes, dem er sich auch mit der Transponierung des Faust-Stof-
35 fes in die Gegenwart im „Doktor Faustus" 1947 nähert, gleichzeitig eine Abrechnung mit dem Zusammenbruch des bürgerlichen dt. Humanismus. In den unvollendet gebliebenen „Bekenntnissen des Hochstaplers Felix Krull" (veröffentlicht ab 1911, endgültige Ausgabe 1954) spiegeln sich nochmals
40 die Themenkreise und Probleme, die M. während seines ganzen Lebens beschäftigten, diesmal in der Form des von Altersweisheit geprägten Schelmenromans. Die Novellen und Erzählungen variieren oft Themen der Romane: „Wälsungenblut" (1921),
45 „Mario und der Zauberer" (1930), „Das Gesetz" (1944). Die Essayistik und die Tagebücher (10 Bde., 1977/95) belegen die intensive geistige Auseinandersetzung mit allen Fragen seiner Zeit, die konsequent antifaschist. Haltung und seine Bekenntnisse zu De-
50 mokratie und Weltbürgertum. Nobelpreis für Literatur 1929.

Aus: Meyers Großes Taschenlexikon, 8. Auflage 2001

6.1 Liste der Verfilmungen und der mitwirkenden Schauspieler

	1923 (Stummfilm, s/w)	1959 (s/w)	1978 (Farbe)	2008 (Farbe)
Regie	Gerhard Lamprecht	Alfred Weidenmann	Franz Peter Wirth	Heinrich Breloer
Drehorte/Außen-aufnahmen	Lübeck	Lübeck & Tra-vemünde	Lübeck, Danzig, Warschau, Jarosla-wiec, Olsztynek, Sylt, Schwetzingen, Wiesbaden, Schön-berg a. d. Ostsee	Lübeck und Umge-bung, Brügge
Drehbuch	Alfred Fekete, Luise Heilborn-Körbitz und Gerhard Lamp-recht nach dem gleichnamigen Ro-man von Thomas Mann	Erika Mann, Harald Braun und Jacob Geis frei nach dem Roman von Thomas Mann	Franz Peter Wirth, Bert Rhotert, Hans Joachim Lange nach dem Roman von Thomas Mann	Heinrich Breloer, Horst Königstein
Musik	Guiseppe Becce	Werner Eisbrenner	Eugen Thomass	Hans-Peter Ströer
Uraufführung	31.08.1923 Berlin, Tauentzienpalast	11.11.1959 Lübeck, Stadthalle	15.09.1979 (1. Teil) in der ARD, dann wöchentlich 10 wei-tere Folgen	25.12.2008
Länge:		197 Minuten (2 Teile)	617 Minuten (11 TV-Folgen)	151 Minuten
Besetzung:				
Johann Buddenbrook			Carl Raddatz	
Antoinette Budden-brook			Katharina Brauren	
Leberecht Kröger	Rudolf del Zopp		Karl Lange	Elert Bode
Madame Kröger	Auguste Prasch-Grevenberg			
Johann Buddenbrook (Jean)		Werner Hinz	Martin Benrath	Armin Mueller-Stahl
Elisabeth Budden-brook	Mathilde Sussin	Lil Dagover	Ruth Leuwerik	Iris Berben
Tony Buddenbrook	Hildegard Imhof	Liselotte Pulver	Melanie Pianka, Marion Kracht, Reinhild Solf	Jessica Schwarz
Thomas Budden-brook	Peter Esser	Hansjörg Felmy	Armin Pianke, Michael Keschull, Volkert Kraeft	Mark Waschke
Christian Budden-brock	Alfred Abel	Hanns Lothar	Claudius Kracht, Alexander Stölze, Gerd Böckmann	August Diehl
Clara Buddenbrock		Gustl Halenke	Wega Jahnke	
Gerda Buddenbrook	Mady Christians	Nadja Tiller	Denise Torner, No-elle Chatelet	Léa Bosco
Hanno Buddenbrook		Reinhold Zobel	Kai Taschner, Adem Rimpapa	Raban Bieling

169

			Barbara Markus	
Erika Weinschenk, geb. Grünlich			Barbara Markus	
Klothilde		Helga Feddersen		
Ida Jungmann		Carsta Löck	Ursula Dirichs	Teresa Harder
Morton Schwarzkopf		Horst Janson	Rainer Goerne-mann	Alexander Fehling
Vater Schwarzkopf		Gustav Knuth	Rolf Boysen	Uwe Rohde
Mutter Schwarzkopf		trotz Sprechrolle nicht in unter den DarstellerInnen im Vorspann aufge-führt	Marianne Kehlau	Brigitte Janner
Bendix Grünlich	Ralph Arthur Roberts	Robert Graf	Michael Degen	Justus von Dohnányi
Kesselmeyer	Emil Heyse	Joseph Offenbach	Klaus Schwarzkopf	Sylvester Groth
Alois Permaneder		Walter Sedlmayr	Dieter Kirchlechner	Martin Feifel
Hugo Weinschenk			Heinz Baumann	
Pastor Tiburtius		Frank Freytag	Henning Gissel	
Sesemi Weichbrodt	Else Wagner	Hela Gruel	Regine Lutz	
Leutnant v. Throta	Kurt Vespermann	Matthias Fuchs	Edwin Noël	Maximilian von Pufendorf
Markus	Karl Platen	Carl Ludwig Lindt	Udo Thomer	Thomas Meinhardt
Hermann Hagen-ström/ (1959: Wagen-ström)		Wolfgang Wahl	Karl-Heinz von Hassel	Fedja van Huêt
Herr Wenzel		Rudolf Platte		
Hauptpastor Kölling		Paul Hartmann	Hans Häckermann	
Anna (später: Iwersen)		Ellen Roedler	Alicja Jachiewicz	Maja Schöne
Makler Gosch		Fritz Schmiedel		André M. Hennicke
Dr. Grabow	Charlotte Böcklin	Hans Leibel	Alexander Hegarth	Michael Abendroth
Aline Puvogel	Friedrich Taeger	Maria Sebaldt		Nina Proll
Bürgermeister Oeverdieck		Karl Kramer		
Kai Graf Mölln		John Koch		Jan-Hendrik Kiefer
Dr. Langhals		Peter Lühr	A. Michael Rueffer	
Lehrer Modersohn		Günther Jerschke		

6.2 Kritikspiegel zu H. Breloers Film „Buddenbrooks" (2008)

- Cinema Nr. 01/09 *(halb erhobener Daumen; kurzweilig; teilweise Klischees, aber meidet Pathos)*
- epd Film Nr. 1/2009, von Wilhelm Roth *(3 von 5 Sternen; zu verkürzt, Schwerpunkt auf Ausstattung, gelegentliche Intensität den Schauspielern zu verdanken, vor allem Schwarz)*
- film-dienst Nr. 26/2008 *(gemischt; Lob für Ausstattung und Waschkes Darstellung, aber eigene Sicht und Lebendigkeit fehle, schlechte Musik)*
- Berliner Zeitung vom 23. Dezember 2008, von Dirk Plitz *(„Enttäuschung"; Film bleibe aufwendige Bebilderung, Breloer führe Darsteller schlecht, die zu routiniert spielen)*
- Cicero (Zeitschrift) vom 13. Januar 2009, von Josef Girshovich *(„Teletubby-Niveau"; Regie komplett misslungen, keine Spur von Thomas Mann, Schulfilm wie nach Rosamunde Pilcher)*
- Frankfurter Allgemeine Zeitung vom 24. Dezember 2008, von Edo Reents *(Ablehnung; thematisch unfokussiert, überladen, langweilig, nur Schwarz überzeuge)*
- Frankfurter Rundschau vom 16. Dezember 2008, von Peter Michalzik *(eher positiv; großes Lob für die fünf Hauptdarsteller, der Perfektionismus der Inszenierung lasse Film allerdings steif erscheinen)*
- Neue Zürcher Zeitung vom 24. Dezember 2008, von Claudia Schwartz *(positiv; vor allem Schwarz und Waschke spielen überzeugend, Lob für „Schauwerte")*
- Die Presse vom 19. Dezember 2008, von Thomas Kramer *(gemischt; Lob für Schwarz und Waschke, Regie nur teilweise gelungen, sehr schlechte Musik)*
- Der Spiegel Heft 51/2008, von Nikolas von Festenberg *(tendenziell negativ; Vorwurf der Oberflächlichkeit, Lob für Schwarz)*
- Stuttgarter Zeitung vom 23. Dezember 2008, von Tim Schleider *(vollkommen gescheitert; der Film sei nur äußere Form ohne eigenes Thema und eigene Sicht)*
- taz vom 20. Dezember 2008, von Dirk Knipphals *(Verriss; Figurenmotivation und -spiel gehen in schwelgerischer Ausstattung, Kostümen und Musik unter)*
- Die Zeit vom 23. Dezember 2008, von Jens Jessen *(missraten; Breloer erzählt hastig und ohne Interesse)*

Auszug aus : http://de.wikipedia.org/wiki/Buddenbrooks (2008), Seitenaufruf v. 08.10.2009. Einen Überblick über weitere, auch abseitigere Kritiken zum Film im Internet oder in einschlägigen Filmzeitschriften liefert die Internet Motive Database (IMDb) (http://akas.imdb.com/), die zum Film am Ende der Seite einen Link zu External Reviews anbietet, über den eine Liste solcher Kritiken verfügbar gemacht wird, auf die auch verlinkt wird.

6.3 Aufgaben mit Fragestellungen für einen Vergleich zweier Verfilmungen der „Buddenbrooks"

❐ *Halten Sie schriftlich fest, wie Sie selbst die Nähe oder Ferne der verschiedenen Verfilmungen zur Romanvorlage empfinden. Woran machen Sie Ihre Wahrnehmung fest?*

❐ *Vergleichen Sie, welche Episoden und Personen[1] des Romans der Film jeweils aufnimmt, welche er außer Acht lässt. Welche Aspekte der Romanvorlage werden jeweils betont, welche nur beiläufig vermittelt?*

❐ *Lassen die unterschiedlichen Verfilmungen für Sie so etwas wie einen „Zeitgeist" oder ein „Lebensgefühl" erkennen? Informieren Sie sich über wirtschaftliche und soziale Verhältnisse der Entstehungszeit der Filme.*

❐ *Prüfen Sie, inwieweit Romanfiguren oder -handlungen in den Filmen unterschiedlich gedeutet werden.*

❐ *Zeigen Sie, auf welche Weise der jeweilige Film möglichen Sehgewohnheiten der Betrachter gerecht zu werden versucht (z.B. im Hinblick auf das „Tempo" des Films). Welche filmtechnischen Möglichkeiten werden mit welcher Wirkung eingesetzt?*

❐ *Lesen Sie Selbstäußerungen von „Machern" des Films. Spiegeln sich die erklärten Absichten und Deutungen des Romans im jeweiligen Produkt wieder?*

---

[1] Zur ersten Orientierung könnte hier die oben stehende Tabelle (Zusatzmaterial 6.1) dienen.

6.4 Drei Filmkritiken zu Breloers Film „Buddenbrooks" (2008)

a) Ein Film mit Sehnsucht

Heinrich Breloers Adaption von Thomas Manns „Buddenbrooks"

Der Film beginnt mit einer Fahrt im gestohlenen Lei-
terwagen über den holprigen Pflasterstein der Hansestadt Lübeck, mit einem rasanten Rennen der Spröss-
linge Buddenbrook und Hagenström. Viel später
werden sich die beiden Firmerben Thomas Buddenbrook und Hermann Hagenström nochmals ein Kut-
schenrennen liefern. Da ist das Leben kein Kinderspiel
mehr: Buddenbrooks „Coup", seinem ewigen Konkurrenten eine ganze Ernte „auf dem Halm" zum
Spottpreis vor der Nase weggeschnappt zu haben, wird
im Hagelschlag zunichte und beschädigt den Lebens-
nerv seiner bereits geschwächten Handelsfirma: Tout
perdu – der im Untertitel von Thomas Manns Roman
angekündigte „Verfall einer Familie" ist unaufhaltsam.
[…]

Einige Freiheiten

Es liegt in der Natur der Sache, dass sich die filmische
Adaption in Verkürzung und Zusammenzug einige
Freiheiten nimmt: Die Geschichte beginnt erst mir der
zweiten (von vier) Generation, die Kinderzahl des Patriarchen Jean Buddenbrook ist auf die drei Figuren
Thomas, Tony und Christian geschrumpft, und Tony
Buddenbrook bleibt im Film ohne Nachwuchs. Solches Weglassen verzeiht man indes, solange die Auswahl im Übrigen treffend ist wie hier bei Breloer, der
in gewohnt solider Kenntnis des Stoffes ein Extrakt
geschaffen hat, das die Geschichte mit bedachter Bewunderung, aber ohne museale Überhöhung in ihren
Grundzügen wiedergibt.
Denn so schwer Manns Werk einerseits zu verfilmen
sein mag, da die Handlung zunehmend in Reflektionen
und inneren Monologen fortschreitet, so ist in ihm andererseits alles vorhanden, von dem das Kino lebt.
„Buddenbrooks" stellt in seiner Thematik eine
illustre Familiensaga von zeitloser Gültigkeit dar mit
verbotener Liebe, Vernunftehen, Geburt, Scheidung,
Klatsch, Tod und Bruderzwist, kurzum: mit den Ingre-
dienzen einer Daily Soap, wie sie im Buche stehen. […]
Es wäre nun also seltsam verquer, würde Breloer –
noch dazu bei einem für ein Massenpublikum ange-
legten Film – auf solchen Unterhaltungswert auf hohem Niveau verzichten und lieber aus der Familienchronik zitieren. Die Schauwerte des großen
Gesellschaftsromans lässt er im üppigen Kostümfilm
aufleben. Er tut damit der literarischen Vorlage keinen
Tort an, abgesehen von zwei Ausrutschern, da er die
Begegnung Tonys mit ihrer großen Liebe Morten
Schwarzkopf (Alexander Fehling) in blankem Kitsch
herunterreißt und den korrupten Bankier von Tonys
erstem Ehemann, Kesselmayer (Sylvester Groth), in
seinem penetranten Gekicher zur Groteske verkom-
men lässt.

Psychische Dispositionen

Die von Mann auf mehr als 700 Seiten ausgebreitete,
atemraubende Geschichte vom Glanz und Untergang
der Lübecker Kaufmannsfamilie Buddenbrook fasst
Breloer in knapp zweieinhalb Kino-Stunden geschickt
zusammen. […] In der Schilderung der historischen
Umstände, der Atmosphäre der Revolution von 1848
beschränkt er sich wie der damals 22-jährige Schriftsteller gerade auf das Nötigste. Umso genauer sind die
Figuren gezeichnet. Vor unserem geistigen Auge ent-
falten sich jene psychischen Dispositionen der Protagonisten, dank denen sie jeweils auf ihre eigene Art
an einer fragilen Gegenwelt zur Wirklichkeit ver-
hängnisvoll festhalten.

Schönes Rätsel

Vor allem Jessica Schwarz und Mark Waschke vermitteln in den Rollen von Tony Buddenbrook und
ihrem Bruder Thomas eine Vorstellung von Manns
„Seelengeschichte" des deutschen Bürgertums, des
dekadenten Verfalls, der vom Unvermögen der Figuren selbst beförderten kontinuierlichen Abwärtsspira-
le einer Existenz. Wobei Tony in ihrer „beglückten
Überheblichkeit" unbeirrbar naiv bleibt, während in
Thomas, der Pflichtbewusstsein und Verhaltenskodex
als durch Herkunft unumstößlich gegeben annimmt,
in seiner Zerrissenheit Möglichkeiten der Veränderung zumindest angedeutet sind. Es ist ein Glücksfall,
dass dieser Film hier Zurückhaltung übt und die Figuren sich dezent vor allem über ihre eng an die Sprache Manns anlehnenden Dialoge erschließen.
So bleibt dieser unaufhörliche Untergang wie im Buch
am Ende doch irgendwie ein schönes Rätsel. Breloers
unaufgeregtes Spektakel der Selbstentfremdung ist
ein offenes „Schauspiel, in dem wir alle mitspielen",
und nach dem Geschmack des Bohemien Christian
Buddenbrook (August Diehl), der über all der Fami-
liarität für das standesgemäße Abweichlertum sorgt.
Einzig Armin Müller-Stahl, der bereits bei den Dreh-
arbeiten beklagte, nur noch Todesrollen angeboten zu
bekommen, scheint von solch ironischer Distanz
nichts wissen zu wollen und darf hier in der Rolle des
großen Patriarchen Jean Buddenbrook vor allem an
seinem eigenen Denkmal arbeiten.
Ein filmhistorisches Gemälde, wie es Visconti oder
Scorsese grundiert hätten, geben diese „Buddenbrooks" zwar nicht ab. Aber eine schöne Erinnerung
rufen sie wach an unvergessliche Figuren, die einem
im Buch schon einmal begegneten und die man immer wieder aufsucht. Durchaus ein Weihnachtsfilm also, ein Film mit Sehnsucht. Und wenn diese sich auch
als „Erzeugnis mangelhafter Erkenntnis" herausstel-
len sollte, wie es im „Tod in Venedig" einmal heißt –
ja, dann hilft eben nur Lektüre.

Claudia Schwartz, in: Neue Zürcher Zeitung v. 24.12.2008, gekürzt

b) Im Großen und Ganzen schade um das Geld

Dreimal wurden die „Buddenbrooks" schon verfilmt, aber jede Generation braucht ihre eigene Fassung. Also reden wir jetzt über Finanzen und Familie. Die erste Generation? Man fängt gleich mit der zweiten an. Sesemi Weichbrodt und Groleben, die strafende Prophetin und der Memento-mori-Botschafter? Kommen ebenfalls nicht vor. Der genial mit dem Gewitter und einer Familienunterhaltung kurzgeschlossene Schlaganfall des Konsuls, der Tod der Konsulin? Verkürzt, verschenkt. Tonys Tochter, die ebenfalls an einen Betrüger gerät? Gibt es nicht. Hannos Schultag? Gestrichen. Der Erbschleicher Sievert Tiburtius? Dito. Das schwere Essen, bei dem so wichtige Dinge verhandelt werden? Ersetzt durch Ballszenen. All die Redensarten nach Art von „Mein Gott, ich war eine Gans damals" (Tony), „Ich kann es nun nicht mehr" (Christian) oder „Die Dehors wahren" (alle außer Christian)? Fehlanzeige.
[…]
Das Erstaunliche an diesem Film ist, dass er trotz der vielen Lücken, die sich ja rechtfertigen ließen, sofern man den Eindruck bekäme, der Regisseur konzentrierte sich lieber auf etwas anderes, auf Thomas Buddenbrooks gesundheitlichen Niedergang beispielsweise, auf die Tendenz zur Frömmelei oder auf Hannos Todessehnsucht – dass dieser Film trotzdem so wirkt, als wolle er es allen recht machen und dürfe dabei so wenig wie möglich weglassen. Heinrich Breloers Vorliebe für Bettszenen ist noch aus den „Manns" erinnerlich – hier wird sie vollends lachhaft, wenn wir Thomas und Gerda in Aktion sehen und doch eigentlich wissen, wie die Braut aus Amsterdam es mit der körperlichen Liebe hält. Der Witz im Roman ist ja der, dass Thomas sich mit Gerda die Kunst und damit den Todeskeim ins Haus holt. Sohn Hanno besteht dann quasi nur noch aus Nerven, der Typhus braucht keine Ursache mehr, um ihn dahinzuraffen. Im Film aber sehen wir Hanno mit Freund Kai auf der Trave schippern, der robuste Kai nimmt Hanno irgendwelche Zettel weg, auf denen sich dieser offenbar Notizen zur Schopenhauer'schen Philosophie gemacht hat, und wirft sie ins Wasser, Hanno hechtet hinterher und liegt dann auch schon fiebernd auf dem Totenbett. Das ist so unbedrohlich geschildert wie die anderen Tode auch. Mit ihnen wollte Thomas Mann seinen Geschichtspessimismus beglaubigen: Der Tod war für die erste, im achtzehnten Jahrhundert wurzelnde Generation fast noch ein Freund, der entsprechend leichtes Spiel hatte. Bei den Nachfolgern dauert das Sterben immer länger. Was für eine Chance für einen Filmemacher, welche Herausforderung für die Maskenbilder, das genüsslich auszumalen, grausam in die Länge zu ziehen, um dem Zuschauer etwas Angst einzujagen, ihm zu zeigen, dass es um Leben und Tod geht und nicht nur, wie hier unaufhörlich behauptet, aber nicht bewiesen wird, um Finanzen und Familie!

Bei Breloer kommen sie zu leicht davon, es geht viel zu schnell mit dem Konsul und der Konsulin, Thomas und Hanno. Dabei stimmt die Handlung im Großen und Ganzen ja: Eine Lübecker Kaufmannsfamilie verfällt, wie der Romanuntertitel dies auch vorsieht. Das Geld wird weniger, die Lebenstauglichkeit auch, während die Neigung, sich mit sich selbst zu befassen, krankhaft überhandnimmt und am Ende nur das Interesse für Kunst übrig bleibt und die moderner gesinnte Konkurrenzfamilie Hagenström das Haus entern kann. Dies alles geht nach inneren Gesetzmäßigkeiten vor sich, die ohne Nietzsches Dekadenzanalyse schwer verständlich sind und die, das sei zugegeben, sich nur schwer in Bilder fassen lassen. Deswegen verlegt sich Breloer auf das Handgreiflichste, das Finanzielle, und lässt sein Personal die Phrase wiederkäuen, dass Geld nach Geld strebt; dazu ein paar Tanzeinlagen – fertig ist die These von der anhaltenden gesellschaftlichen Bedeutung des Romans, den man uns neuerdings sogar als eine Art Nationalepos verkaufen will.
[…]
Der Mangel an Subtilität, der sich schon aus leichtfertig verschenkten Gelegenheiten ergibt, wird durch die Üppigkeit der Inszenierung nicht wettgemacht. Die Bilder sind sehr erlesen; aber sie vermitteln nicht einen Hauch von jener Nervosität, um die es dem Roman zu tun ist. Auch die Kamera hätte mehr Geduld aufbringen müssen. So wirkt der Film, trotz seiner für Kinoverhältnisse überdurchschnittlichen Länge und unter Kappung der so wichtigen leitmotivischen Struktur, merkwürdig gehetzt. Dabei sind den „Buddenbrooks" die Verfallssymptome schon zu Beginn eingeschrieben; Breloer aber kassiert die unheimliche Gemütlichkeit und beginnt mit einem Backfischball. Jedoch ist die Tony der Jessica Schwarz die einzige überzeugende Personalie, während Armin Müller-Stahl und Iris Berben als deren Eltern eine glatte Fehlbesetzung sind. Der Konsul ist viel zu bedächtig, die Konsulin befeuert ihr gnadenloses Etikettenbewusstsein mit dem Klischeebaukasten, sodass sie immer „Wie beliebt?" fragt. Dass die Brüder Thomas (Mark Waschke) und Christian (August Diehl) im Ganzen so konturlos bleiben, ist wohl der Absicht geschuldet, Tony zur Hauptfigur zu machen. Dieser erstaunlich langweilige Film ist aber nicht nur nach seiner Werktreue zu beurteilen, sondern auch an seinen Vorgängern und am eigenen Anspruch zu messen. Im Begleitbuch, das fast so dick ist wie der Roman, meint Breloers Kameramann Gernot Roll, sich von seiner eigenen Arbeit, der Fernsehfassung von 1979, distanzieren zu müssen, die bis auf Weiteres die beste Thomas-Mann-Verfilmung bleibt und die Frage aufwirft, warum Breloer sich überhaupt an die Sache herangewagt hat. Der Regisseur behauptet, man habe hier „noch einmal alles aufgerufen, was wir über die

173

Manns und das Kino wissen". Es kann nicht so viel
225 gewesen sein.

[…]

Edo Reents: Im Großen und Ganzen schade um das Geld. In: Frankfurter Allgemeine Zeitung vom 24.12.2008, Nr. 301, S. 35 – gekürzt.
Alle Rechte vorbehalten. © F.A.Z. GmbH, Frankfurt am Main

c) Die Verführungskraft der schönen Dinge

„Buddenbrooks", die Dritte – Heinrich Breloer hat Thomas Manns Roman verfilmt

230 [...]

Eine Redoute im Stadttheater, die Buddenbrooks befinden sich auf der Höhe ihrer Geltung. Sind die Roben nicht prächtig, die Fräcke nicht elegant? Wie schön schimmern doch die seidenen Aufschläge! Wie
235 rascheln nicht die Rüschen und Volants, wie bürgerlich-beherrscht und zugleich verwegen heben die Zylinder das Selbstgefühl der jungen Herren. Nicht allein, dass die Tanzenden sich drehen, die Kamera dreht sich mit, ganz eins mit den Ballgästen, ganz ver-
240 liebt in den Taumel, den Glanz, ganz erfüllt von der Lust, in der Verliebtheit alles aufregend, bemerkenswert zu finden. Im Lagerhaus der Firma Buddenbrook ist es nicht anders. Die Buddenbrooks handeln mit Getreide, die Luft ist staubig, so fällt das Licht in deko-
245 rativen Strahlen ein, man meint, darin das einzelne Staubkorn wirbeln zu sehen. Hier spricht der Prinzipal noch plattdeutsch mit seinen Leuten; und sich einen Maltersack mit dem rechten Schwung aufzuhucken, das versteht er auch. Tragen die
250 Buddenbrooks etwas in ihr Familienbuch ein, so zeigt die Kamera die schwere fasrige Qualität des Papiers, über das die Stahlfeder hörbar kratzt. Das ist mehr als Schreiben, das ist ein Sich-Einschreiben in die Welt. Da soll die Natur nicht zurückstehen. Die Wellen der
255 Ostsee sind so frisch und kräftig, wie man sie kaum je gesehen hat. Nebel, Dunst und Rauch – allesamt oft und gern verwendete Mittel – sind so nebelig, dunstig und rauchig, wie man es sich nur denken kann. Ein enormer Anteil der künstlerischen Energie muss
260 auf Bauten, Kostüme und Requisiten verwendet worden sein. Man kennt es aus deutschen Filmen, die etwas Besonderes sein wollen; schön ist es nicht. Es liegt etwas Protzendes darin: Das haben wir alles auch! Mag schon sein, dass Liebe zu der untergegan-
265 genen Welt des alten Handelsbürgertums im Hintergrund stand. Für den Zuschauer nimmt es sich anders aus. Die Verführungskraft, mit der die schönen Dinge ins Licht gerückt werden, erinnert ihn an Werbung und so schlägt die Üppigkeit ins Billige um. Der Budden-
270 brooks-Film führt ein unablässiges Verkaufsgespräch mit seinem Zuschauer. Schon der Titel „Buddenbrooks" mit seinen Goldbuchstaben sieht aus wie das Angebot der Woche bei Tchibo. Und das siebentürmige Lübeck, das so effektvoll in Szene gesetzt ist,
275 kenne ich das von der Mazipanpackung oder vom Marmeladenglas?

Die optische Aufdringlichkeit der Dinge ist nie angenehm. Hier ist sie fatal. Vom ersten Moment geht der Film so vor, und weil die Kamera (Gernot Roll) im- 280 mer wieder aus der Sicht der Figuren geführt wird, sind sie es, die die Lübecker Welt des 19. Jahrhunderts so erstaunt betrachten. Vom allerersten Moment an ist alles ein Gegenstand der Verwunderung. Die Selbstverständlichkeit, mit der die Buddenbrooks ihren Ge- 285 schäften nachgingen, die Sicherheit, das Rechte zu tun, erfolgreich zu wirtschaften, gleichsam natürlich Stadt und Gesellschaft anzuführen, diese lebensvolle Sicherheit, die der Familie im Roman von Thomas Mann erst allmählich, von Generation zu Generation 290 verloren geht, sie hat bei Breloer nie bestanden. Und so wird das Geschehen moralisiert. Die Figuren handeln nicht aus eingelebter Festigkeit, sondern aus individuellem Gutdünken. Wird Tony aus geschäftlichen Gründen an den Kaufmann Bendix Grünlich 295 verheiratet, so ist das nicht mehr eine Familienpolitik, die für die Eltern wie alle ihre Generationsgenossen ganz selbstverständlich ist, aus Loyalität der Firma gegenüber. Es ist eine persönliche Herzlosigkeit, der Sieg der Geldgier über die Gebote des Herzens. Das 300 ist der große Fehlschlag des Breloer'schen Unternehmens: Seine übergroße Sorgfalt im Gegenständlichen lässt nicht eine soziale Ordnung entstehen, sondern ein Angebot schöner Dinge, zwischen dem seine Figuren isoliert herumirren wie wir Heutigen im Kauf- 305 haus.

Schwärmerei ohne Rätsel

Ist das ein Einwand? Hat nicht der Film als eigene Kunst das Recht, von der Vorlage abzuweichen? Das hat er, gewiss. Der Film muss den Gedanken vom Be- 310 wusstsein als Feind der Lebenskraft, der Thomas Mann so wichtig war, nicht aufnehmen. Und er tut es auch nicht, nicht sehr ernsthaft jedenfalls, auch wenn das Filmbuch, das Breloer verfasst hat (S. Fischer), etwas anderes sagt. An der Figur des Thomas Budden- 315 brook müsste es sich zeigen. Doch der Mann, mit dem sich das Schicksal der Familie und ihrer Firma wendet, bekommt in der Darstellung durch Mark Waschke kein scharfes Profil. Das Zerissenwerden zwischen Pflichtbereitschaft und dem Verlust der inneren Si- 320 cherheit, dieser Pflicht wirklich genügen zu sollen und zu wollen, das wird kaum angesprochen. Die Schwärmerei für die musikalische Gerda Arnoldsen hat nichts Rätselhaftes, für schöne Rotblondinen schwärmt im Kino jeder. Dass Thomas stirbt nach ei- 325 ner Zahnbehandlung, das wird verstehen nur, wer den Roman gelesen hat.
Dabei wird nicht schlecht gespielt in diesem Film. August Diehls Wandlungsfähigkeit bewährt sich in der Rolle des Christian Buddenbrook, den er vor allzu viel 330 Exzentrizität bewahrt, Jessica Schwarz gibt eine Tony, deren Einfalt und Konventionalität nicht ohne Schönheit und Liebenswürdigkeit ist, Armin Müller-Stahl

174

stattet den Jean auf bewährte Weise mit selbstgewis-
ser Bonhomie aus, vielleicht auf allzu bewährte Wei- [335]
se. In zweieinhalb Stunden wird ein großer Roman als
Fotoalbum durchgeblättert. Doch wozu das alles? In
den letzten Wochen haben die Beteiligten sich kapi-
talismuskritisch vernehmen lassen. Dem Film ist das
aber nicht anzumerken. Die Fa. Buddenbrook geht un- [340]
ter, die Fa. Hagenström steigt auf, eine bösere, bruta-
lere Zeit ist damit nicht angebrochen. Wenn jetzt die
Buddenbrooks wieder, zum dritten Mal in der Nach-

kriegszeit, verfilmt werden, so wird es an dem viel be-
redeten Wunsch nach Familiengeschichten liegen, der [345]
in Deutschland angeblich allein mit Hilfe der Häuser
Mann und Wagner zu befriedigen ist. Mit dem Mehr-
teiler zum Thema Bayreuth muss gerechnet werden.
Der kann durchaus besser werden.

Stephan Speicher, in: Süddeutsche Zeitung v. 24.12.2008 – gekürzt.
Copyright ©: SZdigital: Alle Rechte vorbehalten – Süddeutsche Zeitung GmbH, München – Jegliche Veröffentlichung exklusiv über www.sz-content.de)

Aufgabenstellung: Vergleich der Filmkritiken

❏ Lesen Sie die drei Kritiken zu Breloers „Buddenbrooks"-Film.

❏ Entscheiden Sie sich zur intensiven Weiterarbeit für einen der drei Texte. Beachten Sie, dass die Texte in Ihrer Lerngruppe etwa gleich verteilt sind. Machen Sie sich zu jeder der folgenden Teilaufgaben Notizen (je Teilaufgabe eine Karteikarte o. Ä.).

❏ Fassen Sie „Ihre" Kritik möglichst in einem Satz zusammen.

❏ Formulieren Sie, was „Ihr(e)" Kritiker(in) jeweils zum _Thema_ der Filmkritik macht.

❏ Zeigen Sie auf, welche Bedeutung für die/den Kritiker(in) die Romanvorlage hat.

❏ Prüfen Sie, wie die in der Kritik festgestellten Unterschiede zwischen Film und Roman bewertet werden.

❏ Versuchen Sie zu quantifizieren, wovon in der jeweiligen Kritik die Rede ist.

❏ Versuchen Sie in Thesenform die Maßstäbe zu formulieren, welche in „Ihrer" Kritik an den Film angelegt sind. (Alternativ: Formulieren Sie die von Ihnen vermuteten Vorstellungen, die der jeweilige Kritiker von einer „gelungenen" Verfilmung des Thomas-Mann-Romans hat.)

❏ Fixieren Sie Ihre Karteikarten an der Tafel und bringen Sie sie zusammen mit den Ergebnissen Ihrer Mitschüler ein eine Ordnung.

❏ Die Unterschiede in Ansatz und Ausführung der drei Kritiken sollten, nachdem alle die Ergebnisse zur Kenntnis genommen haben, verbalisiert und diskutiert werden.

❏ Prüfen Sie dabei, ob es unterschiedliche oder widersprüchliche Bewertungen gleicher oder ähnlicher Beobachtungen zum Film gibt.

❏ Stimmen Sie darüber ab, welche der Filmkritiken in ihrem Kurs mehrheitlich Zustimmung fand.

❏ (Je nach Zeit und Schwerpunkt des Unterrichtsvorhabens: Verfassen Sie eine eigene Kritik des Films als Literaturverfilmung.)

Liste der Übersetzungen der „Buddenbrooks"

(chronologisch, ohne Verlagsangaben)

Die folgende Liste gibt chronologisch geordnet die jeweils erste Übersetzung von „Buddenbrooks" in Buchform an.

1903	Übersetzung ins Dänische (1953 folgt eine weitere)
1904	Übersetzung ins Schwedische (1929/30, 1934, 1952 folgen weitere)
1910/11	Übersetzung ins Russische (1911, 1927, 1935-36, 1953 folgen weitere)
1911	Übersetzung ins Niederländische/Flämische (1969 folgt eine weitere; Neuübersetzung 1989)
1913/14	Übersetzung ins Tschechische (1930/33, 1950 folgen weitere)
1921	Übersetzung ins Ungarische
1924	Übersetzung ins Englische (Neuübersetzung 1993)
1925	Übersetzung ins Finnische
1929	Übersetzung ins Lettische und ins Norwegische
1930	Übersetzung ins Italienische (1945, 1952, 1964 folgen weitere)
1930	Übersetzung ins Litauische (1954 folgt eine weitere)
1930	Übersetzung ins Neuhebräische
1931	Übersetzung ins Polnische
1932	Übersetzung ins Französische
1932	Übersetzung ins Japanische (1938/39, 1954/55, 1968, 1969, 1972, 1976 folgen weitere)
1936	Übersetzung ins Spanische (1951, 1970, 1971 folgen weitere)
1936	Übersetzung ins Estnische (Neuübersetzung 1993)
1939	Übersetzung ins Serbische (1968, 1974 folgen weitere)
1942	Übersetzung ins Portugiesische
1949	Übersetzung ins Slowakische
1950	Übersetzung ins Kroatische
1955	Übersetzung ins Rumänische
1955	Übersetzung ins Türkische (1969/70 folgt eine weitere)
1956	Übersetzung ins Bulgarische
1957	Übersetzung ins Slowenische
1961	Übersetzung ins Arabische
1961	Übersetzung ins Albanische
1962	Übersetzung ins Chinesische (Kurzzeichen) (Neuausgabe 1997 – V. R. China)
1970	Übersetzung ins Georgische
1973	Übersetzung ins Ukrainische
1974	Übersetzung ins Mazedonische
1975	Übersetzung ins Moldauische
1978	Übersetzung ins Malayalam (Drawidische Sprache Südindiens u. Pakistans)
1979	Übersetzung ins Koreanische
1981	Übersetzung ins Chinesische (Langzeichen – Taiwan)
1986	Übersetzung ins Armenische und Griechische
1994	Übersetzung ins Katalanische
2000	Übersetzung ins Isländische

Nach: Moulden, Ken; v. Wilpert, Gero (Hrsg.) (1988): Buddenbrooks-Handbuch. Stuttgart: Alfred Kröner Verlag, S. 394 ff. Diese Liste wurde an verschiedenen Stellen ergänzt und fortgeschrieben auf der Grundlage der Angaben des Verlags S. Fischer (Brief an D. S./G. S. mit der ergänzenden Liste der Übersetzung vom 31.07.2000).

Zusammenstellung der verkauften Auflagen der „Buddenbrooks" im Fischer Verlag

Jahr	Ausgabe	Auflagenhöhe (fortgeschrieben)	kumulierter Zuwachs/ Jahr
1901	Zweibändige Ausgabe	1.000 (1 Tsd.)	+ 1.000
1903	Einbändige Ausgabe	3.000 (2.-3. Tsd.)	
1903	Nachdruck der einbändigen Ausgabe	5.000 (4.-5. Tsd.)	
1903	Nachdruck der einbändigen Ausgabe	7.000 (6.-7. Tsd.)	
1903	Nachdruck der einbändigen Ausgabe	10.000 (8.-10. Tsd.)	
1903	Nachdruck der einbändigen Ausgabe	13.000 (11-13. Tsd.)	+ 12.000
1904	Nachdruck der einbändigen Ausgabe v. 1903	18.000 (14.-18. Tsd.)	
1904	Nachdruck der einbändigen Ausgabe v. 1903	23.000 (19.-23. Tsd.)	
1904	Nachdruck der einbändigen Ausgabe v. 1903	27.000 (24.-27. Tsd.)	+ 14.000
1905	Nachdruck der einbändigen Ausgabe v. 1903	32.000 (28.-32. Tsd.)	
1905	Nachdruck der einbändigen Ausgabe v. 1903	37.000 (33.-37. Tsd.)	+ 10.000
1907	Nachdruck der einbändigen Ausgabe v. 1903	43.000 (38.-43. Tsd.)	+ 6.000
1909	Nachdruck der einbändigen Ausgabe v. 1903 (Volksausgabe)	49.000 (44.-49. Tsd.)	
1909	Jubiläumsausgabe	51.000 (50.-51. Tsd.)	+ 8.000
1911	Nachdruck der Jubiläumsausgabe v. 1909 in einem Band	60.000 (52.-60. Tsd.)	+ 9.000
1913	Nachdruck der Jubiläumsausgabe v. 1909 in einem Band	66.000 (61.-66. Tsd.)	+ 6.000
1916	Nachdruck der Jubiläumsausgabe v. 1909 in einem Band	72.000 (67.-72. Tsd.)	+ 6.000
1917	Nachdruck der Jubiläumsausgabe v. 1909 in einem Band	78.000 (73.-78. Tsd.)	
1917	Nachdruck der Jubiläumsausgabe v. 1909 in einem Band	88.000 (79.-88. Tsd.)	+ 16.000
1918	Nachdruck der Jubiläumsausgabe v. 1909 in zwei Bänden	99.000 (89.-99. Tsd.)	
(1919)	100. Auflage Vorzugsausgabe (210 nummerierte und signierte Exemplare auf Büttenpapier)		
1918	Nachdruck der Jubiläumsausgabe v. 1909 in einem Band	102.000 (101.-102. Tsd.)	+ 14.000
1919	Nachdruck der Jubiläumsausgabe v. 1909 in einem Band	112.000 (103.-112. Tsd.)	+ 10.000
1920	Nachdruck der Jubiläumsausgabe v. 1909 in einem Band	118.000 (113.-118. Tsd.)	+ 6.000
1922	Ausgabe in 2 Bänden	128.000 (119.-128. Tsd.)	
1922	Nachdruck der Ausgabe in 2 Bänden	138.000 (129.-138. Tsd.)	+ 20.000
1923	Nachdruck der Ausgabe von 1922	145.000 (139.-145. Tsd.)	+ 7.000
1925	Nachdruck der Ausgabe von 1922	151.000 (146.-151. Tsd.)	
1925	Nachdruck der Ausgabe von 1922	159.000 (152.-159. Tsd.)	+ 14.000
(1925)	(1000 Exemplare davon als Bd. 1 und 2 für die Gesammelten Werke in 10 Bänden aufgebunden)		
1926	Nachdruck der Ausgabe von 1922	165.000 (160.-165. Tsd.)	+ 6.000
1928	Nachdruck der Ausgabe von 1922	170.000 (166.-170. Tsd.)	
1928	Die erzählenden Schriften in 3 Bde. (Bd. 1)	180.000 (171.-180. Tsd.)	+ 15.000
1929	Gesammelte Werke in Einzelausgaben	185.000 (181.-185. Tsd.)	+ 5.000
1930	ungekürzte Volksausgabe	285.000 (186.-285. Tsd.)	
1930	Nachdruck der ungekürzten Volksausgabe	335.000 (286.-335. Tsd.)	
1930	Nachdruck der ungekürzten Volksausgabe	435.000 (336.-435. Tsd.)	
1930	Nachdruck der ungekürzten Volksausgabe	485.000 (436.-485. Tsd.)	
1930	Nachdruck der ungekürzten Volksausgabe	535.000 (486.-535. Tsd.)	
1930	Nachdruck der ungekürzten Volksausgabe	585.000 (536.-585. Tsd.	
1930	Nachdruck der ungekürzten Volksausgabe	635.000 (586.-635. Tsd.)	

1930	Nachdruck der ungekürzten Volksausgabe	685.000 (636.-685. Tsd.)	
1930	Nachdruck der ungekürzten Volksausgabe	735.000 (686.-735. Tsd.)	
1930	Nachdruck der ungekürzten Volksausgabe	785.000 (736.-785. Tsd.)	
1930	Nachdruck der ungekürzten Volksausgabe	835.000 (786.-835. Tsd.)	
1930	Nachdruck der ungekürzten Volksausgabe	885.000 (836.-885. Tsd.)	
1930	Nachdruck der ungekürzten Volksausgabe	935.000 (886.-935. Tsd.)	
1930	Nachdruck der ungekürzten Volksausgabe	985.000 (936.-985. Tsd.)	
1930	Nachdruck der ungekürzten Volksausgabe	1.035.000 (986.-1035. Tsd.)	
1930	Nachdruck der ungekürzten Volksausgabe	1.085.000 (1036.-1085. Tsd.)	+ 900.000
1931	Nachdruck der ungekürzten Volksausgabe von 1930	1.115.000 (1076.-1115. Tsd.)	
1931	Nachdruck der ungekürzten Volksausgabe von 1930	1.135.000 (1116.-1135. Tsd.)	+ 50.000
1932	Nachdruck der ungekürzten Volksausgabe von 1930	1.165.000 (1136.-1165. Tsd.)	+ 30.000
1945	Bermannn-Fischer: Stockholmer Gesamtausgabe	1.170.000 (1166.-1170. Tsd.)	+ 5.000
1951	S. Fischer: Stockholmer Gesamtausgabe (Jubiläumsausgabe)	1.180.000 (1171.-1180. Tsd.)	+ 10.000
1952	G. B. Fischer & Co. ungekürzte Sonderausgabe	1.217.000 (1.-37. Tsd.)	+ 37.000
1952	Aufbau-Verlag – Bibliothek fortschrittlicher deutscher Schriftsteller	1.247.000 (1.-30. Tsd.)	+ 30.000[1]
1956	G. B. Fischer & Co., 2. Aufl. der Ausgabe von 1952	1.270.000 (38.-60. Tsd.)	+ 23.000
1959	S. Fischer: Nachdruck der Stockholmer Gesamtausgabe	1.273.000 (1181.-1184 Tsd.)	+ 3.000
1965	S. Fischer: Nachdruck Stockholmer Gesamtausgabe	1.278.000 (1185.-1188. Tsd.)	+ 5.000
1967	S. Fischer: Ungekürzte Sonderausgabe	1.293.000 (1.-15. Tsd.)	+ 15.000
1969	Nachdruck der Sonderausgabe von 1967	1.301.000 (16.-23. Tsd.)	+ 8.000
1972	Nachdruck der Sonderausgabe von 1967	1.308.000 (24.-30. Tsd.)	+ 7.000
1974	Nachdruck der Sonderausgabe von 1967	1.318.000 (31.-40. Tsd.)	+ 10.000
1976	Nachdruck der Sonderausgabe von 1967	1.328.000 (42.-50. Tsd.)	+ 10.000
1978	Nachdruck der Sonderausgabe von 1967	1.333.000 (51.-55. Tsd.)	+ 5.000
1979	S. Fischer. Sonderausgabe anlässlich der Fernsehverfilmung	1.381.000 (1.-48. Tsd.)	
1979	Nachdruck der Sonderausgabe von 1979	1.421.000 (49.-88. Tsd.)	+ 88.000
1981	Gesammelte Werke. Frankfurter Ausgabe	1.425.000 (1.-4. Tsd.)	+ 4.000
1982	Nachdruck der Sonderausgabe von 1967	1.432.000 (56.-62. Tsd.)	+ 7.000
1986	Sonderausgabe zum 100-jährigen Verlagsjubiläum	1.482.000 (1.-50. Tsd.)	+ 50.000
1987-1989[2]	Gesammelte Werke. Frankfurter Ausgabe v. 1981 (5.000 Exemplare) Sonderausgabe zum 100-jährigen Verlagsjubiläum von 1986 (18.000 Exemplare) Taschenbuch v. 1960 (40.000 Exemplare) Taschenbuch (neue Ausgabe) (15.000 Exemplare) Jubiläums-Kassette v. 1986 (8.000 Exemplare)		

[1] Angabe nach Kurzke, 1999, S. 545
[2] lt. Mitteilung des Fischer Verlags v. 18.10.2002

1991	Fischer Taschenbuch Verlag (12.310 Exemplare)		+ 15.530
	S. Fischer Verlag (Hardcover) (3.220 Exemplare)		
1992	Fischer Taschenbuch Verlag (16.494 Exemplare)		+ 19.644
	S. Fischer Verlag (Hardcover) (3.150 Exemplare)		
1993	Fischer Taschenbuch Verlag (24.367 Exemplare)		+ 30.340
	S. Fischer Verlag (Hardcover) (5.973 Exemplare)		
1994	Fischer Taschenbuch Verlag (12.788 Exemplare)		+ 14.863
	S. Fischer Verlag (Hardcover) (2.075 Exemplare)		
1995	Fischer Taschenbuch Verlag (23.655 Exemplare)		+ 27.402
	S. Fischer Verlag (Hardcover) (3.747 Exemplare)		
1996	Fischer Taschenbuch Verlag (62.251 Exemplare) (inklusive Aktion)		+ 66.156
	S. Fischer Verlag (Hardcover) (3.905 Exemplare)		
1997	Fischer Taschenbuch Verlag (19.880 Exemplare)		+ 36.150
	S. Fischer Verlag (Hardcover) (16.270 Exemplare)		
1998	Fischer Taschebuch Verlag (17.701 Exemplare)		+ 25.261
	S. Fischer Verlag (Hardcover) (7.560 Exemplare)		
1999	Fischer Taschenbuch Verlag (23.165 Exemplare)		+ 29.336
	S. Fischer Verlag (Hardcover) (6.171 Exemplare)		
2000[1]	Gesammelte Werke. Frankfurter Ausgabe (499 Exemplare)		+ 49.136
	Taschenbuch (24.183 Exemplare)		
	Reprint der Sonderausgabe (24.454 Exemplare)		
2001	Gesammelte Werke. Frankfurter Ausgabe (657 Exemplare)		+ 85.300
	Taschenbuch (63.381 Exemplare)		
	Reprint Sonderausgabe (21.262 Exemplare)		
Jan. 2002 – Dez. 2009	Gesammelte Werke. Frankfurter Ausgabe (ca. 2.500 Exemplare)		+ 424.500
	Große kommentierte Frankfurter Ausgabe – Kassette (= Text- und Kommentarband) (ca. 5.000 Exemplare)		
	Große kommentierte Frankfurter Ausgabe – Textband (ca. 2.000 Exemplare)		
	Taschenbuch (ca. 285.000 Exemplare)		
	Reprint Sonderausgabe (ca. 130.000 Exemplare)		

Grundlage: Beck, Knut (Bearb.) (1986): 100 Jahre S. Fischer Verlag 1886-1986. Eine Bibliographie. Frankfurt a. M.: S. Fischer, S. 64 f., 107 f., 198 f., 271 f., 365 f., 555 f., 677 f., 697 f., 757 f. Ergänzende Angaben des Verlags S. Fischer (Brief an D. S./G. S. mit der ergänzenden Liste der Verkaufszahlen vom 31.07.2000) und Einzelangaben aus der Sekundärliteratur (die immer mit Fußnoten angegeben sind). Die Auflagenhöhen sind in absoluten Zahlen fortgeschrieben und berücksichtigen erst ab den Angaben für die 1990er Jahre, ob es sich – in der Terminologie der Gegenwart – um Hardcover- oder Paperbackausgaben handelt.

---

[1] lt. Mitteilung des Fischer Verlags v. 18.10.2002 (Jahre 2000 und 2001)

Material zur literarischen Qualität – Autoren schildern besondere Qualitäten des Autors Thomas Mann

(Auszüge aus Marcel Reich-Ranicki 1986)

Hans Georg Gadamer:

„Gewiss, er ist ein Erzähler. Aber sein Abstand ist mehr der der wissenschaftlichen Präzision der Beobachtung und in jedem Augenblick von spiegelnder
5 Bewusstheit. So fehlt es ihm nicht an Humor, aber es ist ein mitleidsloser Humor, in dem Spott oder Ingrimm vorherrschen, und vor allem: Der Erzähler ist selber beständig präsent, sodass der Leser des Erzählers Perspektive, seine Parteinahme oder Unpar-
10 teilichkeit, ja, das Problem, das er sich selbst ist, jeden Augenblick mitsieht. Das bedeutet aber, dass alle Thomas Mann'sche Kunst immer die gleiche permanente Reizwirkung ausübt. Es ist dies Gemisch von Schein und Sein, von Durchschauen und Verstecken
15 und Verhüllen, das ihm den Künstler und den Hochstapler in gleicher Weise lieb und verdächtig macht.
So ist es bei aller kunstvollen Variation ein fast penetrant identisches Eigenthema, das immer wieder anklingt: Die Schwächung, die mit Differenziertheit,
20 Geist und Künstlertum einhergeht und von der vergeblichen Sehnsucht nach den „Wonnen der Gewöhnlichkeit" begleitet wird. Der Erzähler weiß sich selber nie ganz von der Koketterie mit der Bürgerlichkeit zu trennen, die ehedem den besonderen Reiz
25 von „Tonio Kröger" ausmachte. […].
Ich muss gestehen, dass alles Spätere im Schaffen Thomas Manns mich nicht mehr wirklich zu fesseln vermochte, insbesondere auch nicht der „Doktor Faustus". […].
30 Aber man soll sich vor Ungerechtigkeit in Acht nehmen: ein Meister des preziösen Stils, hat Thomas Mann sich seinen literarischen Rang bestimmt."

Hans-Georg Gadamer (1975): Ziselierkunst ohne Selbstvergessenheit. In: Marcel Reich-Ranicki (Hrsg.) (1986): Was halten Sie von Thomas Mann? Achtzehn Autoren antworten, Frankfurt/M.: Fischer TB, S. 24 f.

Wolfgang Harich:

„Was mich betrifft, so ist Thomas Mann unter den
35 Erzählern dieses Jahrhunderts der einzige, von dem ich jede Zeile kenne und der, beim Wieder- und Wiederlesen, nie aufgehört hat, mich in seinen Bann zu ziehen. Mit 15 Jahren fing das an. Ich las seine frühen Novellen und dazwischen, im Frühjahr 1939,
40 die „Buddenbrooks". Bis dahin hatte ich an Büchern, die mich fesselten, immer nur den Inhalt genossen, die nackten Fabeln, höchstens noch, namentlich an E. T. A. Hoffmann, eine vage Ahnung der möglichen Grenzenlosigkeit menschlicher Fantasie. Durch Tho-
45 mas Mann widerfuhr mir erstmals zugleich die berauschende Wirkung, die von kunstvoll gefügter deutscher Prosa ausgehen kann. […]. Zunehmende Bildung […] pflegt ja stets Teilaspekt eines umfassenderen Reifungsprozesses zu sein und der erwei-
50 tert und vertieft unweigerlich zugleich die Faszinati-

on, die dieser Dichter durch seine alles durchschauende Charakterisierungskunst, durch seine Synthese von ironisch bösem Blick und human verzeihendem Humor ausübt. Vom einen zum anderen Pol der Be-
55 geisterung für ihn […] spannt sich in kontinuierlichem Bogen die nie versiegende Bezauberung durch die Allgeschmeidigkeit, den Reichtum und die unterschwellig lyrische Rhythmik seiner Wortgewalt."

Wolfgang Harich (1975): Ironisch böse und human verzeihend. In: Marcel Reich-Ranicki (Hrsg.) (1986): Was halten Sie von Thomas Mann? Achtzehn Autoren antworten, Frankfurt/M.: Fischer TB, S. 29 ff.

Wolfgang Koeppen:

„Ich fürchte, ich habe Thomas Mann nie genug ge-
60 schätzt, seine Bücher nie wie andere Schriften verschlungen, nie auf eine Neuerscheinung von ihm ungeduldig gewartet, es war ein kühles, etwas gelangweiltes, Verehrung nicht ausschließendes Interesse an einem Autor, den ich immer für einen
65 großen Schriftsteller gehalten habe. Irgendein Zugang, eine Leidenschaft, die mich hinreißt, fehlte und fehlt mir zu seinem Werk, das ich bewundere, ohne von ihm begeistert zu sein.
Es entzücken mich höchst kunstvoll gebaute Sätze,
70 überraschende, meist ironische Erhellungen, der allzu flüchtige Blick in die Abgründe, sein augurenhaftes Augenzwinkern, dass er das Unglück des Menschen kennt, doch wendet er sich schnell, wie erschrocken, von ihm ab, klebt eine Vandeveldetapete oder stellt ei-
75 ne Bibliothek davor. Ich bin dann traurig.
Ich glaube heute zu wissen, was mich enttäuscht. Thomas Manns Romane sind Gesellschaftsromane. Der Verfasser denkt an eine Gesellschaft im konservativen Sinn der Zugehörigkeit zur guten Gesell-
80 schaft. Seine Menschen sind Leute, die miteinander verkehren, die, selbst wenn sie sich nicht mögen, stolz sind, sich zu kennen, hineingeboren oder emporgekommen zu sein, dazuzugehören.
Freilich gibt es, besonders im Frühwerk, den einzel-
85 nen, in glücklichen Fällen den Erzähler, der abseits steht: Er schaut nicht unkritisch von draußen zu, aber er möchte hineinkommen in den Salon, er erkennt die Gesellschaft, sich ihrer Schwächen bewusst, an, ist willig, ihr zu dienen, und bleibt so ihr gegenüber
90 der Schwache."

Wolfgang Koeppen (1975): Die Beschwörung der schweren Stunde. In: Gesammelte Werke, Band 6. © Suhrkamp Verlag, Frankfurt 1986, S. 193

Leszek Kołakowski:

„Für mich ist Thomas Mann ein Dichter der Krankheit. Er selber hat dies gewusst. Er wusste auch, dass die Krankheit nicht etwa eine Entartung
95 des Lebens, sondern das Leben selbst ist. „Die

Krankheit ist ein natürlicher Zustand eines Christenmenschen" – schrieb Pascal an seine Schwester,
100 Madame Périer. „Die Krankheit ist ein natürlicher Zustand des Menschen" – hätte auch Thomas Mann schreiben können; und fast hat er es geschrieben.
Die Krankheit ist nicht etwas, was dem Menschen passiert und was auch nicht passieren könnte. Wir
105 sind Körper, also unheilbar krank, und auch die Liebe ist ein besonderer Krankheitsfall: Dies mag, am kürzesten ausgedrückt, Thomas Manns Botschaft sein. Damit befassen sich alle seine Werke: die ‚Buddenbrooks', ‚Mario und der Zauberer', ‚Der Tod in
110 Venedig', ‚Die Betrogene', ‚Der Zauberberg', ‚Doktor Faustus'.

Leszek Kołakowski (1975): Der Dichter der Krankheit. In: Marcel Reich-Ranicki (Hrsg.) (1986): Was halten Sie von Thomas Mann? Achtzehn Autoren antworten, Frankfurt/M.: Fischer TB, S. 47 f.

Siegfried Lenz:

Siegfried Lenz schildert seinen Besuch am Grab von Thomas Mann in Kilchberg:
115 „[…] Obwohl ich mich von meinem Beobachter entfernen wollte, zwang mich ein ringförmiger Weg in seine Nähe zurück; jetzt wich er meinem Blick aus, musterte eindringlich die beiden Sträuße, als erwartete er ein erlösendes Erkennungszeichen. In redli-
120 cher Verlegenheit lächelte ich ihn an, worauf er sich, so gut es ging, auf den Laubrechen stützte und nicht allzu laut fragte: Gehe ich recht in der Annahme, dass Sie das Grab von Thomas Mann suchen? Ja, sagte ich, ja, ich suche das Grab von Thomas Mann.
125 Er taxierte die Blumen – schloss wohl aus ihrem angenommenen Preis auf mein Verhältnis zu Thomas Mann –, schulterte den Laubrechen und ging mir wie selbstverständlich voraus bis zu dem schlichten, einprägsamen Grab. Er machte eine einladende Hand-
130 bewegung: Nur zu, tun Sie, wozu Sie hergekommen sind. Ich zögerte; zu freimütig sah er mich an, es schien mir unmöglich, die Blumen unter seinem Blick niederzulegen. Er wiederholte seine Einladung, er bestand auf seiner Anwesenheit, also legte
135 ich die Blumen – beiläufiger, als ich es vorgehabt hatte – auf den Stein.
Der Mann nickte – so, das hätten wir –, und dann fragte er wörtlich: Gehe ich recht in der Annahme, dass Thomas Mann Ihnen etwas bedeutet? Sicher,
140 sagte ich, sonst wäre ich ja wohl nicht hier. Darauf fragte er mich nicht etwa knapp: Warum bedeutet er Ihnen etwas?, sondern, mit groß geratener Entschuldigungsgeste: Darf ich mich erkühnen, Sie zu fragen, wo die Bedeutung Thomas Manns für Sie liegt? Oh,
145 sagte ich, er war ein Schriftsteller, ein sehr guter Schriftsteller.
Die Dürftigkeit der ersten Antwort machte ihn offenbar verlegen, sein Blick glitt ab, er wechselte das Standbein, signalisierte jedoch seine Bereitschaft,

auf eine ergänzende und weniger allgemeine Aus- 150 kunft geduldig zu warten. Ich spürte einen vertrackten Zwang, ihm mehr bekennen zu müssen, dort vor dem Stein, der nur einen Namen trägt und römische Ziffern. Also seine Bedeutung, sagte ich, worauf er wieder den Blick hob und mich mit kühler Neugier- 155 de ansah. Sehen Sie, sagte ich weit ausholend, dieser Mann, ich meine Thomas Mann, hatte ja eine ganz enorme Reizempfindlichkeit. Die ließ ihn erkennen, nicht wahr, dass Leben im Grunde eine einzige vielfältige Konvention ist. Doch nicht nur das Leben, 160 auch das Sterben mutete bei ihm wie eine Konvention an – denken Sie nur, sagte ich, an seine luxuriösen Sterbeseminare, in denen der Tod Vatermörder trägt. Ein Künstler wie er musste sich gegen diese allumfassenden Konventionen zur Wehr setzen. Und 165 er tat es, sagte ich, mit dem **Mittel der Ironie**. Seine Ironie: Für mich ist sie ein blendender Ausdruck seines Vorbehalts gegenüber einer Welt als Wille zur Konvention. Um der Welt und ihrem Inventar gerecht zu werden, musste er sie parodieren, und das heißt in 170 seinem Fall: Der Künstler parodierte das Künstlertum, der Lebensbürger das Bürgertum. Er machte den Vorbehalt zum Grundsatz.
Der Fremde sah mich unentschieden an, offenbar erwog er, überprüfte er da etwas, jedenfalls brachte er 175 mir das unerwünschte Gefühl bei, mich rechtfertigen zu müssen für meinen Besuch. Und dann fragte er tatsächlich: Und das ist der Grund, warum Ihnen Thomas Mann etwas bedeutet? Nein, sagte ich, leicht gereizt, und sagte: Er, dieser Liebhaber des 180 Vorbehalts, hat gezeigt, dass es Augenblicke gibt, in denen man genötigt ist, vorbehaltlos zu handeln. Augenblicke, in denen auch ein ‚Unpolitischer' sich politisch zu Wort melden muss. Das geschah, als das Verbrechen in die Politik kam. […]" 185

Siegried Lenz (1975): Der Liebhaber des Vorbehalts. In: Marcel Reich-Ranicki (Hrsg.) (1986): Was halten Sie von Thomas Mann? Achtzehn Autoren antworten, Frankfurt/M.: Fischer TB, S. 57 ff.

Hans Erich Nossack:

„Zum hundertsten Geburtstag eines berühmten Mannes sollte man besser den Mund halten, wenn man nur etwas Negatives über ihn zu sagen weiß. Aber sei's drum. 190
Die Bücher von Thomas Mann habe ich immer nur mit größter Überwindung und nur aus Bildungsgründen zu Ende lesen können, dann habe ich sie sofort verschenkt oder gegen mir wichtigere Bücher eingetauscht. Noch heute, und das könnte man als kin- 195 disch bezeichnen, befindet sich nicht ein einziges Buch von ihm in meiner Bibliothek; es würde mich stören, es da stehen zu sehen. Doch woher dies beinahe körperliche Unbehagen gegen ihn.
Von Anfang an, das heißt, als ich noch sehr jung und 200 kaum ein Anfänger war, ist mir der Stil von Thomas

Mann ein warnendes Beispiel dafür gewesen, wie man auf keinen Fall schreiben darf. Sein Stil ist nämlich, und der Meinung bin ich auch jetzt noch,
205 nicht der Ausdruck einer Persönlichkeit, sondern eine großartig gekonnte Pose, durch die der völlige Mangel an Originalität verborgen wird. Selbst seine viel gerühmte Ironie ist keine echte Ironie, die auf Distanz zu sich selbst beruht, sondern auch nur
210 ein Kostüm, in dem sich ein Sentimentalist verkleidet.
So ist der Stil von Thomas Mann, leider muss es gesagt werden, für mich der Inbegriff der Unehrlichkeit und der Feigheit, sich zu sich selbst zu bekennen.
215 Von einem Stil verlange ich, dass sich der Autor als Mensch durch ihn zu erkennen gibt, nur dann sind er und sein Buch glaubhaft für mich, auch wenn er einen mir konträren Standpunkt einnimmt. […]. Bleibt noch zu fragen, wie es zu der Weltberühmtheit
220 seiner Bücher kommen konnte. Da darf man sich wohl auf Siegfried Kracauer berufen, der sich 1931 […] über Erfolgsbücher dahin gehend äußerte, dass Erfolgsbücher kein literarisches, sondern ein soziologisches Phänomen seien."

Hans Erich Nossack (1975): Der Inbegriff der Unehrlichkeit und der Feigheit. In: Marcel Reich-Ranicki (Hrsg.) (1986): Was halten Sie von Thomas Mann? Achtzehn Autoren antworten, Frankfurt/M.: Fischer TB, S. 67 f.

225 Peter Rühmkorf (1975):

„Das Werk von Thomas Mann interessiert mich zwanzig Jahre nach seinem Ableben so wenig wie noch zur Zeit seines Erdenwallens. Alle Versuche, dem Meister über eines seiner Bücher nahe zu kom-
230 men, scheiterten an einer Sprachbarriere, die ich – rückblickend – fast für eine Klassenschranke halten möchte. Was hier Laut gibt, ist eine nur an ihren Rändern gebrochene Großbürgerlichkeit, deren Sorgen nie die meinen waren, deren Perspektiven oder
235 Retrospektiven mir schnurz sind, deren Ausdrucksweise mir beinahe physisch zuwider ist.
Leider hat mir im Verlauf des letzten Vierteljahrhunderts immer die nötige Zeit gefehlt, den Rang eines Autors anzufechten, dessen gestelzte Manierlichkei-
240 ten ziemlich allgemein für Stil gehalten werden; ich hätte anders zu viele Bücher wälzen müssen, bei denen mir jeweils bereits nach den ersten dreißig Seiten schlecht wurde.
Der ungute Eindruck, den ich von zahlreichen und
245 immer unglücklicheren Kontaktversuchen mit nach Hause nahm, bestätigte sich mir, als ich den so genannten Zauberer am 8. Juni 1953 in Hamburg aus dem ‚Krull' vortragen hörte: Die oblatendünne Ironie genüsslich nachkostend und fast affenhaft in den
250 selbst gemachten Zierrat verliebt. Als praktizierender Parodist kann ich dabei die allseits geschätzten

Alfanzereien durchaus nach ihrem literarischen Wert beurteilen.
Meines Erachtens, das heißt nach Maßgabe meiner Spurenanalysen, handelt es sich bei den ironischen 255 Travestien Thomas Manns um das reichlich primanerhafte Vergnügen, mühselig erworbene Wissensstoffe kunstvoll auszustellen und – gleichzeitig! – den subjektiven Abstand zu den Bildungsunterlagen mitzuinszenieren." 260

Peter Rühmkorf (1975): Gestelzte Manierlichkeiten. In: Marcel Reich-Ranicki (Hrsg.) (1986): Was halten Sie von Thomas Mann? Achtzehn Autoren antworten, Frankfurt/M.: Fischer TB, S. 69 f.

Peter Rühmkorf (1985):

„[…]. Bekehrungen brauchen ihre Zeit, das ist wahr, und es müssen vielleicht gar nicht jedes Buch und jeder Kopf zu jeder Zeit zum Einstand kommen – aber nun: die Novellen, die kurzen Prosen, die Geschich- 265 ten und die Erzählungen! Man hatte sie mir gewissermaßen als Dreinwaage mit auf den Weg gegeben, als Betthupferl oder Propädeutikum, und – wie soll ich sagen – was das Langzeitwerk mir ziehig vorenthielt, den erwünschten und von Seite zu Seite wün- 270 schenswerter erscheinenden Zug im Kamin und eine nicht ganz so unmittelbare Wendung an ein kommunes Spannungsbedürfnis, hier wurden sie mir auf einmal in reichem Maße zu Teil.
Dass das nur mit einem weit verbreiteten Bedürfnis 275 nach „Action" zusammenhängt, möchte ich dennoch bezweifeln. Die Schöne Literatur soll ruhig zeitverloren und weltvergessen dahinschlendern, wenn ihr danach zu Mute ist, ich bin ihr deshalb nicht gram. Aber bloß herumlavieren, so und der eigenen Hand 280 einfach ihren planlosen, leichten Lauf lassen, kann ja heute jeder Zweite, und woran Mangel ist, ist nicht selbstverliebte Bummeligkeit, sondern kompositorischer Geist und ein gewisser strategischer Gesamtheitssinn. 285
In Thomas Manns Erzählungen ist das erfreulicherweise gar keine Frage. Ob das frühe ‚Gefallen' oder die ziemlich späte ‚Betrogene', ob ‚Ein Glück' oder ‚Das Eisenbahnunglück', ‚Der kleine Herr Friedemann' oder ‚Die vertauschten Köpfe', ob ‚Mario und 290 der Zauberer' oder ‚Der Tod in Venedig' oder ‚Tristan' oder ‚Wälsungenblut' oder ‚Gladius Dei', immer nimmt der Verfasser seine Fäden schon zu Anfang derart überlegt in die Hand, dass ein Zug hier und ein Zug dort noch viele Seiten später spürbar ist 295 und eine unter Sonneneinwirkung eröffnete Szene oder ein scheinbar betulicher Anfang ihren ganz genauen Platz in der größeren Ordnung haben. […]."

Peter Rühmkorf (1985): Die neugewonnene Wertschätzung des Prosaartisten. In: Marcel Reich-Ranicki (Hrsg.) (1986): Was halten Sie von Thomas Mann? Achtzehn Autoren antworten, Frankfurt/M.: Fischer TB, S. 122 f.

Starke Zähne – Erfolgsgaranten?

Verona Pooth

Stefan Raab

Zähne, zum Anbeißen schön

In den USA seit Jahren schon längst ein riesiger Trend sind auch heute bei uns gesunde 5 und ästhetisch perfekte Zähne eine entscheidende Voraussetzung für mehr Erfolg in Beruf und Privatleben. Als Ausdruck von Dynamik, Fitness und 10 Ästhetik, als persönliche Visitenkarte.

In unserer Privatklinik bieten wir das ganze Spektrum der heutigen Möglichkeiten, um Ihnen das ge-winnende Lächeln, fri- 15 schen Atem, lückenlose weiße Zähne und ein gesundes Zahnfleisch zu ermöglichen. Optimales Zeitmanagement durch Zeit spa- 20 rende Konzentration mehrerer Einzelschritte durch Behandlungen in Vollnarkose möglich.

Für den, der im Leben hohe Ansprüche stellt und der erkannt 25 hat:

Es lohnt sich, selbst in seine Ästhetik zu investieren!

In Anlehnung an einen Werbetext

Mind-Map „Gelb"

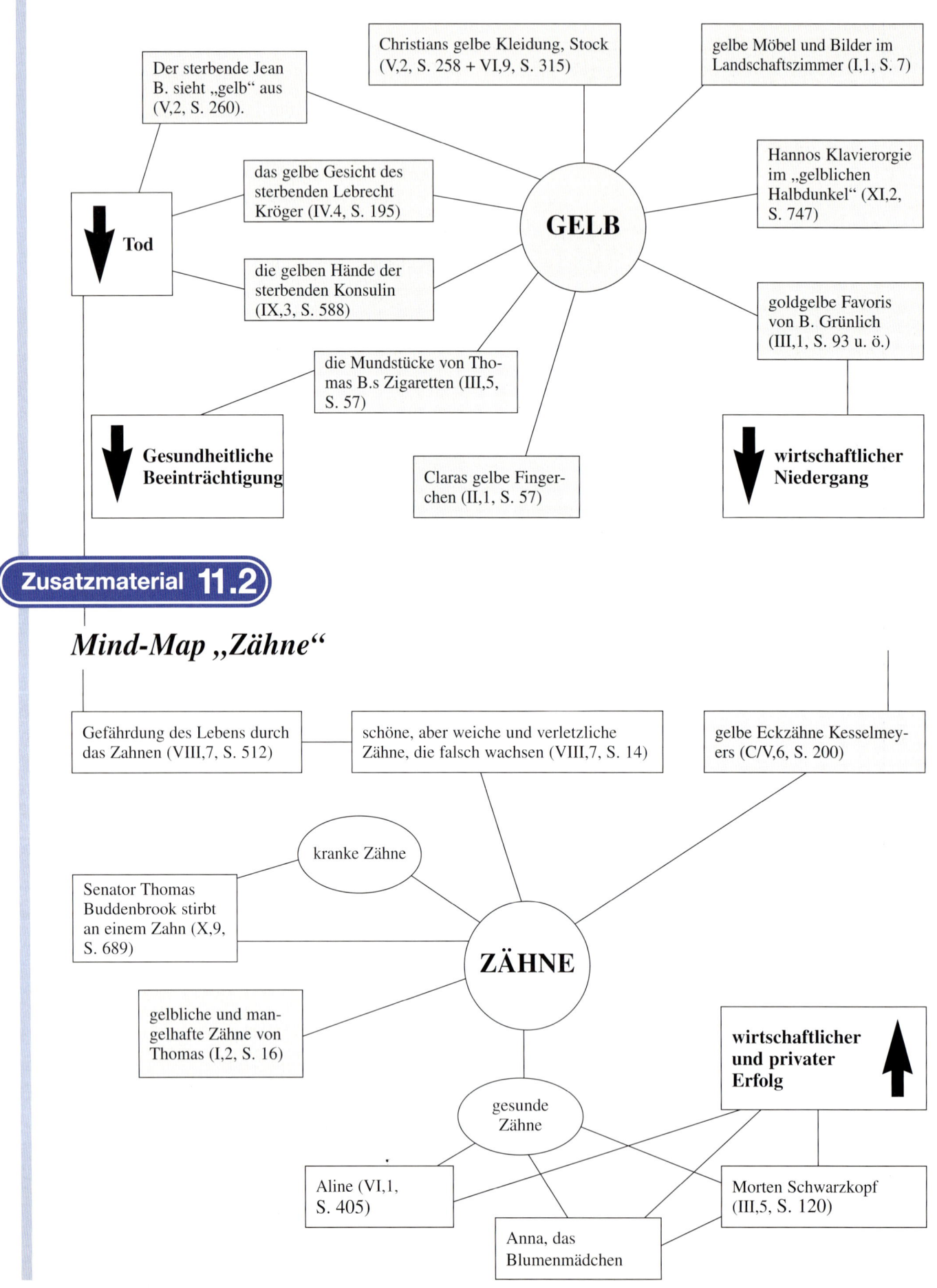

Mind-Map „Zähne"

Stichworte zur Erzähltechnik

Erzählzeit, die zum Erzählen oder Lesen realer oder fiktiver Vorgänge benötigte Zeit. Im Unterschied zur E. umfasst die *erzählte Zeit* alle Zeiträume, von denen erzählt wird. Das Verhältnis der E. zur erzählten Zeit ist in der Epik konstitutiv für die Zeitgestaltung eines Werkes, für die Bildung von Erzählphasen und für die Verteilung der sog. ep. Grundformen. Am häufigsten ist *zeitraffendes Erzählen,* d. h. der Aufwand von relativ wenig E. für die Darstellung längerer Ereignisfolgen, was zu Zeitsprüngen, Aussparungen, Raffungen führt. In der neueren Erzählkunst wird oft *zeitdeckendes Erzählen* (Übereinstimmung von E. und erzählter Zeit) angestrebt und durch szen. Darbietungsweisen oder Formen der Bewusstseinsdarstellung wie Dialog, indirekte Rede, erlebte Rede und inneren Monolog realisiert. Zeitdehnung, d. h. Fortgang der E. unter gleichzeitigem Stillstand der erzählten Handlung, dient der Einschaltung von Beschreibungen und Reflexionen oder auch der Erörterung. Erforscht wurde das Phänomen der E. in der Epik insbes. von Günther Müller und seiner Schule.

Aus: Metzler Literaturlexikon. Begriffe und Definitionen. Herausgegeben von Günther und Irmgard Schweikle, S. 138, 2. überarbeitete Auflage.

Erlebte Rede – „eingebürgerte, wenngleich nicht ganz zutreffende Bezeichnung für frz. ‚style indirect libre': besondere Art der Wiedergabe von Gedanken, seltener ausgesprochenen Worten einer handelnden Person in der Epik. Nicht als Monolog in *direkter Rede* (Sie fragte: ‚Muss ich wirklich in den Garten?') oder als indirekte Rede im Konjunktiv, abhängig von einem übergeordneten Verb (‚Sie fragte, ob sie wirklich in den Garten müsse'), sondern Zwischenform in der 3. Person Indikativ [meistens im Imperfekt, D. S./G. S.]: ‚Musste sie wirklich in den Garten?' (Schnitzler). Die inneren Vorgänge werden durch die Perspektive nicht des Erzählers, sondern der sie selbst ‚erlebenden' Person wiedergegeben, jedoch durch die Verwendung der 3. Person in direktem und dadurch mehr objektiv-unpersönlich erscheinendem Bericht. Stilwerte sind größere, fast suggestive Unmittelbarkeit des Mitfühlens und die durch beliebigen Wechsel der Perspektiven gegebene größere Beweglichkeit und Eindringlichkeit des Erzählens; das Fehlen eines deutlichen Hinweises auf den Übergang von Bericht zu erlebter Rede verlangt den Einsatz feinster Sprachmittel und ermöglicht schwebende Halbtöne."

Gero von Wilpert: Sachwörterbuch der Literatur. 8. verbesserte und erweiterte Auflage 2001, Alfred Kröver Verlag, Stuttgart

Innerer Monolog, Erzähltechnik, die wie die verwandte erlebte Rede den Bewusstseinsstand einer Person unmittelbar wiederzugeben sucht. Geschieht dies in der erlebten Rede unter Beibehaltung des ep. Imperfekts und der 3. Person, verwendet der i. M., als stummer Monolog ohne Hörer, Ich-Form und Präsens. Sein bes. Gepräge erhält der i. M. in der Wiedergabe des Bewusstseinsstromes (*stream of consciousness,* eine amorphe Folge von Bewusstseinsinhalten). Diesen versucht der i.M. literar. zu gestalten durch lückenlose Darstellung (Erzählzeit länger als erzählte Zeit) sowie Lockerung der Syntax (einfachste und unverbundene Aussagesätze) bis hin zu deren Auflösung (in- und übereinander geblendete Satzfragmente, Simultantechnik). – Erste Experimente mit dem i. M. finden sich schon gegen Ende des 19. Jh.s bei W. M. Garschin („Vier Tage", 1877), E. Dujardin („Les lauriers sont coupés", 1888), H. Conradi („Adam Mensch", 1889), A. Schnitzler („Lieutenant Gustl", 1901); der i. M. ist dann Bestandteil oder Gesamtstruktur der großen Romane von J. Joyce („Ulysses", 1922), V. Woolf („To the lighthouse", 1927 u.a.), M. Proust („À la recherche du temps perdu", 1913–27), W. Faulkner („The sound and the fury", 1929 u. a.), A. Döblin („Berlin Alexanderplatz", 1929), Th. Mann („Lotte in Weimar", 1939), H. Broch („Der Tod des Vergil", 1945) u.a.). – Die rasche Entwicklung und Ausbreitung des i. M.s spiegelt zwei moderne Tendenzen der ep. Formen wider: 1. Die Aufgabe eines geschlossenen Weltentwurfs zugunsten der Darstellung der Welt als Reflex im Subjekt (‚Verinnerung' des Erzählens) und 2. die weitgehende Problematisierung der Identität und Geschlossenheit des Subjekts selbst.

Aus: Metzler Literaturlexikon. Begriffe und Definitionen. Herausgegeben von Günther und Irmgard Schweikle, S. 221, 2. überarbeitete Auflage.

Ironie – [griech. eironeia = Verstellung, Ausflucht, Mangel an Ernst], die Bedeutung dieses Begriffs ist schillernd und hat sich in den Jahrtausenden seines Gebrauchs sehr verändert [vgl. a und e]. Ganz allgemein spricht man in der Umgangssprache von ‚Ironie', wenn eine Redeweise gekennzeichnet werden soll, in der das Gegenteil von dem gemeint ist, was ausgesagt wurde. Wenn also z. B. der strömende Regen als „schönes Wetter" oder wenn ein Skandal als „schöne Geschichte" bezeichnet wird.
Thomas Mann unterscheidet nicht scharf zwischen Humor und Ironie (vgl. a). Er verwendet die Ironie „als Selbsterhaltung durch Distanzierung des Geistes von der Daseinstragik" (c); er benutzt die Ironie „als durchgehendes Mittel einer artifiziellen Distanzierung […], die es dem Autor erst ermöglicht, den auch ihn betreffenden Gegensatz von Geist und Leben in der schriftstellerischen Darstellung zu bewältigen" (b).
Thomas Mann versteht nun in eigenen Worten (d) unter Ironie „die Kritik des Lebens, der Wirklichkeit und auch der menschlichen Gesellschaft durch

185

die Kunst, – ist sie denn nicht immer eine Kritik, geübt von einem kleinen Hanno? Es birgt diese Frage die Quelle aller Ironie, die der Geist gegen sich
105 selbst richtet, – und die seinem Stolz, seinem heimlichen Überlegenheitsbewusstsein merkwürdigerweise
so wenig Abbruch tut." In seinem Roman „Der Zauberberg" (e) formuliert die Figur des Humanisten
Settembrini zur Ironie […]! Hüten Sie sich über-
110 haupt vor dieser geistigen Haltung! Wo sie nicht ein
gerades und klassisches Mittel der Redekunst ist,
dem gesunden Sinn keinen Augenblick missver-
ständlich, da wird sie zur Liederlichkeit, zum Hindernis der Zivilisation, zur unsauberen Liebelei mit
115 dem Stillstand, dem Ungeist, dem Laster."

Quellen für den Artikel „Ironie":

a) Ritter, Joachim; Gründer, Karlfried (Hrsg.) (1976): Historisches Wörterbuch der Philosophie, Bd. 4, Basel/Stuttgart: Schwabe & Co.,
S. 577 ff.
b) Schweikle, Günther und Irmgard (Hrsg.) (1984): Metzler Literatur
Lexikon. Stichwörter zur Weltliteratur. Stuttgart: J. B. Metzlersche
Verlagsbuchhandlung, S. 213.
c) v. Wilpert, Gero (1979): Sachwörterbuch der Literatur. 6. verb. und
erw. Aufl., Stuttgart: Kröner, S. 377 (= Kröners Taschenausgabe,
Bd. 231).
d) Mann, Thomas (1947/1968): Zu einem Kapitel aus „Buddenbrooks". In: Ders.: Werke. Das essayistische Werk. Taschenbuchausgabe in acht Bänden, hrsg. v. Hans Bürgin. Miszellen. Frank-
furt/M.: S. Fischer, S. 210.
e) Mann, Thomas: Der Zauberberg, 5. Kapitel, „Freiheit", Frankfurt:
S. Fischer 1986, S. 309.

Erzählperspektiven
(Erzählsituationen, Erzählhaltungen)

auktorial	• Persönlich anwesender, „allwissender" Erzähler, der den Erzählvorgang initiiert und lenkt • Erzähler ist nicht identisch mit dem Autor! • Ausgeprägter Gestus des Erzählens spürbar im Prozess der Vermittlung der erzählten Wirklichkeit (= „*Distanz zum Erzählten*" Graevenitz 1982, S. 93) • Kommentare, Vorausdeutungen, Rückwendungen, Zusammenfassungen, Leseanreden, fiktiver Diskurs mit den Figuren, (= „überlegene Distanz zum Erzählten, um die *Distanz zum Leser abzubauen*", Graevenitz 1982, S. 93)
personal	• Dargestellte Wirklichkeit wird nicht von einem persönlich konturierten Erzähler vermittelt, sondern spiegelt sich im Bewusstsein einer Figur. • Suggestive Wirkung auf den Leser, dem die erzählte Wirklichkeit abhängig von der Wahrnehmung einer beteiligten Figur, bedingt von ihren Gefühlen und Gedanken vermittelt wird. (vgl. Bleissem u. a. 1996, S. 73)
neutral	• Erzähler zieht sich ganz aus der Figurenwelt zurück. • Erzähler greift weder als erkennbare auktoriale Erzählerpersönlichkeit ins Geschehen ein, noch wählt er die individuelle Optik einer der beteiligten Figuren (hoher Anteil *szenischer Darstellung*). (Vgl. Bleissem u. a. 1996, S. 74)
Ich-Form	• Anwesenheit eines Erzähler-Mediums in Ich-Form • Unterscheidung zwischen *erlebendem* und *erzählendem Ich* • Ich-Form prinzipiell mit jeder der drei Erzählperspektiven (auktorial, personal und neutral) verknüpfbar • Besonderheit: stets vorhandene emotionale Eingebundenheit des Ichs in das Geschehen **auktoriale Ich-Erzählung**: erzählendes Ich (= *sich erinnerndes Ich*) kommentiert, wertet oder distanziert sich von früherem Verhalten des erlebenden Ichs **personale Ich-Erzählung**: Geschehen wird nur oder weitgehend aus der Sicht des erlebenden Ichs (= erinnertes Ich) vermittelt.

Quelle: http://www.teachsam.de/deutsch/d_literatur/d_gat/d_epik/strukt/erzpers/erzpers_1_2.htm

Copyright teachSam – Lehren und Lernen online

Karl May: Winnetous Tod

Ich wandte mich Winnetou zu und kniete neben ihm nieder.

„Wo ist mein Bruder getroffen?", fragte ich.

„Ntsage tche – hier in der Brust", antwortete er leise,
5 die Linke auf die rechte Seite der Brust legend, die sich von seinem Blut rötete.

Gedankenschnell riss ich das Messer heraus und schnitt ihm die Saltillo-Decke, die sich heraufgeschoben hatte, kurzweg herunter. Ja, die Kugel war
10 ihm in die Lunge gedrungen. Mich erfasste ein Schmerz, wie ich ihn in meinem ganzen Leben noch nicht gefühlt hatte. „Noch wird Hoffnung sein, mein Bruder", tröstete ich. „Mein Freund lege meinen Kopf in seinen Schoß, dass ich den Kampf erken-
15 ne!", bat er.

Ich tat es, und nun konnte er sehen, dass alle Indsmenn, sobald sie sich in der Spalte blicken ließen, sofort der Reihe nach in Empfang genommen wurden. Unsere Leute kamen nach und nach alle herab.
20 Die Gefangenen wurden von ihren Fesseln befreit und erhoben laute Rufe der Freude und Dankbarkeit. Das kümmerte mich nicht. Ich sah nur den sterbenden Freund, dessen Wunde aufhörte zu bluten. Ich ahnte, dass er innerlich verbluten werde.
25 „Hat mein Bruder noch einen Wunsch?", fragte ich ihn. Er hatte die Augen geschlossen und antwortete nicht. Sein Kopf ruhte in meinen Armen, und ich wagte nicht die geringste Bewegung.

Der alte Hillman und die anderen Settlers, die von
30 ihren Banden befreit waren, griffen zu den umherliegenden Waffen und drangen in die Spalte ein. Auch das beachtete ich nicht, denn mein Blick hing nur an den bronzenen Zügen und den Lidern des Apatschen. Später trat Spürauge zu mir, der auch blutete, und
35 meldete:

„Sie sind alle ausgelöscht!"

„Dieser wird auch auslöschen!", entgegnete ich. „Sie alle sind nichts gegen diesen einen!"

Noch immer lag der Apatsche bewegungslos. Die
40 braven Railroaders, die sich so wacker gehalten hatten, und die Settlers mit den Ihrigen bildeten um uns stumm und tief ergriffen einen Kreis. Da endlich schlug Winnetou die Augen auf. „Hat mein Bruder noch einen Wunsch!", wiederholte ich. Winnetou
45 nickte und bat leise:

„Mein Bruder Scharlih, führe die Männer in die Gros-Ventre-Berge! Am Metsur-Fluss liegen solche Steine, wie sie suchen. Sie haben es verdient." „Was noch, Winnetou?"
50 „Mein Bruder vergesse die Apatschen nicht. Er bete für ihn zum großen, guten Manitou. – Können diese Gefangenen mit ihren wunden Händen klettern?"

„Ja", meinte ich, obgleich ich sah, wie die Hände und Füße der Settlers unter den schneidenden Fes-

seln gelitten hatten. „Winnetou bittet sie, ihm das 55 Lied von der Königin des Himmels zu singen!"

Ich trug den Männern die Bitte des Apatschen vor, und sogleich winkte der alte Hillmann. Sie erklommen einen Felsabsatz, der zu Häupten Winnetous hervorragte, um den letzten Wunsch des Sterbenden zu erfüllen. 60 Seine Augen folgten ihnen und schlossen sich dann, als die Männer oben standen. Er ergriff meine beiden Hände und hörte nun das ‚Ave Maria' beginnen:

> „Es will das Licht des Tages scheiden;
> nun bricht die stille Nacht herein. 65
> Ach könnte doch des Herzens Leiden
> so wie der Tag vergangen sein!
> Ich leg mein Flehen dir zu Füßen;
> o trag's empor zu Gottes Thron,
> und lass, Madonna, lass dich grüßen 70
> mit des Gebetes frommem Ton:
> Ave Maria!"

Als nun die zweite Strophe anhob, öffneten sich langsam seine Augen und richteten sich mit mildem, lächelndem Ausdruck zu den Sternen empor. 75
Dann zog Winnetou meine Hände an seine matt atmende Brust und flüsterte:

„Scharlih, nicht wahr, jetzt kommen die Worte vom Sterben?"

Ich konnte nicht sprechen. Ich nickte weinend, die 80 dritte Strophe begann:

> „Es will das Licht des Lebens scheiden;
> nun bricht des Todes Nacht herein.
> Die Seele will die Schwingen breiten;
> es muss, es muss gestorben sein. 85
> Madonna, ach in deine Hände
> leg ich mein letztes, heißes Flehn:
> Erbitte mir ein gläubig Ende
> und dann ein selig Auferstehn!
> Ave Maria!" 90

Als der letzte Ton verklungen war, wollte Winnetou sprechen – es ging nicht mehr. Ich brachte mein Ohr ganz nahe an seinen Mund, und mit der letzten Anstrengung der schwindenden Kräfte flüsterte er:

„Scharlih, ich glaube an den Heiland. Winnetou ist 95 ein Christ. Leb wohl!"

Es ging ein Zucken und Zittern durch seinen Körper, ein Blutstrom quoll aus seinem Mund. Der Häuptling der Apatschen drückte nochmals meine Hände und streckte seine Glieder. Dann lösten sich seine 100 Finger langsam von den meinigen – er war tot – –

Zitiert nach: Walther Killy (1970): Deutscher Kitsch. Ein Versuch mit Beispielen. Göttingen: Vandenhoek und Ruprecht (= Kleine Vandenhoek-Reihe 125–127), S. 98–100

A. Schopenhauer: Die Welt als Wille und Vorstellung (Auszüge)

1819 erschien erstmals das Hauptwerk Arthur Schopenhauers: „Die Welt als Wille und Vorstellung". In der zweiten Auflage von 1844 fügte Schopenhauer dem bisher alleine vorliegenden ersten Band einen
5 *Ergänzungsband hinzu. Aus diesem zweiten Band ist aus dem Kapitel 41 „Ueber den Tod und sein Verhältnis zur Unzerstörbarkeit unseres Wesens" die folgende Textkompilation entnommen:*

Nach allem inzwischen, was über den Tod gelehrt
10 worden, ist nicht zu leugnen, dass [...] die Meinung der Menschen, ja oft sogar desselben Individuums, gar häufig von Neuem hin und her schwankt zwischen der Auffassung des Todes als absoluter Vernichtung und der Annahme, dass wir gleichsam mit
15 Haut und Haaren unsterblich seien. Beides ist falsch: [...] wir haben [...] den höheren Gesichtspunkt zu gewinnen, von welchem aus solche Ansichten von selbst wegfallen (WWV II, IV,41 S. 544).
[...]
20 Alles, was geboren wird, bringt sie [die Todesfurcht] schon mit auf die Welt. [...]. Das größte der Übel, das Schlimmste, was überall gedroht werden kann, ist der Tod, die größte Angst Todesangst. [...]. Die hierin hervortretende grenzenlose Anhänglichkeit an
25 das Leben kann aber nicht aus der Erkenntnis und Überlegung entsprungen sein: Vor dieser erscheint sie vielmehr töricht; da es um den objektiven Wert des Lebens sehr misslich steht, und wenigstens zweifelhaft bleibt, ob dasselbe dem Nichtsein vorzuzie-
30 hen sei, ja, wenn Erfahrung und Überlegung zum Worte kommen, das Nichtsein wohl gewinnen muss. Klopfte man die Gräber und fragte die Toten, ob sie wieder aufstehn wollten; sie würden mit den Köpfen schütteln [...]. Jene mächtige Anhänglichkeit an das
35 Leben ist mithin eine unvernünftige und blinde: Sie ist nur daraus erklärlich, dass unser ganzes Wesen an sich selbst schon Wille zum Leben ist, dem dieses daher als das höchste Gut gelten muss, so kurz und ungewiss es auch immer sein mag; und dass jener
40 Wille, an sich und ursprünglich, erkenntnislos und blind ist. Die Erkenntnis hingegen, weit entfernt der Ursprung jener Anhänglichkeit an das Leben zu sein, wirkt ihr sogar entgegen, indem sie die Wertlosigkeit desselben aufdeckt, und hiedurch die Todesfurcht
45 bekämpft (WWV II, IV,41, S. 545 f.).
[...]
Oft aber erscheint er [der Tod, D.S./G.S.] sogar als ein Gut, ein Erwünschtes [...]. [Allen nämlich, die] auf unüberwindliche Hindernisse [ihres] Daseins,
50 oder [ihrer] Bestrebungen gestoßen [sind, die] an unheilbaren Krankheiten oder an untröstlichem Grame leide[n], [selbst bei diesen wird der Weg in den Tod] erst nach einem physischen, oder moralischen Kampfe angetreten: So sehr sträubt jedes sich, dahin
55 zurückzugehn, von wo es so leicht und bereitwillig hervorkam, zu einem Dasein, welches so viele Leiden und so wenig Freuden zu bieten hat (WWV

II,IV.41, S. 550).
[...]
[G]anz allein vom blinden Willen geht die fuga mor- 60 tis [Flucht vor dem Tode. D.S./G.S.], von der alles Lebende erfüllt ist, aus. Diesem aber ist sie [...] wesentlich, eben weil er Wille zum Leben ist, dessen ganzes Wesen im Drange nach Leben und Dasein besteht, und dem die Erkenntnis nicht ursprünglich, 65 sondern erst in Folge seiner Objektivationen in animalischen Individuen beiwohnt. [...]. [W]as uns den Tod so furchtbar macht, [ist] nicht sowohl das Ende des Lebens, [...] als vielmehr die Zerstörung des Organismus: Eigentlich, weil dieser der als Leib sich 70 darstellende Wille selbst ist (WWV II,IV,41, S. 548 f.).
[...]
Wenn, was uns den Tod so schrecklich erscheinen lässt, der Gedanke des Nichtseins wäre; so müssten 75 wir mit gleichem Schauder der Zeit gedenken, da wir noch nicht waren. [...]. [E]ine unendliche Zeit ist vor meiner Geburt abgelaufen; was war ich alle jene Zeit hindurch? Metaphysisch ließe sich vielleicht antworten: ‚Ich war immer Ich: nämlich alle, die jene Zeit 80 hindurch Ich sagten, die waren eben Ich' (WWV II,IV,41, S. 547).
[...]
[Genauso, wie wir aus einem Pendel, der aufhört, tätig zu sein, nicht schließen dürfen, dass die Schwerkraft 85 aufgehört habe, darf es uns nicht D.S./G.S.] [...] in den Sinn kommen, das Aufhören des Lebens für die Vernichtung des belebenden Prinzips, mithin den Tod für den gänzlichen Untergang des Menschen zu halten. [...]. Viel näher liegt der Gedanke, dass die Kraft, wel- 90 che früher ein nunmehr entwichenes Leben aktuierte [d.h. in Tätigkeit setzte, D.S./G.S.] dieselbe sei, welche in dem jetzt blühenden tätig ist: Ja, dieser ist fast unabweisbar (WWV II,IV,41, S. 552). [Die Annahme liegt nahe], [...] dass das, was verschwindet und das, was an 95 seine Stelle tritt, eines und dasselbe Wesen sei, welches nur eine kleine Veränderung, eine Erneuerung der Form seines Daseins, erfahren hat, und dass mithin, was der Schlaf für das Individuum ist, der Tod für die Gattung sei; [...] (WWV II,IV,41, S. 558). 100
[...] Wäre [...] der Mensch ein bloß *erkennendes* Wesen; so müsste der Tod ihm nicht nur gleichgültig, sondern sogar willkommen sein. Jetzt lehrt die Betrachtung, zu der wir gelangt sind, dass, was vom Tod getroffen wird, bloß das *erkennende* Bewusst- 105 sein ist, hingegen der Wille, sofern er das Ding an sich ist, welches jeder individuellen Erscheinung zum Grunde liegt, von allem auf Zeitbestimmungen Beruhenden frei, also auch vergänglich ist. Sein Streben nach Dasein und Manifestation, woraus die 110 Welt hervorgeht, wird stets erfüllt: Denn diese begleitet ihn wie einen Körper sein Schatten, indem sie bloß die Sichtbarkeit seines Wesens ist (WWV II,IV,41. S. 584).
[...] 115

Der Tod ist die große Zurechtweisung, welche der Wille zum Leben, und näher der diesem wesentliche Egoismus, durch den Lauf der Natur erhält; und er kann aufgefasst werden als eine Strafe für unser Dasein. Er ist die schmerzliche Lösung des Knotens, den die Zeugung mit Wollust geschürzt hatte, und die von außen eindringende gewaltsame Zerstörung des Grundirrtums unseres Wesens: Die große Enttäuschung. Wir sind im Grunde etwas, das nicht sein sollte; darum hören wir auf zu sein. – Der Egoismus besteht eigentlich darin, dass der Mensch alle Realität auf seine eigene Person beschränkt, indem er in dieser allein zu existieren wähnt, nicht in den anderen. Der Tod belehrt ihn eines Bessern, indem er diese Person aufhebt, sodass das Wesen des Menschen, welches sein Wille ist, fortan nur in andern Individuen leben wird […]. Sein ganzes Ich lebt also von jetzt an nur in dem, was er bisher als Nicht-Ich angesehen hatte: Denn der Unterschied zwischen Äußerem und Innerem hört auf (WWV II, IV,41, S. 595).
[…]

Über dies alles nun aber ist der Tod die große Gelegenheit, nicht mehr Ich zu sein: Wohl dem, der sie benutzt. […]. Das Sterben ist der Augenblick jener Befreiung von der Einseitigkeit einer Individualität, welche nicht den innersten Kern unseres Wesens ausmacht […]. Der Friede und die Beruhigung auf dem Gesichte der meisten Toten scheint daher zu stammen. […]: willig sterben, gern sterben, freudig sterben, ist das Vorrecht des Resignierten, dessen, der den Willen zum Leben aufgibt und verneint. Denn nur er will wirklich und nicht bloß scheinbar sterben, folglich braucht und verlangt er keine Fortdauer seiner Person. Das Dasein, welches wir kennen, gibt er willig auf: Was ihm statt dessen wird, ist in unseren Augen *nichts*; weil unser Dasein, auf jenes bezogen, *nichts* ist. Der Buddhaistische Glaube nennt jenes Nirwana, d. h. Erloschen (WWV,II, IV,41, S. 596).

Aus Schopenhauer, Arthur (1819/1977): Die Welt als Wille und Vorstellung. Zürich: Diogenes. II, Zweiter Teilband. Zitiert wird vornehmlich aus dem vierten Buch, Kap. 41 „Ueber den Tod und sein Verhältniß zur Unzerstörbarkeit unsers Wesens".

Friedrich Nietzsche: Also sprach Zarathustra. Ein Buch für Alle und Keinen (Auszüge)

Die vier Teile der philosophischen Dichtung „Also sprach Zarathustra" von F. Nietzsche erschienen zwischen 1883 und 1885. Nietzsche selbst erklärte das Buch zu seinem Hauptwerk – oder in seinen
5 *Worten: zum „tiefsten Buch der Menschheit". Die Sammlung von Polemiken, Hymnen und Ansprachen der Hauptfigur sind teils Selbstgespräche, teils richten sie sich an Publikum, das den einsamen Zarathustra aufsucht oder das er in den Städten auf-*
10 *sucht. Die Hauptfigur trägt den Namen des persischen Religionsstifters. Da dieser wohl als Erster Gut und Böse in die Deutung der Welt eingeführt hat, könne dieser – so sieht es Nietzsche – auch als Erster diesen „Fehler" durchschauen und den Blick auf das*
15 *lenken, was „Jenseits von Gut und Böse" liegt. Ziel ist es, die Heraufkunft eines neuen Menschen, des Übermenschen, vorzubereiten und zu befördern.*

[…]

Von den Verächtern des Leibes

Den Verächtern des Leibes will ich mein Wort sagen.
20 Nicht umlernen und umlehren sollen sie mir, sondern nur ihrem eignen Leibe Lebewohl sagen – und also stumm werden.

„Leib bin ich und Seele" – so redet das Kind. Und warum sollte man nicht wie die Kinder reden?
25 Aber der Erwachte, der Wissende sagt: Leib bin ich ganz und gar, und Nichts außerdem; und Seele ist nur ein Wort für ein Etwas im Leibe.

Der Leib ist eine große Vernunft, eine Vielheit mit *einem* Sinne, ein Krieg und ein Frieden, eine Herde
30 und ein Hirt.

Werkzeug deines Lebens ist auch deine kleine Vernunft, mein Bruder, die du „Geist" nennst, ein kleines Werk- und Spielzeug deiner großen Vernunft.

„Ich" sagst du und bist stolz auf dies Wort. Aber das
35 Größere ist, woran du nicht glauben willst, – dein Leib und seine große Vernunft: Die sagt nicht Ich, aber tut Ich.

Was der Sinn fühlt, was der Geist erkennt, das hat niemals in sich sein Ende. Aber Sinn und Geist
40 möchten dich überreden, sie seien aller Dinge Ende: So eitel sind sie.

Werk- und Spielzeuge sind Sinn und Geist: Hinter ihnen liegt noch das Selbst. Das Selbst sucht auch mit den Augen der Sinne, es horcht auch mit den
45 Ohren des Geistes.

Immer horcht das Selbst und sucht: Es vergleicht, bezwingt, erobert, zerstört. Es herrscht und ist auch des Ichs Beherrscher.

Hinter den Gedanken und Gefühlen, mein Bruder,
50 steht ein mächtiger Gebieter, ein unbekannter Weiser – der heißt Selbst. In deinem Leibe wohnt er, dein Leib ist er.

Es ist mehr Vernunft in deinem Leibe, als in deiner besten Weisheit. Und wer weiß denn, wozu dein
55 Leib gerade deine beste Weisheit nötig hat?

Dein Selbst lacht über dein Ich und seine stolzen Sprünge. „Was sind mir diese Sprünge und Flüge des Gedankens?", sagt es sich. „Ein Umweg zu meinem Zwecke. Ich bin das Gängelband des Ichs und der Einbläser seiner Begriffe."
60 Das Selbst sagt zum Ich: „Hier fühle Schmerz!" und da leidet es und denkt nach, wie es noch mehr leide – und dazu eben *soll* es denken.

Das Selbst sagt zum Ich: „Hier fühle Lust!" Da freut es sich und denkt nach, wie es noch oft sich freue –
65 und dazu eben *soll* es denken.

[…]

Ich gehe nicht euren Weg, ihr Verächter des Leibes! Ihr seid mir keine Brücken zum Übermenschen! – Also sprach Zarathustra.
70

Also sprach Zarathustra, Die Reden Zarathustras, Von den Verächtern des Leibes, S. 300f.

Von den Predigern des Todes

Es gibt Prediger des Todes: Und die Erde ist voll von solchen, denen Abkehr gepredigt werden muss vom Leben.

Voll ist die Erde von Überflüssigen, verdorben ist
75 das Leben durch die Viel-zu-Vielen. Möge man sie mit dem „ewigen Leben" aus diesem Leben weglocken!

„Gelbe": So nennt man die Prediger des Todes, oder „Schwarze". Aber ich will sie euch noch in andern
80 Farben zeigen.

[…]

Da sind die Schwindsüchtigen der Seele: Kaum sind sie geboren, so fangen sie schon an zu sterben und sehnen sich nach Lehren der Müdigkeit und Entsa-
85 gung.

Sie wollen gerne tot sein, und wir sollten ihren Willen gut heißen! Hüten wir uns, diese Toten zu erwecken und diese lebendigen Särge zu versehren!

Ihnen begegnet ein Kranker oder ein Greis oder ein
90 Leichnam; und gleich sagen sie „das Leben ist widerlegt!"

Aber nur sie sind widerlegt und ihr Auge, welches nur das eine Gesicht sieht am Dasein.

Eingehüllt in dicke Schwermut und begierig auf die
95 kleinen Zufälle, welche den Tod bringen: So warten sie und beißen die Zähne aufeinander.

[…]

„Das Leben ist nur Leiden" – so sagen andre und lügen nicht: So sorgt doch, dass *ihr* aufhört! So sorgt
100 doch, dass das Leben aufhört, welches nur Leiden ist!

Und also laute die Lehre eurer Tugend „du sollst dich selber töten! Du sollst dich selber davonsteh-
105 len!" –

„Wollust ist eine Sünde, – so sagen die einen, welche den Tod predigen – lasst uns beiseite gehen und keine Kinder zeugen!"

„Gebären ist mühsam" – sagen die andern – „wozu
110 noch gebären? Man gebiert nur Unglückliche!" Und
auch sie sind Prediger des Todes.

„Mitleid tut Not" – so sagen die Dritten. „Nehmt hin,
was ich habe! Nehmt hin, was ich bin! Umso weniger bindet mich das Leben!"

115 Wären sie Mitleidige von Grund aus, so würden sie
ihren Nächsten das Leben verleiden. Böse sein – das
wäre ihre rechte Güte.

Aber sie wollen loskommen vom Leben: Was schiert
es sie, dass sie andre mit ihren Ketten und Geschen-
120 ken noch fester binden! –

[…]

Überall ertönt die Stimme derer, welche den Tod
predigen: Und die Erde ist voll von solchen, welchen
der Tod gepredigt werden muss.

125 Oder „das ewige Leben": Das gilt mir gleich, – wo-
fern sie nur schnell dahinfahren!

Also sprach Zarathustra.

*Also sprach Zarathustra, Die Reden Zarathustras, Von den Predigern
des Todes, S. 310f.*

Von der unbefleckten Erkenntnis

[…] Seht doch hin! Ertappt und bleich steht er da –
130 vor der Morgenröte!

Denn schon kommt sie, die Glühende – *ihre* Liebe
zur Erde kommt! Unschuld und Schöpfer-Begier ist
alle Sonnen-Liebe!

Seht doch hin, wie sie ungeduldig über das Meer
135 kommt! Fühlt ihr den Durst und den heißen Atem ihrer Liebe nicht?

Am Meere will sie saugen und seine Tiefe zu sich in
die Höhe trinken: Da hebt sich die Begierde des
Meeres mit tausend Brüsten.

140 Geküsst und gesaugt *will* es sein vom Durste der
Sonne; Luft *will* es werden und Höhe und Fußpfad
des Lichts und selber Licht!

Wahrlich, der Sonne gleich liebe ich das Leben und
alle tiefen Meere.

145 Und dies heißt *mir* Erkenntnis: Alles Tiefe soll hinauf – zu meiner Höhe!

Also sprach Zarathustra.

*Also sprach Zarathustra, Zweiter Teil, Von der unbefleckten Erkennt-
nis, S. 379f.*

Das trunkene Lied
I

Inzwischen aber war einer nach dem andern hinaus
150 getreten ins Freie und in die kühle nachdenkliche
Nacht; Zarathustra selber aber führte den hässlichs-
ten Menschen an der Hand, dass er ihm seine Nacht-
Welt und den großen runden Mond und die silbernen
Wasserstürze bei seiner Höhle zeige. Da standen sie 155
endlich still bei einander, lauter alte Leute, aber mit
einem getrösteten tapferen Herzen und verwundert
bei sich, dass es ihnen auf Erden so wohl war; die
Heimlichkeit der Nacht aber kam ihnen näher und
näher ans Herz. Und von neuem dachte Zarathustra 160
bei sich: „O wie gut sie mir nun gefallen, diese höheren Menschen!" – Aber er sprach es nicht aus, denn
er ehrte ihr Glück und ihr Stillschweigen. –

Da aber geschah das, was an jenem erstaunlichen
langen Tage das Erstaunlichste war: Der hässlichste 165
Mensch begann noch ein Mal und zum letzten Mal
zu gurgeln und zu schnauben, und als er es bis zu
Worten gebracht hatte, siehe, da sprang eine Frage
rund und reinlich aus seinem Munde, eine gute tiefe
klare Frage, welche allen, die ihm zuhörten, das 170
Herz im Leibe bewegte.

„Meine Freunde insgesamt", sprach der hässlichste
Mensch, „was dünket euch? Um dieses Tags Willen
– *ich* bin's zum ersten Male zufrieden, dass ich das
ganze Leben lebte. 175

Und das ich so viel bezeuge, ist mir auch noch nicht
genug. Es lohnt sich auf der Erde zu leben: *Ein* Tag,
ein Fest mit Zarathustra lehrte mich die Erde lieben.

‚War *das* – das Leben?' will ich zum Tode sprechen.
‚Wohlan! Noch einmal!' Meine Freunde, was dünket 180
euch? Wollt ihr nicht gleich mit mir zum Tode sprechen: War *das* – das Leben? Um Zarathustras Willen,
wohlan! Noch einmal!" –

Also sprach der hässlichste Mensch; es war aber
nicht lange vor Mitternacht. Und was glaubt ihr 185
wohl, dass damals sich zutrug? Sobald die höheren
Menschen seine Frage hörten, wurden sie sich mit
einem Male ihrer Verwandlung und Genesung bewusst, und wer Ihnen dieselbe gegeben habe: Da
sprangen sie auf Zarathustra zu, dankend, verehrend, 190
liebkosend, ihm die Hände küssend, so wie es der
Art eines jeden eigen war: also dass einige lachten,
einige weinten. Der alte Wahrsager aber tanzte vor
Vergnügen; und wenn er auch, wie manche Erzähler
meinen, damals voll süßen Weines war, so war er ge- 195
wisslich noch voller des süßen Lebens […].

*Also sprach Zarathustra, Vierter und letzter Teil, Das trunkne Lied,
S. 551f.*

Fundstellen des Wortes „Musik" in den „Buddenbrooks"

Die Werke von Thomas Mann: Gesammelte Werke in 13 Bänden

Search pattern: Musik
Letter cases distincted

5 Band 1 (9 -759) Die Buddenbrooks
#0128832 In der *Musik* konnte ich ihr nicht Widerpart halten, denn wir bedauernswerten Buddenbrooks wissen allzu wenig davon;

#0130534 Ihr Sohn aber und seine Gattin hatten be-
10 reits ihr erstes Diner hinter sich, ein Diner, bei dem im Speise- und Wohnzimmer gedeckt worden war, ein Diner mit Kochfrau, Lohndienern und Kistenmaker'schen Weinen, eine Mittagsgesellschaft, die um fünf Uhr begonnen, und deren Gerüche und Geräu-
15 sche um elf Uhr noch fortgeherrscht hatten, bei der alle Langhals', Hagenströms, Huneus', Kistenmakers, Overdiecks und Möllendorpfs zugegen gewesen waren, Kaufleute und Gelehrte, Ehepaare und Suitiers, die mit Whist und ein paar Ohren voll *Musik* ge-
20 schlossen hatte, und von der man an der Börse noch acht Tage lang in den lobendsten Ausdrücken sprach.

#0142122 Das Getümmel des Umzuges würde nichts Angenehmes sein, aber die Aussicht auf ein großes *Musik*zimmer mit guter Akustik stimmte sie glück-
25 lich.

#0144925 die Geschichte von „Meiner Großmutter, frisch und gesund, wie die Frau war", in welcher eben dieser Großmutter auf dem Wege zum Bahnhofe tausend Abenteuer begegnen und ihr schließlich,
30 frisch und gesund, wie die Frau war, der Zug vor der Nase davonfährt … worauf Christian die Pointe mit einem triumphierenden „*Musik*, Herr Kapellmeister!" abbrach und selbst, wie erwachend, ganz erstaunt schien, dass die *Musik* nicht einsetzte …

35 #0147106 Es nahm zusammen mit dem Wohnzimmer die ganze Frontbreite des Hauses ein, war mit hellen, geschweiften Möbeln ausgestattet und trug, mit seinem großen Konzertflügel, auf dem Gerdas Geigenkasten stand, seiner mit Notenbüchern beladenen Etagère daneben, dem geschnitzten Stehpult
40 und den Basreliefs von musizierenden Amoretten über den Türen, den Charakter eines *Musik*zimmers.

#0147505 Gerda, von der sich Christian an der Haustür verabschiedet hatte, trat ein, und in ihren seltsamen, nahe beieinander liegenden braunen Au-
45 gen lag der rätselhafte Schimmer, den die *Musik* ihnen zu geben pflegte.

#0149011 Dort unten ordnet sich eine Schar von fünfzehn oder zwanzig Männern mit *Musik*instrumenten, kommandiert von einem Herrn mit brauner

Perücke, grauem Schifferbart und einem künstlichen 50 Gebiss von breiten gelben Zähnen, das er laut redend zeigt …

#0149130 Aber obgleich der Lärm der Instrumente, das Stimmengewirr und der Anblick der vielen Menschen seine Nerven erschütterten und zusammen mit 55 der Erinnerung an die Vergangenheit, an seinen Vater, oftmals eine schwache Rührung in ihm aufsteigen ließen, so überwog doch der Eindruck des Lächerlichen und Peinlichen, das für ihn dem Ganzen anhaftete, dieser minderwertigen, akustisch 60 verzerrten *Musik*, dieser banalen, von Coursen und Diners schwatzenden Versammlung …

#0149209 Die Haupttreppe herauf nämlich kam, als die *Musik* eben pausierte, in völliger Verwirrung ob der vielen Herrschaften, der jüngste Lehrling des 65 Comptoirs, ein kleiner, stark verwachsener Mensch, der seinen schamroten Kopf noch tiefer als nötig zwischen den Schultern trug, den einen seiner unnatürlichen langen, dünnen Arme in übertriebener Weise hin und her schlenkerte, um sich das Ansehen 70 zuversichtlicher Lässigkeit zu geben, und mit dem anderen ein gefaltetes Papier vor sich her trug, ein Telegramm.

Comptoirs

#0149412 Die Musik … die *Musik* setzte wieder ein, 75 mit einem albernen Lärm, der einen Galopp bedeuten sollte und in welchem Pauke und Becken einen Rhythmus markierten, den die Übrigen voreilig und verspätet ineinander hallenden Schallmassen nicht innehielten, einem aufdringlichen und in seiner nai- 80 ven Unbefangenheit unerträglich aufreizenden Tohuwabohu von Knarren, Schmettern und Quinquilieren, zerrissen von den aberwitzigen Pfiffen der Piccoloflöte.

#0149624 Dieser *Musik*antenblick, der vag und leer 85 erscheint, weil er in dem Reiche einer tieferen, reineren, schlackenloseren und unbedingteren Logik weilt, als dem unserer sprachlichen Begriffe und Gedanken.

#0149712 „Nun, Hanno, ein bisschen *Musik* na- 90 schen?", fragte Gerda in einer Pause und ließ ihre nahe beieinander liegenden, umschatteten Augen, in denen das Spiel einen feuchten Glanz entzündet hatte, zu ihm hinübergleiten …

#0149804 Gerda Buddenbrook war eine leiden- 95 schaftliche Verehrerin der neuen *Musik*.

#0149814 Das ist keine *Musik* …

#0149815 Ich habe mir immer eingebildet, ein wenig von *Musik* zu verstehen!

100 #0149830 Es ist leise hereingekommen, um *Musik* zu hören!

#0149909 Glauben Sie mir, Pfühl, diese *Musik* ist Ihrem innersten Wesen weniger fremd, als Sie annehmen!"

105 #0149912 Aber sie behielt Recht: Diese *Musik* war ihm im Grunde weniger fremd, als er anfangs glaubte.

#0150001 Er lauschte auf ihr Spiel und auf ihre Gespräche, und so geschah es, dass, nach den ersten
110 Schritten, die er auf seinem Lebensweg getan, er der *Musik* als einer außerordentlich ernsten, wichtigen und tiefsinnigen Sache gewahr wurde.

#0150027 Ich bekenne Ihnen offen, ich bin der Ansicht, dass für die Solisten eigentlich die *Musik* erst
115 mit einem sehr hohen Grade von Können beginnt.

#0150101 Ich sage nur dies: Die Vertrautheit mit dem Klavier, als mit einem Mittel, die vielfältigsten und reichsten Tongebilde zu resümieren, einem unübertrefflichen Mittel zur *musik*alischen Reprodukti-
120 on, bedeutet für mich ein intimeres, klareres und umfassenderes Verhältnis zur *Musik* …

#0150110 Es kommt so wenig darauf an, auf ein Instrument dressiert zu werden, sondern vielmehr darauf, ein wenig von *Musik* zu verstehen, nicht wahr?

125 #0150229 Sie sah ihn an, diesen vierschrötigen *Musik*anten mit seiner Fuchsperücke, seinen Beuteln unter den Augen, seinem gebauschten Schnurrbart und seinem großen Kehlkopf – und dann reichte sie ihm die Hand und sagte: „Haben Sie Dank,
130 Pfühl. […]

#0150332 Dann lachte auch Hanno, leise und tief belustigt, denn ohne sich anzusehen und ohne es sich zu sagen, waren die beiden dort oben der Ansicht, dass die Predigt ein ziemlich albernes Geschwätz
135 und der eigentliche Gottesdienst vielmehr das sei, was der Pastor und seine Gemeinde wohl nur für eine Beigabe zur Erhöhung der Andacht hielten: nämlich die *Musik*.

#0150823 Jetzt aber, da er sehen musste, wie
140 die Leidenschaft der *Musik*, die ihm fremd war, so früh schon, so von Anbeginn und von Grund aus sich auch seines Sohnes bemächtigte, wurde sie ihm zu einer feindlichen Macht, die sich zwischen ihn und das Kind stellte, aus dem seine Hoffnungen doch einen echten Buddenbrook, einen starken und
145 praktisch gesinnten Mann mit kräftigen Trieben nach außen, nach Macht und Eroberung machen wollten.

#0150833 Er war nicht imstande, sich der *Musik*, wie Gerda und ihr Freund, dieser Herr Pfühl, sie be- 150 treiben, zu nähern, und Gerda

#0150919 Und sie erwiderte ihm: „Thomas, ein für allemal, von der *Musik* als Kunst wirst du niemals etwas verstehen, und so intelligent du bist, wirst du niemals einsehen, dass sie mehr ist als ein kleiner 155 Nachtischspass und Ohrenschmaus.

#0150922 In der *Musik* geht dir der Sinn für das Banale ab, der dir doch sonst nicht fehlt …

#0150925 Wie fremd dir die *Musik* ist, kannst du schon daraus ersehen, dass dein *musik*alischer Ge- 160 schmack deinen übrigen Bedürfnissen und Anschauungen ja eigentlich gar nicht entspricht.

#0150928 Was freut dich in der *Musik*?

0150935 Aber er vermochte ihr mit dem Gefühl nicht zu folgen und nicht zu begreifen, warum Melo- 165 dien, die ihn ermunterten und rührten, null und nichtig sein – und *Musik*stücke, die ihn herb und verworren anmuteten, den höchsten musikalischen Wert besitzen sollten.

#0151130 Diese träumerische Schwäche aber, die- 170 ses Weinen, dieser vollständige Mangel an Frische und Energie war der Punkt, an dem der Senator einsetzte, wenn er gegen Hanno's leidenschaftliche Beschäftigung mit der *Musik* Bedenken erhob. 175

#0151510 Fehlen wegen Unwohlseins und gänzliche Unaufmerksamkeit, wenn seine Gedanken bei irgendeiner harmonischen Verbindung oder den noch unenträtselten Wundern eines *Musik*stückes weilten, das er von seiner Mutter und Herrn Pfühl gehört, för- 180 derten ihn nicht eben in den Wissenschaften, und die Hilfslehrer und Seminaristen, die ihn in diesen unteren Klassen unterrichteten und deren gesellschaftliche Unterlegenheit, geistige Gedrücktheit und körperliche Ungepflegtheit er empfand, flößten ihm 185 neben der Furcht vor Strafe eine heimliche Missachtung ein.

#0152207 … hätte er wenigstens die *Musik* unterdrücken und verbannen können, die den Jungen dem praktischen Leben entfremdete, seiner körperlichen 190 Gesundheit sicherlich nicht nützlich war und seine Geisteskräfte absorbierte!

#0153406 Denn er liebte alles im Theater: den Gasgeruch, die Sitze, die *Musik*er, den Vorhang …

#0153416 … denn die *Musik* hatte sich ihm mit dem 195 Theater sofort aufs Engste verbunden …

#0159132 Nun schwebte, während [sic] die *Musik* verklang, der Sarg an den Stricken der Träger über der ausgemauerten Tiefe;

200 #0161913 Er hatte die *Musik* als seine Feindin empfunden;

#0161919 Die *Musik*, das war keine Frage, war der Einfluss seiner Mutter, und kein Wunder, dass während der ersten Kinderjahre dieser Einfluss über-
205 wogen hatte.

#0162410 Auch wurden, standen nicht unüberwindliche szenische Schwierigkeiten im Wege, diese Erzählungen mit *Musik*begleitung auf dem Puppentheater dargestellt …

210 #0163304 Später, wenn die Erwachsenen zu den Klängen der *Musik* unter dem Zeltdache der Konditorei den Kaffee tranken, saß Hanno auf einem Stuhle unermüdlich vor den Stufen des Tempels und lauschte …

215 #0163410 eine Menge von Leuten aus der Stadt, die gar nicht hierher gehörten, „Eintagsfliegen aus dem guten Mittelstande", wie Ida Jungmann sie mit wohlwollender Geringschätzung nannte, bevölkerte am Nachmittage Kurgarten und Strand, um Kaffee zu
220 trinken, *Musik* zu hören, zu baden, und Hanno hätte am liebsten im geschlossenen Zimmer den Abfluss dieser festlich geputzten Störenfriede erwartet …

#0163534 er sagte es nun den Kellnern, die ihre Trinkgelder entgegennahmen, dem *Musik*tempel, den Rosenbeeten und dieser ganzen Sommerszeit.
225

#0163726 Und langsam, langsam, mit heimlichen Tränen, lernte der kleine Johann wieder, die See zu missen, sich zu ängstigen und ungeheuerlich zu langweilen, stets der Hagenströms gewärtig zu sein
230 und sich mit Kai, Herrn Pfühl und der *Musik* zu trösten.

#0164410 Diese Frau, deren Wesen so kühl, so eingezogen, verschlossen, reserviert und ablehnend war, und die nur an ihre *Musik* ein wenig Lebenswärme zu
235 verausgaben schien, erregte unbestimmte Verdächte.

#0164518 Er galt für einen unangenehmen und extravaganten Sonderling unter ihnen, der einsame Spaziergänge machte, der weder Pferde noch Jagd, noch Spiel, noch Frauen liebte, und dessen ganzer Sinn der *Musik* zugewandt war, denn er spielte meh-
240 rere Instrumente und war, mit seinen glühenden Augen und seiner unmilitärischen, zugleich saloppen und schauspielerhaften Haltung, in allen Opern und Konzerten zu sehen, während er Klub und Kasino missachtete.
245

#0164617 Gerda Buddenbrook und der junge, eigenartige Offizier hatten einander, wie sich versteht, auf dem Gebiete der *Musik* gefunden.

#0146902 Aber als er den schwarzgoldenen Griff der weißen Tür schon erfasst hielt, setzte mit einem stür-
250 mischen Aufbrausen die *Musik* wieder ein, und er wich zurück.

#0166616 Zwei- oder dreimal, an Nachmittagen, da es aussah, als ob die Sonne hervorkommen wollte, erschienen zur Table d'hôte ein paar Bekannte aus
255 der Stadt, die sich gern ein wenig unabhängig von ihren Angehörigen unterhielten: Senator Doktor Gieseke, Christians Schulkamerad, und Konsul Peter Döhlmann, der übrigens schlecht aussah, weil er sich durch maßlosen Gebrauch von Hunyadi-Janos-Was-
260 ser verdarb, dann setzten sich die Herren in ihren Paletots unter das Zeltdach der Konditorei, gegenüber dem *Musik*tempel, in dem nicht mehr musiziert wurde, tranken ihren Kaffee und verdauten ihre fünf Gänge, indem sie in den herbstlichen Kurgarten hin-
265 ausblickten und plauderten …

#0169308 Die *Musik* verstummte, Pastor Pringsheim sprach.

#0174306 Du mit deiner *Musik* …"

#0174308 Was ist mit meiner *Musik*, Kai?
270

53 line(s) matched.

Quelle: http://corpus.en.kyushu-u.ac.jp/corpus. Die im Web auftretenden Schreibfehler wurden berichtigt, Umlaute deutscher Schreibung angepasst.

Opernführer: Tristan und Isolde

Handlung in 3 Aufzügen. Uraufführung am 10. Juni 1865 in München

Die Hauptquelle der Wagner'schen Neudichtung bildet das mittelhochdeutsche Epos Tristan und Isolde *5 von Gottfried von Straßburg. Von diesem bedeutenden Dichter weiß die Literaturgeschichte nur, dass er sein Werk um 1210 schuf und über der unvollendeten Arbeit gestorben ist. Gottfrieds Vorlage war ein etwa 1160 verfasstes Gedicht des französischen Trouvère 10 Thomas. Auch dieses Werk geht auf einen älteren Versroman zurück, der jedoch nicht mehr erhalten ist. Eine deutsche Bearbeitung dieses Urtristan stammt von Eilhard von Oberg (1190). – Wagner vollendete die Dichtung von Tristan und Isolde, die 15 unlösbar mit dem Herzenserlebnis mit Mathilde Wesendonk verknüpft ist, im September 1857, die Komposition im August 1859.*

Personen: Tristan (Ten.) – König Marke (Bass) – Isolde (Sopr.) – Kurwenal (Bar.) – Melot (Ten.) – 20 Brangäne (Mezzosopr.) – Ein Hirt (Ten.) – Ein Steuermann (Bar.) – Stimme des jungen Seemanns (Ten.) – Schiffsvolk. Ritter und Knappen.
Schauplätze: Tristans Schiff – Markes Burg in Cornwall – Tristans Burg Kareol in der Bretagne.

25 Handlung: 1. Akt: Das Orchestervorspiel entfaltet das zugrunde liegende Liebesmotiv in steter, einem gewaltigen Ausdruckshöhepunkt zustrebender Entwicklung, um dann verlöschend in sich zurückzusinken. Zu Beginn erblickt man an Deck des nach 30 Cornwall steuernden Schiffes Isolde, das Haupt in die Kissen des Lagers gedrückt, und ihre Begleiterin Brangäne. Vom Maste her erklingt das Lied eines jungen Seemanns, der einer irischen Maid in Sehnsucht gedenkt. Aus dumpfem Brüten fährt Isolde auf; 35 erschauernd vor dem Gedanken, bald Cornwalls Strand erreicht zu haben, wünscht sie einen Sturm herbei, der das Schiff zerschelle. Nachdem sie Brangäne gebeten, den nach hinten abschließenden Vorhang des Zeltes zu öffnen, wird Tristan mit sei-40 nen Getreuen am Steuerbord sichtbar. Mit dem Befehl, ihr unverzüglich zu nahen, schickt Isolde die Magd zu Tristan. Mit höfischen Worten weicht dieser aus, bis Kurwenal voll höhnischen Trotzes Brangänes Sendung beendet. Als beide Frauen allein 45 sind, offenbart Isolde der Vertrauten, was ihr Herz bewegt. Einst sei Morold, ihr Verlobter, nach Cornwall gezogen, den fälligen Zins zu fordern, im Kampfe aber von Tristan getötet worden. Auch dieser habe eine Wunde empfangen; um von Isoldes 50 Kunst und Hand Heilung zu erlangen, sei der sieche Held unter dem Namen Tantris in Irland erschienen. In dem Fremden habe sie Morolds Mörder erkannt, weil ein Splitter im Haupte des Getöteten sich in eine Scharte von Tristans Schwert fügen ließ. In dem 55 Augenblick aber, da sie das rächend erhobene

Schwert auf den Schlummernden niedersausen lassen wollte, habe er die Augen geöffnet, und dieser Blick habe ihre Hand gelähmt. Gesundet sei Tristan nach Cornwall zurückgekehrt, bald jedoch als Brautwerber für König Marke, seinen Oheim, wiederge-60 kommen. Auf Drängen der Eltern ist Isolde Markes Ruf gefolgt; Tristans Sendung aber empfindet sie als grimmen Hohn, der lodernden Liebeshass in ihr entzündet hat. Brangäne, die Isoldes Verhalten nicht fassen kann, meint, der Herrin bange, wie sie Markes 65 Gunst gewinnen könne. So eilt sie mit einem Schrein voll geheimer Zaubertränke herbei, die Isoldes Mutter der Scheidenden gegeben, und preist die Wunder des Liebestrankes. Isoldes Blick hingegen fällt auf den Todestrank. Kurwenal kündet die nahe Landung 70 an; allein Isolde weigert sich, Cornwalls Boden zu betreten, bevor ihr nicht von Tristan Sühne für ungebüßte Schuld geworden. Brangäne empfängt sodann die Weisung, den Todestrank in eine goldene Schale auszugießen. Tristan erscheint und reicht, als Isolde 75 Sühne für Morold begehrt, dieser sein Schwert. Sie aber beharrt auf dem Sühnetrank, da sie Herrn Marke nicht den besten Knecht erschlagen wolle, dem er Krone und Land danke. Tristan, hinter Isoldes Hohn ihre wahre Empfindung ahnend, trinkt hastig, bis 80 ihm Isolde den Becher entreißt, um den Inhalt mit ihm zu teilen. Jedoch Brangäne hat statt des Todestrankes heimlich den Liebestrank gewählt, und so durchströmt statt erwarteter Todesschauer unendliches Liebesgefühl die beiden. Beseligt stürzen sie 85 sich in die Arme, während der Landungsruf erschallt. Kaum ihrer mächtig, wankt Isolde König Marke entgegen, während Tristan in die Worte ausbricht: „O Wonne voller Tücke! O truggeweihtes Glücke!"

2. Akt. In sehnsuchtsbanger Erwartung harrt Isolde 90 im nächtlichen Garten des Geliebten, indessen Hornklänge Marke und sein Gefolge zur Jagd rufen. Noch brennt am geöffneten Burgtor die Fackel; ihr Verlöschen ist für Tristan das Zeichen, dass er nahen darf. Sorgenvoll, aber vergebens warnt Brangäne ihre Herrin vor Melot, in dem sie den Feind wittert. Isoldes 95 Ungeduld gibt Tristan das verabredete Zeichen, Brangäne besteigt die Warte, um dort über der Zusammenkunft der Liebenden zu wachen. Tristan eilt in Isoldes Arme, und es hebt das große Nachtgespräch der Liebenden an. Der erste Teil gilt dem Tag 100 als dem Urheber jeder irdischen Pein und Tücke, seinem trügerischen Glanz. Als *Nachtgeweihte* empfinden sich die Liebenden, um in ekstatischer Entrücktheit den Hymnus „O sink hernieder, Nacht der Liebe" anzustimmen. So versinken sie in Traumver-105 lorenheit, ohne auf Brangänes Mahnruf zu achten. Nur im Tode glauben Tristan und Isolde die ewig untrennbare Liebesverbundenheit erlangen zu können. Abermals warnt, des Tages Nahen kündend, Brangänes Stimme. Die beiden scheinen nicht zu hören, so 110 sehr hat die Vorstellung von der ewigen Nacht sie

überwältigt. Kurwenal stürzt mit einem „Rette dich, Tristan" herein. Auf dem Fuße folgt ihm König Mar-
115 ke mit Melot, der triumphierend auf die Überraschten weist. Der edle Marke, der die Entdeckung nicht zu fassen vermag, bricht in erschütterte Klage aus. Allein auf seine Frage nach dem *Warum* muss Tristan die Antwort schuldig bleiben. Ernst wendet dieser
120 sich zu Isolde, um zu erfahren, ob sie ihm ins Land der Nacht zu folgen bereit sei, küsst sie sanft auf die Stirn und stürzt sich, Melot zum Zweikampfe herausfordernd, ins gezückte Schwert des Gegners.

3. Akt. Ein elegisches Orchestervorspiel, das in die
125 Melodie einer Hirtenschalmei übergeht, leitet ein. Kurwenal hat den todwunden Tristan nach Kareol, der Burg seiner Väter, gebracht. Hier liegt er, unter dem Schatten einer großen Linde, wie leblos ausgestreckt. Ein Hirt, dessen todestraurige Weise schon
130 hinter der Szene zu vernehmen war, forscht, sich über die Mauerbrüstung beugend, nach dem Zustand seines Herrn. Kurwenal antwortet ausweichend und gibt ihm den Auftrag, sobald sich ein Schiff auf dem Meere zeige, eine fröhliche Weise anzustimmen. Al-
135 lein die See ist öd und leer, und in der traurigen Weise beharrend, verschwindet der Hirt. Der Klang hat den schlummernden Tristan erweckt. Von Kurwenal erfährt dieser, was sich seit dem Kampfe mit Melot zugetragen. Zu neuer Qual fühlt sich Tristan dem
140 Reich des Tages zurückgegeben. Schmerzvolle Sehnsucht nach Isolde überkommt ihn. Kurwenal gesteht, er habe nach ihr als der Ärztin ausgesandt. Freudig preist Tristan Kurwenals Treue; schon wähnt seine fiebererhitzte Fantasie die Ersehnte sich nahe. Allein
145 der traurige Klang der Hirtenweise zeugt vom Gegenteil. Von wilder Verzweiflung erfasst, bricht Tristan in wahnsinnige Klagen aus, die in Verwünschungen des Liebestranks und des eigenen Schicksals gipfeln. Schon fürchtet Kurwenal, des
150 Fluches Gewalt habe seinen Herrn dem Leben entführt, da keimt neue Hoffnung in der Brust des aus seiner Betäubung Erwachten. Hehr und milde sieht er die Geliebte durch des Meeres Gefilde wandeln, und bald meldet der Jubel der Hirtenweise das Na-
155 hen eines Schiffes. Kurwenal eilt zum Strand, Isolde abzuholen. Tristan aber hält es nicht länger auf seinem Lager. In rasender Ekstase rafft er sich auf und taumelt, den Verband von seiner Wunde reißend, der Ersehnten entgegen. Diese fängt ihn in ihren Armen
160 auf, jedoch nur ein einziges „Isolde" stammeln seine ersterbenden Lippen. Jetzt meldet der Hirt ein zwei-

tes Schiff, der Steuermann von Isoldes Fahrzeug Markes Ankunft. Kurwenal rüstet zum Widerstand, er fällt zwar den eindringenden Melot, dann trifft ihn selbst der Todesstreich. Marke, durch Brangäne vom 165 Geheimnis des Liebestranks unterrichtet, ist gekommen, um die Liebenden zu vereinen. Erschüttert steht er vor der Leiche des treulos treuesten Freundes. Noch einmal erwacht Isolde aus tiefer Ohnmacht, allein ihr Auge, der Welt schon entrückt, ist 170 einzig auf Tristan gerichtet. Im Liebestode („Mild und leise wie er lächelt") stirbt sie ihm nach, und die Nacht, das Heimatland ihrer Liebe, umfängt und vereint beide. [...]

Musik. Aus romantischem Unendlichkeitsdrang ge- 175 boren, die Extatik der Sprache durch die Musik noch überhöhend, sprengt *Tristan und Isolde* die bis dahin bestehende Form der Oper, in der Werke wie *Tannhäuser* und *Lohengrin* immerhin noch Platz finden konnten. Jedoch die scheinbare Zertrümmerung der Form wird zur Schaffung einer neuen musikali- 180 schen Architektur: Wo andere im Schweifen maßlos erregten Gefühls sich verloren hätten, gewinnt sich Richard Wagner neu. Sein Gefühl hatte ihn nicht getrogen, wenn er meinte: „Ich habe das Gefühl, damit etwas recht Bedeutendes geleistet zu haben; jeden- 185 falls ist das Werk mehr Musik als alles, was ich zuvor gemacht habe." Doppelte Bedeutung kommt *Tristan und Isolde* insofern zu, als sich hier nicht nur Wagners dramatisches Ideal in wahrhaft gültiger Weise verwirklicht hat, sondern auch die Weiterent- 190 wicklung der Musik in entscheidendem Maße durch dieses Werk beeinflusst worden ist. Es ist kein Zufall, wenn der diese Schöpfung durchkreisende Unendlichkeitsdrang auch die Dämme der bisherigen harmonischen Gesetzlichkeiten überspült und bricht. 195 Neue, kühnere Brücken werden von Tonart zu Tonart geschlagen, Verbindungen gewagt, die die musikalische Tradition ganzer Jahrhunderte in Frage stellen. Diese erweiterte Harmonik war allerdings nur auf der Basis jener Chromatik möglich, die schon 200 beim ersten Aufklang des Dramas mit den vier Halbtonschritten des Liebesmotivs Herzpunkt der Tristan-Harmonik und -Melodik wird. Aus der Keimzelle dieses Motivs entfaltet sich die ganze Zauberblüte der Tristan-Musik, deren epochale Bedeutung sich 205 erst von der Warte musikgeschichtlicher Rückschau aus völlig begreifen und würdigen lässt.

Aus: Wilhelm Zentner (Hrsg.): Reclams Opernführer. Stuttgart: Reclam 1985, S. 209-213

Wie verfasse ich eine Filmanalyse?

Ein Film ist ein komplexer „Text", in dem unterschiedliche Bereiche zusammenwirken. Als *audiovisuelles* Produkt wird der Film in besonderer Weise durch Ton und Bewegung bestimmt.
5 Die *Einstellung der Kamera* lenkt – wie der Erzähler in einem epischen Text – den Blick des Betrachters und bestimmt die Aussageintention und die Wirkung. Das Wesen des Filmischen wird insbesondere durch die Montage von Einstellungen zu Filmsequenzen und
10 damit zur narrativen Struktur des Films hergestellt. Der Film ist aufgrund seiner Komplexität unter einer Vielzahl von Kategorien analysierbar, zum Beispiel:
- die Position des Erzählers (der Kamera)
- die Personenkonstellation (weil es sich um münd-
15 lichen Sprachgebrauch zwischen Personen han-

delt, sind hier unter anderem auch Kriterien der Dramenanalyse anwendbar)
- Handlungsaufbau (zum Beispiel Exposition und Konfliktaufbau, Wendepunkte der Handlung, Retardierung, Formen des Schlusses wie Happyend, 20 tragischer Ausgang, offenes Ende)

Unterscheidung von Analyseebenen
Man unterscheidet
- die Makro-Analyse, bei der der gesamte Film (Aufbau der Handlung, Figurenkonstellation, ...) 25 untersucht wird,
- die Mikro-Analyse, bei der einzelne *Einstellungen* und *Filmsequenzen* analysiert werden.

Analysekriterien im Einzelnen
a) Kameraeinstellungen, ihre Wirkungen und Funktionen

Weit
Zum Beispiel weite Landschaften/Panorama; einzelne Personen wirken darin verschwindend klein; derartige Einstellungen haben oft symbolischen Ausdruckswert.

Totale
Überblick über ein Geschehen; dient der räumlichen Orientierung des Betrachters; diese Orientierung soll er bei späteren Einstellungen/Sequenzen, zum Beispiel bei Nahaufnahmen, noch in Erinnerung haben.

Halbtotale
Die einzelne Figur mit ihrer Körpersprache ist ganz zu sehen; diese Einstellung zeigt oft auch noch Szenerie.

Halbnah
Mimik und Gestik der Hände treten wirkungsvoll ins Bild; oft verwendet für die Darstellung von Gesprächen.

Nah

Diese Einstellung dient der Darstellung von Menschen vom Kopf bis zur Mitte des Oberkörpers; Mimik und Gestik können in einzelnen Regungen gezeigt werden, zum Beispiel bei dialogischen Aktionen und Reaktionen.

Groß

Der Blick des Zuschauers wird auf das Hauptmotiv gerichtet, zum Beispiel das Gesicht einer Person; damit können innere Regungen sichtbar gemacht werden.

Detail

Der Zuschauer nimmt ein Detail wahr, zum Beispiel vom Gesicht nur die Augen.

b) *Schärfenbereiche* der Kamera

30 Diese vertreten das Auge des Betrachters und beeinflussen die Deutung des Dargestellten. Beispiele:
- große Tiefenschärfe für realistische und naturalistische Darstellungen,
35 - geringe Tiefenschärfe (verschwommen wirkende Bilder) zur Betonung von Fantastischem, Traumhaftem.

c) *Kameraperspektive*, zum Beispiel:
- Normalsicht (Aufnahme aus der Augenhöhe
40 eines Menschen),
- Aufnahme aus der Froschperspektive (dem Zuschauer wird die untergeordnete Position des Aufblickens nahe gelegt),

- Aufnahme aus der Vogelperspektive (ermöglicht dem Zuschauer Übersicht, als habe er Macht 45 über die dargestellten Objekte),

Die Übergänge können fließend oder plötzlich sein; sie signalisieren jedenfalls eine Bedeutungsveränderung.

d) *weitere Darstellungsgesichtspunkte* (siehe auch 50 oben):
- die Gestaltung des Handlungsraumes; hier kann es zum Beispiel um bloße Andeutung der historischen Zusammenhänge gehen oder um eine möglichst naturgetreue historische Abbildung; 55 dabei spielen entsprechende *Requisiten* eine wichtige Rolle.

199

- Darstellung der Zeit (zum Beispiel Zeitsprünge werden durch episodenhafte Darstellung vermittelt, Gleichzeitigkeit von Handlungen durch Parallelmontage, Vorzeitigkeit durch Rückblenden),
- Darstellung der Personen (Haupt- oder Nebenperson, Beziehung zu anderen, Gesprächsanteile, Körpersprache, ...),
- Gestaltung des Tons (gesprochener Text, Musik, Geräusche),

Musik kann zum Beispiel als Leitmotiv/Thema eingesetzt werden, als Charakterisierung einzelner Personen, als Spannungssteigerung; auch eine geräuschlose Einstellung kann eine wichtige Funktion haben; Geräusche, die in besonderer Weise die Illusion unterstützen, sind nicht selten standardisiert und werden in der Regel im Studio beigemischt.

- Einsatz von Lichteffekten

Das Objekt (zum Beispiel das Gesicht einer Person) wird direkt oder von hinten, von der Seite oder aus der Kamerarichtung beleuchtet. Durch den Beleuchtungsstil wird eine bestimmte Atmosphäre geschaffen, emotionale Beteiligung des Zuschauers oder Distanzierung bewirkt.

Allgemeine Hinweise für eine Filmanalyse

Die Filmanalyse stellt nur *eine* Form der Auseinandersetzung mit einem Film dar.

- Aufgrund der Vielzahl von Analyse-Kategorien sollte sich anfangs die Analyse auf einige wenige beschränken.
- Die Anwendung filmanalytischer Begriffe (siehe oben) sollte nicht bei einer bloßen Beschreibung stehen bleiben; es muss die Funktion herausgestellt werden, die diese Mittel übernehmen.
- Von großer Bedeutung für die Analyse eines Films kann (vergleichbar einem Romananfang) die Analyse des Filmanfangs sein, weil hierbei *die* filmtypischen Mittel analysiert werden können, *die* den Zuschauer in die Handlung des Films hineinziehen; dazu muss die Kenntnis des gesamten Films nicht immer vorausgesetzt werden.

- Bei Literaturverfilmungen lässt sich im Vergleich zwischen dem Ausgangstext und der Filmfassung fragen, welche Veränderungen der Regisseur vorgenommen hat und was er damit erreichen will.

(Da der Film ein eigenes künstlerische Medium darstellt, ist der Gesichtspunkt der detaillierten inhaltlichen bzw. formalen Entsprechung kaum ein überzeugendes Güte-Kriterium.)

Vorgehensweise und mögliche Fragestellungen

Vor der eigentlichen Analyse sollte sowohl bei einer Makro-Analyse des gesamten Films als auch bei einer Mikro-Analyse einzelner Einstellungen eine Sammlung von Eindrücken erfolgen: Was ist besonders beeindruckend? Was ist abstoßend? Was ist unklar geblieben? Eine solche Spontanphase kann die Grundlage für eine sprachliche Formulierung des Gesehenen und Gehörten und damit für eine genaue Analyse sein, weil damit ein bestimmtes Interesse festgestellt bzw. eine erste Bedeutungshypothese gewonnen werden kann.

Fragestellungen zum Beispiel (vgl. oben):

- Welche Personen, Verhaltensweisen, Gegenstände werden hervorgehoben?
- Was wird durch die Raumgestaltung verdeutlicht?
- Welche Requisiten werden eingesetzt, was bringen sie zum Ausdruck?
- In welcher Weise tragen Ton und Beleuchtung zur Bedeutung bei?
- Welche Einzelheiten der Kameraeinstellung werden deutlich; welche Funktion haben diese?
- Wie wird die Zeit dargestellt?

Aus: Kohrs, Peter (Hrsg.): Deutsch in der Oberstufe. Paderborn: F. Schöningh 1998, S. 62–64

Bibliografie

Primärtexte:

Mann, Thomas: Buddenbrooks (1901). 47. Aufl. 2000 Frankfurt a. M.: Fischer Taschenbuchverlag. Sämtliche Zitate aus den „Buddenbrooks" sind dieser Ausgabe entnommen. Alle hier angegebenen Seitenzahlen beziehen sich also auf diese Ausgabe. Damit die Arbeit am Roman auch auf der Grundlage anderer Ausgaben möglich ist, sind zusätzlich immer Angaben über den Teil des Romans und das Kapitel eingearbeitet.

Mann, Thomas (1901): Buddenbrooks. Verfall einer Familie. Roman, hrsg. und textkritisch durchgesehen von Eckhard Heftrich unter Mitarbeit von Stephan Stachorski und Herbert Lehnert. Frankfurt a. M.: S. Fischer 2002 (= Große kommentierte Frankfurter Ausgabe, Bd. 1.1).

Mann, Thomas (1918): Betrachtungen eines Unpolitischen. In: Ders.: Gesammelte Werke in Einzelbänden. Frankfurter Ausgabe, hrsg. v. Peter de Mendelssohn. Betrachtungen eines Unpolitischen, Frankfurt a. M.: S. Fischer, 1983, S. 7-590

Mann, Thomas (1930): Lebensabriss. In: Ders.: Gesammelte Werke in Einzelbänden. Frankfurter Ausgabe, hrsg. v. Peter de Mendelssohn. Über mich selbst. Autobiografische Schriften, Frankfurt a. M.: S. Fischer 1983, S. 99-146.

Mann, Thomas (1933): Leiden und Größe Richard Wagners. In: Ders.: Gesammelte Werke in Einzelbänden. Frankfurter Ausgabe, hrsg. v. Peter de Mendelssohn. Leiden und Größe der Meister, Frankfurt a. M.: S. Fischer 1982, S. 716-779.

Mann, Thomas (1937): Richard Wagner und der ,Ring des Nibelungen'. In: Ders.: Gesammelte Werke in Einzelbänden. Frankfurter Ausgabe, hrsg. v. Peter de Mendelssohn. Leiden und Größe der Meister, Frankfurt a. M.: S. Fischer 1982, S. 779-804.

Mann, Thomas (1938): Schopenhauer. In: Ders.: Gesammelte Werke in Einzelbänden. Frankfurter Ausgabe, hrsg. v. Peter de Mendelssohn. Leiden und Größe der Meister, Frankfurt a. M.: S. Fischer 1982, S. 664-716.

Mann, Thomas (1949): Wagner und kein Ende. Brief an Emil Preetorius vom 06.12.1949. In: Ders.: Gesammelte Werke in Einzelbänden. Frankfurter Ausgabe, hrsg. v. Peter de Mendelssohn. Leiden und Größe der Meister, Frankfurt a. M.: S. Fischer 1982, S. 823-826.

Mann, Thomas (1947): Zu einem Kapitel aus „Buddenbrooks". In: Ders.: Werke. Das essayistische Werk. Taschenbuchausgabe in acht Bänden, hrsg. v. Hans Bürgin. Miszellen. Frankfurt/M.: S. Fischer 1968, S. 208-211

Nietzsche, Friedrich (1883-85): Also sprach Zarathustra. In: Werke in drei Bänden, hrsg. von Karl Schlechta. München: 9. Aufl. 1981, Hanser, S. 275-562.

Schopenhauer, Arthur (1819): Die Welt als Wille und Vorstellung. Zürich: Diogenes 1977. II. Zweiter Teilband. Zitiert wird vornehmlich aus dem vierten Buch, Kapitel 41 „Ueber den Tod und sein Verhältniss zur Unzerstörbarkeit unsers Wesens".

Wagner, Richard (1857): Ausgewählte Schriften, hrsg. v. Dietrich Mack. Frankfurt a.M.: Insel Verlag 1974 (= Insel Taschenbuch 66).

Wagner, Richard: Tristan und Isolde. Handlung in drei Aufzügen. Vollständiges Textbuch, hrsg. v. Wilhelm Zentner. Stuttgart: Reclam 2000 (= RUB 5638)

Quellen:

Beck, Knut (Bearb.): 100 Jahre S. Fischer Verlag 1886-1986. Eine Bibliografie. Frankfurt/M.: S. Fischer 1986

Mann, Julia (1897): Tante Elisabeth. In: Sinn und Form, Jg. 15, Nr. 2/3 (1963), S. 482-496.

Mann, Klaus: Der Wendepunkt. Ein Lebensbericht. Frankfurt/M.: S. Fischer 1952.

Reich-Ranicki, Marcel (Hrsg.): Was halten Sie von Thomas Mann? Achtzehn Autoren antworten. Frankfurt/M.: Fischer Taschenbuchverlag 1986 (enthalten sind hier die Ergebnisse der Befragung von 1975 und 1985).

Rodewald, Dierk; Fiedler, Corinna (Hrsg.): Samuel Fischer/Hedwig Fischer – Briefwechsel mit Autoren. Frankfurt/M.: S. Fischer 1989

Verwendete Lexika:

Biedermann, Hans: Knaurs Lexikon der Symbole. München: Droemer Knaur 1998.

Jens, Walter (Hrsg.): Kindlers neues Literatur-Lexikon. München: Kindler 1988 ff.

Killy, Walther (Hrsg.): Literaturlexikon. Berlin: Directmedia. (CD-ROM) Lizenzausgabe des Bertelsmann Lexikon Verlages 1998 (= Digitale Bibliothek Bd. 9)

Meyers Konversations-Lexikon. Fünfte Auflage 1897. Siebzehnter Band: Turkos bis Zz. Leipzig und Wien.

Meyers Lexikonredaktion (Hrsg.): Meyers Großes Taschenlexikon. Mannheim, Leipzig, Wien, Zürich: Bibliographisches Institut Taschenbuchverlag 2001

Ritter, Joachim; Gründer, Karlfried (Hrsg.): Historisches Wörterbuch der Philosophie, Bd. 4, Basel/Stuttgart: Schwabe & Co. 1976

Schweikle, Günther und Irmgard (Hrsg.): Metzler Literatur Lexikon. Stichwörter zur Weltliteratur. Stuttgart: J. B. Metzlersche Verlagsbuchhandlung 1984.

v. Wilpert, Gero: Sachwörterbuch der Literatur. Stuttgart: Kröner (= Kröners Taschenausgabe, Bd. 231), 7., verb. und erw. Aufl. 1989.

Sekundärtexte:

Baumgart, Richard: Das Ironische und die Ironie in den Werken Thomas Manns. Frankfurt/M., Wien, Berlin: Ullstein 1974

Bleissem, Isabella; Reisner, Hanns-Peter: Uni-Training neuere deutsche Literaturwissenschaft Stuttgart [u.a.]: Klett 1996

Borchmeyer, Dieter (Hrsg.): Moderne Literatur in Grundbegriffen, Tübingen: Niemeyer 1994.

Brenner, Hildegard: Die Kunstpolitik der Nationalsozialisten, Reinbek b. Hamburg: Rowohlt 1963.

de Mendelssohn, Peter: Der Zauberer. Das Leben des deutschen Schriftstellers Thomas Mann. Erster Teil 1875 bis 1918. Bd. 2. Frankfurt/M.: S. Fischer 1997

Hofmann, Rainer: Buddenbrooks – Bausteine. Materialiensammlung des Heinrich-und-Thomas-Mann-Zentrums in Lübeck (1999) für die Ausstellung „Die ‚Buddenbooks' – Ein Jahrhundertroman und die Manns – eine Schriftstellerfamilie" (diese Ausstellung war eine Teilausstellung der EXPO 2000).

Kohrs, Peter (Hrsg.): Deutsch in der Oberstufe. Paderborn: Schöningh Verlag 1998

Lung, Uli (Hrsg.): Der deutsche Film. Aspekte seiner Geschichte von den Anfängen bis zur Gegenwart. Trier: Wissenschaftlicher Verlag Trier 1993.

Karthaus, Ulrich: Nachwort zu: Wagner, Richard: Tristan und Isolde. Handlung in drei Aufzügen. Vollständiges Textbuch, hrsg. v. Wilhelm Zentner. Stuttgart: Reclam 2000, S. 75-80 (RUB 5638).

Karthaus, Ulrich: Literaturwissen: Thomas Mann. Stuttgart: Reclam 1994 (RUB 15203)

Kurzke, Hermann: Thomas Mann. Das Leben als Kunstwerk. Eine Biografie. München: C. H. Beck 1999

Lehnert, Herbert: Familienfeindlichkeit. In: Thomas-Mann-Jahrbuch 1996 (9), Frankfurt a. M.

Moulden, Ken; von Wilpert, Gero (Hrsg.): Buddenbrooks-Handbuch. Stuttgart: Alfred Kröner Verlag 1998

Pils, Holger: Relektüre Buddenbrooks. Adaptionen für Film und Fernsehen. In: Eickhölter, Manfred; Wisskirchen, Hans (Hrsg.): „Buddenbrooks". Neue Blicke in ein altes Buch. Begleitband zur ständigen Ausstellung *Die „Buddenbrooks" – ein Jahrhundertroman im Buddenbrookhaus*. Lübeck: Dräger 2000

Rötzer, Hans Gerd: Geschichte der deutschen Literatur. Bamberg: C. C. Buchner 1992

Schröter, Klaus: Thomas Mann. Reinbek b. Hamburg: Rowohlt 1984 (rm 93).

Stanzel, Franz K. (1964): Typische Formen des Romans. Göttingen: Vandenhoeck & Ruprecht 1993 (= Kleine Vandenhoeck-Reihe 1187).

Vogt, Jochen (1972): Aspekte erzählender Prosa. Eine Einführung in Erzähltechnik und Romantheorie. Opladen/Wiesbaden: Westdeutscher Verlag. 8., durchgesehene und aktualisierte Aufl. 1998 (= WV-Studium, Bd. 145).

Vogt, Jochen: Thomas Mann. Buddenbrooks. München: Fink Verlag 1995

Wißkirchen, Hans: Spaziergänge durch das Lübeck von Heinrich und Thomas Mann. Zürich/Hamburg: Arche 1996

Wißkirchen, Hans (1999): Buddenbrooks. Verfall einer Familie. In: Reclams Romanlexikon. Bd. 3. 20. Jh., Stuttgart: Reclam 1999.

Wißkirchen, Hans: Die Familie Mann. Reinbek b. Hamburg: Rowohlt 1999

Wunberg, Gotthart (Hrsg.): Die Wiener Moderne. Literatur, Kunst und Musik zwischen 1890 und 1910. Stuttgart: Reclam 1982 (= RUB 7742)

Wysling, Hans unter Mitwirkung von Marianne Fischer (Hrsg.): Dichter über ihre Dichtungen. Thomas Mann. Teil I: 1889 – 1917 (= Hirsch, Rudolf; Vordtriede, Werner (Hrsg.): Dichter über ihre Dichtungen, Bd. 14/I), München: Heimeran Verlag 1975

Zentner, Wilhelm (Hrsg.): Reclams Opernführer. Stuttgart: Reclam 1985